Band 489

OutdoorHandbuch

Fabian Schmitz

Wintersurvival

Überleben in Eis und Schnee

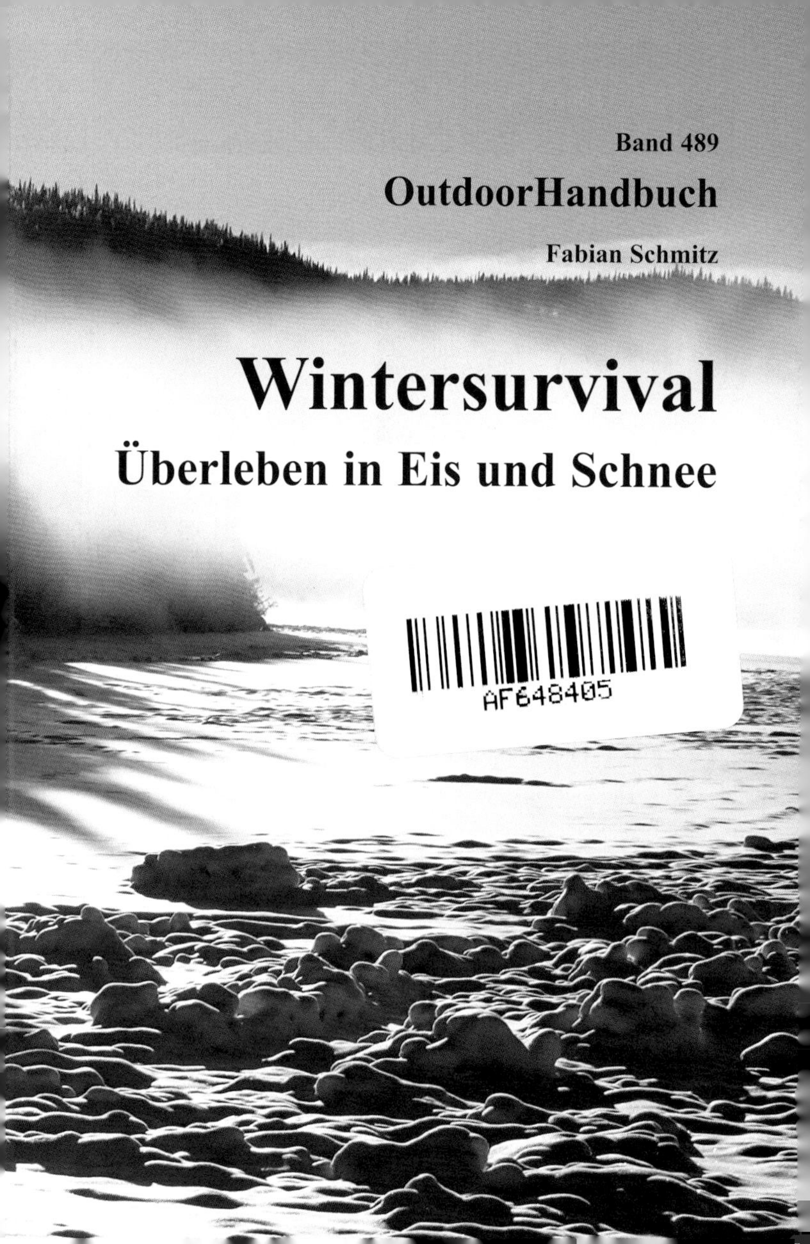

Wintersurvival

Dieses OutdoorHandbuch wurde konzipiert und redaktionell erstellt vom:

Conrad Stein Verlag GmbH
Kiefernstr. 6, 59514 Welver
☏ 023 84/96 39 12
info@conrad-stein-verlag.de
www.conrad-stein-verlag.de
www.facebook.com/outdoorverlag
www.instagram.com/outdoorverlag

Klimaneutral
Druckprodukt
ClimatePartner.com/53106-2304-1009

Als Outdoor-Verlag sind uns der Schutz und die Erhaltung der Natur seit jeher ein besonderes Anliegen. Auch in Sachen Klimaschutz haben wir eine Vorreiterrolle inne: Wir sind der einzige Buchverlag in Deutschland, der bereits seit 2008 seine Bücher konsequent klimaneutral in Deutschland produzieren und transportieren lässt. Dabei wird nicht nur klimaneutral, sondern auch nachhaltig, d. h. so umweltschonend wie möglich produziert, z. B. durch die Auswahl von umweltfreundlichen Materialien. Die bei der Produktion der Bücher entstandenen CO_2-Emissionen werden durch die Unterstützung von zertifizierten Klimaschutzprojekten ausgeglichen. Jedes Buch wird daher mit dem Logo „klimaneutral" und einer Climate-Partner-Zertifikatsnummer versehen. Mithilfe dieser Nummer können Sie unter www.climatepartner.com Informationen zu der eingesparten CO_2-Menge und dem Projekt finden, das mit der Abgabe gefördert wird.

Das Engagement des Conrad Stein Verlags wurde im Rahmen des Projekts „Klimaneutraler Buchverlag" mit dem Westenergie Klimaschutzpreis 2022 ausgezeichnet.

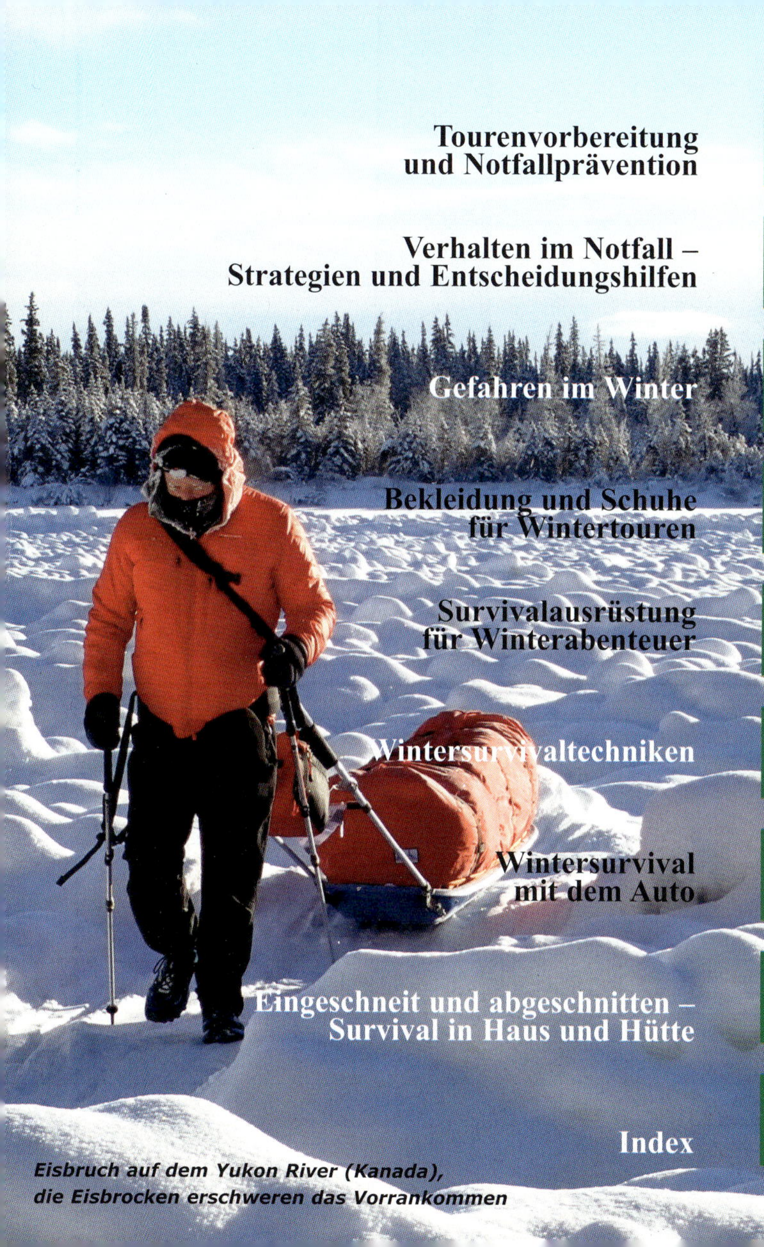

Eisbruch auf dem Yukon River (Kanada), die Eisbrocken erschweren das Vorrankommen

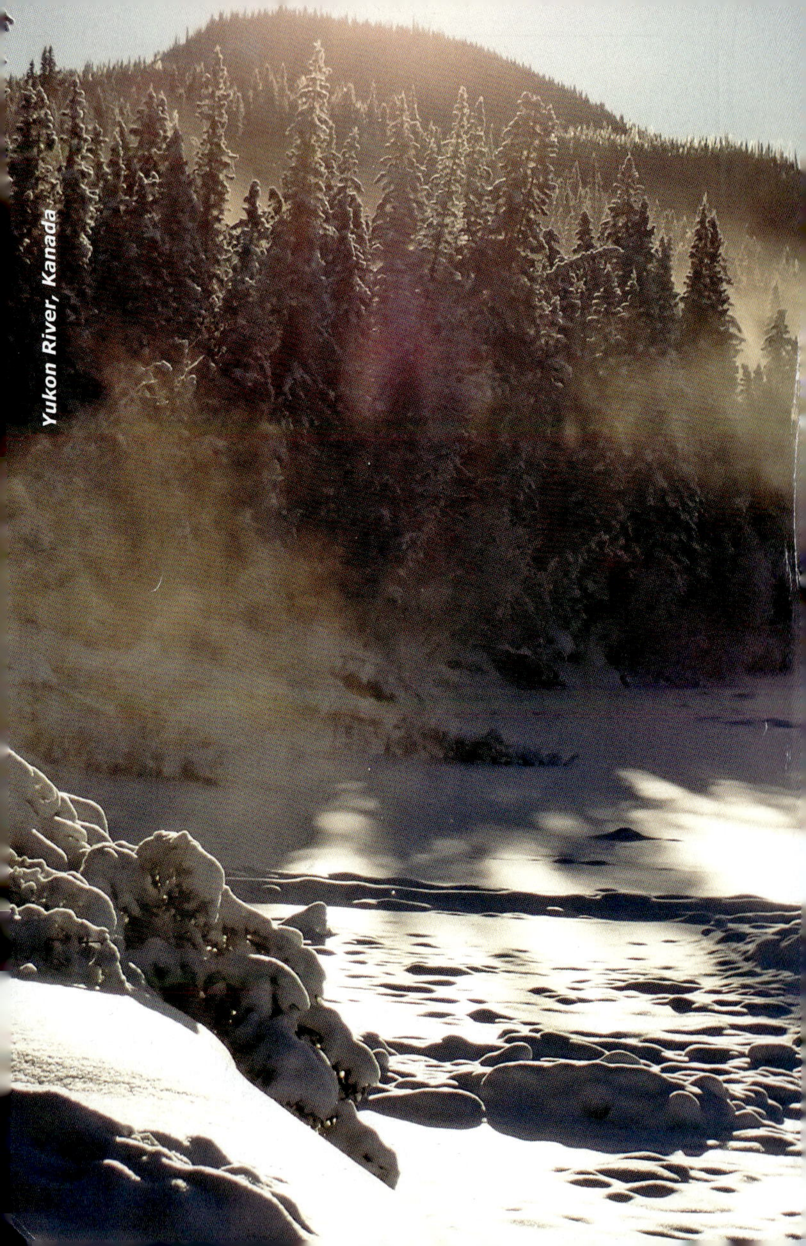

Yukon River, Kanada

OutdoorHandbuch Band 489

ISBN 978-3-86686-757-4 1. Auflage 2023

Text und Fotos: Fabian Schmitz
Illustrationen: Manuela Dastig
Lektorat: Anna-Lena Ebner
Layout: Alexandra Sauerland

Gesamtherstellung: AZ Druck und Datentechnik GmbH, Kempten

Dieses OutdoorHandbuch hat 256 Seiten mit 190 farbigen Abbildungen.

Autor und Verlag freuen sich über Ihr Feedback. Schreiben Sie Ihre Tipps und Verbesserungen an info@conrad-stein-verlag.de oder nutzen Sie unsere Social-Media-Kanäle. Bitte nennen Sie dabei Titel, Auflage und Seitennummer.

Dieses Buch ist im Buchhandel und in Ausrüstungsläden erhältlich und kann im Internet oder direkt beim Verlag bestellt werden.

Titelfoto: Wintertour auf der South Canol Road, Yukon, Kanada

Inhalt

Haftungsausschluss

Dieses Buch soll Leserinnen und Lesern helfen, Notsituationen zu vermeiden und im Extremfall sinnvolle Entscheidungen zu fällen und potentiell lebensrettende Maßnahmen einzuleiten. Ein solches Buch kann in keinem Fall praktisches Training mit Expertinnen und Experten ersetzen und darf lediglich als Diskussionsbeitrag zu einer umfangreicheren Survivalausbildung betrachtet werden.

Es unterliegt vollends der Verantwortung des Lesenden, sich die nötigen Kenntnisse und Techniken für Aktivitäten in der Wildnis anzueignen.

Autor und Verlag übernehmen keinerlei Verantwortung und sind nicht haftbar für mögliche Schäden oder Verletzungen, die aus der Umsetzung der hier beschriebenen Techniken entstehen.

Einige beschriebene Techniken, wie etwa improvisierte Jagd- und Angelmethoden, sind in manchen Regionen verboten und werden hier nur für die Anwendung in Notfällen vorgestellt. Es liegt in der Verantwortung der Leserin oder des Lesers, sich über geltende Gesetze und Verordnungen zu informieren und daran zu halten.

Dank

Mein Dank gilt all jenen, die im Laufe der Jahre zu diesem Buch beigetragen haben, indem sie meinem Lernen in der Wildnis förderlich waren. Besonders erwähnen möchte ich in diesem Zusammenhang Mors Kochanski (†), Kelly Harlton und Dale Kiselyk von Karamat Wilderness Ways.

Stefan Krause, Katja Gehmlich, Dirk Pacholsky und Stefan Wackerhagen waren maßgeblich daran beteiligt, dass ich vor vielen Jahren Spaß an Wintertouren bekommen habe. Danke für die schönen Stunden im winterlichen Busch! Pierre-Luc Fortin, Jim Welsh, Harry Kern, Josianne Gaultier und Michael Peterson haben ihre Erlebnisse und ihr Wissen mit mir geteilt. Robert Pollhammer, Gillian Smith und Jessie Gladish haben mich beim Montane Yukon Arctic Ultra hinter die Kulissen schauen lassen. Zahlreiche Hundschlittenfahrerkolleginnen und -kollegen, Jäger und Trapper haben über die Jahre ihre Erfahrungen mit mir geteilt und so ebenfalls zu diesem Buch beigetragen.

Nicole Berger, Ulrike Schmitz, Patricia Tränkle, Elke Stoltenberg und Stephan Klump haben das Manuskript kritisch überarbeitet und so erheblich zu dem Ergebnis, das Sie nun in den Händen halten, beigetragen.

Der größte Dank gilt aber meiner Partnerin Claudia Wickert, die mir stets zur Seite steht und die auch bei der Bearbeitung des Manuskripts eine riesige Hilfe war. Mit ihr und unseren Schlittenhunden habe ich die mit Abstand meisten winterlichen Touren unternommen und ich hoffe es werden noch viele mehr!

Die Firmen Mountain Equipment, Linder und Intuition haben Ausrüstungsgegenstände für Detailfotos in diesem Buch zur Verfügung gestellt.

Vielen Dank für diese Unterstützung.

Einleitung

Mühsam kämpfe ich mich aus dem dicken Schlafsack und öffne das Zelt für einen Blick nach draußen. Über Nacht sind die Temperaturen noch weiter gesunken und jetzt, wo ich die schützende Isolation meines Schlafsacks verlassen habe, zieht die knackige Kälte der eisigen Winterluft sofort durch die dünne Unterwäsche. Schnell schlüpfe ich in die gefütterte Hose und werfe die Daunenjacke über.

Als ich aus dem Zelt klettere, knirscht der kalte und trockene Schnee unter den Sohlen der Winterstiefel. Jetzt schnell das Lagerfeuer wieder entzünden und Wasser für einen heißen Tee kochen!

Winter ist eine faszinierende Jahreszeit! Wenn die Temperaturen sinken, sich Eis an den Rändern von Gewässern bildet und schließlich eine Schneedecke die Landschaft verhüllt, beginnt eine Zeit der Stille. Es ist beinahe so, als bräuchte Mutter Natur eine Verschnaufpause nach den schrillen und grellen Monaten des warmen Sommers.

Winter ist eine wunderschöne Jahreszeit! Diese Schönheit erschließt sich allerdings nicht immer gleich auf den ersten Blick. Manchmal sind geübte Beobachterinnen und Beobachter gefordert, die zunächst verborgenen Geheimnisse der winterlichen Schönheiten zu entschlüsseln – wie zum Beispiel die feinsten kristallinen Strukturen fallender Schneeflocken; die Sonnenstrahlen, die sich an den Eisrändern des Ufers eines langsam immer mehr zufrierenden Flusses brechen; die wellenartigen Strukturen, die der stetige Wind auf der Schneedecke eines Bergplateaus modelliert hat; die verschneiten Fichten eines winterlichen Märchenwaldes, die sich unter der Schneelast zu Boden neigen; die zierlichen Fährten einer Gruppe Schneehühner, die sich durch die Weidenbüsche eines Berghanges schlängeln; der orangerote Himmel ewig dauernder Sonnenauf- und Sonnenuntergänge; die grünen und violetten Lichtspiele am nördlichen Horizont, wenn uns in einer dunklen Winternacht Aurora Borealis beeindruckt.

Die Gründe, im Winter auf Tour zu gehen, sind vielfältig. Während die einen auf der Suche nach jener winterlichen Schönheit sind, zieht es andere für spezielle winterliche Aktivitäten wie Eisangeln und Hundeschlittenfahren oder einen Ausflug mit einem Motorschlitten ins Freie.

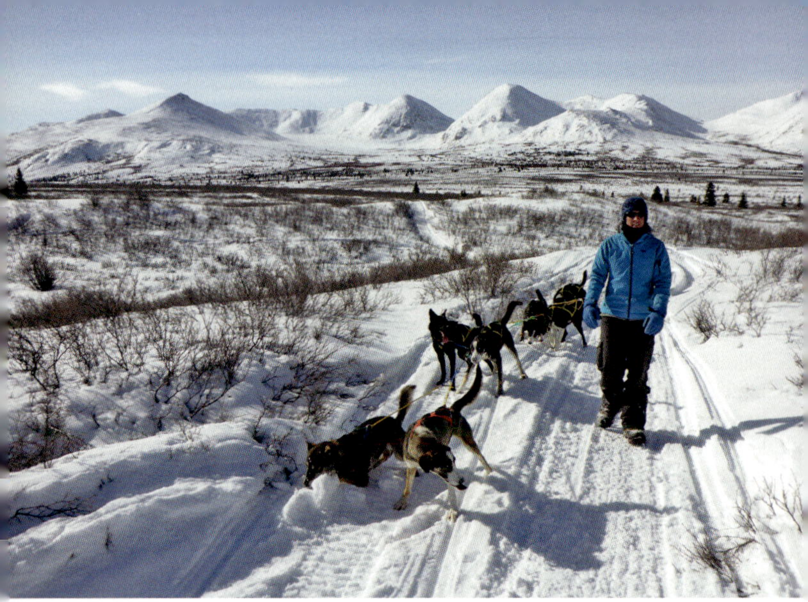

Wer im Winter in der Wildnis unterwegs ist, muss gut vorbereitet sein und sich selbst zu helfen wissen, wenn etwas schiefläuft

Wieder andere sind auf der Suche nach einer sportlichen Herausforderung und steigen mit Tourenski in die Berge, um den anschließenden Rausch bei der Abfahrt durch frischen Pulverschnee zu genießen. Auf Schneeschuhwanderungen ist man vielleicht auf der Suche nach Zielen abseits etablierter Wanderwege, wie etwa einem Sumpfgebiet, das im Sommer wegen des stehenden Wassers gar nicht erreichbar ist. Manchmal ist es schlicht der Wunsch, ein sommerliches Urlaubsziel auch einmal zur kalten Jahreszeit zu erleben.

Meist finden sich vermutlich gleich mehrere gute Gründe für eine winterliche Exkursion. Ganz sicher aber liegt für viele der Reiz einer Wintertour auch in extremen Wetterbedingungen und dem herausfordernden Terrain. Wir begeben uns im Winter auf die Suche nach einer besonderen Herausforderung, der wir uns stellen, um zu lernen und zu wachsen. Wir folgen dem Wunsch nach Kontrast zu unserem warmen, weichen, kuscheligen Alltagsleben.

Die Bedingungen, die uns eben jene gesuchten Herausforderungen bescheren, bergen aber auch besondere Gefahren und Risiken: Kalte Temperaturen, unerbittliche Winterstürme, tiefer Schnee, Lawinenabgänge und brüchiges Eis auf Gewässern sind nur einige Schwierigkeiten, denen wir im Winter unterwegs begegnen können.

Im November 2017 begab sich mein Kollege Pierre–Luc, Wildnisführer im kanadischen Yukonterritorium, mit dem Motorschlitten unweit von Whitehorse in die Berge. Er wollte für eine bevorstehende Hundeschlittenexpedition Depots mit Lebensmitteln, Futter und Stroh für die Huskies anlegen. Der Schnee war tief und das Fahrzeug arbeitete schwer, um die Ladung zu ziehen. Nach mehreren Stunden anstrengender Fahrt gab der Motor des Schneemobils den Geist auf. Es war bereits später Nachmittag und die kürzeste Distanz zurück zur Straße betrug rund 75 km. Die Temperaturen lagen bei etwa -20 °C.

Pierre-Luc berichtete von der aufkommenden Frustration, der Wut und schließlich der einsetzenden Panik. Den Motorschaden dort draußen in der Wildnis ohne Ersatzteile und nur mit wenigen verfügbaren Werkzeugen zu reparieren, war keine Option. Mit dem Satelliten-Messenger informierte er Freunde zu Hause, aber es wurde bald klar, dass Unterstützung erst am nächsten Morgen aufbrechen können würde. Für die Nacht war er auf sich allein gestellt und würde mangels eines warmen Schlafsacks im Gepäck einen alternativen Plan brauchen, um nicht zu erfrieren.

Nur wenige Kilometer entfernt von dem liegengebliebenen Motorschlitten gab es eine kleine Schutzhütte, aber Pierre-Luc wusste, dass es dort auf der baumlosen Ebene kein Feuerholz gab und dass die Hütte nur den Anschein von Schutz bot. Er würde dort vielleicht Schutz vor Wind finden, aber es wäre in der unbeheizten Hütte genauso kalt wie draußen. Etwa 40 km weiter hingegen gab es ein fest etabliertes Lager, das zu der Zeit zwar unbewohnt, aber dennoch mit Feuerholz versorgt war. Die Distanz wäre vielleicht ein ordentlicher Fußmarsch durch die Nacht, doch er war zuversichtlich, es zu schaffen.

Nach weniger als einer Stunde des Wanderns durch den tiefen und weichen Schnee musste sich Pierre-Luc eingestehen, dass er es nicht zu dem sicheren Lager schaffen würde. Ihm wurde klar, dass er die aufsteigende Panik besiegen und den kopflosen Aktionismus beenden musste, wenn er die nahende Nacht und die kalten Temperaturen überstehen wollte.

Eine geistige Bestandsaufnahme der Ausrüstung und Lebensmittel, die er an dem verunglückten Motorschlitten zurückgelassen hatte, und der natürlichen Ressourcen der dortigen Umgebung ließ Pierre-Luc umkehren.

Im Umfeld des Motorschlittens gab es zwei kleinere Bäume, die er fällte. Mit ihnen baute er rund um den Stamm einer großen Fichte einen dichten Unterschlupf, der ihn vor dem kalten Wind schützen würde. Schlafsack und Isomatte hatte er nicht dabei, da er ja nur für einen Tag hatte unterwegs sein wollen. Aber die Strohballen – eigentlich für die Schlittenhunde der bevorstehenden Expedition gedacht – wurden nun zu einer isolierenden Unterlage und Rückwand umfunktioniert.

Nahrung gab es in seinen Vorräten mehr als genug. Ein Metallbecher diente ihm als Topf, in dem er Wasser schmelzen und Essen warm machen konnte.

Als er sich aufmachte, um Feuerholz für die Nacht zu sammeln, war es bereits dunkel. Der Schein der kleinen Stirnlampe war zwar recht begrenzt, reichte aber aus, um schließlich einen abgestorbenen Baum auszumachen und zu fällen. Die Gegend dort hat nur wenige Bäume und um geeignetes Feuerholz zu finden, musste er sich mehrere Hundert Meter durch tiefen Schnee kämpfen.

Die Nacht verbrachte Pierre-Luc abwechselnd vor dem wärmenden Feuer, auf dem Stroh schlafend oder damit, noch mehr Brennholz aus der Umgebung herbeizuschleppen, wenn ihm an dem niedergebrannten Feuer zu kalt wurde. Durch die körperliche Aktivität wurde der Kreislauf immer wieder angeregt und die Gliedmaßen durchblutet. Nach jedem Gang zum Feuerholz konnte er wieder gut aufgewärmt für ein bis zwei Stunden schlafen.

So verbrachte Pierre-Luc eine zwar unangenehme, aber doch sichere Nacht, bis am nächsten Tag gegen Mittag die ersehnte Rettung eintraf.

Wie leicht ein solcher Fall eine ganz andere Wendung nehmen kann, erlebte ich ein paar Jahre später zu Beginn einer Wintersaison. Als Mitglied der regionalen Search-and-Rescue-Gruppe bekam ich an einem späten Nachmittag einen Anruf mit dem Hinweis, dass eine männliche Person nach einem Ausflug mit dem Motorschlitten seit einem Tag vermisst würde. Als Suchgebiet wurde ein Areal unweit von Pierre-Lucs kalter Nacht ausgemacht.

Obwohl das Wetter einigermaßen mitspielte, waren die Bedingungen schwierig. Es lag an vielen Stellen noch nicht genug Schnee, um mit den Motorschlitten sicher unterwegs zu sein. Steine und Felsen waren immer noch exponiert und das Risiko, sich bei einem Sturz zu verletzen oder die Maschinen zu beschädigen und dann irgendwo festzusitzen und auch gerettet werden zu müssen, war hoch. Auch mit den Geländefahrzeugen mit Rädern kamen wir kaum voran. Die Allradfahrzeuge blieben stecken, wo sich im Windschatten Schneeverwehungen gebildet hatten. Die Dunkelheit erschwerte die Suche.

Im Laufe der Nacht fand ein Einsatzteam schließlich den Motorschlitten des Vermissten an einem Berghang. Der Gesuchte war nicht mehr vor Ort und hatte sich zu Fuß in schwieriges Gelände aufgemacht, um das nächste Tal zu erreichen.

Am nächsten Morgen, während ich mit den Kollegen meines Teams auf Schneeschuhen den Spuren des Vermissten folgte, kam über Funk die traurige Nachricht: Die unterstützende Hubschrauberbesatzung hatte die Leiche des Mannes aus der Luft entdeckt.

Ein spontaner Ausflug an einem relativ milden Winternachmittag endete in einer Tragödie. Erst kürzlich in die Gegend gezogen kannte er die Gegebenheiten vor Ort nur kaum. Sein Aufbruch am späten Nachmittag ließ nur wenig Zeit für eine Rückkehr bei Tageslicht. Ohne funktionierendes Mobiltelefon konnte er niemanden über seine missliche Lage informieren. Er traf eine folgenschwere Entscheidung, als er den Motorschlitten zurückließ und sich in wegloses Terrain begab, anstatt auf der gekommenen Route dem Rettungsteam entgegenzuwandern. Vermutlich verausgabte er sich im tiefen Schnee und durchnässte schwitzend seine Kleidung. Und als er zu erschöpft war, um weiterzuwandern, konnte ihn diese nicht mehr vor der Kälte schützen. Diese Szene spielte sich an einem Berghang unweit eines besiedelten Gebietes ab. Geborgen wurde er nach einem fast 4 km langen Marsch durch schwieriges Gelände, nur unweit einer befahrbaren Straße.

Jedes Jahr kommen Menschen im Winter zu Schaden und erleiden Erfrierungen, sterben an Unterkühlung, brechen durch dünnes Eis in ein Gewässer ein, verletzen sich auf einer Schneeschuhwanderung, werden bei einer Skitour von einer Lawine erfasst oder bleiben mit dem Auto auf einer abgelegenen Bergstraße stecken und müssen ausharren, bis Rettung kommt.

Die beiden Beispiele zeigen, wie ähnliche Situationen unterschiedliche Wendungen nehmen und zu verschiedenen – und teils fatalen – Ausgängen führen können.

Um eine Wintertour erfolgreich durchführen und in Notfällen richtig reagieren zu können, spielen die richtige Ausrüstung, eine sorgfältige Vorbereitung der Tour, physische Fitness und mentale Stärke, Erfahrung im Umgang mit schwierigen Bedingungen, ein effizienter und zielorientierter Prozess zur Entscheidungsfindung unter Stress sowie praktisches Training zur Selbst- und Kameradenrettung eine wesentliche Rolle.

Der Spielraum für Fehler ist im Winter bedeutend geringer als zu den warmen Jahreszeiten. Bereits kleine Fehler und falsche Entscheidungen können im Winter zu komplexen Notsituationen führen.

In diesem Ratgeber habe ich Erfahrungen zusammengestellt, die ich über viele Jahre auf etlichen Wintertouren in den Mittel- und Hochgebirgen Zentraleuropas, den arktischen und subarktischen Tundren Skandinaviens und den borealen Nadelwäldern Nordamerikas gesammelt habe. Jägerinnen und Jäger, Trapper, Wildnisführerinnen und -führer sowie Ausbilderinnen und Ausbilder aus meinem Bekanntenkreis haben Ihre Wintererfahrungen und Kaltwettertipps mit mir geteilt und somit auch zu diesem Buch beigetragen.

Mögen Sie in diesem Buch viele Ratschläge und Tipps finden, die Ihnen helfen, selbst traumhafte Wintertouren und Expeditionen zu planen und erfolgreich durchzuführen und richtig zu agieren, falls doch einmal etwas schiefgeht.

Haben Sie viel Spaß da draußen und kommen Sie heil und gesund wieder heim!

Tourenvorbereitung und Notfallprävention

Schwere **Notfälle zu vermeiden, ist die höchste Priorität** auf einer Wintertour. Oft wird unter „Survival" nur die richtige Reaktion auf einen eingetretenen Notfall verstanden. Präventive Maßnahmen zur Vermeidung von Notfällen sind jedoch mindestens genauso wichtig und sollten beim Überlebenstraining und bei der Tourenvorbereitung eine stärkere Gewichtung bekommen. Deshalb beschäftigt sich dieses Kapitel mit dem wichtigen Aspekt der Vorbereitung auf eine Wintertour.

Es werden wichtige Punkte für die Planung der Tour im Allgemeinen sowie im Hinblick auf das Risikomanagement besprochen. Außerdem werden die Vorteile eines Notfallplans und die Bedeutung hinreichenden Trainings im Vorfeld diskutiert.

Anschließend wird ein Leitfaden zur Beobachtung und Analyse der laufenden Tour im Hinblick auf die Vermeidung von Notsituationen skizziert.

Tourenplanung

Die Beweggründe für eine Wintertour mögen von Person zu Person unterschiedlich sein. Aber jeder Ausflug und jede Expedition beginnt zunächst mit einer Idee, einem Wunsch. Manchmal erträumt man sich – vorerst noch sehr vage und oft vielleicht auch etwas romantisiert – eine Tour oder stellt sich ein Reiseziel vor. Vielleicht spricht man mit Freundinnen und Freunden über die Ideen oder sucht einmal ganz oberflächlich im Internet ein paar weitere Informationen zur Zielregion heraus.

Und irgendwann bewegt man sich von einer vagen Idee zu einem konkreten Vorhaben: „Da will ich hin! Das will ich machen!"

Ob das wirklich umsetzbar ist, steht zu diesem Zeitpunkt eventuell noch in den Sternen, aber die Entscheidung, jetzt handfest an der Planung zu dem Vorhaben zu arbeiten, ist gefallen.

Nun beginnt die wirkliche Vorbereitungsphase! Um eine erfolgreiche Winterexpedition durchführen zu können, müssen vor dem Startschuss noch viele Fragen beantwortet werden. Dazu gehören unter anderem:

- ▷ Wo soll es hingehen? Wie kommen Sie an den Startpunkt der Tour? Wie reisen Sie wieder zurück?
- ▷ Welche Route wählen Sie?
- ▷ Was für Fortbewegungsmittel nutzen Sie für die Expedition (Ski, Schneeschuhe, Hundeschlitten, Motorschlitten, Auto)?

- ▷ Welche Bedingungen herrschen vor Ort (Schnee- und Eisbedingungen, offenes Wasser, Hangneigungen, Temperaturen und Wind usw.)?
- ▷ Wie wird im Gelände navigiert?
- ▷ Welche Ausrüstung wird für die Tour benötigt?
- ▷ Welche Verpflegung wird gebraucht?
- ▷ Welche Anforderungen werden an die Teilnehmenden gestellt (Fitness, technisches Können, mentale Verfassung, Erfahrung, Teamgeist, Persönlichkeit)?
- ▷ Welche persönlichen Ziele wollen Sie erreichen?

Alle diese Aspekte spielen eine Rolle für ein gutes Gelingen der Tour und haben unterwegs einen Einfluss auf die Sicherheit der Teilnehmenden. Je sorgfältiger Sie Ihre Tour vorbereiten, desto weniger wahrscheinlich werden Sie unterwegs von unerwarteten und unlösbaren Schwierigkeiten überrascht werden.

Es ist wichtig, dass alle Gruppenmitglieder an die Planung beteiligt sind und entscheidende Aspekte gemeinsam diskutiert werden. So können alle Teilnehmerinnen und Teilnehmer ihre ganz individuellen Perspektiven in der Planung einfließen lassen und sind gleichermaßen über potentielle Schwierigkeiten und besondere Herausforderungen im Bilde.

Risiko-Management

Wenn der grobe Plan für die Tour steht, muss das Vorhaben auf Gefahren, Risiken und potentielle Konsequenzen untersucht werden. Lassen Sie uns diese Begriffe an einem Beispiel ein wenig genauer betrachten und definieren:

Sie überqueren auf einer Wanderung einen zugefrorenen See. Sie haben die Eisdicke überprüft und haben 20 cm solides Eis gemessen. Beim Queren des Gewässers sehen Sie jedoch in einiger Entfernung eine Stelle mit offenem Wasser.

Dabei handelt es sich um eine Gefahrenstelle. Von diesem offenen Bereich mit eiskaltem Wasser geht für Sie ganz **objektiv eine Gefahr** aus. Allerdings nur, wenn Sie sich dem Loch im Eis auch wirklich nähern. Wenn Sie sich dem Eisrand nähern und ganz nah an das Loch herantreten, erhöhen Sie die **Wahrscheinlichkeit,** auch tatsächlich in das kalte Wasser zu fallen. Das **Risiko steigt** also!

Um in Bezug auf diese Gefahr und das einhergehende Risiko eine vernünftige Entscheidung fällen zu können, müssen Sie sich nun auch noch der **möglichen Konsequenzen** bewusst werden. Wenn Sie wissen, dass das Wasser an dieser Stelle nur gerade mal bis zum Knöchel Ihrer Stiefel reicht, wird Ihre Entscheidung, sich dem Loch zu nähern, anders ausfallen, als wenn Sie wüssten, dass es hier mehrere Meter tief ist.

Nach dieser **Risikobewertung** sollten Sie auch noch hinterfragen, ob es **Maßnahmen zur Reduzierung des Risikos** und der negativen Konsequenzen gibt. Um bei unserem Beispiel zu bleiben: Sie könnten die offene Stelle im Eis großräumig umgehen. Wenn das nicht möglich ist, könnte eine Partnerin oder ein Partner Sie auch mit einem Seil sichern, damit bei einem Sturz ins Wasser möglichst eine Rettung eingeleitet werden kann. Vielleicht haben Sie einen Trockenanzug und eine Schwimmweste dabei und minimieren damit weiter die potentiellen negativen Auswirkungen eines Sturzes in das kalte Nass.

Wenn Sie nun alle diese Informationen gesammelt haben, können Sie eine bewusste Entscheidung in Bezug auf die konkrete Gefahr fällen – und entsprechend handeln.

Wenn man sich jedoch einer Gefahr erst gar nicht bewusst ist und wenn man nicht einschätzen kann, wie groß die Wahrscheinlichkeit eines Unfalls in einer bestimmten Gefahrensituation ist oder welchen Konsequenzen man sich ausgesetzt sieht, kann man auch keine sinnvollen Entscheidungen fällen.

Wenn Sie gar nicht wissen, wie und wo Lawinen entstehen, marschieren Sie vielleicht mit fröhlichem Gemüt direkt in die Gefahrenzone. Selbst wenn Sie alles über Lawinen wissen, aber die offensichtlichen Warnzeichen nicht beachten, landen Sie vielleicht ebenfalls in dem Lawinenbereich. Wenn Sie sich der Lawinengefahr absolut bewusst sind und verstanden haben, dass das Risiko eines Schneebrettabgangs recht hoch ist, aber denken, dass die Schneemenge nicht ausreichend ist, um Sie vollständig zu begraben, stapfen Sie vielleicht trotzdem in Ihr Verderben, weil Sie sich verschätzt haben. Und selbst wenn Sie die akute Gefahr erkannt haben, sich der hohen Unfallwahrscheinlichkeit bewusst sind und die potentiell tödlichen Konsequenzen eines Lawinenabgangs verstanden haben, kann es sein, dass Sie sich selbst und Ihre Gruppe dennoch für den berühmt-berüchtigten Darwin Award nominieren, weil es Ihnen an Handlungsalternativen mangelt. Vielleicht weil Sie nicht wissen, wo eine alternative und weniger gefährliche Route verläuft, oder weil Sie nicht in Erwägung gezogen haben, dass umzukehren auf einer bereits bekannten und weniger riskanten Strecke immer auch eine Option ist. Eventuell fehlt es Ihnen auch an Verschüttetensuchgeräten und Lawinensonden oder Sie haben den richtigen Umgang mit diesen lebensrettenden Werkzeugen nie erlernt und unter realistischen Bedingungen trainiert.

Sie sehen an diesen Beispielen, wie umfangreich die Betrachtung und der Umgang mit Gefahren und Risiken ist. Die richtige **Einschätzung komplexer Situationen erfordert viel Wissen und Erfahrung, regelmäßige Übung und eine gute Beobachtungsgabe**. Und Sie können sich sicherlich vorstellen, wie leicht man in einem solch komplexen Entscheidungsprozess einen Fehler machen und die falschen Schlüsse ziehen kann. Dass auch immer wieder erfahrene Tourengeherinnen und Tourengeher und Expeditionsteilnehmende in Notlagen geraten, ist ein klarer Beleg dafür.

Ein erklärtes Ziel dieses Buches ist es, auf verschiedene Gefahren, denen Sie im Winter begegnen können, aufmerksam zu machen. Das Studium der nachstehenden Kapitel wird Ihnen hoffentlich helfen, eine Gefahren- und Risikoanalyse für die nächste Wintertour zu erstellen und Möglichkeiten der Bewältigung von schwierigen, potentiell gefährlichen und ausgewachsenen Notlagen zu erarbeiten.

Zusammenfassend können Ihnen diese Fragen bei der Bewertung von Gefahren und Risiken helfen:

▷ Was kann schiefgehen/passieren?

▷ Was sind die Gefahren auf dieser Tour in Bezug auf
- das Wetter?
- das Gelände?
- die Fortbewegungsart?
- die Ausrüstung?
- die Teilnehmenden?

▷ Wie hoch ist die Wahrscheinlichkeit, dass in Bezug auf die identifizierten Gefahren auch wirklich etwas passiert?

▷ Was sind die Folgen, wenn etwas passiert?

▷ Können die Gefahren komplett vermieden werden?

▷ Wie lässt sich das Risiko verringern?

▷ Wie können die negativen Auswirkungen reduziert werden, wenn etwas passiert?

Notfallplan

Während der Analyse von möglichen Gefahren, Risiken und potentiellen Konsequenzen haben Sie eine Liste von möglichen Notfallszenarien erarbeitet. Nun ist es Zeit, sich mit der Frage zu beschäftigen, wie Sie reagieren können, wenn tatsächlich etwas schiefgeht.

Wie können Sie reagieren, wenn ein Gruppenmitglied von einer Lawine verschüttet wird? Welche Schritte sind nötig, wenn Sie durch dünnes Eis in kaltes Wasser eingebrochen sind? Wie behandeln Sie während einer Skitour eine unterkühlte Person?

Sich bereits im Vorfeld einer Tour gedanklich oder sogar in aktiven Rollenspielen mit den anderen Mitgliedern einer Tourengruppe auf Notsituationen vorzubereiten, hilft nicht nur, sich mögliche Gefahrensituationen bewusster zu machen, sondern auch eine wohlüberlegte und organisierte Reaktion unter Stress vorzubereiten.

Notfallplan

Region:

Tourenbeginn:

Ort: Datum: Uhrzeit:

Art der Tour:

O Schneeschuhwanderung O Skitour O Schneeschuhtour O Hundeschlittenfahrt O Motorschlittentour

Fahrzeug:

Marke und Modell: Kennzeichen:

Gruppenleiter:

Name: Telefon: Email:

Im Notfall zu benachrichtigen:

Name: Telefon: Email:

Teilnehmer:

Name	Telefon	Email	Im Notfall benachrichtigen	Medizinische Probleme	Medikamente

Satelliten-Telefonnummer der Gruppe:

Vorhandene Notfall-Ausrüstung/Verpflegung:

Routenbeschreibung (inklusive Lagerplätzen und geplantem Zeitverlauf):

Mögliche Alternativrouten in Notfällen:

Ausrüstungs-Beschreibung (Zelt, Rucksack, Bekleidung - Farbe, Marke, Modell):

Tourenende:

Ort: Datum: Uhrzeit:

Notfallplan
Sie haben die Möglichkeit, das Notfallplanformular kostenlos von der Website des Verlages als PDF herunterzuladen.

- ▷ Was tut man, wenn trotz sorgfältiger Planung der Notfall X eintritt? Welche Möglichkeiten zur Selbstrettung haben Sie? Wie kann Kameradenhilfe geleistet werden?
- ▷ Welche Verletzungen können auftreten und wie kann Erste Hilfe geleistet werden? Wer hat welche medizinischen Kenntnisse für die Erstversorgung eines Unfallopfers?
- ▷ Wie kommen Sie aus eigener Kraft wieder nach Hause, wenn die Tour nicht wie geplant fortgesetzt werden kann? Was tut man, wenn zum Beispiel unerwartete Schneefälle eine sichere Fortsetzung der Tour nicht mehr erlauben?
- ▷ Gibt es alternative Routen, sichere Abkürzungen oder Stellen, an denen die Tour vorzeitig beendet werden kann, falls Schwierigkeiten auftreten?
- ▷ Wie können bei Eintreten schwerer Notfälle die Rettungskräfte alarmiert werden?

Wählen Sie aus Ihrem Bekanntenkreis eine zuverlässige Person aus, die daheim als Notfallkoordinatorin oder Notfallkoordinator dienen kann. Diese Person benötigt alle wichtigen Daten in Bezug auf Ihre Unternehmung und darüber hinaus eine klare schriftliche Anleitung, was zu tun ist, falls Sie sich nicht wie verabredet von unterwegs melden oder nicht wie geplant am Ende der Tour wieder auftauchen.

Stellen Sie sicher, dass Ihre ausgewählte Person auch wirklich freiwillig agiert und sich der Wichtigkeit ihrer Rolle bewusst ist.

In Abbildung 4.1 finden Sie ein Formular, das Sie nutzen können, um dieser Vertrauensperson alle wichtigen Eckdaten zu übermitteln. Ergänzend dazu sollten Sie auch noch die Adressen und Telefonnummern örtlicher Rettungsdienste zur Verfügung stellen.

Training

Training ist ein wichtiger Teil der Vorbereitung auf eine Tour. Dabei gibt es viele verschiedene Arten von Training, die unter Umständen zu berücksichtigen sind.

Körperliche Fitness, also entsprechende **Ausdauer, Kraft und Gelenkigkeit**, sind vonnöten, wenn Sie sich auf eine Winterexpedition begeben. In welchem Ausmaße Sie für die Unternehmung fit sein müssen, hängt natürlich von Ihrem konkreten Vorhaben ab. Viele outdoorbegeisterte Menschen werden sich durch regelmäßige Aktivitäten, wie Wandern, Radfahren, Skilaufen, ohnehin einigermaßen fit halten. Zusätzliches Ausdauer- und Krafttraining kann helfen, sich auf spezielle Anforderungen einer Wintertour vorzubereiten. Wenn Sie eine Expedition planen, die ein zusätzliches Fitnesstraining erfordert, sollten Sie rechtzeitig mit dem Training beginnen.

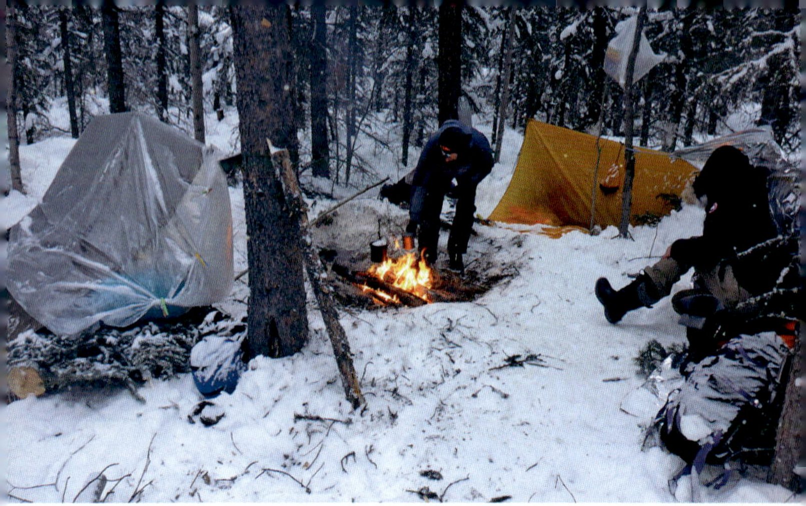

Spezifisches Wintersurvivaltraining bietet den Teilnehmenden die Möglichkeit, verschiedene Techniken zu lernen und auszuprobieren. Hier experimentieren die Teilnehmenden des Kurses mit verschiedenen Notunterkünften während eines Winterbiwaks.

Müssen Sie sich in Bezug auf Ihre Fortbewegung technisch besser vorbereiten? Steht eine Skitour im Gebirge auf der Wunschliste, aber Ihre Abfahrtstechnik ist den Anforderungen nicht gewachsen? Mit professionellen Trainerinnen und Trainern **an Ihrer Technik zu feilen**, wird Ihnen helfen, Fehler zu eliminieren und den Lernprozess zu beschleunigen.

Spezielle **Kurse können Fachwissen vermitteln**, das Sie für eine sichere Ausführung Ihrer Expedition benötigen. Lawinenkurse vermitteln Ihnen nicht nur, wie Sie das Lawinenrisiko im Gelände einschätzen, sondern auch, wie Sie schnell und effektiv eine Kameradenrettung durchführen. In einem Eisrettungskurs lernen Sie, die Eisbedingungen auf einem Gewässer einzuschätzen und sich beim Einbrechen selbst zu retten. In Gletscherkursen können Sie eine schnelle und effiziente Spaltenbergung üben. Ein spezieller Wildnis-Erste-Hilfe-Kurs vermittelt neben allgemeinen Techniken zur Erstversorgung auch die richtigen Schritte zur Behandlung von Erfrierungen und unterkühlten Personen.

Selbstverständlich gibt es auch Wintercamping- und Wintersurvivalkurse, die Ihnen wichtige Tipps vermitteln und Erfahrungen ermöglichen, die Sie während Ihrer Wintertour oder auf längeren ungeplanten Aufenthalten nutzen können.

Neben kommerziellen Anbietern wie etwa Wildnis- und Survivalschulen bieten auch Berg- und Skischulen sowie Alpenvereine und Wintersportklubs relevante Trainingskurse und Workshops an.

Wenn Sie Trainingsangebote wahrnehmen möchten, sollten Sie sicherstellen, dass der Anbieter einen guten Ruf hat. Verfügt die Ausbilderin oder der Ausbilder wirklich über ausreichend eigene Erfahrung? Stammen Wissen und Erfahrung von echten Winterexpeditionen oder handelt es sich nur um angelesenes Wissen? Was haben frühere Kundinnen und Kunden über ihre Erfahrungen mit dem Anbieter zu berichten? Hinterfragen Sie, ob Sie in dem Kurs tatsächlich relevante Informationen erhalten und Techniken lernen werden, die Sie auch wirklich in Ihrem eigenen Tourenalltag anwenden können. Ein Wintersurvivalkurs in einer subarktischen Waldregion ist vermutlich nur von beschränktem Nutzen, wenn Sie sich danach auf eine hochalpine Bergexpedition begeben. Es wird sicherlich Überschneidungen geben und einige Informationen und Techniken sind vielleicht übertragbar. Aber viele Spezialtechniken für Winterbergsteigerinnen und Winterbergsteiger werden sich in einer bewaldeten Ebene kaum effektiv lernen lassen.

Notfallprävention

Um Notfälle auf einer Tour zu vermeiden, bedarf es der bereits oben angesprochenen sorgfältigen Vorbereitung einschließlich einer Gefahren- und Risikoanalyse. Sie benötigen die richtige Ausrüstung, müssen körperlich fit sein für die ausgewählte Tour und über das entsprechende Können verfügen, um die Ausrüstung anzuwenden und sich kompetent durch die Winterlandschaft zu bewegen. Sie müssen sich gegebenenfalls selbst zu helfen wissen, wenn etwas schiefgeht.

Es gibt viele Arten von Notfällen, die sich im Outdoorbereich im Winter ereignen können, und es gibt eine Vielzahl von Faktoren, die zu der Entstehung eines Notfalls beitragen. Oft wird zwischen objektiven und subjektiven Faktoren beziehungsweise Gefahren unterschieden. Als **objektive Gefahren** werden **Umwelteinflüsse** aufgeführt, also etwa die Gefahr, die vom Wetter oder dem Gelände ausgeht. Als **subjektive Gefahren** werden zum Beispiel **mangelnde Leistungsfähigkeit und Fehleinschätzung** der eigenen Fertigkeiten oder der Leistungsfähigkeit betrachtet.

Man sollte dabei jedoch berücksichtigen, dass auch objektive Gefahren vom Menschen falsch eingeschätzt werden können und somit auch bei der Analyse von Umweltfaktoren eine subjektive Komponente eine Rolle spielen kann.

Nur wenige Notlagen treten wirklich spontan und ohne Zutun der Tourengeherinnen und Tourengeher ein. Viele Notsituationen entwickeln sich als Folge mehrerer kleiner Fehler und falscher Entscheidungen, die sich zu einem großen Problem aufaddieren. Im Nachhinein kann man oft die Fehlentscheidungen oder Handlungen ausmachen, die zum Eintreten einer komplexen Notlage beigetragen haben. Diese jedoch unterwegs auch als solche zu erkennen und entsprechend entgegenzuwirken, ist extrem schwierig.

Die **konstante Beobachtung der Bedingungen auf der Tour** und ein regelmäßiges Hinterfragen der eigenen Entscheidungen und Handlungen kann helfen, diese sich langsam entwickelnden komplexen Notfälle von vornherein zu vermeiden. Wenn Sie bereits früh erkennen, dass etwas schiefläuft, können Sie oft noch rechtzeitig eine wirkliche Notsituation abwenden. Eine konstante Beobachtung und Bewertung der eigenen Situation ist wichtig!

Die übergeordneten Fragen dabei sind: **Verläuft alles nach Plan? Wie sind die aktuellen Bedingungen?**

Detaillierter sollten Sie analysieren, indem Sie hinterfragen:

- Wie ist das Wetter?
- Wie ist das Gelände?
- Können Sie akute und eventuell unerwartete Gefahren ausmachen?
- Was ist der aktuelle Standort? Sind Sie/ist die Gruppe noch auf der geplanten Route?
- Liegen Sie noch im vorgesehenen Zeitrahmen?
- Sind Sie/die Gruppenmitglieder den Anforderungen gewachsen?
- Wie ist der körperliche Zustand jeder beziehungsweise jedes Einzelnen? Sind alle Gruppenmitglieder weiterhin motiviert? Ist jemand erschöpft oder hat Anzeichen von Unterkühlung oder Erfrierungen?
- Wie ist der Gemütszustand der teilnehmenden Personen?
- Gibt es gruppendynamische Schwierigkeiten?
- Ist die Ausrüstung adäquat für die herrschenden Bedingungen?
- Reicht die Verpflegung für die verbleibende Dauer der Tour?

Eine solche **Bestandsaufnahme sollte zur festen Routine einer Tour gehören** und mindestens einmal täglich erfolgen. Aber es empfiehlt sich, auch zwischendurch immer wieder eine Analyse durchzuführen, wenn Sie das Gefühl haben, irgendetwas stimmt nicht, wenn sich die Bedingungen (Gelände, Wetter, Gefahrenlage) verändert haben, wenn Sie Änderungen in der Gruppe wahrgenommen haben oder irgendwelche sonstigen signifikanten Ereignisse eingetreten sind.

Sie haben ein ungutes Gefühl im Bauch und es stellen sich die Nackenhaare auf? Halten Sie inne und fragen Sie sich, ob wirklich alles okay ist.

Schenken Sie Ihrer eigenen Verfassung und dem Zustand Ihrer Kolleginnen und Kollegen auch dann besondere Beachtung, wenn es darum geht, schwierige oder riskante Aufgaben auszuführen! Sind wirklich alle aufmerksam und in der Lage, konzentriert zu arbeiten?

Viele Unfälle und Verletzungen ereignen sich, wenn man am Ende eines anstrengenden Tages müde ist, bereits vom fertigen Essen träumt, in Gedanken schon im warmen Schlafsack oder gar auf dem Heimweg ist.

Oft geht etwas schief, wenn man erschöpft, hungrig oder abgelenkt ist, wenn man sich auf den letzten Kilometern nur mehr unkonzentriert zum Lager schleppt und dabei über die Schneeschuhe stolpert oder wenn man kalt und ungeduldig nur schnell ein paar Scheite für das Feuer spalten will und die scharfe Axt dabei im Schienbein landet.

Machen Sie genug Pausen! Trinken Sie noch einen weiteren Schluck und essen Sie einen energiereichen Snack! Nehmen Sie die schwierige Wegstrecke erst dann in Angriff, wenn Sie auch wirklich dazu bereit sind! Greifen Sie nur dann zu Axt und Messer, wenn Sie in der Lage sind, konzentriert zu arbeiten!

Verhalten im Notfall – Strategien und Entscheidungshilfen

Die routinemäßige Analyse und Bewertung der gegenwärtigen Situation ist ein wichtiges Werkzeug, um Schwierigkeiten und besondere Herausforderungen auf der Tour rechtzeitig zu erkennen, damit man entgegensteuern und größere Probleme noch rechtzeitig abwenden kann.

Aber **was, wenn Sie festgestellt haben, dass nicht alles in Ordnung ist**? Was, wenn Sie befürchten, nicht mehr auf der geplanten Route zu sein und im Schneesturm den Standort nicht sicher bestimmen können? Was tun Sie, wenn Sie bemerken, dass Ihre Gruppe in dem tiefen Schnee viel langsamer vorwärtskommt als gedacht und Sie nicht nur länger für die Strecke brauchen werden, sondern auch nicht genug Essen für die Extratage dabeihaben? Was machen Sie, wenn Sie feststellen, dass die Hangneigung steiler ist als erwartet und Ihre Fähigkeiten auf den Ski nicht ausreichen? Wie sollen Sie sich verhalten, wenn der Sturm der letzten Nacht Ihr Zelt zerrissen hat?

Vielleicht präsentiert sich Ihr Notfall aber auch wesentlich spontaner: Eben war die Welt beim Skifahren noch in Ordnung, doch nun inspizieren Sie nach einem brutalen Sturz einen offenen Bruch in Ihrem Bein. Oder Sie fuhren gerade noch mit dem Gespann treuer Schlittenhunde durch die malerische Winterlandschaft, doch nach einem Malheur in einer engen Kurve liegen Sie jetzt allein im Tiefschnee, während das enthusiastische Hundeteam mit Ihrer gesamten Ausrüstung in Richtung Sonnenuntergang sprintet. Eben hatten Sie noch die verschneite Gebirgslandschaft bewundert und jetzt starren Sie mit weit aufgerissenen Augen auf den Lawinenabgang vor Ihnen und versuchen verzweifelt, Lebenszeichen Ihrer Freundinnen und Freunde auszumachen.

Solche **Situationen verursachen enormen Stress** und viele Menschen reagieren mit einer emotionalen Achterbahnfahrt. Die aufkommenden Gefühle können so vielfältig wie überwältigend sein. Sie reichen oft von Wut und Verärgerung über die eingetretene Situation oder die gemachten Fehler zu Angst und Verzweiflung.

Wenn die Situation zu Verletzten oder sogar Todesfällen geführt hat, kommen oft noch Schuldgefühle und Trauer hinzu.

Unter dem extremen Stress einer akuten Bedrohung reagieren wir oft nach dem sogenannten **„fight, flight or freeze"-Muster**. Dabei handelt es sich um ein instinktives – also automatisches – Reaktionsspektrum, das wir im Laufe der menschlichen Evolution entwickelt haben, um in Situationen akuter Bedrohung in Sekundenschnelle unser Leben zu retten.

Den Reaktionen „Kampf" (*fight*) und „Flucht" (*flight*) geht ein gewisser Handlungsspielraum und eine damit verbundene Hoffnung voraus, die Situation entweder durch Kampf (also sich der Bedrohung aggressiv und aktiv zu stellen) oder durch Flucht (indem man der Bedrohung entkommt) lösen zu können. Als hormonale Antwort werden Adrenalin und Cortisol ausgeschüttet. Auf physiologischer Ebene reagieren wir mit schnellerem Herzschlag, erhöhter Atemfrequenz, einer erhöhten Durchblutung wichtiger Muskeln und einem reduzierten Schmerzempfinden. So bereitet sich der Körper auf den bevorstehenden Kampf oder die anstehende Flucht vor.

Präsentieren sich keine Handlungsoptionen und wird keine Hoffnung auf aktive Bewältigung der Gefahrensituation gesehen, kann der Körper auch mit „Sich-tot-Stellen" (*freeze*) reagieren. Dabei werden Puls und Atemfrequenz heruntergefahren. Auch Denkprozesse werden teilweise ausgeschaltet.

Das Problem bei Fight-, Flight- und Freeze-Reaktionen ist, dass es sich um Affekthandlungen handelt. Wir stürzen, ohne nachzudenken, drauf los, rennen weg oder erstarren, anstatt wohlüberlegte Handlungen auszuführen.

Vorbereitung und Training haben auf unsere Reaktion in Notsituationen einen erheblichen Einfluss. Wenn stressige Situationen bereits im Vorfeld durchgespielt und richtige Reaktionen eingeübt wurden, kann das gegebenenfalls den Stress reduzieren. Statt kopflos zu reagieren, wissen Sie bereits, was zu tun ist. Im Idealfall empfinden Sie den Stress erst gar nicht in dem Maße, das eine Fight-, Flight- oder Freeze-Reaktion nach sich ziehen würde. Das Simulieren von Notsituationen und Trainieren von Rettungsmaßnahmen sollte Ihnen zumindest genug Handlungsoptionen geben, um eine Freeze-Reaktion verhindern.

Man kann bei aufkommendem Stress auch durch gezielte Atemübungen (langsam und tief in den Bauch atmen) und einem bewussten Steuern von Gedanken („Ich kann das schaffen und werde diese Situation überstehen!") den Affekthandlungen entgegenwirken.

Sowohl im Survivaltraining als auch bei Erste-Hilfe-Kursen mit einem Schwerpunkt auf medizinischen Notfällen in der Wildnis wird oft die Abkürzung S.T.O.P gelehrt, um kopflosen Affekthandlungen entgegenzusteuern.

Dabei steht S.T.O.P. für die englischen Begriffe ***stop, think, observe, plan*** **(halt an, denk nach, beobachte, plane).**

- ▷ **Stop! Halt an!** Verlassen Sie einen unmittelbaren Gefahrenbereich, aber dann bleiben Sie vorerst an Ort und Stelle! Beruhigen Sie sich!
- ▷ **Think! Denk nach!** Was ist eigentlich passiert? Wie hat sich die Situation entwickelt? Auf welchem Weg oder aus welcher Richtung sind Sie hergekommen?
- ▷ **Observe! Beobachte!** Welche Hilfsmittel, Werkzeuge und Rettungsgeräte haben Sie dabei? Was ist an Nahrung und Trinkwasser vorhanden? Welche nutzbaren Ressourcen bietet Ihre Umwelt?
- ▷ **Plan! Plane!** Planen Sie Ihre weiteren Handlungen basierend auf den vorangegangenen Überlegungen und Beobachtungen.

Wie viel Zeit Sie haben, sich durch diese Schritte zu arbeiten, hängt extrem von der Art Ihres Notfalls ab. Wenn Sie sich zum Beispiel verlaufen haben, gibt es meist keinen akuten Grund zur Eile. Sie haben Zeit, sich zu beruhigen und einen vernünftigen Plan auszuarbeiten. Wenn Sie aber am Rand einer Lawine stehen, haben Sie zur Erfassung der Situation und der Entwicklung eines Plans kaum Zeit, weil für Ihre verschütteten Tourenpartnerinnen und -partner die Chance zu überleben von Minute zu Minute abnimmt und von Ihrer raschen Reaktion abhängt.

Bei der Planung Ihrer Reaktion auf die eingetretene Notsituation kann Ihnen die sogenannte **Dreierregel** helfen.

Danach können Sie

- ▷ 3 Minuten ohne Sauerstoff,
- ▷ 3 Stunden ohne Wetterschutz und Wärme,
- ▷ 3 Tage ohne Wasser,
- ▷ 3 Wochen ohne Nahrung

überleben.

Nehmen Sie diese Angaben nicht wörtlich! Zu viele Variable spielen in einem Notfall eine Rolle, als dass man individuelle Situationen mit solchen pauschalen Aussagen zur Überlebensdauer akkurat beschreiben könnte. Aber diese Dreierregel stellt eine Rangordnung an Grundbedürfnissen auf, die wir für unser Überleben befriedigen müssen. Die Dreierregel soll Ihnen helfen, die **Prioritäten in einem Notfall** festzulegen. Ihre Handlungen sollten sich an der Dreierregel orientieren.

Die oberste Priorität hat Sauerstoff. Er steht stellvertretend für **Erste Hilfe** und alle lebenswichtigen **medizinischen Maßnahmen**. Dazu gehört auch die schnellstmögliche Rettung von Personen aus unmittelbar lebensgefährlichen Lagen.

Besonders im Winter müssen Sie sich als Nächstes um **Wetterschutz und Wärmequellen** kümmern. Reduzieren Sie weiteren Wärmeverlust! Legen Sie zusätzliche Bekleidung an oder schlüpfen Sie in den isolierenden Schlafsack, bauen Sie eine schützende Notunterkunft und entfachen Sie ein wärmendes Feuer!

Trinken Sie genug **Wasser**, damit Sie physisch und psychisch leistungsfähig bleiben! Auch für die Thermoregulierung spielt ein ausgeglichener Wasserhaushalt im Körper eine wichtige Rolle. Wer dehydriert ist, leidet eher an Unterkühlung und kann schneller Erfrierungen davontragen. **Nahrung** steht auf der Liste der unmittelbaren Bedürfnisse zwar ganz unten, weil der menschliche Körper genug Reserven gespeichert hat, um wenigstens mehrere Tage ohne Nahrung auszukommen. Aber im Winter, wenn wir viele Kalorien verbrennen, einfach nur um warm zu bleiben, kommt der Ernährung auch kurzfristig eine hohe Bedeutung zu.

Neben diesen Grundbedürfnissen gibt es noch ein paar weitere Aspekte, um die Sie sich kümmern müssen. Ziel ist es ja, wieder zurück in die Zivilisation zu kehren. Dafür müssen Sie entweder mit den Methoden der **Navigation** selbst wieder nach Hause finden oder **Notsignale** nutzen, um Rettungskräfte auf Ihren Standort aufmerksam zu machen.

Dieses Buch wird in den folgenden Kapiteln weiter darauf eingehen, wie Sie diese Aufgaben unter winterlichen Bedingungen meistern können.

Gefahren im Winter

Auf Wintertouren stellen wir uns ganz besonderen Herausforderungen, die mit den extremen Bedingungen zur kalten Jahreszeit einhergehen. Dieses Kapitel behandelt eine Vielzahl von potentiellen Gefahren, die Ihnen auf einer Wintertour begegnen können. So können Sie sich bereits im Vorfeld bei der Tourenplanung darauf vorbereiten und während der Expedition mögliche Gefahren leichter erkennen und vermeiden beziehungsweise auf Notfälle richtig reagieren.

Kälte

Die Kälte im Winter ist **ein zentraler Faktor** auf einer Expedition und hat einen dramatischen Einfluss auf die Natur, durch die wir uns bewegen. Wenn die Temperaturen ins Extreme sinken, wird es ruhig in den Wäldern, Kältesteppen und Gebirgen. Jetzt ist bei Pflanzen und Tieren Energiesparen angesagt! Wer mit seinen Reserven verschwenderisch umgeht, wird verhungern und erfrieren!

Niederschläge gehen nicht mehr als Regen nieder, sondern fallen als Schneeflocken unterschiedlichster Ausprägung und Größe vom Himmel, bis ganze Landstriche von einer dicken Schneeschicht bedeckt sind.

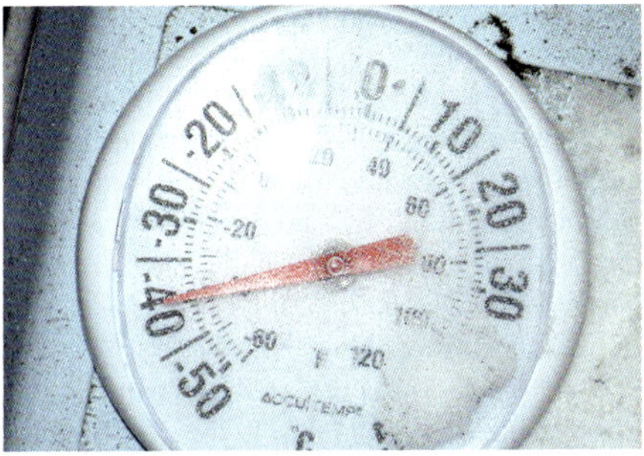

Temperaturen von -40 °C im kanadischen Yukon Territorium. Bei solch extremer Kälte können bereits kleine Fehler verheerende Konsequenzen haben.

Die Temperaturen in Flüssen und Seen sinken immer weiter, bis sich an der Oberfläche eine Eisschicht bildet und das Gewässer bis ins Frühjahr verschließt.

Auch die Geräuschkulisse verändert sich mit zunehmender Kälte. Am Knirschen des Schnees unter den Stiefeln kann man bereits abschätzen, wie kalt es ist. Bei extremen Temperaturen kracht es hier und da im Wald, wenn Wasser in den Bäumen gefriert und Holz und Rinde reißen lässt. Expandierendes Eis auf großen See lässt uns wie ein Peitschenknall hochschrecken oder kommt als dumpfes Grollen aus der Ferne auf uns zugerollt, bis wir die Vibration unter den Füßen spüren. Manchmal tragen Geräusche weiter durch eine eiskalte Winterlandschaft, an anderen Tagen wird der Schall durch den Schnee gedämpft.

Natürlich hat Kälte auch auf den Menschen eine enorme Auswirkung. Als gleichwarmer Organismus konnten wir Menschen kältere Klimazonen nur durch unsere Anpassungsfähigkeit und unsere Fähigkeit, uns Hilfsmittel, Werkzeuge und Bekleidung herzustellen, besiedeln.

Eindrucksvoll schildert der amerikanische Schriftsteller Jack London in seiner Geschichte „To Build a Fire“ von den Strapazen, Gefahren und Risiken in extremer Kälte. Obwohl es eine fiktionale Erzählung ist, beschreibt London, der zur Zeit des Goldrausches das Yukonterritorium besuchte, in dieser Kurzgeschichte in erstaunlicher Detailtreue, wie die extreme Kälte den Protagonisten physisch und psychisch in die Knie zwingt und am Ende zu dessen Tod führt. Zum Glück haben nur die wenigsten winterlichen Abenteuertouren einen solch drastischen Ausgang. Dennoch sei Jack Londons Geschichte jeder Winterwanderin und jedem Winterwanderer zur Inspiration und als Warnung wärmstens an Herz gelegt.

Der jährliche Einzug winterlicher Kälte erweckt in mir immer wieder aufs Neue eine Ehrfurcht vor der mächtigen Natur. Ohne dicke Bekleidung, ein warmes Feuer und warme Behausungen sind wir in der harschen Winterlandschaft verloren!

Manchmal wird davon gesprochen, dass „eisige Kälte herrscht“, wenn man zum Ausdruck bringen möchte, wie ausgesprochen kalt es irgendwo ist. Im Winter beherrschen die niedrigen Temperaturen tatsächlich alle Bereiche des Lebens. Ihr Wohlbefinden und alle Ihre Handlungen werden durch die Kälte beeinflusst.

Bei extremer Kälte gibt es kaum Spielraum für Fehler und es macht sich ein Gefühl von Dringlichkeit breit. Oft hat man nur den einen Versuch, bevor die Finger zu kalt sind und erst wieder aufgewärmt werden müssen. Man hat nur noch das eine Paar trockene Socken, das die Füße vor Erfrierungen schützt. Wenn man den Reißverschluss der geöffneten Jacke nicht im Laufe der nächsten Minuten enteist bekommt, droht bei dem beißenden Wind Unterkühlung!

Auch kleine Fehler haben bei extrem niedrigen Temperaturen oft **erhebliche Konsequenzen**. Wer bei -35 °C die Fäustlinge verliert, mag diese Unachtsamkeit mit dem Verlust von ein paar erfrorenen Fingergliedern bezahlen. Wer die wärmende Daunenjacke nassgeschwitzt hat, sieht sich dem Risiko einer lebensgefährlichen Unterkühlung ausgesetzt. Wer mit den eiskalten und steifen Fingern kein wärmendes Feuer entfachen kann, kann sich nicht aufwärmen, den Schnee für den heißen Tee nicht schmelzen und die gefrorene Nahrung nicht zubereiten.

Viele Personen aus den Bereichen des Ausdauer- und Outdoorsports haben eine gewisse Leidensfähigkeit entwickelt und oft gehören die Schmerzen müder Muskeln, aufgeplatzte Blasen an den Fersen und durch Stürze zerschrammte Knie fast schon zum Urlaubsgefühl. Wir haben gelernt, uns auch schon mal durch Müdigkeit und Erschöpfung weiter vorwärtszukämpfen, Hunger und Durst vorläufig zu ignorieren und dank schierer Willenskraft unsere persönlichen Grenzen zu erweitern und neu zu definieren. Eisige Kälte kann dabei helfen, die alte Bescheidenheit wieder zurückzugewinnen! Es ist völlig egal, ob Sie monatelang durch Berge und Wälder gewandert sind, eine ganze Reihe Ultramarathons gelaufen sind oder als Soldatin oder Soldat in irgendwelchen Spezialeinheiten gedient haben. Sie können der taffste und zäheste Hund weit und breit sein: **Man kann extremer Kälte nicht mit Stärke, Ausdauer und Durchhaltevermögen begegnen!** Ich habe schon öfter erlebt, dass Personen, die in anderen Lebensbereichen gelernt haben, die Zähne zusammenzubeißen, mit dem gleichen Ansatz in Kälteregionen reisten und dafür mit schweren Erfrierungen an Fingern und Zehen bezahlten.

Man muss wissen, was man tut, wenn die Säule im Thermometer auf Tauchstation geht. **Es bedarf Erfahrung im Umgang mit Kälte!** Man sollte wissen, wie es sich anfühlt, wenn Kälte an Körper und Seele zehrt. Und man muss langsam Schritt für Schritt für sich austesten, welche Kälte noch toleriert werden kann und wo die Grenze zu „jetzt wird's gefährlich“ liegt.

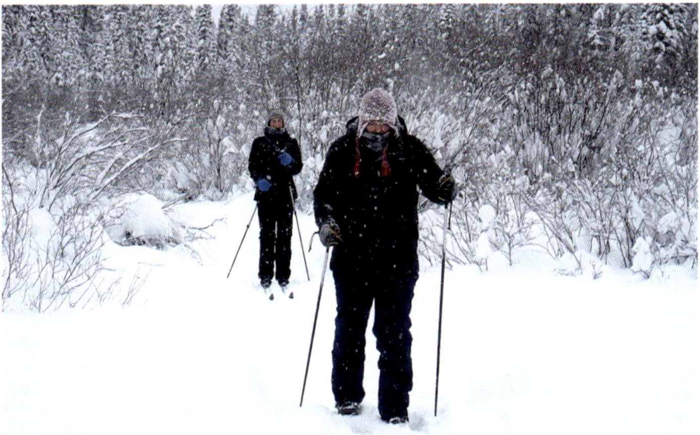

Beginnen Sie Ihre Winterabenteuer mit einfachen Tagestouren und arbeiten sich langsam zu längeren Unternehmungen vor. So sammeln Sie wichtige Erfahrungen für die große Wintertour.

Mehr als einmal habe ich kurze Momente von Panik verspürt, weil bei einem Ausflug in -40 °C und eisigem Wind meine Hände innerhalb von wenigen Minuten so schnell so kalt wurden, dass ich sie kaum noch benutzen konnte. In solchen Momenten muss man entschlossen handeln und vor allem wissen, was zu tun ist. Zögern ist keine Option, weil die Finger einige Minuten später eventuell schon erfroren sind.

Nehmen Sie sich nicht gleich zu viel vor. **Lernen Sie in kleinen Schritten!** Beginnen Sie mit kürzeren Wintertouren in den heimischen Mittelgebirgen und arbeiten sich zu längeren Ski- und Schneeschuhtouren vor, bevor Sie eine wochenlange Winterexpedition unter arktischen Bedingungen planen.

Entwickeln und üben Sie für extreme Wintertouren klar **strukturierte Routinen**, damit Sie auch im Stress unter extrem kalten Bedingungen oder wenn ein Notfall eingetreten ist, sofort und ohne groß nachdenken zu müssen, automatisch und richtig handeln können. Planen und trainieren Sie routinierte Abläufe etwa für den Bau eines Lagerplatzes, für das Starten des Feuers, für die Benutzung des Kochers, den morgendlichen Aufbruch und ähnliche Aufgaben.

Auch die Ausrüstung wird negativ von Kälte beeinflusst. Metalle und Kunststoffe werden spröde und können leicht brechen. Batterien werden schnell leer, Motoren lassen sich kaum starten, Dichtungen reißen und manche Brennstoffe lassen sich nur schwer entzünden.

Windgeschwindigkeit		Lufttemperatur (°C)								
Km/h	Beschreibung	0	-5	-10	-15	-20	-25	-30	-35	-40
10	Leichte Brise: Wind im Gesicht spürbar	-3	-9	-15	-21	-27	-33	-39	-45	-51
20	Mäßige Brise: Zweige bewegen sich	-5	-12	-18	-24	-30	-37	-43	-49	-56
30	Frische Brise: Große Zweige bewegen sich	-6	-13	-20	-26	-33	-39	-45	-52	-59
40	Starker Wind: Große Äste bewegen sich	-7	-14	-21	-27	-34	-41	-48	-54	-61
50	Steifer Wind: Bäume schwanken	-8	-15	-22	-29	-35	-42	-49	-56	-63
60	Steifer Wind: Bäume schwanken	-9	-16	-23	-30	-36	-43	-50	-57	-64
		Wind Chill (°C)								

Geringes Risiko von Erfrierungen mit entsprechender Bekleidung

Moderates Risiko für Erfrierungen und Unterkühlung bei mangelndem Kälteschutz.

Hohes Risiko für Erfrierungen und Unterkühlung. Ungeschützte Haut kann innerhalb von 10-30 min gefrieren.

Sehr hohes Risiko für Erfrierungen und Unterkühlung. Ungeschützte Haut kann innerhalb von 5 – 10 min. gefrieren.

Schweres Risiko für Erfrierungen und Unterkühlung. Ungeschützte Haut kann innerhalb von 2 – 5 min. gefrieren.

Extremes Risiko für Erfrierungen und Unterkühlung. Ungeschützte Haut kann in weniger als 2 min gefrieren.

Tabelle Windchill-Faktor

Wind

Wind hat einen ganz erheblichen Einfluss auf unser Kälteempfinden. **Wind kühlt zusätzlich aus** und kann so zu einer Unterkühlung und zu Erfrierungen empfindlicher Extremitäten beitragen. Der Effekt, den Wind in Kombination mit kalten Lufttemperaturen auf den menschlichen Körper hat, wird oft als Windchill-Faktor zum Ausdruck gebracht.

Die Tabelle links zeigt Ihnen, wie stark dieser Einfluss ist.

Wind modelliert aber auch die winterliche Landschaft. Schnee wird vom Wind verweht. Manche Stellen werden komplett schneefrei geblasen, während der Wind in Schattenlagen enorme Schneemengen anhäufen kann. Im Abschnitt „Lawinen" auf ☞ Seite 41 wird der Einfluss von Wind auf die Lawinengefahr noch genauer betrachtet.

Auf Gewässern kann starker Wind Eisflächen aufbrechen lassen und Eisschollen verfrachten und auftürmen.

In bewaldeten Gebieten kann es bei starkem Wind zu erheblichem Windbruch kommen.

Nässe

Wenn Feuchtigkeit von der Oberfläche unserer Haut oder von durchnässter Kleidung evaporiert, wird dem Körper dabei Energie entzogen und man kühlt schneller aus. Außerdem reduziert Feuchtigkeit in der Bekleidung die wärmedämmenden Eigenschaften. Deshalb ist es extrem wichtig, isolierende Schichten der Bekleidung und den Schlafsack stets trocken zu halten. Schützen Sie sich vor Regen und nassem Schnee!

Wer warm bleiben will, muss trocken bleiben! Schnee auf der Bekleidung kann schmelzen und die Isolierung durchnässen.

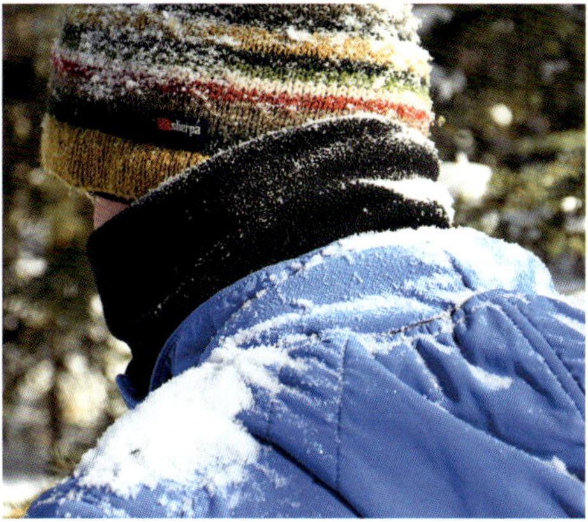

Bürsten oder schlagen Sie Schnee von der Bekleidung, bevor Sie die warme Hütte betreten oder ins Zelt kriechen. Vermeiden Sie auch zu starkes Schwitzen. Nur zu leicht kann man durch schwere körperliche Anstrengung die Kleidung durchnässen.

Ihre Atemfeuchte wird sich bei extremer Kälte in Ihrem Gesicht niederschlagen und die Wimpern zusammenfrieren lassen. Reiben Sie die Eiskristalle nicht aus dem Auge, sondern legen Sie einfach Ihren Handschuh auf, bis die Kristalle geschmolzen sind. Starkes Reiben kann die Haut ums Auge extrem reizen.

Schnee

Die Fortbewegung ist im tiefen Schnee erheblich anstrengender und langsamer und man muss entsprechende Zeit und Kraftreserven einplanen

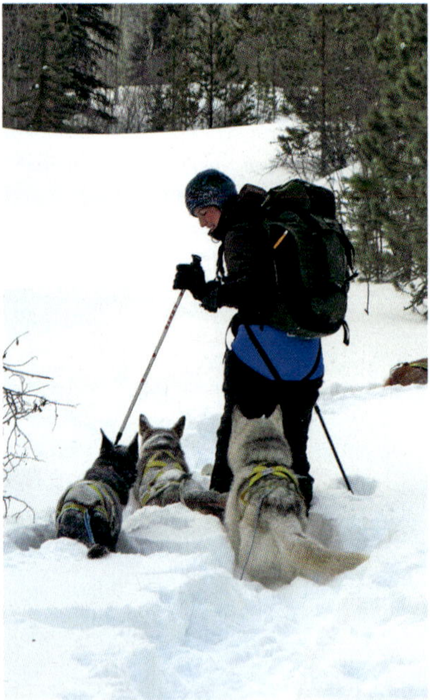

Schnee hat vielfältige Auswirkungen auf die Sicherheit auf einer Wintertour. Eine Schneedecke ermöglicht uns oft überhaupt erst, in der kalten Jahreszeit charakteristische Wintertouren, wie etwa Skitouren und Schneeschuhexkursionen, zu unternehmen oder Fortbewegungsmittel wie etwa Hundeschlitten und Motorschlitten zu nutzen. Aber mit dem weißen Pulver sind auch zahlreiche Gefahren verbunden.

Je nach Witterungsbedingungen kann Schnee ganz unterschiedliche Eigenschaften aufweisen. Man unterscheidet bei **Neuschnee** zum Beispiel zwischen lockerem und trockenem **Pulverschnee** mit einem hohen Luftanteil, der bei kalten Temperaturen gefallen ist, und dem **pappigen Neuschnee** mit einer hoher Dichte, wie er für milde Wintertage typisch ist. **Feuchtschnee** entsteht bei Temperaturen über dem Gefrierpunkt, wenn der Wassergehalt im Schnee zunimmt.

Von **Harsch oder harschigem Schnee** ist die Rede, wenn warme Temperaturen tagsüber den Schnee antauen und sich dann bei wieder einsetzender Kälte eine harte Kruste auf dem ansonsten lockeren Schnee bildet. **Triebschnee** ist von Wind verwehter Schnee, der aufgrund der mechanischen Belastung seine ursprüngliche kristalline Struktur verloren hat. **Firn** ist stark verdichteter Altschnee, der in entsprechenden Lagen teilweise bis in den Sommer zu finden ist.

Eine tiefe und lockere Schneedecke kann das **Vorwärtskommen extrem schwierig**, langsam und kraftraubend machen. Ski und Schneeschuhe machen die Fortbewegung zwar einfacher, aber dennoch müssen Sie Ihre Füße für jeden Schritt mühsam anheben und vorwärtsbringen.

Übernehmen Sie sich nicht und planen Sie ausreichend Zeitreserven ein. Planen Sie keine allzu großen Distanzen, wenn Sie mit ungespurtem Gelände rechnen.

Schnee kann die **Navigation im Gelände extrem erschweren**. In offenen, eher flachen oder nur leicht hügligen Gebieten, wie etwa offenen arktischen Tundren, kann es selbst bei guten Sichtverhältnissen sehr schwer sein, nur mit Karte und Kompass den eigenen Standpunkt und die vorausliegende Route zu bestimmen. Wenn wichtige Geländemerkmale wie etwa kleine Gewässer, markante Felsformationen, niedrige Vegetation oder auch Wegmarkierungen wie Steinmännchen unter einer dicken Schneedecke verborgen liegen, fehlen jegliche Referenzen.

Wenn in alle Richtungen alles gleich aussieht und man keine Geländemerkmale auf der Karte abgleichen kann, wird es problematisch. Dann kann es sein, dass man ohne GPS kaum noch präzise navigieren kann.

Bei dichtem Schneefall, dichter Wolkendecke oder Nebel kann es zum sogenannten **Whiteout** kommen. Durch die diffusen Lichtverhältnisse kann man nicht mehr zwischen der weißen Schneedecke am Boden und dem Himmel unterscheiden. Es lassen sich kaum noch Kontraste und Geländemerkmale ausmachen. Solche Bedingungen kommen vor allem in Tundren und Berggebieten vor. In bewaldeten Gegenden kann man jedoch auch auf großen offenen Flächen und gefrorenen Gewässern in einen Whiteout geraten. Unter solchen Bedingungen ist es sehr schwer, sich zu orientieren. Mit einem GPS-Gerät hat man bessere Chancen, einer Route auch bei schlechter Sicht zu folgen.

Bedenken Sie, dass in einem Whiteout auch Geländestrukturen kaum zu erkennen sind. So können Wechten, größere Schneeverwehungen, offenes Wasser, Abbruchkanten, Gletscherspalten und andere Gefahren unter Umständen gar nicht ausgemacht werden und dadurch zur Falle werden. Meist ist es bei einem Whiteout angebracht, an Ort und Stelle zu bleiben, ein Lager aufzuschlagen und auf bessere Sichtverhältnisse zu warten.

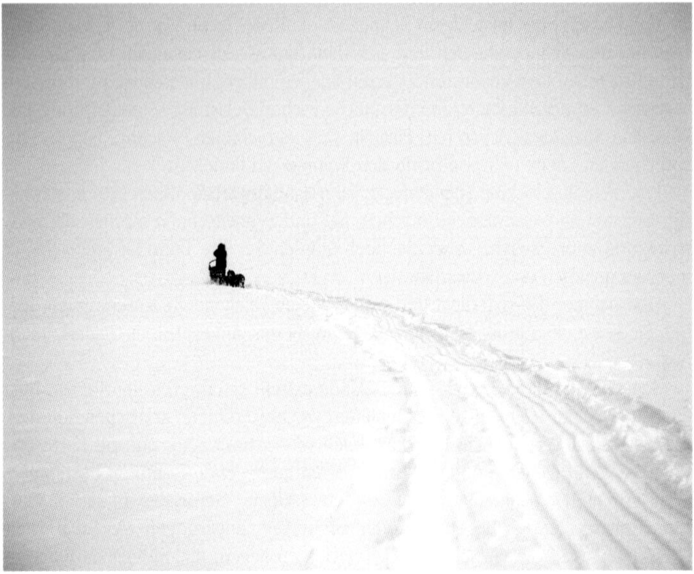

In einem Whiteout sieht es überall gleich aus und man kann verschneites Gelände und Himmel kaum auseinanderhalten. Unter solchen Bedingungen ist eine Orientierung auf Sicht kaum möglich.

Bei starkem Schneefall und driftendem Schnee können gespurte Wege, Skispuren anderer Tourengeherinnen und Tourengeher und auch die eigenen **Spuren extrem schnell wieder zugeweht** werden. Bereits nach wenigen Minuten können jegliche Spuren verschwunden sein.

Bleiben Sie mit anderen Gruppenmitgliedern dicht beisammen, damit niemand verloren geht. Es kann notwendig sein, dass sich alle mit einer Schnur oder einem Seil verbinden, um zu verhindern, dass jemand auf der Strecke bleibt oder sich verläuft.

Verlassen Sie sich nicht nur auf die eigenen Spuren, wenn es darum geht, den Heimweg wiederzufinden. Sie müssen auch in der Lage sein, den Heimweg mit **Karte, Kompass oder GPS** zu finden, wenn alle Spuren zugeweht sind.

Schneefall und Triebschnee haben auch **Auswirkungen auf das Lagerleben** und die Sicherheit im Lager. Während eines Schneesturms können Zelte innerhalb von wenigen Stunden komplett unter Schneemassen begraben werden. Teilen Sie Wachen ein, die – falls nötig – die Zelte immer wieder ausgraben.

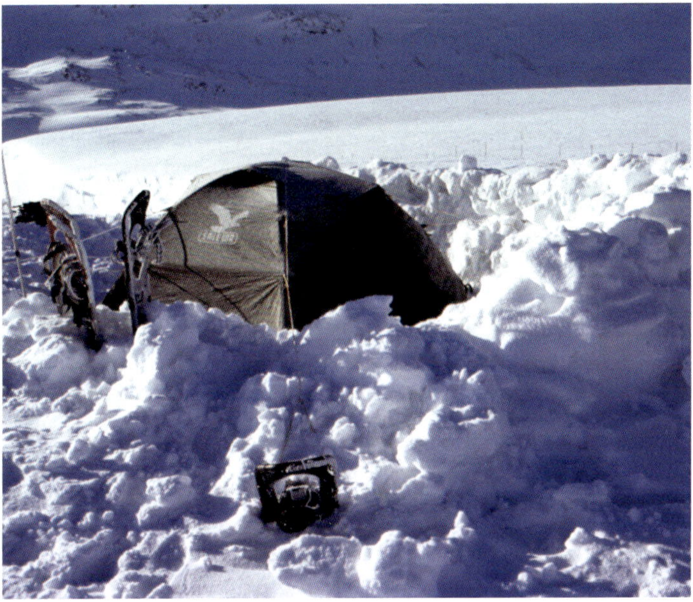

Zelten im Tiefschnee. Als Schutz vor Wind und Treibschnee wurde eine Mauer um das Zelt gebaut.

In manchen Fällen entschärft eine dicke Schneedecke Gefahren im Gelände und macht ein einfaches und sicheres Vorankommen erst möglich. **Manche Gefahren entstehen jedoch auch erst durch die Schneedecke und sind nur schwer erkennbar.** Dann verbergen sich regelrechte Fallen unter der Oberfläche. Wenn man jedoch weiß, worauf man achten muss, können viele Probleme weitläufig umgangen werden beziehungsweise entsprechende Vorsichtsmaßnahmen getroffen werden.

Baumlöcher oder Baumtrichter sind Hohlräume unter der Schneeoberfläche, die sich rund um größere Nadelbäume in eher locker bewaldeten Gebieten bilden können, wenn Tiefschneebedingungen herrschen. Schnee rutscht regelmäßig von den ausladenden Ästen des Baumes nicht nur nach unten, sondern auch vom Stamm nach außen weg.

Dadurch entsteht im Laufe weiterer Niederschlagsereignisse ein immer tiefer werdender Hohlraum rund um den Baum, der manchmal kaum oder gar nicht von außen erkennbar ist.

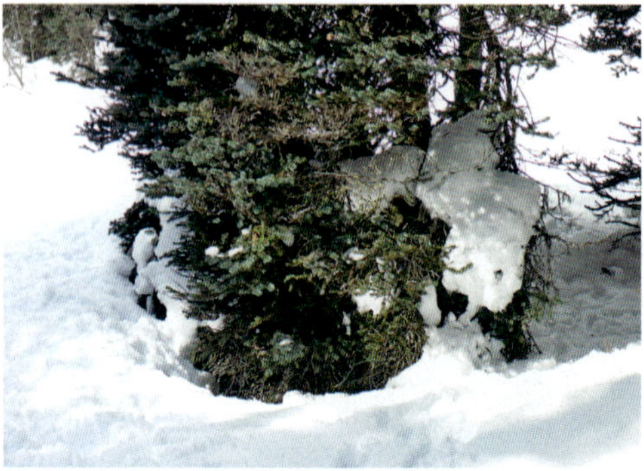

Baumtrichter können für Skifahrerinnen und Skifahrer zur tödlichen Falle werden. Der Schnee um diesen Baum ist fast 2 m tief und hat einen gefährlichen Hohlraum um den Stamm gebildet.

Bei Skiabfahrten in Waldgebieten kommt es immer wieder zu tödlichen Unfällen, bei denen Skifahrerinnen und Skifahrer teils kopfüber in diese Löcher stürzen, wenn sie einem solchen Baum zu nahe kommen. Es ist kaum möglich, sich selbst aus dieser Lage zu befreien, und es droht Tod durch Ersticken, wenn die Atemwege durch Schnee blockiert sind.

In tief verschneiten Waldgebieten sollten Sie nur in Gruppen abfahren und stets Sichtkontakt zueinander halten, um bei plötzlichen Stürzen in Baumlöcher Ihre Partnerinnen und Partner sofort ausgraben und retten zu können.

Einzelne **große Steine und Felsen** können ebenfalls von schwer erkennbaren **Hohlräumen** umgeben sein. Diese können durch Schmelzvorgänge entstehen, wenn milde Temperaturen herrschen und Sonneneinstrahlung das Gestein aufwärmt und den umliegenden Schnee tauen lässt. Noch häufiger entstehen Hohlräume um Felsen jedoch durch vom Wind verdrifteten Schnee, der sich im Windschatten eines Steines ablagert. Es entstehen dann Hohlräume und Spalten um den Felsen, die teilweise so groß sind, dass man mit dem ganzen Körper darin versinken kann.

Generell ist es daher empfehlenswert, sich von solchen Felsen fernzuhalten, beziehungsweise mit einem Skistock das Umfeld des Felsens zu sondieren, um zu verhindern, dass man in ein solches Loch stürzt.

Ganze **Geröll- und Blockfelder** können bei dicker Schneeauflage nahezu unsichtbar werden. Doch oft füllt der Schnee nicht alle Lücken und Hohlräume zwischen den Felsbrocken. Mit breiten Tourenski können solche verdeckten Geröllfelder oft ohne größere Probleme überquert werden. Aber mit Schneeschuhen kann man leicht in solche Löcher einbrechen. Auf einer Schneeschuhwanderung in Norwegen brach ich mit meinen Schneeschuhen in ein solches Loch. Die Schneeschuhe verkeilten sich zwischen den Steinen und ich kam weder vor noch zurück. Ich steckte etwa hüfttief im Schnee zwischen den Felsen. Ich konnte die Schneeschuhbindung selbst nicht öffnen, um mich zu befreien.

Ohne die Hilfe meiner Freunde, die mich erst aus dem Schnee herausschaufelten und dann von den verklemmten Schneeschuhen befreien konnten, wäre ich dort kaum wieder rausgekommen.

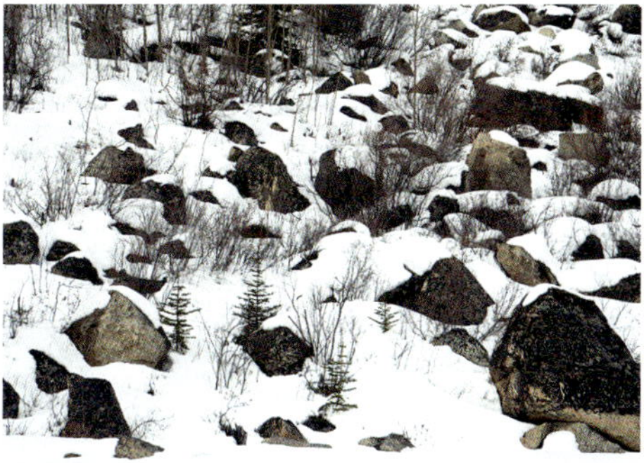

Verschneite Geröll- und Blockfelder können tückische Hohlräume aufweisen

Beim Begehen **steiler Schneehänge** besteht die Gefahr, dass man abrutscht und stürzt. Gerät man auf Schneehängen ins Rutschen, können durch die geringe Reibung zwischen der rutschigen Oberfläche und den oft sehr glatten Stoffen moderner Outdoor-Bekleidung extreme Geschwindigkeiten erreicht werden. **Wenn Sie abrutschen, begeben Sie sich sofort in eine Liegestützposition**, um den Sturz zu bremsen. **Eispickel und Steigeisen** können ein Vorankommen auf steilen, verfestigten Schneehängen vereinfachen und sicherer machen. Wenn Sie abrutschen und einen Eispickel haben, drücken Sie die Haue in den Schnee und stützen sich ebenfalls in einer Liegestützposition auf den Pickel. Wenn Sie beim Abrutschen jedoch Steigeisen tragen, dürfen Sie sich nicht in die Liegestützposition begeben, da die Frontzacken der Steigeisen dafür sorgen können, dass Sie sich überschlagen. In diesem Fall bleiben Sie einfach auf dem Bauch liegen und drücken den Eispickel beziehungsweise Ihre Hände und Knie zum Bremsen in den Schnee.

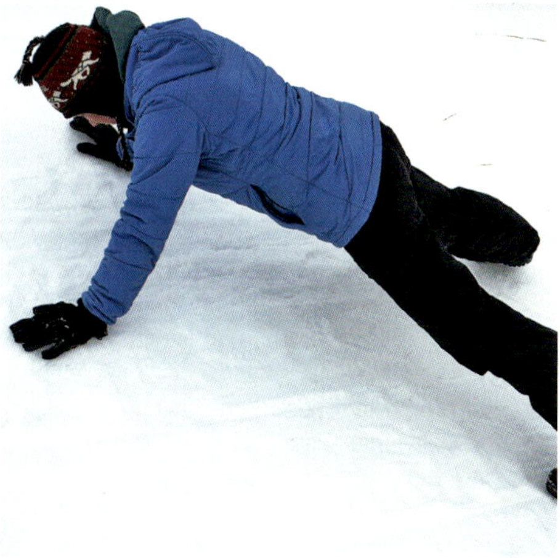

Bremstechnik bei Stürzen auf steilen Hängen

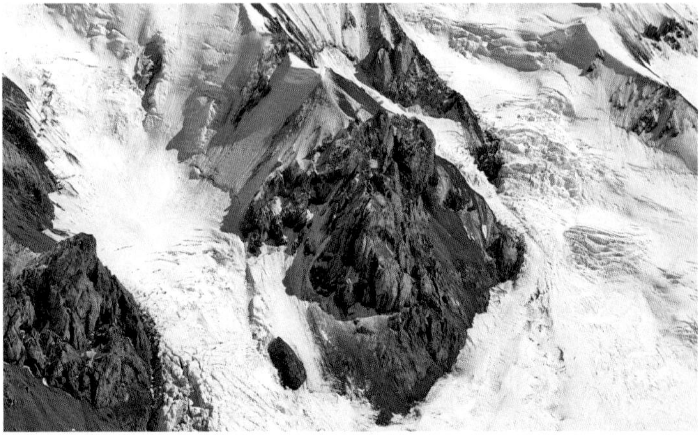

Gletscher mit ihren Spaltenzonen bedürfen besonderer Sicherungstechniken. Im Winter können die Spalten durch eine Schneedecke verdeckt und schwer auszumachen sein.

Auf winterlichen Touren in vergletscherten Gebieten müssen vom Schnee **verdeckte Gletscherspalten** berücksichtigt werden. Gletscher sind Eismassen, die das ganze Jahr über bestehen bleiben. Im Winter sammelt sich in diesen Gebieten mehr Schnee an, als im Sommer durch Schmelzvorgänge wieder abtaut.

So kommt es zu einer zunehmenden Akkumulation von Gletschereis, das sich unter Druck plastisch verhält und bergab fließt. Unter Zugbelastung verhält sich das Gletschereis jedoch zäh und reißt unter bestimmten Geländebedingungen auf. Dadurch entstehen die berüchtigten Gletscherspalten. Stürze in solche teils riesigen Spalten können zu schweren Verletzungen und Tod führen und müssen unbedingt vermieden werden.

Wer Touren in vergletscherte Gebiete unternehmen will, sollte sich unbedingt entsprechend ausbilden lassen. Alpenvereine und Bergschulen bieten Trainingskurse an, bei denen Sie nicht nur lernen können, die Gefahrengebiete zu identifizieren, sondern auch üben, wie man sich richtig am Seil sichert und bei einem Spaltensturz eine Eigen- oder Kameradenrettung durchführen kann.

Schneebrücken entstehen über zugewehten Gletscher- oder Felsspalten. Oft findet man sie auch in Verbindung mit Bächen und kleineren Flüssen, die zunächst eingeschneit waren. Im Laufe der Zeit schmilzt das Wasser dann von unten den Schnee immer weiter aus. Teilweise sind Schneebrücken stabil und man kann hinüberlaufen.

Manchmal wird die Schneedecke jedoch so sehr geschwächt, dass man einbrechen kann. Es hat auch in deutschen Mittelgebirgen bereits schwere Unfälle gegeben, bei denen Personen in Schneebrücken eingebrochen sind und sich schwer verletzt haben oder sogar zu Tode kamen. Wenn Sie die Schneebrücke nicht umgehen können, müssen Sie unbedingt vor Betreten die Stabilität mit einem Skistock, Eispickel oder notfalls einem Holzstock sondieren.

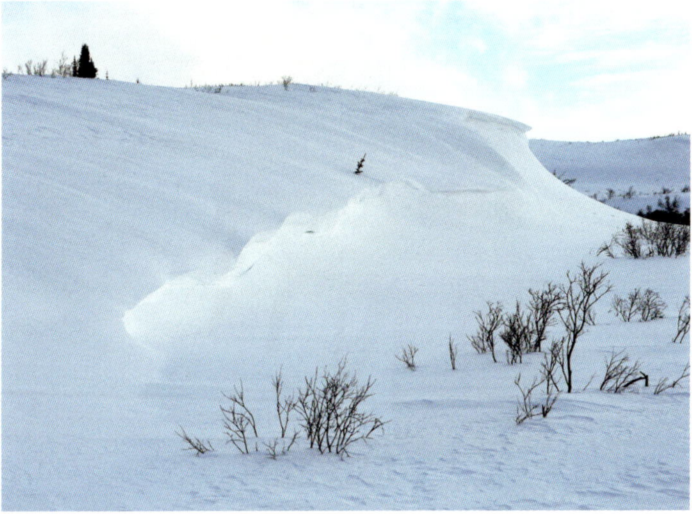

Schneewehen entstehen im Windschatten von Erhebungen. Sie sind manchmal schwer zu erkennen und können für Ski- und Motorschlittenfahrerinnen und -fahrer eine böse Überraschung bieten.

Schneewehen entstehen, wenn sich vom Wind verfrachteter Schnee im Windschatten von Erhebungen oder Objekten ablagert. Je nachdem von welcher Seite man sich auf die Schneewehe zubewegt, sind diese teils kaum erkennbar, bis man plötzlich direkt an einer Abbruchkante im Schnee steht. Auf Schneeschuhwanderungen sind diese meist rechtzeitig auszumachen. Abfahrenden Skifahrerinnen und Skifahrern oder Personen mit Motorschlitten können sie ein böses Erwachen bescheren, wenn man plötzlich bei voller Fahrt über eine nahezu unsichtbare Kante im Schnee abfällt. Je nachdem hinter welchem Hindernis sich der Schnee angesammelt hat, können Schneewehen in ihrer Größe extrem schwanken und bis zu mehrere Meter hoch sein.

Wechten sind eine besondere Art der Schneeverwehung und entstehen auf der Leeseite, also der windabgewandten Seite, von Berggraten. Wind drückt den Schnee immer weiter über die Kante, bis der Schnee richtiggehend über die Kante hängt. Von oben ist es kaum erkennbar, wo der Grat endet und wo der überhängende Schnee beginnt. Dieser überhängende Schnee kann bei Betreten abbrechen und in die Tiefe stürzen.

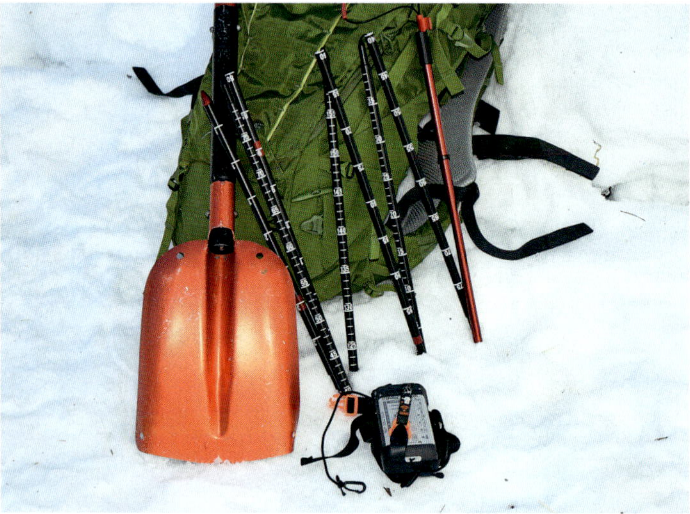

Zur Sicherheitsausrüstung in Lawinengebieten gehören mindestens eine Schneeschaufel, eine faltbare Lawinensonde und ein Lawinenverschüttetensuchgerät

Wechten sollten nach Möglichkeit nicht betreten werden und man sollte sich an solch exponierten Berggraten ein paar Meter unterhalb der sichtbaren Kante halten. Kleinere Wechten können mit einem Skistock oder Eispickel sondiert werden. So können Sie gegebenenfalls die Felskante unter dem Schnee ertasten.

In bergigen Regionen können **Lawinen** zu einer tödlichen Gefahr werden. Wer in Gelände mit potentiellem Lawinenrisiko unterwegs ist, sollte unbedingt einen **Trainingskurs** absolvieren, der sowohl die Beurteilung des Lawinenrisikos als auch die Rettung Verschütteter praktisch vermittelt. Berg- und Skischulen sowie Alpenvereine bieten diese Kurse regelmäßig an.

Auf solchen Bergtouren gehören **Lawinenverschüttetensuchgerät, Lawinensonde, Schneeschaufel, Erste-Hilfe-Set und Geräte zur Notfallkommunikation** als Grundausrüstung für alle Teilnehmenden unbedingt dazu.

Bei der **Bildung von Lawinen** spielen viele Faktoren wie etwa Schneemenge, die Schichtung von Schneelagen verschiedener Niederschlagsereignisse, Wind, Sonneneinstrahlung und Temperaturen eine Rolle. Bei der **Beurteilung der Lawinengefahr** ist nicht nur entscheidend, welche Bedingungen zur Zeit der Tour herrschen, sondern auch welche Bedingungen herrschten, während sich die Schneedecke aufbaute.

Große Schneemengen, die innerhalb kurzer Zeit fallen, erhöhen die Lawinengefahr. Weitere Faktoren beeinflussen diese Gefahr, aber man muss unter ungünstigen Umständen bereits **bei einer zusätzlichen Auflage von 10 cm frischem Schnee von einer erhöhten Lawinengefahr ausgehen**.

Die herrschenden **Temperaturen** spielen eine entscheidende Rolle für die Bewertung der Lawinengefahr. Frischer Schnee, der bei Temperaturen um den Gefrierpunkt fällt, verfestigt sich relativ schnell, was sich vorteilhaft auswirkt. Schneefall bei kalten Temperaturen hingegen setzt und verfestigt sich nur langsam.

Auch starker **Wind** wirkt sich negativ aus. Durch Wind wird lockerer Schnee verfrachtet und bildet eine inhomogene und damit für Lawinenabgänge anfällige Schneedecke.

Von Wind gepackter Schnee deutet in entsprechendem Gelände oft auf eine erhöhte Lawinengefahr hin

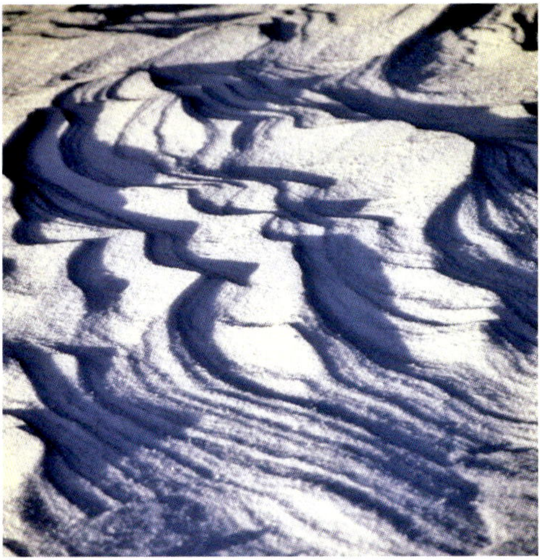

Ein ganz wesentlicher **Einfluss auf die Lawinengefahr** hat das **Gelände**. Es bedarf einer gewissen **Hangneigung**, damit der Schnee talwärts rutscht. Statistische Auswertungen zeigen, dass Lawinen besonders häufig auf Hängen mit Neigungen zwischen 25° und 50° vorkommen.

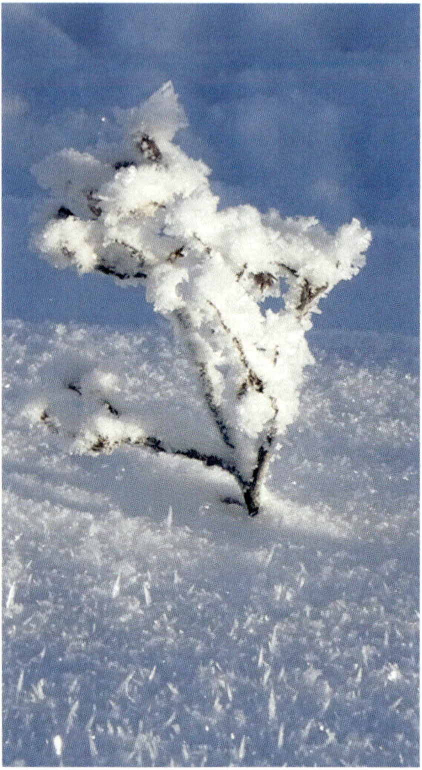

Oberflächenreif auf einer Schneedecke, der von frischem Schnee bedeckt wird, kann eine instabile Lage bilden, die zur Bildung von Schneebrettlawinen führt. Auf Hängen, die sonnenexponiert sind, wird der Reif meist tagsüber weggetaut.

Bei geringeren Hangneigungen kommt der Schnee meist nicht ins Rutschen. Bei extrem steilen Hängen rutscht der Schnee oft schon spontan während oder direkt nach starkem Schneefall ab, wodurch es in solchen Lagen oft erst gar nicht zu den Schneeablagerungen kommt, die zur Bildung von Lawinen nötig sind. Allerdings muss man bedenken, dass man auch in Gelände mit geringer Neigung von Lawinen erfasst werden kann, wenn diese aus höheren und steileren Lagen abgegangen sind und bis zum eigenen Standpunkt reichen. Wie können Sie die Hangneigung beurteilen? Topografische Karten zeigen das Gelände mittels Höhenlinien an und lassen eine grobe Interpretation der Hangneigung zu. Im Gelände kann man außerdem **Neigungsmesser**, wie sie zum Beispiel in guten Kompassen integriert werden, zur Bestimmung der Steilheit verwenden.

Neben der Hangneigung hat auch die **Exposition**, also die Ausrichtung des Hanges, eine Auswirkung. In den mittleren Breiten der nördlichen Hemisphäre ereignen sich die meisten Lawinenunfälle auf Hängen mit einer nordwestlichen, nördlichen, nordöstlichen und östlichen Ausrichtung. Auf südlich ausgerichteten Hängen sorgt in diesen Breiten die höhere **Sonneneinstrahlung** für eine stärkere Verfestigung der Schneeflächen und damit eine Reduzierung der Lawinengefahr.

Besonders im Alpenraum herrscht deshalb oft die Meinung vor, dass Südhänge sicherer seien. Allerdings kann dieser Effekt sowohl im Hochwinter, wenn die Sonneneinstrahlung schwächer ausfällt, als auch in den hohen nördlichen Breiten, wo die Sonne im Hochwinter kaum oder sogar gar nicht zum Vorschein kommt, abgeschwächt sein oder sogar gar keinen Einfluss auf die Reduzierung der Lawinengefahr haben. Man sollte sich also nicht in falscher Sicherheit wiegen, nur weil man auf einem Südhang unterwegs ist.

Im Frühjahr wiederum kann die stärkere Sonneneinstrahlung auf den Südhängen zur Degradation des Schnees und zu verstärkten Abgängen von Nassschneelawinen führen.

Waldgebiete haben ebenfalls eine Auswirkung auf die Bildung von Lawinen. Bei Niederschlagsereignissen wird Schnee zunächst in den Bäumen gesammelt und fällt von dort zu Boden. Dadurch wird die Schneedecke im dichten Wald viel stärker verfestigt. Deshalb gelten gesunde Bergwälder meist als lawinenreduzierend. Allerdings bieten sie nur wenig Schutz, wenn Lawinen aus höheren Lagen mit voller Kraft auf den Wald treffen. Dann hat die Vegetation zwar oft eine bremsende Wirkung, kann eine große Lawine aber kaum stoppen. Für ein Lawinenopfer ergeben sich dann sogar weitere Gefahren, wenn man durch die Lawine in die Vegetation gedrückt wird, beziehungsweise entwurzelte oder zerbrochene Bäume als Teil der Lawine zu Tal gerissen werden.

Für viele Gebiete gibt es **Lawinenlageberichte**, die basierend auf den beeinflussenden Faktoren und den herrschenden Bedingungen das Lawinenrisiko für die Region einschätzt. Solche Lageberichte sind wichtige und wertvolle Hilfen bei der Tourenplanung. Allerdings muss man sich auch im Klaren sein, dass sie nur die Lage für einen Großraum einschätzen können.

Die eigentlichen Bedingungen an einem individuellen Hang in dem betrachteten Gebiet können vom Lawinenlagebericht erheblich abweichen. Während Lawinenlageberichte in viel besuchten Skigebieten ein sehr gutes Bild der Bedingungen zeichnen, kann es in abgelegenen Wildnisgebieten schwer oder gar unmöglich sein, brauchbare Informationen über die Lawinenlage zu bekommen.

Eine gute Anlaufstelle in Europa ist 💻 https://www.avalanches.org.

Je nach Materialeigenschaften des Schnees, der Entstehung und des Verhaltens beim Abgang unterscheidet man mehrere **Arten von Lawinen**.

Staublawinen sind relativ selten, bergen jedoch ein enormes Zerstörungspotential. Sie treten bei starken Neuschneeereignissen auf, wenn erhebliche Mengen feinsten trockenen Schnees mit rasender Geschwindigkeit ins Tal rasen. Durch die enorme Geschwindigkeit können Staublawinen auch noch weit über den Lawinenhang hinaus bis ins Tal und sogar auf dem gegenüberliegenden Hang Auswirkungen haben.

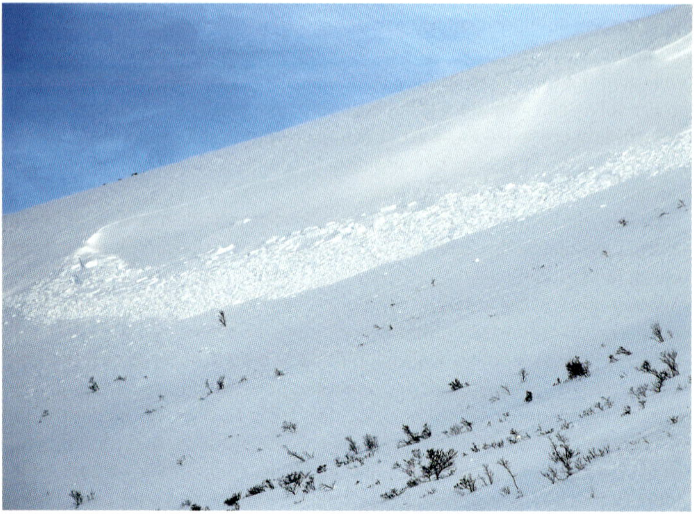

Eine kleine Schneebrettlawine, die direkt über unserem vermeintlich sicheren Trail abging. Deutlich kann man im oberen Bereich die Abrisskante erkennen.

Feinster Schneestaub kann sich in den Atemwegen von Lawinenopfern festsetzen und die Druckwellen von Staublawinen können ganze Dörfer zerstören.

Bei **Gleitschneelawinen** rutscht die gesamte Schneedecke über einem glatten Hang (zum Beispiel Gras- oder Felsplatten) ab. So wird der Schnee von unten angetaut und es entsteht ein rutschiger Film unter der Schneedecke oder es bildet sich durch im Schnee versickerndes Schmelzwasser eine Gleitschicht aus Wasser auf dem Untergrund, wodurch der Schnee ins Rutschen gerät.

Nassschneelawinen entstehen bei Temperaturen über dem Gefrierpunkt, wenn Wasser durch Schmelzvorgänge oder auch Regenfälle durch die Schneedecke sickert und durchweg instabil werden lässt.

Lockerschneelawinen werden punktuell ausgelöst und breiten sich dann trichterförmig aus. Voraussetzung für Lockerschneelawinen sind große Mengen lockeren Schnees, die auf steileren Hängen ins Rutschen geraten. Bei diesem Lawinentyp wird meist nur der Schnee unterhalb des Auslösepunktes in Bewegung gebracht, wodurch auslösende Personen meist nicht mit ergriffen werden. Aber natürlich stellen sie eine extreme Gefahr für andere Tourengeherinnen und Tourengeher in tieferen Lagen unterhalb des Auslösepunktes dar.

Schneebrettlawinen entstehen, wenn im Schnee instabile Lagen eingeschlossen wurden und es unter Belastung (zum Beispiel durch Skifahrinnen und Skifahrer oder Schneeschuhwanderinnen und Schneeschuhwanderer) zu einem Bruch jener Schichten kommt. Diese instabilen Lagen können bereits einige Zeit vorher im Schnee eingelagert worden sein. Deshalb ist eine Kenntnis vergangener Wetterereignisse für Tourengehende wichtig, um die Lawinengefahr einschätzen zu können.

Auch eine Analyse der Schneedecke kann Aufschluss über die Schneebeschaffenheit und schwache Schneelagen geben. Charakteristisch für diese Art von Lawine ist eine lange Abbruchkante, die oft oberhalb der Belastungsstelle liegt. Deshalb wird beim Abgang von Schneebrettern oft die auslösende Person mitgerissen.

Diese Art von Lawine wird für den größten Teil von Lawinenopfern unter Wintersportlerinnen und Wintersportlern verantwortlich gemacht.

Um Unfälle zu vermeiden und das Risiko, durch eine Lawine verschüttet zu werden, gering zu halten, kann man **bereits bei der Planung der Route und beim Spuren im Gelände besonders riskante Bereiche meiden**:

- Die meisten Lawinenunfälle ereignen sich auf **nordwestlichen, nördlichen bis östlichen Hängen**.
- Die Lawinengefahr ist außerdem auf Hängen mit einer **Neigung von mehr als 25°** besonders hoch. Nutzen Sie möglichst flache Hangbereiche bei Auf- und Abstieg.
- Auf **Bergrücken und Graten ist das Risiko geringer** als in steilen Flanken.
- **Mulden, Rinnen und Trichter gelten als besonders gefährlich** und sollten gemieden werden.
- Wenn Sie **lawinengefährdete Zonen queren** müssen, sollten Sie die **Spur möglichst hoch** anlegen. So können Sie verhindern, bei einem Lawinenabgang tief unten im Auslauf unter riesigen Schneemengen begraben zu werden. Eine Garantie ist das freilich nicht, aber man kann möglicherweise die Konsequenzen eines Unfalls reduzieren.
- Meiden Sie sogenannte **Geländefallen**. Dabei handelt es sich um topografische Objekte, die die Konsequenzen eines Lawinenunfalls noch weiter verschlimmern können. Dazu gehören zum Beispiel steile Abbrüche im Gelände, durch die ein Lawinenopfer samt der Schneemasse hinuntergeschwemmt werden könnte. Aber auch Senken, in denen sich die Schneemassen der auslaufenden Lawine aufstauen können, gehören dazu. Hier werden Opfer erheblich tiefer unter dem Schnee begraben und eine Rettung ist umso schwieriger.

▷ Halten Sie **ausreichend Abstand** zueinander. So kann man das Gewicht auf der Schneedecke reduzieren und das Risiko einer Lawinenauslösung verringern. Außerdem lässt sich so im Falle einer Lawine unter Umständen verhindern, dass mehrere Personen verschüttet werden.

Achten Sie im Gelände auf **Warnzeichen**, die ein hohes Lawinenrisiko anzeigen. Oft mit einem **„Wumm"-Geräusch** beschriebene Strukturbrüche schwacher Schichten in der Schneedecke sind ein absolutes Warnsignal. Manchmal kann man dabei sogar die Vibration der kollabierenden Schneeschicht in den Beinen spüren.

Auch sichtbare Risse im Schnee sind ein Zeichen struktureller Schwäche. Achten Sie auch auf frische Lawinenkegel oder spontane Lawinenabgänge in steilen Bereichen. Nehmen Sie diese Warnzeichen ernst und **begeben Sie sich umgehend in sicheres Gelände**!

Sichere Routenwahl ist in potentiell lawinengefährdetem Gelände die beste Strategie! Wenn keine sichere Route angelegt werden kann, muss man verzichten!

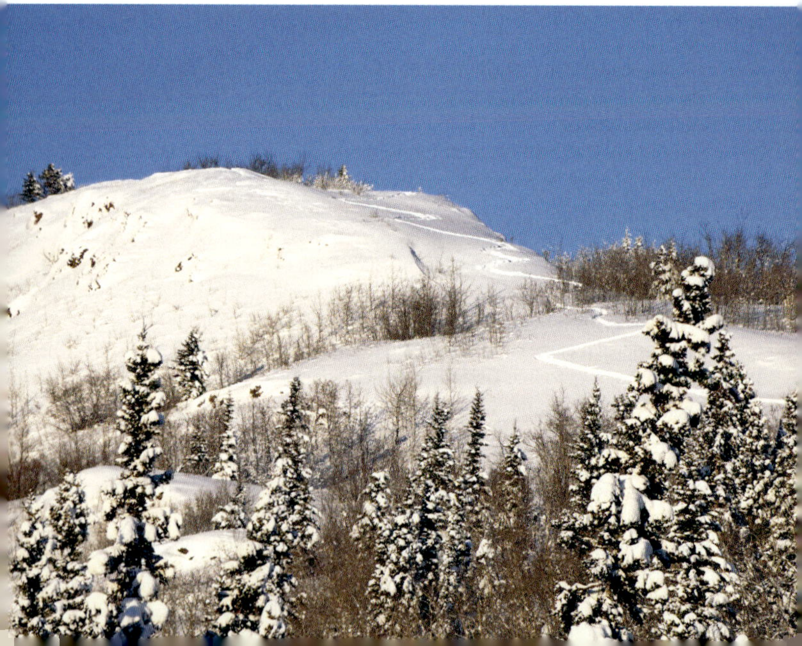

Sollte es zu einem Lawinenabgang kommen, von dem Sie selbst direkt betroffen sind:

- ▷ Versuchen Sie sich **bergab in einem 45°-Winkel** aus dem Bereich der Lawine zu entfernen.
- ▷ Werfen Sie schnell Ski, Schneeschuhe und Skistöcke ab, falls Sie die Möglichkeit haben.
- ▷ Sollten Sie erfasst werden, versuchen Sie im Schnee gegen die Lawine anzuschwimmen und den Kopf an der Oberfläche zu halten.
- ▷ Bemühen Sie sich, mit Armen und Händen vor dem Mund eine Atemhöhle frei zu halten.
- ▷ Wenn Sie nahe an der Oberfläche verschüttet sind, versuchen Sie, so schnell wie es geht, freizukommen, bevor der Schnee zu fest wird.
- ▷ Wenn Sie sich nicht selbst befreien können, bleiben Sie ruhig, um den Sauerstoffverbrauch so niedrig wie möglich zu halten.
- ▷ Wenn Sie die Stimmen anderer hören können, rufen Sie um Hilfe.

Wenn Sie beobachten, wie andere Personen von einer Lawine erfasst werden:

- ▷ Beobachten Sie die erfasste Person und merken Sie sich den Punkt, wo die Person im Schnee der Lawine verschwindet. Markieren Sie diese Stelle sofort, wenn Sie am Unglücksort angelangt sind. Ihre Suche muss sich von dieser Stelle kegelförmig abwärts bewegen.
- ▷ Schalten Sie Ihr Lawinenverschüttetensuchgerät (LVS) auf „Suchen/Empfangen" und beginnen sofort mit der groben Ortung. Dazu wird der Hang unterhalb der markierten Stelle in S-Schleifen abgesucht, bis das Gerät die Richtung zum Opfer anzeigt.
- ▷ Wenn Sie die Person lokalisiert haben, beginnt die Sondierung mit der Lawinensonde. Die Sonde wird im 90°-Winkel zur Schneeoberfläche eingeführt, bis Sie das Opfer ertastet haben.
- ▷ Beginnen Sie sofort zu schaufeln. Schaufeln Sie von unten in den Hang – das ist schneller, als von oben vertikal abwärtszugraben. Die erste Retterin oder der erste Retter schaufelt grobe Blöcke aus dem Hang, während weitere Helfende den anfallenden Schnee wie ein Förderband weiter talwärts schaufeln. Alle paar Minuten wird die Position gewechselt, um eine Verlangsamung durch Erschöpfung zu vermeiden.
- ▷ Legen Sie so schnell wie möglich den Kopf frei und stellen Sie sicher, dass das Opfer frei atmen kann. Eventuell müssen Sie Schnee und Schmelzwasser aus den Atemwegen entfernen. Wenn die Person nicht atmet, beginnen Sie mit Wiederbelebungsmaßnahmen.
- ▷ Halten Sie das Opfer möglichst still und berücksichtigen Sie mögliche Kopf- und Wirbelsäulenverletzungen.

Lawinenopfer sterben meist an Erstickung. Die Chancen auf Rettung Überlebender sind in den ersten 15 Minuten am größten. Danach sinken die Chancen für das Opfer drastisch. Verschüttete können aber auch durch die physische Gewalteinwirkung der Lawine schwere und potentielle tödliche Verletzungen erleiden. Außerdem besteht ein Risiko durch Unterkühlung.

Durch das extrem kurze Zeitfenster für die Rettung Verschütteter sind Bergrettungsmannschaften meist erst viel zu spät am Unglücksort. Es ist daher unverzichtbar, dass alle Gruppenteilnehmenden mit Rettungsmaßnahmen vertraut sind und sofort mit der Suche nach Opfern beginnen.

Eis

Wenn im Winter die Lufttemperatur sinkt, kühlen auch die Gewässer ab und es bildet sich schließlich eine Eisdecke. Dabei unterscheiden sich die Prozesse in einem stehenden und einem fließenden Gewässer.

In **stehenden Gewässern** erkaltet das Wasser an der Gewässeroberfläche am schnellsten und sinkt aufgrund höherer Dichte zum Gewässergrund, während wärmeres Wasser aufsteigt. Irgendwann ist der See so weit ausgekühlt, dass das dichteste Wasser mit 4 °C am Grund des Gewässers liegt und das Wasser an der Oberfläche auf unter 0 °C abkühlt. An kleinen Partikeln, wie etwa Sediment oder auch Schneeflocken, formen sich dann Eiskristalle, die immer weiter wachsen, bis schließlich eine geschlossene Eisdecke das Gewässer bedeckt. Meist frieren Seen vom Ufer her zu und schließlich wird bei weiterer Kälteeinwirkung die Eisdecke an der Unterseite immer dicker.

Zugefrorener See

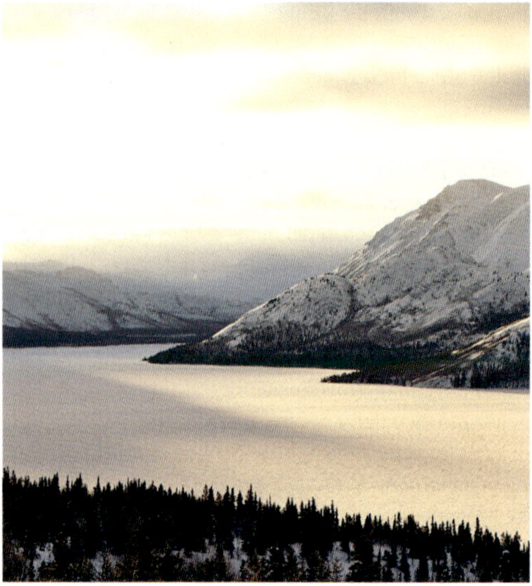

In **Fließgewässern** wird das Wasser durch die Strömung stark durchmischt und es kommt zu einer gleichmäßigeren Kühlung des Gewässers. Die Eisbildung setzt jedoch erst später ein als in stehenden Gewässern, da erst die gesamte Wassermasse herunter gekühlt werden muss. Dann entsteht Eis sowohl an ruhigeren Uferabschnitten als auch am Grund. Von dort steigen Eisschollen auf und bilden schließlich eine Eisdecke.

In ruhigen Flussabschnitten können sich auch auf Flüssen gleichmäßige und glatte Eisflächen wie auf Seen bilden.

In Bereichen mit schneller fließendem Wasser entsteht das sogenannte **Frazileis**, also ein schneematschartiges Gemisch aus Eiskristallen, Schnee und Wasser, das schließlich zu einer Eisdecke zusammengefriert.

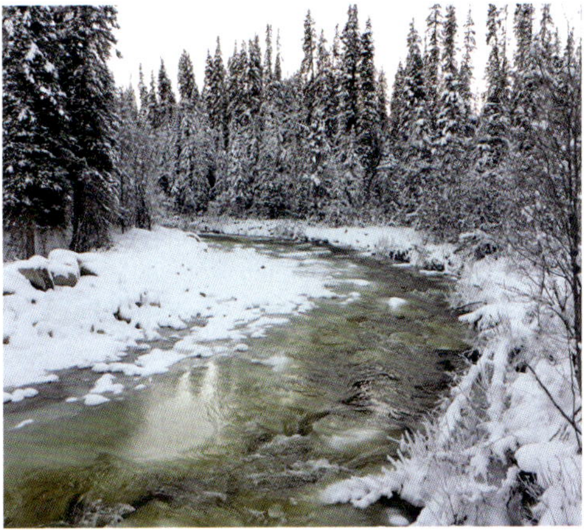

Ein Fließgewässer gefriert. Am Boden und um die Steine im Wasser bildet sich Grundeis, das schließlich an die Oberfläche steigt und das Frazileis formt.

Frazileis an der Oberfläche eines gefrierenden Flusses

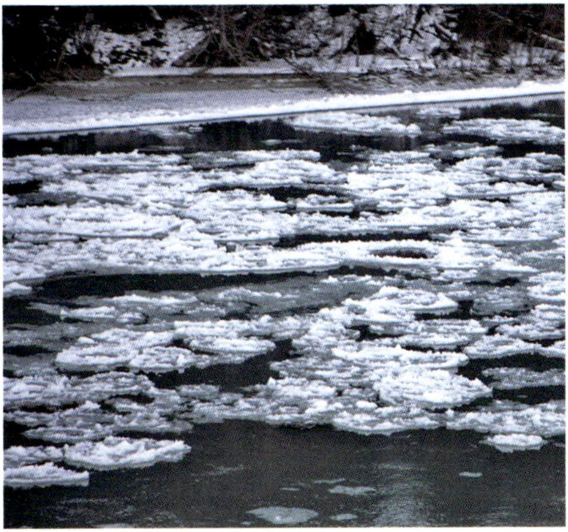

In Flussabschnitten mit Strömung kann die Eisdecke auch immer wieder aufbrechen und es kommt zu teils kilometerlangen Abschnitten mit chaotisch aufgestapelten Eisschollen. Solche **Eisbrüche** können, sofern sie erst kürzlich entstanden sind, offenes Wasser zwischen den noch losen Eisschollen aufweisen. Nach langen Kälteperioden überfrieren diese offenen Stellen und die Schollen frieren zusammen. Dann ist es sicher, solche Bruchzonen zu betreten. Aber es ist natürlich extrem mühsam, durch diese Eisbrüche zu wandern.

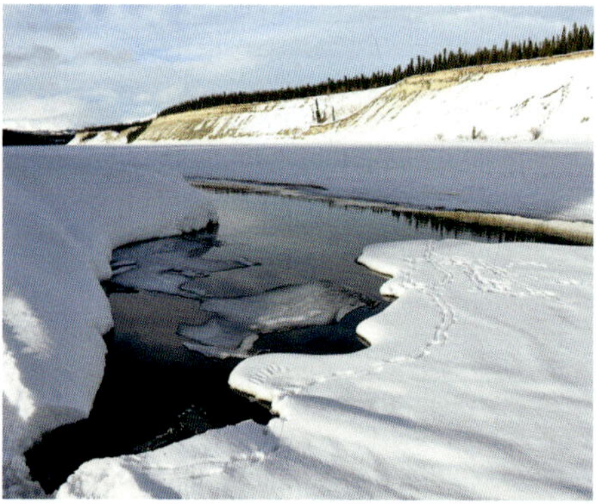

Offenes Wasser in einem ansonsten zugefrorenen Fluss

Schwarzes Eis auf einem gefrorenen See

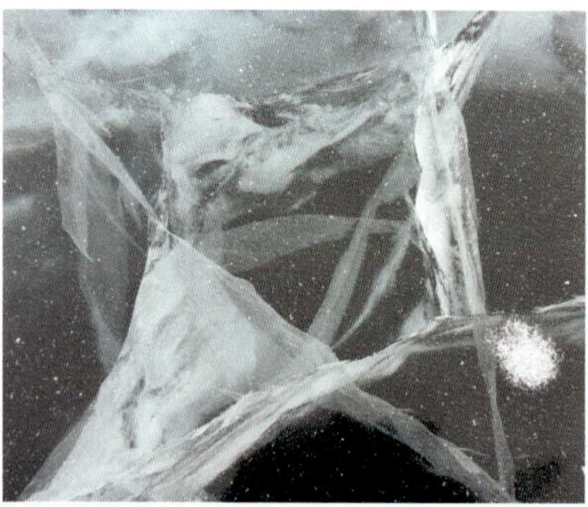

Schnelle Strömung kann auch ein Zufrieren komplett verhindern und selbst bei tiefsten Temperaturen kann es auf Flüssen **offene Stellen** und Kanäle geben, die man weiträumig meiden sollte.

Je nachdem wie das Eis entstanden ist oder im Laufe der Zeit verändert wurde, unterscheidet man mehrere Arten von Eis. Es gibt verschiedene Klassifikationen, die in der Wissenschaft und im Ingenieurwesen angewandt werden. Auf Wildnistouren sind wir weniger an technischen Details interessiert, sondern suchen nach einer einfachen Möglichkeit, Eisdecken auf Gewässern zu beurteilen, um die Tragkraft zu beurteilen.

Schwarzes Eis gilt als besonders stabil. Es erscheint dunkel, weil es keine oder kaum Lufteinschlüsse und Schneekristalle enthält. Es ist praktisch transparentes Eis, das vom

Licht durchdrungen wird, welches dann von dem Gewässer darunter absorbiert wird. Dadurch erscheint es dunkel. Schwarzes Eis entsteht auf ruhigen Gewässern unter der Einwirkung von sehr kalten Temperaturen ohne den Einfluss von Schnee.

Weißes oder hellgraues Eis enthält Lufteinschlüsse und Schneekristalle. Es entsteht, wenn die Eisschicht bei Schneefall entstand und der vom Wasser gesättigte Schnee an der Gewässeroberfläche gefroren ist. Es entsteht auch, wenn eine Eisfläche absinkt und Wasser auf das Eis tritt und dort den aufliegenden Schnee durchnässt und dieser Schneematsch dann gefriert. Solches Eis ist wesentlich weniger belastbar als klares schwarzes Eis. Die Tragfähigkeit hängt davon ab, wie viel Luft eingeschlossen ist, und kann extrem variieren.

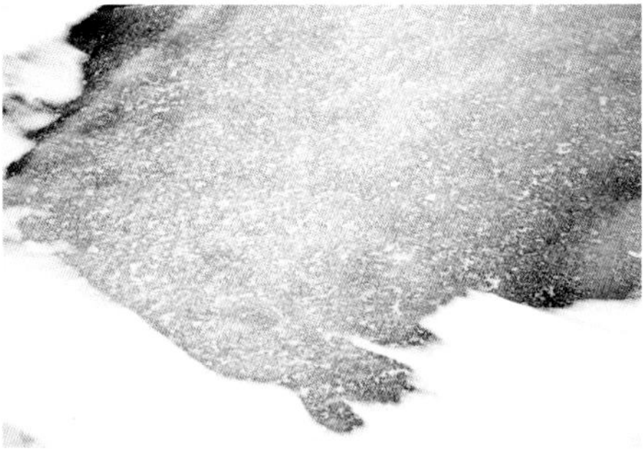

Weißes und hellgraues Eis ist weniger tragkräftig als schwarzes Eis

Degradiertes graues Eis hat nur eine geringe Tragkraft

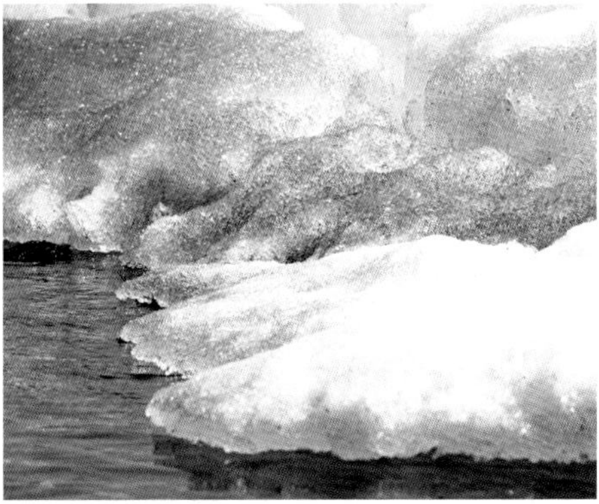

Dunkelgraue Eisflächen enthalten oft flüssiges Wasser zwischen den Kristallen und sollten als unsicher betrachtet werden. Graue Flächen sind ein Zeichen degradierten Eises und entstehen meist während warmer Tauperioden.

Kerzeneis entsteht bei Temperaturen über dem Gefrierpunkt, wenn die Eisdecke taut und die senkrecht nach unten gewachsenen Eiskistalle ihre Bindung zueinander verlieren. Von oben erscheint die Eisdecke beinahe marmoriert und fleckig. Solches Eis ist sehr instabil und sollte gemieden werden.

Bei der Beurteilung der **Tragkraft von Eisflächen** ist natürlich auch die Dicke des Eises von Bedeutung. Für stabiles schwarzes Eis auf **stehenden Gewässern** gilt allgemeinhin eine Eisdicke von 10 cm als das Minimum für eine einzelne Person. Um einen Motorschlitten zu tragen, sollten es schon mindestens 15 cm sein, und 25 cm gelten als untere Grenze zum Befahren mit einem Pkw. Die Eisdecken von **Fließgewässern** sind in der Regel schwächer und man sollte für eine sichere Begehung die oben angegebenen Dicken für stehende Gewässer verdoppeln. Bei diesen Angaben wird davon ausgegangen, dass das Eis direkt auf dem flüssigen Wasserkörper aufliegt. Eis, das nach einem Absinken des Wasserspiegels nicht mehr auf dem Wasser aufliegt, ist bedeutend weniger tragfähig.

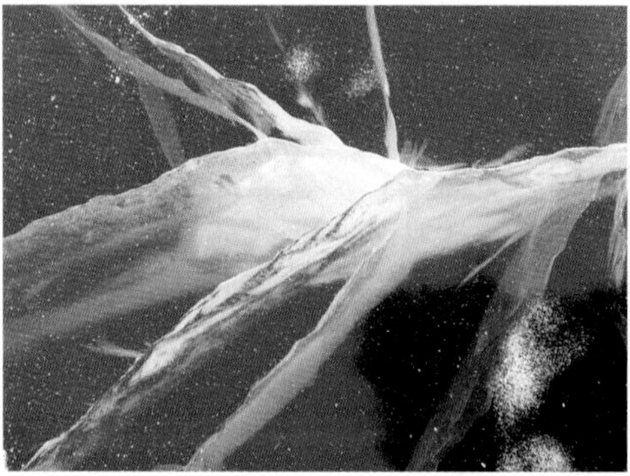

Trockene Risse beeinflussen die Stabilität des Eises kaum

Eisdecken auf Gewässern unterliegen **ständigen Veränderungen**. Durch Temperaturschwankungen, bei denen sich das Eis zusammenzieht oder ausdehnt, können Risse im Eis entstehen. Teilweise ist die Entstehung solcher Risse recht spektakulär, wenn die gesamte Eisdecke vibriert und es wie bei einem Donner grollt oder ein gluckerndes Echo daherkommt. Manchmal knallt es wie eine Peitsche und man kann hören, wie sich der Riss durch die Eisdecke über das Gewässer fortsetzt. Sogenannte **trockene Risse**, die sich nicht durch die gesamte Eisdicke hindurchziehen, haben oft nur eine geringe Auswirkung auf die Stabilität der gesamten Eisdecke.

Nasse Risse, die durch die volle Dicke des Eises reichen und durch die Wasser emporsteigen kann, reduzieren allerdings die Stabilität der Eisdecke. Wenn die Eisdecke durch einen Riss getrennt wird und auseinanderdriftet, können **Rinnen mit offenem Wasser** entstehen. Werden hingegen Eismassen durch Strömungen und Wind aufeinandergeschoben und Eisschollen aufgetürmt, entwickeln sich sogenannte **Presseisrücken**. Es kann auch entlang solcher Presseisrücken Stellen mit offenem Wasser geben. Es kann mehrere Tage oder gar Wochen dauern, bis diese offenen Stellen wieder überfrieren und sich eine begehbare Eisdecke gebildet hat.

Besonders vorsichtig muss man in **Mündungsbereichen** sein, wo Bäche oder Flüsse zufließen oder Wasser aus Seen wieder abfließt. Hier gibt es **häufig offenes Wasser und gefährlich dünnes Eis**.

Auch **Verengungen in Flüssen und Seen** haben oft offenes Wasser oder dünnes Eis und man sollte solche Stellen nur mit Vorsicht begehen.

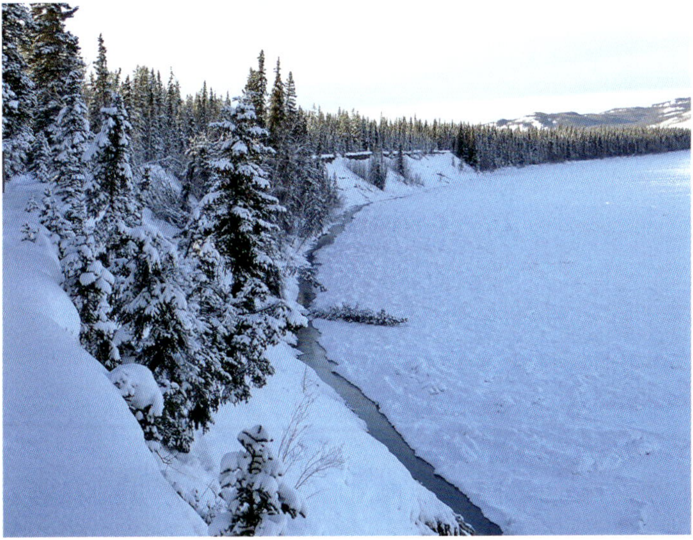

In der Außenkurve eines Flusses herrscht die größte Strömung, wodurch das Eis hier oft dünn ist oder sogar offenes Wasser zu finden ist. Bei der Wahl einer Route sind Innenkurven deshalb meist sicherer.

Die direkte **Umgebung von Baumstämmen und Felsen**, die aus der Eisdecke herausragen, ist unter Umständen auch riskant, weil die Sonneneinstrahlung diese Objekte aufwärmen und das Eis zum Schmelzen bringen kann. Auf **Fließgewässern** muss man besonders **in den Außenkurven achtgeben**, da hier die höchste Strömungsgeschwindigkeit herrscht, die oft eine solide Eisbildung verhindert.

Gefährliche Löcher im Eis können auch dort entstehen, wo durch Strömungen **warmes Wasser an die Oberfläche** gedrückt wird oder **warme Gase** von Verwesungsprozessen am Gewässergrund **aufsteigen** und dann die Eisdecke schmelzen. Solche Stellen sind von oben teils nicht zu erkennen, wenn noch eine dünne Eisdecke verbleibt und sich das Eis von oben nicht sichtbar unterscheidet.

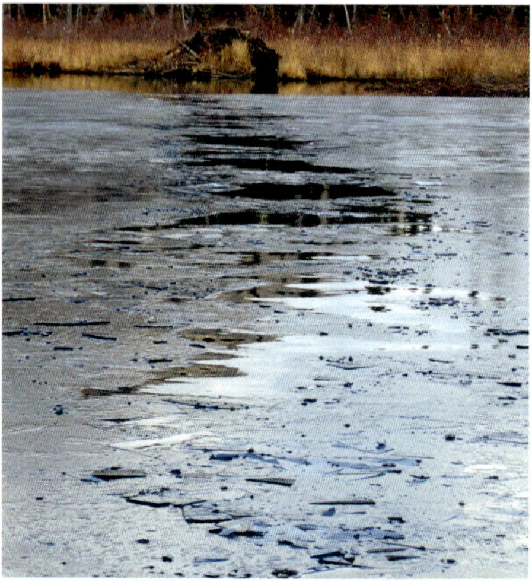

Tiere wie Biber können die Eisbildung auf einem Gewässer beeinträchtigen. Bei diesem Bild aus dem späten Herbst sieht man, wie Biber auf ihrer Route von und zur Biberburg immer wieder das Eis aufbrechen und schwächen können.

Auch Tiere können einen Einfluss auf die Eisdecke haben. **Biber** zum Beispiel atmen unter Wasser aus und es entstehen Luftblasen, die sich unter dem Eis sammeln und bei der Entstehung von neuem Eis miteingeschlossen werden. Da die Tiere immer wieder die gleichen Strecken schwimmen, wird die Eisdecke entlang dieser Bahnen durch die vielen Lufteinschlüsse teils erheblich geschwächt. Besonders aufpassen sollten Sie in der direkten Umgebung von Biberburgen und Biberdämmen und Sie sollten im Zweifelsfall den Bereich meiden.

Eine dicke Schneedecke hat Auswirkungen auf die Eisflächen. **Schnee wirkt als Isolation** und verhindert, dass die Eisdecke dicker wird und an Tragfähigkeit zunimmt. Ein stark verschneites Gewässer hat also auch nach langen Kälteperioden eventuell eine nur dünne Eisdecke aufzuweisen. Allerdings schützt die Schneedecke auch vor warmen Temperaturen und im Frühjahr verhindert die isolierende Auflage ein schnelles Auftauen, wenn es warm wird.

Overflow entsteht, wenn **schwere Schneelast das Eis niederdrückt**. Das Wasser darunter wird durch den erhöhten Druck, dann durch Risse im Eis auf die Eisdecke gepresst. Oft verhindert der isolierende Schnee dann, dass dieses Wasser wieder gefriert. Wenn Sie dann mit Schneeschuhen oder Ski über eine solche Schneefläche marschieren, brechen Sie durch den Schnee in eiskaltes Wasser ein. Meist stehen Sie dann zwar auf der soliden Eisfläche, die sich darunter befindet, aber oft fährt einem der Schreck in die Glieder. Und außerdem müssen Sie sich nun um nasse Stiefel und Hosenbeine kümmern. Bei eisigen Temperaturen drohen Unterkühlung und Erfrierungen und es ist daher ratsam, Gebiete mit Overflow zu vermeiden. Wenn sich bereits gespurte Wege auf einem Gewässer befinden, sind diese Spuren oft der beste Weg durch Overflow, denn auf der Spur wurde der Schnee komprimiert und das Wasser der kalten Luft ausgesetzt. Dort bildet sich schnell wieder eine tragende Eisschicht, während die Bereiche neben der Spur noch nass sind.

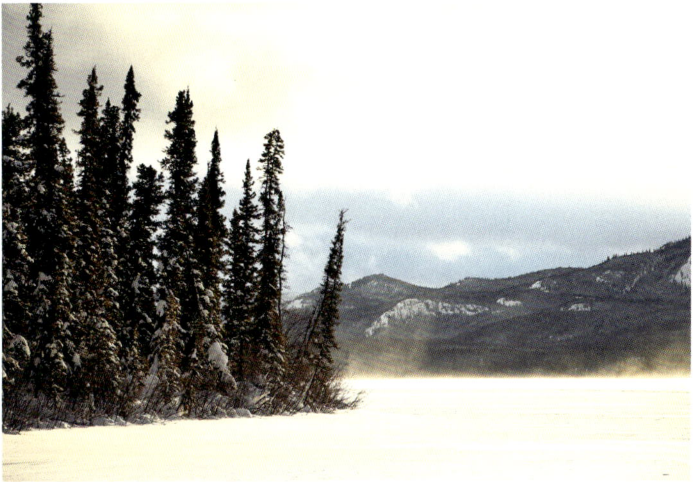

Wasserdampf über einem Gewässer deutet auf offenes Wasser oder Overflow

Overflow tritt besonders **nach starken Schneefällen** sowie **starken Temperaturschwankungen** auf. Manchmal kann man Veränderungen in der Schneedecke sehen, die auf Overflow, also Wasser unter dem Schnee, schließen lassen. Da das Wasser unter dem Schnee oft wärmer als die Luft ist, steigen manchmal **Schwaden von Wasserdampf** durch den Schnee auf. Das lässt sich besonders gut bei Gegenlicht erkennen.

Wassergesättigter Schnee erscheint oft etwas dunkler und man erkennt graue Flecken in der ansonsten weißen Schneedecke. Wenn das Wasser des gefrorenen Gewässers trüb ist, erkennt man gelegentlich **gelbe oder braune Verfärbungen** im Schnee.

Auch Vertiefungen, wo die ansonsten einheitliche **Schneedecke eingesackt ist**, können auf Wasser unter dem Schnee hinweisen. Manchmal erscheinen **spinnennetzartige Strukturen** im Schnee, die auf nasse Risse und Wasseransammlungen unter dem Schnee hindeuten können.

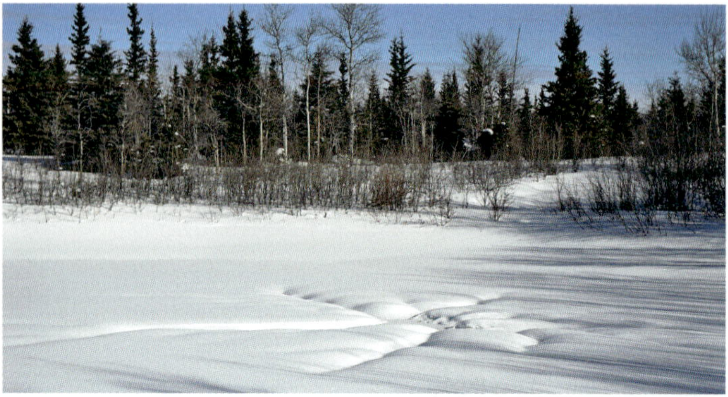

Durch darunterliegendes Wasser kollabierter Schnee ist ein deutliches Zeichen für Overflow. Auch in den Bereichen um diese „Spinnennetze" kann Wasser auf dem Eis und unter dem Schnee verborgen sein.

Wenn das Wasser eines Overflows schließlich gefriert, spricht man vom sogenannten **Aufeis**, also einer Eisformation über einer bereits bestehenden Eisdecke. Eine weitere Form von Aufeis kann sich auch abseits von Seen und Flüssen bilden, wenn Quellen oder kleine Bäche im Winter weiter aktiv bleiben und Wasser immer wieder an die Oberfläche tritt und dort gefriert. So entstehen immer weitere Lagen von Eis, bis sich ausgedehnte Eisflächen, von Eis überzogene Hänge oder blumenkohlförmige Eisformationen gebildet haben. Sie bergen vor allem die Gefahr, schmerzhaften auszurutschen, die man durch die Nutzung von Spikes unter den Schuhen verringern kann. Müssen Sie einen vereisten Hang traversieren, sollten Sie möglichst weit unten an der talseitigen Kante entlanglaufen, um längere Rutschpartien zu verhindern.

Muss man **gefrorene Gewässer überqueren**, sollten unbedingt ein paar Vorsichtsmaßnahmen getroffen werden:

▷ **Testen Sie die Eisdecke**! Man darf nicht davon ausgehen, dass die Eisdecke auf einem Gewässer einheitlich ist. Die Verhältnisse können sich innerhalb weniger Meter dramatisch ändern. Prüfen Sie die Qualität des Eises und stellen Sie sicher, dass das Eis dick genug ist, um Sie zu tragen! Sie können mit einem Eisbohrer eine Probebohrung machen oder an einer sicheren Stelle mit der Axt zum Testen ins Eis hacken. Eine Axt dringt nicht in stabiles schwarzes Eis ein. Stattdessen werden ein paar Splitter wegsprengen. In weißes Eis, das mit Schnee und Lufteinschlüssen durchsetzt ist, kann die Axt in das Eis schneidend eindringen.

- ▷ Eine lange Stange mit einer Metallspitze ist ein wertvolles Hilfsmittel auf einem gefrorenen Gewässer. Sie können anhand des Klangs der Metallspitze auf dem Eis die Qualität der Eisdecke beurteilen. Ein harter, hoher Klang deutet meist auf eine feste Eisdecke hin. Ein hohles, dumpfes Klopfen deutet oft auf eine instabile Eisdecke mit Lufteinschlüssen oder Wassersättigung hin.
- ▷ Wird die Stange quer getragen, kann sie verhindern, dass man vollständig ins Wasser sinkt, sollte man durch die Eisdecke brechen.
- ▷ Wenn es sich nicht vermeiden lässt, dünnes Eis zu betreten oder sich einer fragwürdigen Stelle zu nähern, sollten Sie eine einfache Seilsicherung anwenden. Sollten Sie einbrechen, kann eine Partnerin oder ein Partner Sie am Seil an den Eisrand ziehen. Sie können das Seil auch nutzen, um sich selbst wieder auf das Eis zu hieven.
- ▷ Wenn Sie feines Knacken und Knirschen im Eis um sich herum hören, begeben Sie sich sofort auf alle Viere oder legen Sie sich hin. Verteilen Sie Ihr Gewicht so gut wie möglich auf eine größere Fläche. Ziehen Sie sich dahin zurück, wo Sie hergekommen sind. Sie wissen ja, dass das Eis dort stark genug war, um Sie zu tragen.

Das Wasser eines Baches floss auch im Winter weiter und hat nun dicke Lagen Aufeis mitten auf dem Weg gebildet

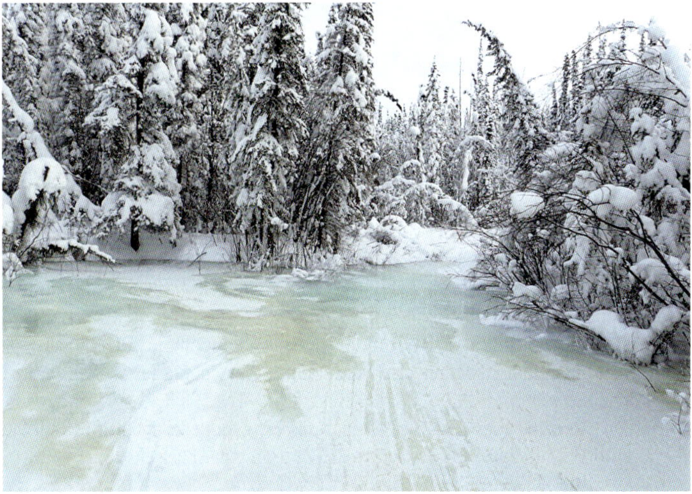

- ▷ Auch die Nutzung von Ski und Schneeschuhen verteilt die Last auf der Eisdecke. Wenn die Gefahr besteht, in das Eis einzubrechen, sollten Sie die Bindungen von Ski und Schneeschuhen geöffnet haben. Es kann unmöglich sein, die Ski oder Schneeschuhe im Wasser von den Schuhen zu entfernen. Mit ihnen können Sie aber kaum schwimmen und sich wieder auf das Eis retten.
- ▷ Auch den Rucksack müssen Sie im Notfall schnell abwerfen können. Lösen Sie die Schultergurte und öffnen Sie den Hüftgurt, damit Sie sich schnell von der schweren Last befreien können.
- ▷ Halten Sie Abstand zu anderen Personen auf dem Eis. Zum einen wird die Last auf dem Eis so besser verteilt, zum anderen brechen so hoffentlich nicht mehrere Personen ein und Sie können sich im Notfall gegenseitig helfen.
- ▷ Tragen Sie Spikes unter den Schuhsohlen, wenn Sie Eisflächen betreten. So können Sie Verletzungen durch Ausrutschen vermeiden. Sie brauchen diese Antirutschhilfen aber auch zwingend, wenn Sie eine andere Person aus dem Wasser ziehen müssen.

Falls Sie **durch die Eisdecke eingebrochen** sind, reagiert Ihr Körper zunächst auf den **Kälteschock** im eiskalten Wasser. In dieser ersten Phase schnappt ein Mensch prustend nach Luft. Man kann kaum ein Wort hervorbringen. Konzentrieren Sie sich nur darauf, den **Kopf über Wasser** zu halten. Es dauert etwa eine Minute, bis sich dieser Reflex gelegt hat und Sie wieder ganz normal atmen können. In dieser Initialphase besteht erhebliche Gefahr zu ertrinken, wenn Sie prustend und in Panik um sich schlagend Wasser inhalieren. **Halten Sie sich am Eisrand fest und bleiben Sie ruhig!**

Wenn sich Ihre Atmung wieder beruhigt hat, haben Sie im Anschluss **etwa fünf bis zehn Minuten Zeit, um Selbstrettungsmaßnahmen umzusetzen**. Ziehen Sie Ski und Schneeschuhe aus, damit Sie besser schwimmen können.

Egal ob Fließgewässer oder See: Bringen Sie die Beine an die Wasseroberfläche und Ihren gesamten **Köper in eine horizontale Position**. Nun treten und strampeln Sie mit den Beinen, während Sie sich mit den Armen wieder **auf die Eisdecke ziehen**. Wenn Sie Eisahlen haben, nutzen Sie diese Rettungsgeräte, um den Halt auf dem Eis zu verbessern. Ohne Eisahlen können Sie auch ein Messer oder einen anderen spitzen Gegenstand benutzen, um in das Eis zu hacken und sich hochzuziehen.

Stehen Sie nicht auf, wenn Sie sich auf das Eis gezogen haben! Kriechen Sie vorwärts, bis Sie sicheres Eis erreichen.

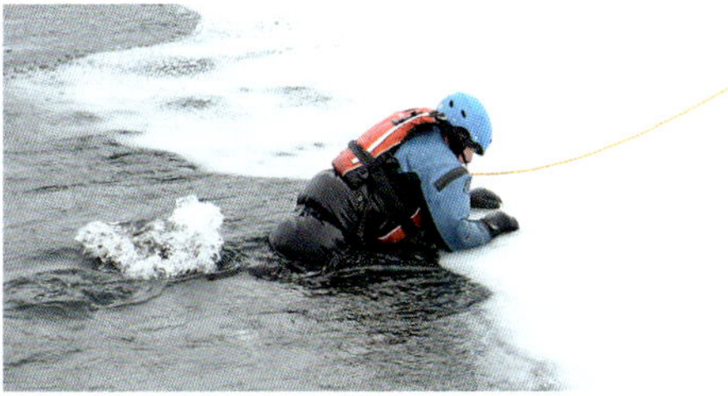

Hier wird im Rahmen eines Eisrettungskurses die Selbstrettung geübt. Man bringt sich in eine horizontale Lage, schlägt mit den Füßen und drückt den Oberkörper auf das Eis. Dann robbt man aus dem Gefahrenbereich.

Bei **Einbrechen in einen See** oder bei Flüssen ohne nennenswerte Strömung wird empfohlen, sich wieder dorthin zu retten, wo man hergekommen ist. Denn man weiß ja bereits, dass dort die Eisdecke bis zum Bruch gehalten hat.

In einem **Fließgewässer mit starker Strömung** müssen Sie unbedingt vermeiden, an die stromabwärtige Eiskante gedrückt zu werden. Wenn die Strömung Sie unter die Eisdecke drückt, kann eine Rettung unmöglich sein. **Versuchen Sie an die stromaufwärts gelegene Eiskante zu gelangen**. Wenn Sie schwimmend nicht gegen die Strömung ankommen, hangeln Sie sich an der seitlichen Kante wieder hoch. An der stromaufwärtigen Eiskante werden Sie zum einen nicht unter das Eis gedrückt und es ist zum anderen einfacher, die Beine in eine horizontale Lage zu bringen.

Wenn Sie nicht in der Lage sind, sich auf das Eis zu ziehen, legen Sie Ihre **nassen Ärmel auf das Eis** und lassen sich dort **festfrieren**. Nach etwa fünf bis zehn Minuten im kalten Wasser sind Nerven und Muskeln so kalt, dass Sie keine Kraft zum Schwimmen oder Festhalten mehr haben. Sie sind nun vollständig auf die Hilfe anderer angewiesen. Mit den am Eisrand festgefrorenen Ärmeln werden Sie zumindest über Wasser gehalten und vor dem Ertrinken bewahrt. Hoffentlich wird jemand auf Ihre Lage aufmerksam und kann Ihnen zu Hilfe eilen.

Wenn Sie einer eingebrochenen Person helfen müssen, dürfen Sie sich **nicht selbst in Gefahr begeben**. Versuchen Sie, dem Opfer **verbal Anweisungen zur Selbstrettung** zu geben. Wenn das nicht ausreicht, nutzen Sie ein **Wurfseil oder lange Äste,** um die Person von einer sicheren Stelle aus auf das Eis zu ziehen. Sie müssen dafür Spikes tragen, sonst haben Sie keinen Halt auf dem glatten Eis und werden selbst ins Wasser gezogen. Ziehen Sie eine Schwimmweste an, sofern vorhanden.

Wenn auch das nicht gelingt, können Sie versuchen, **das Opfer direkt erreichen**. Verwenden Sie Ankerpunkte wie Eisschrauben, um ein Seil zur Eigensicherung nutzen zu können. Robben Sie vorsichtig an die Eiskante und nutzen Sie Gegenstände wie Ski, Schneeschuhe, Leitern oder lange Äste, um Ihre Last auf dem Eis zu verteilen.

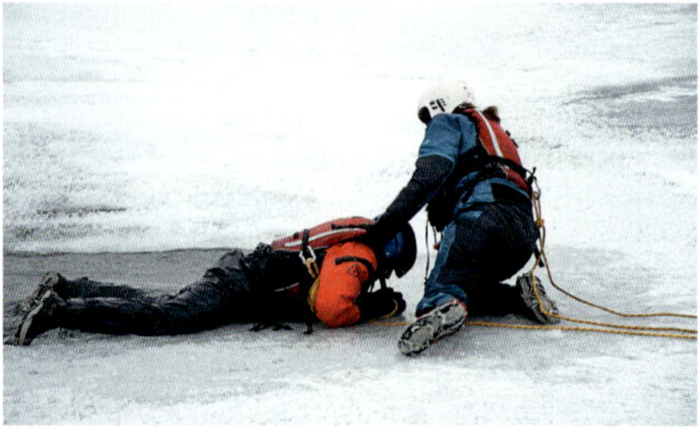

Man sollte sich einer eingebrochenen Person nur nähern, wenn eine Eigensicherung gewährleistet ist. Um ein eigenes Einbrechen zu verhindern, sollte man sich kriechend dem Eisrand nähern. Die helfende Person braucht festen Halt, da sie sonst selbst ins Wasser gezogen wird.

Legen Sie eine vorbereitete **Seilschlinge um den Oberkörper** des Opfers. Sie können dann von der Eiskante wieder zurückrobben und versuchen, die Person mit dem Seil hochzuziehen. Das kann nur gelingen, wenn das Opfer noch genug Kraft hat, aktiv bei dem Rettungsversuch zu helfen und den Oberkörper auf die Eisdecke zu schieben. Wenn die eingebrochene Person nicht genug Kraft hat, müssen Sie das Opfer von Hand aus dem Wasser ziehen. Sie brauchen dafür guten Halt auf dem Eis, damit Sie nicht selbst im Wasser enden.

Wenn man aus dem Wasser kommt und komplett durchnässt ist, kann man sich **sofort in trockenem Schnee wälzen**. Dabei wird Wasser aus der Bekleidung gedrückt und vom Schnee aufgesaugt. Das trocknet einen nicht vollständig, aber man kann so wenigstens ein paar Liter Wasser direkt loswerden.

Danach müssen Sie beherzt handeln. Je nach Temperatur **kann die nasse Bekleidung innerhalb kürzester Zeit zu einem Eispanzer gefrieren**, in dem man sich nicht mehr bewegen kann. Reißverschlüsse frieren zu, sodass man sich ohne Wärmequelle oder einem Schneidewerkzeug nicht mehr von der Bekleidung befreien kann. Taschen, in denen sich Streichhölzer oder Feuerzeuge befinden, sind nicht mehr zugänglich. Wer sich auf den kalten Boden setzt oder legt, kann dort mit nasser Bekleidung innerhalb von Minuten festfrieren.

Sobald man sich von der dünnen Eisdecke entfernt hat und auf sicheren Untergrund begeben hat, sollte man sich vor den kalten Witterungsbedingungen geschützt von der nassen Bekleidung befreien und trockene Kleidung anlegen. Ein nur leicht unterkühltes Opfer kann dabei noch behilflich sein. Ein stärker unterkühlter Mensch sollte in eine horizontale Lage gebracht werden und muss aus der Bekleidung geschnitten werden und dann in einer Wärmepackung aufgewärmt und evakuiert werden (zur Behandlung von unterkühlten Personen ☞ siehe Seite 138).

Wilde Tiere

Begegnungen mit wilden Tieren in ihrem natürlichen Lebensraum sind meist traumhaft schöne und erinnerungswürdige Erlebnisse. Und nur selten kommt es dabei zu Problemen. In nordischen arktischen und subarktischen Gebieten gibt es jedoch durchaus Tierarten, die dem Menschen gefährlich werden können. In erster Linie werden die meisten dabei an größere Prädatoren denken.

Wölfe sind das ganze Jahr über aktiv, stellen für den Menschen jedoch meist keine große Gefahr dar. Die Anzahl von Angriffen auf Menschen ist extrem niedrig. Es kann jedoch vorkommen, dass sich Wölfe in Wintern mit niedrigem Angebot an Beutetieren auf der Suche nach Nahrung menschlichen Siedlungen und Camps nähern. Sollten Sie mit Kindern unterwegs sein, stellen Sie sicher, dass diese in Ihrer unmittelbaren Nähe bleiben, wenn Sie frische Zeichen von Wolfsaktivitäten in der Umgebung wahrnehmen. Besonders gefährdet sind jedoch Hunde. Sollten Sie mit Ihrem Vierbeiner oder gar einem ganzen Team von Schlittenhunden unterwegs sein, sollten Sie extrem vorsichtig sein, wenn Wölfe Interesse zeigen. Auch größere Huskies stehen durchaus auf der Speisekarte der noch größeren Wölfe.

Als ich als frischer Guide im kanadischen Yukon Touren mit dem Hundeschlitten führte, wurde eine Kollegin in einem abgelegenen Camp von einem Rudel Wölfe besucht. Die Wölfe hatten am Tag zuvor das Camp verwüstet und hatten es geschafft, Zugang zu dem dort gelagerten Hundefutter zu bekommen. Motiviert durch den Erfolg kehrten sie in der Nacht zurück und belagerten für ein paar Stunden das Camp und hofften wohl, einen der angeleinten Hunde zu erwischen. Guide und Gäste verbrachten die Nacht damit, mehrere Feuer verteilt im Camp zu unterhalten und die Hunde aktiv zu bewachen.

Pumas oder Berglöwen kommen in den westlichen Gebirgen Nordamerikas vor und sind auch im Winter aktiv. Es kommt gelegentlich zu Unfällen mit jagenden Berglöwen und es hat auch schon Todesfälle gegeben. Die Wahrscheinlichkeit, von einem Berglöwen angegriffen zu werden, ist jedoch extrem gering.

Unter den **Bären** sind vor allem verschiedene Braunbärarten Europas und Nordamerikas sowie der Amerikanische Schwarzbär und der Eisbär der arktischen Küsten von Interesse. Sowohl Braun- als auch Schwarzbären begeben sich in ihren Bau zur Winterruhe. Dieser Bau kann eine richtige Höhle sein, aber eventuell auch nur ein stark ausladender, niedriger Baum, ein Verhau aus Ästen und Laub, in dem sich der Bär einschneien lässt. Bären halten keinen richtigen Winterschlaf, sondern begeben sich in eine **Winterruhe**. Auch wenn es selten passiert, kann es durchaus sein, dass ein Bär im Winter bei warmem Wetter gelegentlich aufwacht und sich im Umkreis seines Baus bewegt.

Es kommt aber auch vor, dass sich Bären, die aufgrund ihres Alters oder durch Krankheiten nicht in der Lage waren, notwendige Fettreserven anzufressen, erst gar nicht in die Winterruhe begeben und weiter auf der Suche nach Nahrung im Winter umherstreichen. In Nordamerika ist es in den letzten Jahren zu mehreren tragischen Unfällen zu Beginn des Winters mit solch verhungernden Bären gekommen.

Eisbären, die in den arktischen Gebieten Nordamerikas, Grönlands und Eurasiens vorkommen, begeben sich nicht in eine Winterruhe und können das ganze Jahr über angetroffen werden. Der Mensch gehört durchaus in das Beutespektrum von Eisbären und in einigen Gebieten wird das Führen einer Waffe zur Selbstverteidigung empfohlen oder sogar vorgeschrieben.

Aggressive Begegnungen mit Schwarz-, Braun und Eisbären sind extrem selten und das Risiko sollte nicht überbewertet werden. Dennoch sollten Sie sich bei Ihrer Tourenplanung mit diesem Thema auseinandersetzen und gegebenenfalls entsprechende Sicherheitsausrüstung mitnehmen.

Besonders in Eisbärengebieten werden Lager oft durch tragbare **Elektrozaunanlagen** gesichert. Auch Alarmanlagen mit **Stolperdrähten**, die einen Knallkörper auslösen, wenn ein Bär ins Lager eindringt, kommen zum Einsatz.

Hochkonzentriertes Pfefferspray, auch als **Bärenspray** im Handel erhältlich, kann bei einem Angriff durch Bären, Wölfen oder Berglöwen eingesetzt werden. Wird der Auslöser gedrückt, sprüht die Flasche eine farbige (meist orangefarbene) Wolke von beißendem Pfefferspray in Richtung des angreifenden Tieres. Die Reichweite des Sprays beträgt etwa 5 m. Vorsicht ist bei Gegenwind geboten, der das Spray in Ihre Richtung zurückwehen kann. Beim Wintereinsatz ist zu berücksichtigen, dass kalte Temperaturen sich negativ auf den Druck in der Sprühflasche auswirken. Aus diesem Grund sollte man das Spray unter der Bekleidung stets warm aufbewahren. Dadurch wird natürlich wiederum der Zugriff im Ernstfall erschwert.

Es gibt auch **Knallkörper**, die mit einem Abschussstift für Signalraketen abgeschossen werden können. Diese sogenannten **„bear banger"** explodieren nach etwa 20-30 m mit einem lauten Knall und sollen einen Bären erschrecken und verscheuchen.

Sollten Sie sich zur Mitnahme einer **Schusswaffe** zur Verteidigung von Bären entschließen, achten Sie auf ein ausreichend großes Kaliber. Empfohlen werden in der Regel **Repetierbüchsen** mit einem Kaliber von .308 Win oder stärker. Es kommen bei der Bärenabwehr auch **Schrotflinten (Pumpgun)** zum Einsatz, die man mit einem **Flintenlaufgeschoss (Slug)** lädt. Schrotflinten können auch mit Gummigeschossen geladen werden, die zum Vergrämen von Bären genutzt werden können.

Für den Wintereinsatz würde ich immer eine offene Visierung bevorzugen, die im Gegensatz zu einem Zielfernrohr besser für den Einsatz in direkter Nähe geeignet ist und auch nicht durch den eigenen Atem vereist oder durch Schnee bedeckt wird. Die Mitnahme einer Waffe sollte nur dann in Erwägung gezogen werden, wenn Sie im sicheren Umgang damit geübt sind. Sie müssen unter extremem Stress innerhalb von Sekunden auf ein sich schnell bewegendes und Sie angreifendes Tier aus nächster Nähe mehrfach gezielt schießen können.

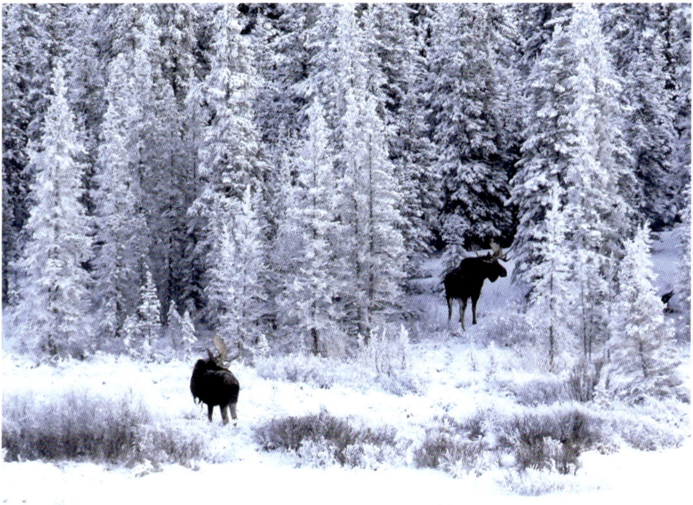

Elche halten sich im Winter meist fern. Wenn sie sich jedoch in die Enge getrieben fühlen, kann es zu gefährlichen Angriffen kommen.

Elche sind bei Winterabenteuern vermutlich die gefährlichste Tierart bei einer Begegnung. Besonders während schneereicher Winter halten sich Elche gerne auf gut gepackten Wegen und Loipen auf, wo sie leichter vorwärtskommen. Wenn sie sich bedrängt fühlen, können Elche Attacken auf Skifahrerinnen und Skifahrer, Motorschlitten und ganze Hundeschlittenteams ausführen. Dabei treten und trampeln sie aggressiv auf Mensch, Hunde und Maschinen ein. In Alaska kommt es regelmäßig zu solchen Angriffen, aber auch aus Kanada und Skandinavien gibt es ähnliche Berichte. Es ist auch schon zu schweren Unfällen mit **Moschusochsen und Bisons** gekommen, die sich durch Menschen in die Enge getrieben und bedroht fühlten.

Wenn man solchen mächtigen Tieren begegnet, sollte man **Abstand halten**, dem Tier ausreichend Platz lassen und ihm Gelegenheit geben, sich zurückzuziehen. Viele Attacken werden dadurch initiiert, dass der Mensch versucht, das Tier zu verscheuchen oder den Weg entlangzutreiben.

Aber auch von **kleineren Tieren** können Gefahren ausgehen. Der Kot von Mäusen und Fledermäusen kann Krankheitserreger wie etwa den mitunter tödlichen **Hantavirus** enthalten. Das ist besonders dann zu beachten, wenn man verlassene Hütten in der Wildnis als Behausung aufsucht. Wenn solche Hütten genutzt werden, sollte man beim Saubermachen eine Atemschutzmaske aufsetzen und alle zu säubernden Stellen mit einer Desinfektionslösung aus Wasser und Bleiche besprühen und dann feucht abwischen. Auf jeden Fall muss vermieden werden, dass der Staub mit Resten von Exkrementen aufgewirbelt und eingeatmet wird.

Schneelast in Bäumen und Windbruch

Tote Äste oder gleich ganze Bäume können bei starkem Wind eine Gefahr darstellen, wenn sie abbrechen beziehungsweise umstürzen und auf das Lager treffen oder den Weg versperren. Durch enorme Schneelasten auf den Bäumen kann es zu starken Belastungen der Fasern kommen, sodass manchmal bereits ein mittlerer Wind reicht, um sie umstürzen oder brechen zu lassen.

Die aufliegende Schneelast kann Bäume extrem belasten. Es kommt immer wieder zu Windbruch.

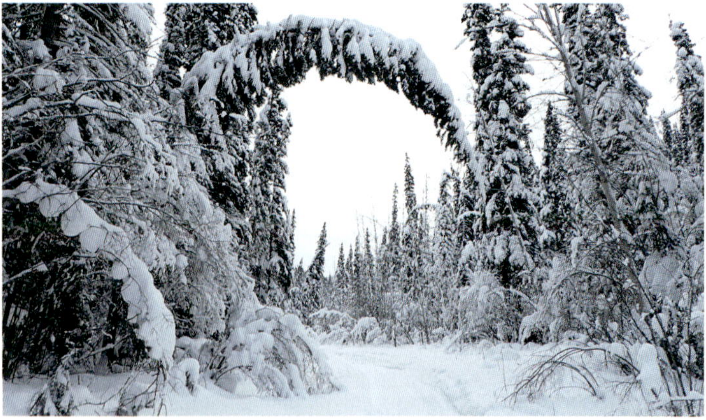

Achten Sie auf die Schneelast in den Bäumen und halten Sie sich besonders bei Wind von solchen potentiell gefährlichen Bereichen fern. Wenn Sie unbedingt durch ein solches Gebiet wandern müssen, halten Sie etwas Abstand, damit nicht gleich mehrere Personen betroffen sind, sollte ein Baum umstürzen. Achten Sie bei der Auswahl eines Lagerplatzes darauf, dass bei aufkommendem Wind oder extremen Neuschneelasten keine Bäume auf Ihr Camp fallen können.

Oft drückt die Schneelast Bäume auch herunter, ohne sie brechen zu lassen. So können manchmal normalerweise gut zu benutzende Wege komplett versperrt und unpassierbar werden. Unter Umständen müssen Sie sich den Weg freischneiden, was auch mit einer guten Säge ein erheblicher Aufwand sein kann.

Menschliche Faktoren

An einem sonnigen Wintertag bei perfekten Bedingungen auf den Ski durch die Berge zu flitzen, ist Wintertourengenuss pur! Am anderen Ende des Spektrums stehen die Touren, bei denen man sich bei starkem Wind und heftigen Schneefällen durch ungespurtes Gelände kämpft. Trotz Ski oder Schneeschuhen sinkt man fast knietief in den Schnee und jeder Schritt vorwärts ist ein Kampf. Ausgelaugt und müde beschließen Sie am Abend, das Lager aufzuschlagen. Doch auch eine ebene Fläche im Schnee festzustampfen, um das Zelt aufzuschlagen, kostet Kraft. Und dann muss noch Feuerholz für ein wärmendes Feuer gesammelt und Schnee für einen Schluck Tee und die warme Mahlzeit geschmolzen werden. Das alles bei zehrender Kälte und Wind.

Wintertouren sind anstrengend! Simple Aufgaben, die im Sommer innerhalb von Minuten von der Hand gehen, dauern im Winter erheblich länger, sind manchmal sogar komplexer. Erschwerend kommt hinzu, dass die Tage in der Regel kurz, also die Stunden nutzbaren Sonnenlichts eher beschränkt sind.

Planen Sie ausreichend Zeit ein und seien Sie lieber etwas konservativer bei der Planung täglicher Etappen. Passen Sie Ihr Vorhaben den Fähigkeiten des schwächsten Gruppenmitglieds an – sowohl wenn es um technische Fertigkeiten und Rettungstaktiken als auch um die Ausdauer und Kraft geht!

Die **Überschätzung der eigenen Fähigkeiten und Kräfte** ist ein weitverbreitetes Phänomen und oft der Grund für Notsituationen in der Wildnis. Wir denken, wir haben es drauf, und dann klappt es nicht.

Man ist vielleicht nicht (mehr) so fit, wie man gedacht oder erhofft hat. Die Erkältung vor der Abreise hat doch mehr Reserven gekostete als vermutet, der riesige Trekkingrucksack ist vielleicht etwas zu schwer geworden, die Verletzung am Sprunggelenk hat doch mehr dauerhaften Schaden hinterlassen, als man sich eingestehen wollte.

Vielleicht **mangelt es auch an Wissen und Erfahrung**? Jetzt, wo die letzten Batterien des GPS alle sind, stellen man fest, dass man doch nicht so bewandert ist im Umgang mit Karte und Kompass. Das Lager im Schneetreiben aufzubauen, ist vielleicht doch nicht so einfach, wie man gedacht hatte. Und das Zelt in einem brutalen Schneesturm vielleicht sogar über Tage in Stand zu halten, ist noch einmal eine ganz andere Herausforderung.

Wie können Sie solchen Überschätzungen der eigenen Leistungsfähigkeit entgegenwirken? Vor allem müssen Sie erst einmal brutal ehrlich zu sich sein und Ihre physischen Schwächen identifizieren und anerkennen. Gegebenenfalls bedeutet das auch, dass Sie Ihre Tourenambitionen anpassen müssen. Vielleicht müssen Sie Ihre Traumtour aber auch einfach nur verschieben und bis zum verschobenen Tourenbeginn an Ihrer körperlichen Verfassung arbeiten.

Kurse, Seminare und kürzere Trainingstouren im Winter können ebenfalls dazu beitragen, Ihren Wissens- und Erfahrungsschatz zu erweitern und sich so in kleinen Schritten größeren Tourenzielen anzunähern. So lernen Sie nicht nur neue Techniken und Tricks, Sie finden auch heraus, wie Ihr Körper auf Kälte reagiert und wie Ihre Ausrüstung bei niedrigen Temperaturen funktioniert. All dies wird Ihnen helfen, in der Planungsphase vor der großen Tour vernünftige, sicherheitsrelevante Entscheidungen zu fällen.

Auch **Fehleinschätzungen der Umweltbedingungen** auf Tour können zu Notsituationen führen. Immer wieder sehen sich Wintertourengeherinnen und Wintertourengeher widrigen Bedingungen gegenüber, die sie nicht erwartet hatten und auf die sie nicht vorbereitet sind: Der Schnee ist tiefer als gedacht, die gespurte Winterroute ist nun nach einer windigen Nacht zugeweht, die Temperaturen sind wesentlich kälter als erwartet, die Bedingungen aufgrund milder Temperaturen feuchter als erhofft und sämtliche zu querenden Gewässer auf der Route sind während einer warmen Periode aufgebrochen.

Dagegen hilft nur eine sorgfältige Vorbereitung mit der dazugehörigen Recherche. Sprechen Sie mit anderen, die Ortskenntnisse haben. Lesen Sie Tourenberichte, studieren Sie Kartenmaterial und werten Sie Wetterdaten aus. Gehen Sie nicht von den bestmöglichen Bedingungen aus, sondern rechnen Sie mit widrigen Umständen und bereiten sich entsprechend darauf vor.

Darf man sich im Winter auf **Solotouren** begeben oder sollte man **nur in Gruppen unterwegs** sein? Häufig wird von Solounternehmungen im Winter abgeraten. Oft folgt der Hinweis, dass Solotouren gefährlicher wären als Unternehmungen zu zweit oder in einer Gruppe. Meiner Meinung nach Bedarf dies jedoch einer etwas differenzierten Betrachtung.

Die Wahrscheinlichkeit, dass etwa Schlimmes passiert, muss nicht größer sein, nur weil jemand entschieden hat, allein unterwegs zu sein. In manchen Fällen kann das Risiko der Einzelgängerin oder des Einzelgängers sogar geringer sein. Man denke hier zum Beispiel daran, dass Lawinenopfer oft unter Schneemassen begraben werden, die von anderen Mitgliedern ihrer Gruppe ausgelöst wurden. Das Gewicht mehrerer Personen kann eine Eisdecke auf einem Gewässer zum Einbrechen bringen, während eine einzelne Person eventuell noch getragen worden wäre.

Einzelgängerinnen und Einzelgänger sehen sich jedoch besonders dann im Nachteil, wenn doch einmal etwas schiefgegangen ist. Die **Selbstrettung ist aus vielen Notsituationen allein nur sehr schwer möglich** oder sogar völlig unmöglich. Um bei unseren Beispielen zu bleiben: Es ist praktisch unmöglich, sich bei einer kompletten Verschüttung aus einer Lawine selbst zu befreien. Und wenn Sie durch die Eisdecke gebrochen und ins Wasser gestürzt sind, ist es das Seil Ihrer Partnerinnen und Partner, das Sie aus dem eiskalten Nass zieht.

Die Konsequenzen in einem Notfall sind für einzelne Personen also oft erheblich schwerwiegender.

Und um diesen Gedanken noch ein wenig weiterzuspinnen: Es sind Ihre Tourenmitglieder, die Ihnen aus der gefrorenen Bekleidung helfen, wenn Sie mit eiskalten Fingern die Reißverschlüsse nicht mehr bedienen können und die das wärmende Feuer starten, falls Sie dazu nicht mehr in der Lage sind. Es sind Ihre Freundinnen und Freunde, die bemerken, dass Sie keine klaren Gedanken fassen und rationale Entscheidungen mehr fällen können, weil Sie bereits stark unterkühlt sind, oder die bemerken, dass Sie aufgrund von lokalen Erfrierungen weißen Flecken an Nase und Wangen entwickelt haben.

Eine Tour in einer Gruppe durchzuführen, hat jedoch nicht nur in Notfällen einige Vorteile. Diese Vorteile wirken sich auch auf die Sicherheit aller Teilnehmenden aus, indem sie präventiv Unfällen und Notlagen entgegenwirken. **Wenn Sie in einer Gruppe unterwegs sind, können Sie viel Energie sparen**, indem Sie sich beim Spuren im Tiefschnee abwechseln. Ihr Gepäck wird erheblich reduziert, weil Sie viele Ausrüstungsgegenstände gemeinsam nutzen können. Das wiederum spart Kraft bei der Fortbewegung und schont Ihre Reserven und minimiert so das Unfallrisiko. Beim Aufbau und Einrichten des Lagers können Sie sich gegenseitig unter die Arme greifen und unterstützen. Es ist wesentlich einfacher, ein Zelt im Schneesturm aufzubauen, wenn mehrere Hände zupacken. Alltägliche Aufgaben wie etwa das Heranschaffen von Feuerholz, das Schmelzen von Eis und Schnee für Trinkwasser und die Zubereitung von Mahlzeiten, können unter den Gruppenmitgliedern aufgeteilt werden, wodurch der Arbeitsaufwand für die Einzelperson erheblich reduziert ist.

Sollte man im Winter also lieber keine Solotouren durchführen? Nicht unbedingt!

Wie immer geht es bei der Abwägung solcher Fragen vor allem darum, potentielle Gefahren und Risiken zu identifizieren und dann nach Einschätzung des eigenen Könnens, der Mitnahme von sicherheitsrelevanter Ausrüstung, der Planung von risikoreduzierenden Maßnahmen ganz bewusst ein kalkuliertes Risiko einzugehen. Schlicht formuliert bedeutet das: Man muss ganz genau wissen, auf was man sich einlässt, und hat einen Plan, wie man mit Widrigkeiten und Notlagen allein umgeht.

Viele Einzelgängerinnen und Einzelgänger begegnen den oben aufgeführten Nachteilen einer Solotour, indem sie sich Tourenziele setzen, die unter den Schwierigkeiten liegen, die sie sonst in einer Gruppe in Angriff nehmen würden. Dass kann eine leichtere Route sein oder sie nehmen sich kürzere Strecken vor, vermeiden Lawinengebiete gänzlich und umgehen Gewässer, in die man einbrechen könnte. Oder man verschiebt die Solotour wegen eines extremen Kälteeinbruches einfach um ein paar Tage, bis die Temperaturen wieder steigen. Solche einschränkenden Maßnahmen können das Risiko erheblich reduzieren, wenn man allein in der Wildnis unterwegs ist.

Gefahren durch Ausrüstung

Auch von der Ausrüstung und ihrer Nutzung geht auf Wintertouren manchmal ein Risiko aus, das man nicht vernachlässigen sollte.

Der **unsachmäßige Gebrauch von Messern, Äxten und Sägen** kann schwere Verletzungen verursachen. Besonders mit Handschuhen, kalten Fingern oder vereisten Werkzeugen kann es im Winter schneller zu solchen Unglücken kommen. Man muss also noch vorsichtiger und sorgfältiger sein.

Beachten Sie die Brandgefahr, die von Campingkochern und offenen Feuern ausgeht!

Viele nehmen auf Wintertouren und Expeditionen ihre Kocher mit ins Zelt und Kochen dort in der Apsis vor Wind geschützt und nutzen auch ein wenig die Abwärme des Kochers, um sich von der klirrenden Kälte zu erholen oder sogar ein paar Wäschestücke zu trocknen.

Man muss sich jedoch ganz klar der enormen Feuer- und der damit verbundenen Verletzungsgefahr bewusst sein. Stichflammen umgestürzter Kocher und auslaufende Brennstoffflaschen aufgrund geplatzter Dichtungen können zu katastrophalen Unfällen im Lager führen.

Auf einer Skitour im nördlichen Schweden begann ein Freund mit der Vorbereitung des Abendessens. Er hatte den Kocher im Eingangsbereich einer Schutzhütte aufgebaut, um dem beißenden Wind zu entgehen. Während des Kochens riss die Dichtung des Benzinkochers und mit dem Druck aus der Flasche verwandelte sich das Gerät in einen regelrechten Flammenwerfer, der beinahe die Hütte abgefackelt hätte. Zum Glück hat mein Freund geistesgegenwärtig den Kocher von der Hütte weggetreten und den Brand mit einem Putzlappen erstickt und so Schlimmeres verhindert.

In einem Zelt hätte dieser Vorfall zur Katastrophe geführt. Synthetische Stoffe, wie sie bei der Herstellung von Schlafsäcken, Zelten und moderner Outdoorbekleidung verwendet werden, können brennen oder schmelzen bei starker Hitze einfach weg.

Auch am Lagerfeuer kann es zu Verbrennungen kommen. Gerade im Winter, wenn man dicke, isolierende Bekleidung trägt, ist die Hitze des Feuers oft nicht so direkt spürbar. Dadurch setzen sich viele Leute im Winter viel zu nah an das heiße Feuer. Brennende und verschmorte Kleidung ist das Resultat. Auch wenn man unverletzt davonkommt: Eine zerlöcherte Hose oder Jacke mit abgefackelten Ärmeln kann ernste Konsequenzen nach sich ziehen, wenn es bitterkalt ist!

Auch die **Vergiftungsgefahr durch Gase** darf nicht ignoriert werden. Kohlenmonoxid ist ein geruchloses und hochgiftiges Gas, das bei einer unvollständigen Verbrennung kohlenstoffhaltiger Brennstoffe abgesondert wird.

Einen Kocher im Zelt zu verwenden ist riskant. Es kann zu Unfällen mit schweren Verbrennungen kommen und bei mangelnder Belüftung droht eine Kohlenmonoxidvergiftung.

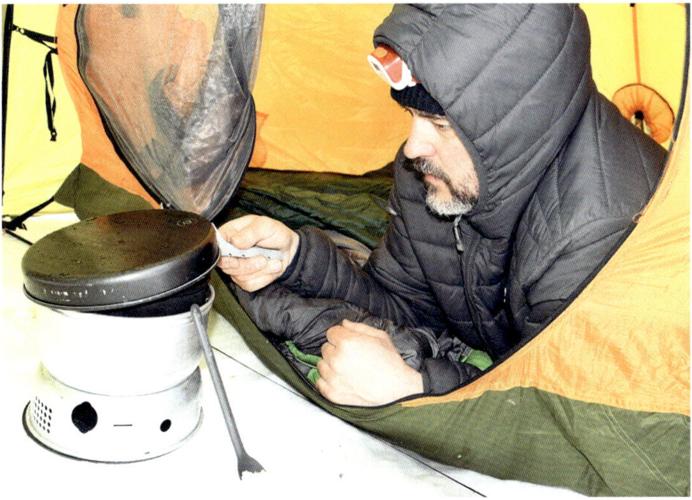

Werden etwa Gas- oder Benzinkocher, aber auch Laternen und Heizkörper, die nicht für den Gebrauch in geschlossenen Räumen geeignet sind, in einem schlecht ventilierten Raum oder in abgedichteten Zelten verwendet, können Mengen von Kohlenmonoxid ausgestoßen werden, die für einen erwachsenen Menschen innerhalb kürzester Zeit tödlich sein können. Erste Anzeichen einer Kohlenmonoxidvergiftung sind Kopfschmerzen, Schwindel, Schläfrigkeit, Übelkeit und Erbrechen. Es folgen Bewusstlosigkeit und schließlich Tod.

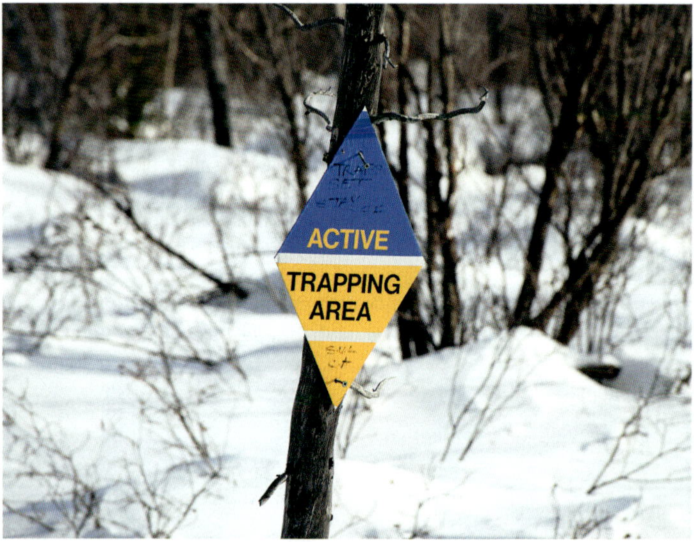

Nicht überall werden Gebiete mit aktiven Fallen so sorgfältig markiert wie hier

In manchen nördlichen Gebieten wie zum Beispiel den USA und Kanada, aber auch in eurasischen Regionen ist das **Fangen und Töten von Tieren durch Fallen** für lizensierte Trapperinnen und Trapper legal. Winterreisende können auch ungewollt oder unwissentlich auf sogenannten Traplines unterwegs sein. Dabei handelt es sich um Pfade, die zum Fallenstellen genutzt werden, und möglicherweise befinden sich solche Fallen direkt neben oder sogar auf dem Weg. Nicht überall müssen Fallenstellerinnen und Fallensteller, die Fallen für andere, die den Trail nutzen, kenntlich machen und markieren. Die Gesetzeslage dazu kann von Region zu Region variieren.

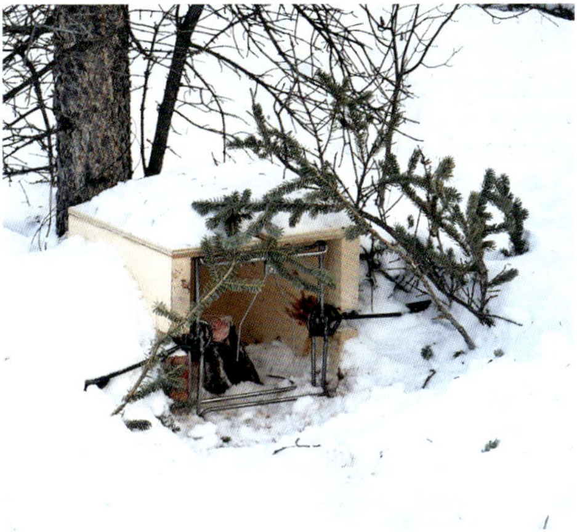

Eine moderne Totschlagfalle wurde in einer Holzkiste so platziert, dass das Tier den Kopf hineinstecken muss, um die Köder zu erreichen. Solch eine Falle ist stark genug, um einem Menschen die Hand zu brechen. Halten Sie sich von Fallen am Wegesrand fern!

Hier hat ein Trapper eine Falle unsichtbar im Schnee vergraben und versucht, ein Raubtier mit einem Köder anzulocken. Von der Falle ist nur die Kette links im Bild zu sehen, welche die Falle am Baum befestigt.

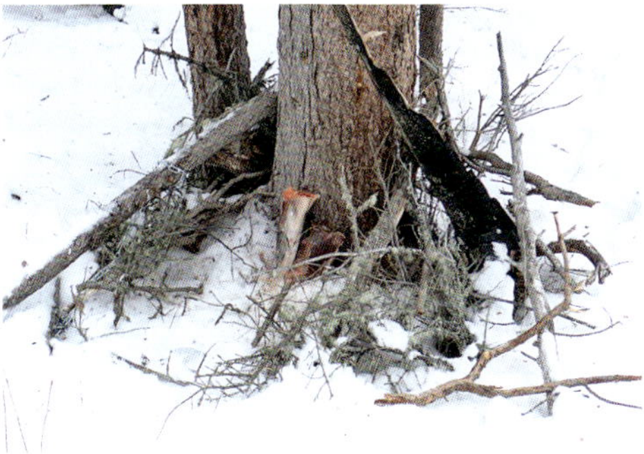

Sollten Sie in Gebieten unterwegs sein, in denen aktiv mit Fallen gejagt wird, fragen Sie bei der ortsansässigen Bevölkerung nach und informieren Sie sich bei den zuständigen Behörden, wo genau Sie mit Fallen zu rechnen haben. **Wenn Sie in der Wildnis Fallen finden, fassen Sie sie nicht an!** Bei manchen Fallen ist es schwer zu erkennen, ob sie gespannt sind und Sie sie bei einer leichten Berührung auslösen könnten. Fallen können stark genug sein, um einer Person die Finger, Hand oder Arm zu brechen oder Sie so festzuhalten, dass Sie sich ohne die Hilfe einer anderen Person oder von speziellem Werkzeug nicht mehr daraus befreien können. Eventuell werden **Fallen auch um Luderplätze** ausgelegt. Diese Fallen sind unter dem Schnee verborgen und meist nicht sichtbar. Halten Sie also auch zu Luderplätzen mit den ausgelegten Ködern weiträumig Abstand.

Bekleidung und Schuhe für Wintertouren

Bekleidung

Gute Bekleidung ist auf einer Winterexpedition überlebenswichtig. Aber man muss auch wissen, wie man sie anwendet, um Wetterschutz, Wärmedämmung und Feuchtigkeit optimal zu regulieren.

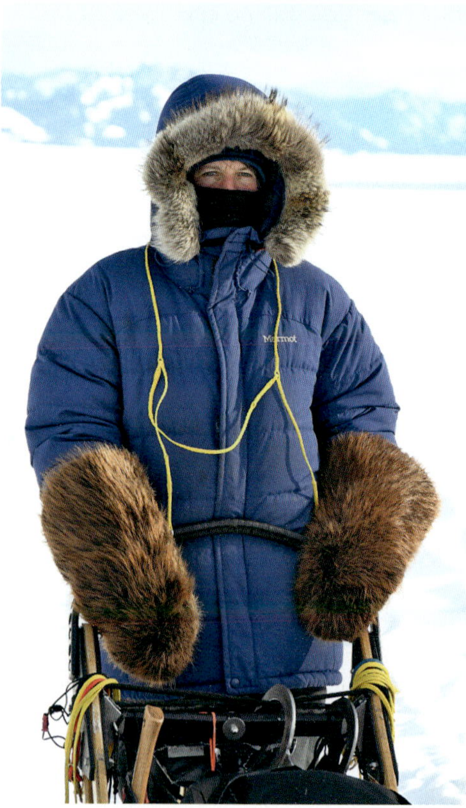

Als homoiothermes Lebewesen, also als Warmblüter, erzeugen wir Menschen durch Stoffwechselprozesse unter dem Verbrauch von Kalorien Wärme. In einer kühlen oder sogar kalten Umgebung sind wir darüber hinaus auf isolierende Bekleidung angewiesen, um einen massiven Wärmeverlust und eine resultierende Unterkühlung oder auch lokale Erfrierungen zu verhindern.

Auf einer Wintertour kommt der Bekleidung also eine besonders wichtige Bedeutung zu. Sind wir während eines Notfalls zur kalten Jahreszeit gestrandet und müssen mehrere Stunden, eine ganze Nacht oder sogar ein paar Tage ausharren und auf Hilfe warten, ist gut isolierende Bekleidung das wichtigste Hilfsmittel zum Überleben überhaupt!

Halten Sie Ihre Bekleidung trocken! Feuchte Bekleidung verliert an Isolationsvermögen und die verdunstende Feuchtigkeit aus der Bekleidung kühlt zusätzlich aus. Ziehen Sie bei Schneefall (oder gar Regenschauern) sofort eine schnee- und wasserabweisende Hose und Jacke an, um zu verhindern, dass Fleecepullover, Wolljacke oder Daunenkleidung durchnässt wird.

Bürsten Sie anhaftenden Schnee und Eis so gut es geht von Ihrer Bekleidung, bevor Sie eine beheizte Hütte betreten oder in das warme Zelt kriechen. Wenn der Schnee dort schmilzt, kann er Ihre Kleidung schnell durchnässen. Am besten geht das mit einer Bürste oder einem kleinen Handfeger. Wenn Sie unterwegs improvisieren müssen, können Sie auch einen kleinen Strauß aus Fichtenzweigen dafür nutzen. Wenn man nichts zum Abbürsten hat, kann man die Bekleidung ausziehen und ausschütteln. Vermeiden Sie es jedoch, den Schnee mit der Hand abzuschlagen. Sonst massieren Sie die Eiskristalle meist nur tiefer in den Stoff ein.

Vermeiden Sie auch, Ihre Kleidung durch Schweiß zu durchfeuchten. Eine gute Faustregel im Winter lautet: Während Aktivitäten sollte man sich komfortabel kühl kleiden. Während inaktiver Phasen sollte man komfortabel warm angezogen sein.

Ziehen Sie sich bei schweißtreibenden Aktivitäten eher etwas dünner an. Sobald Ihr Körper nach ein paar Minuten durch die Anstrengung warm geworden ist, reichen meist ein paar dünnere Lagen aus. Wenn Sie durch die Aktivität nicht ausreichend warm werden, sollten Sie natürlich noch etwas überziehen.

Wenn Sie für Pausen anhalten und sich etwas ausruhen und etwas stärken wollen, werfen Sie sofort die dicke Jacke über, damit Sie nicht auskühlen.

Nutzen Sie jede mögliche Gelegenheit, Ihre Kleidung zu trocknen: eine warme Hütte, ein sonniger Tag mit Temperaturen über dem Gefrierpunkt, ein loderndes Lagerfeuer. Ich habe auch schon feuchte Socken unter meiner langen Unterhosen auf meinem Oberschenkel platziert und dort tagsüber beim Skifahren durch meine Körperwärme getrocknet. Man kann feuchte Bekleidung über Nacht auch im Schlafsack trocknen. Dabei riskiert man jedoch, dass die Isolierung des Schlafsacks feucht wird und an Wärmedämmung verliert.

Auch stark verschmutze Kleidung verliert an Isolationsvermögen. Auf einer Wintertour kann es sehr schwer sein, seine Bekleidung zu waschen. Wenn man ohne beheiztes Zelt unterwegs ist und auch keine warmen Hütten am Weg liegen, kann es sehr schwer sein, im Winter unterwegs Wäsche zu waschen und wieder trocken zu bekommen. Versuchen Sie also von vornherein, Verschmutzungen zu vermeiden, und nutzen Sie auf längeren Expeditionen Gelegenheiten zum Waschen und Trocknen von Socken und Unterwäsche.

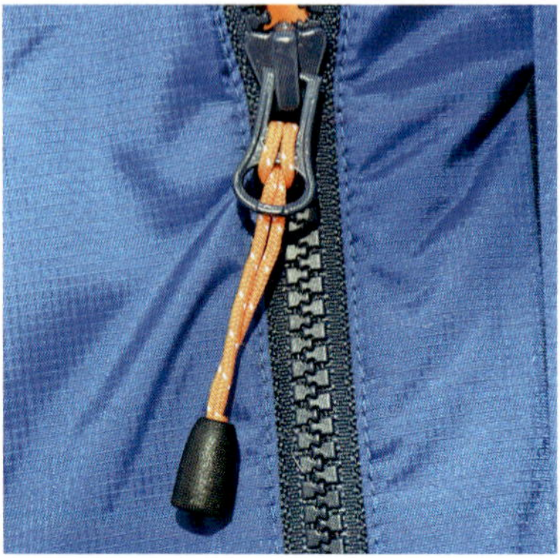

Verlängerungen an den Reißverschlussschiebern machen die Bedienung mit Handschuhen einfacher

Defekte Bekleidung sollte so bald wie möglich repariert werden. Ein kaputter Frontreißverschluss an der Daunenjacke kann zu einem ernsten Problem werden, wenn diese Jacke Sie in einem Sturm zuverlässig vor Schnee und Wind schützen muss. Löcher in Handschuhen und Socken können zu lokalen Erfrierungen führen.

Alle Reißverschlüsse an der Bekleidung sollten mit einem Stück Schnur als Verlängerung ausgestattet werden. Damit lassen sich die Reißverschlüsse mit Handschuhen besser bedienen.

Das Zwiebelpinzip – Winterbekleidung in Lagen

Nutzen Sie das Zwiebelprinzip und kleiden Sie sich auch im Winter in mehreren Lagen. So haben Sie die Möglichkeit, die schützende Bekleidung den Bedingungen und Ihrer Aktivität anzupassen. Wird Ihnen zu kalt, ziehen Sie einfach eine weitere wärmende Fleecejacke über. Beginnt es zu schneien oder der Wind bläst kälter, werfen Sie den winddichten Anorak über. Und wenn Sie bei einem schweren Anstieg ins Schwitzen geraten, legen Sie die äußeren Schichten einfach wieder ab.

Ein weiterer Vorteil des Zwiebelprinzips ist, dass die **einzelnen Schichten leichter zu trocknen** sind als eine dicke Lage. Wenn Sie sich nur auf kurze Touren begeben und am Ende des Tages in die warme Hütte zurückkehren, wo Sie Ihre nasse Kleidung trocknen können, mag das alles eher eine nebensächliche Rolle spielen. Aber wenn Sie mehrere Tage oder gar Wochen unterwegs sind und die einzigen Möglichkeit, Bekleidung trocken zu bekommen, sind entweder in Ihrem Schlafsack, am Körper oder an einem Feuer, werden Sie den Vorteil mehrerer Bekleidungsschichten zu schätzen wissen!

Damit das Bekleidungssystem auch wirklich leistungsfähig ist, müssen die einzelnen Schichten mit Bedacht aufeinander abgestimmt sein – das gilt sowohl für die verwendeten Materialien mit ihren charakteristischen Eigenschaften als auch für die Passformen. Wenn Sie zum Beispiel planen, mehrere isolierende Fleecehemden und Jacken übereinanderzuziehen, dann probieren Sie das lieber gleich im Fachgeschäft aus.

Können Sie die Arme noch gut bewegen, wenn Sie drei Fleecejacken übereinandergezogen haben? Gehen die Reißverschlüsse am Kragen überhaupt noch zu, wenn Sie mehrere Lagen kombinieren? Passen die warmen Fäustlinge mit Ihren Stulpen auch wirklich über den Ärmel der dicken Daunenjacke?

Achten Sie darauf, dass die einzelnen Lagen locker genug sind. Sportlich enge Bekleidung ist im Winter eher unangebracht. Es ist wichtig, dass die Kleidung so locker ansitzt, dass die Zirkulation nirgends eingeschränkt wird. Eine eingeschränkte Durchblutung kann zu Erfrierungen führen. Außerdem bieten die Luftschichten zwischen den lockeren Bekleidungslagen weitere Isolation gegen Kälte.

Die **erste Lage** direkt am Körper ist die **Unterwäsche**. Die dünne Unterwäsche spielt im Vergleich zu den darüberliegenden Bekleidungsschichten nur eine geringe Rolle für die Isolierung. Ihre wichtigste Aufgabe ist es, die Feuchtigkeit, die unser Körper produziert, aufzusaugen und nach außen weiterzugeben, ohne sich dabei nass anzufühlen oder zur Auskühlung beizutragen.

Unterwäsche aus feiner Merinowolle ist inzwischen sehr beliebt und in Outdoorfachgeschäften überall erhältlich. Wolle hat den Vorteil, dass sie Feuchtigkeit aufnehmen kann, ohne sich feucht anzufühlen und den Körper dabei auszukühlen. Wollunterwäsche ist auch wesentlich angenehmer, was die Geruchsentwicklung bei schweißtreibenden Aktivitäten angeht. Sie ist außerdem unempfindlicher gegen Funken und kann deshalb einfacher neben einem warmen Feuer getrocknet werden (aber auch das hat seine Grenzen!).

Isolierende Westen mit Innentaschen für Handwärmer helfen, die Kerntemperatur des Körpers auch bei extremer Kälte aufrechtzuerhalten

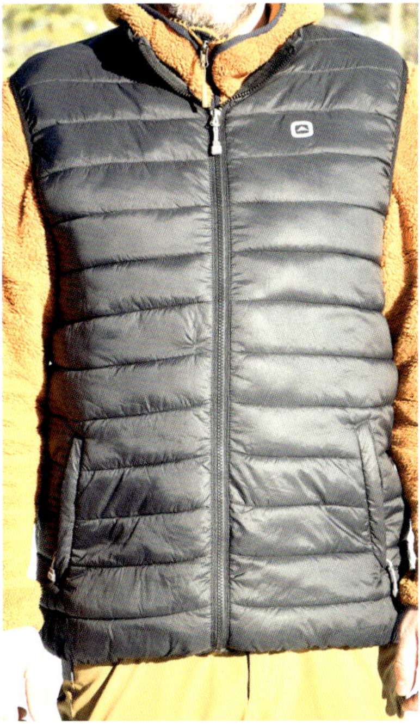

Unterwäsche aus Kunstfasern wie etwa Polypropylen oder Polyester transportiert Feuchtigkeit schneller nach außen weiter. Doch ist sie einmal nass geworden, trocknet Kunstfaserunterwäsche sehr schnell wieder am warmen Ofen der Hütte, im Schlafsack oder auch einfach am Körper getragen. Allerdings fängt diese Wäsche schneller an zu stinken.

Unbedingt vermeiden sollten Sie Baumwollunterwäsche, da diese sehr viel Feuchtigkeit aufnimmt und die Verdunstung dann zur Auskühlung des Körpers beiträgt. Außerdem trocknet sie nur sehr langsam wieder.

Die Unterwäsche sollte für eine optimale Funktion am Körper anliegend getragen werden, ohne dabei die Zirkulation einzuschränken.

Ein winddichter Anorak und eine Windhose halten Schnee ab und unterbinden die Auskühlung durch starken Wind

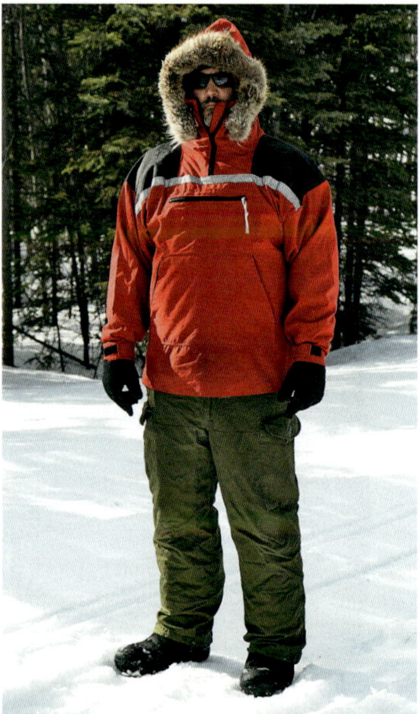

Als **zweite Lage** der Bekleidungszwiebel werden die **isolierenden Schichten** bezeichnet. Hier bieten sich Fleecestoffe aus Polyester, wattierte Pullover oder Jacken und Hosen mit synthetischen Hohlfasern oder Daunenfüllung, aber auch Loden- oder Strickwaren aus Wolle an. Ich bevorzuge mehrere dünne und mitteldicke Lagen, die ich den Umständen entsprechend beliebig kombinieren kann. So bin ich wesentlich flexibler als mit nur einer einzelnen dicken, isolierenden Schicht. Daraus ergeben sich auch Reserven für den Notfall: Sollte es zu Problemen mit einem Bekleidungsstück im System kommen (ein defekter Reißverschluss, ein großes Brandloch im Ärmel etc.), ist nicht gleich die ganze Isolationsschicht betroffen und man kann mit den restlichen Bekleidungsstücken des Zwiebelsystems die Tour trotzdem noch sicher und komfortabel fortsetzen.

Wenn man zu viele Bekleidungsstücke übereinanderzieht, wird es irgendwann in dem Ärmel eng und man wird in der Bewegung eingeschränkt. Für solche Fälle habe ich gerne eine ärmellose Weste in meinem Gepäck, die ich in mein Lagensystem integriere.

Für die Teilnahme an einem Hundeschlitten-Rennen bei extremer Kälte habe ich eine Weste zusätzlich mit mehreren Taschen versehen. In diesen Taschen können bei Bedarf chemische Handwärmer gesteckt werden, die als zusätzliche Wärmequellen im Bereich der Brust, des Bauches und der Nieren dienen – eine wirklich einfache Modifikation, die im Notfall helfen kann, die Körperkerntemperatur für mehrere Stunden aufrechtzuerhalten.

Als **dritte Schicht** folgt die eigentliche **Wetterschutzschicht**. Während man bei sommerlichen Touren hier oft einen einfachen Wind- und Wetterschutzanzug aus wasserdichtem und meist halbwegs dampfdurchlässigem Material überwirft, bedarf es für winterliche Exkursionen einer etwas differenzierten Auseinandersetzung mit diesem Thema. Die Wahl der Wetterschutzschicht muss ganz erheblich von den zu erwartenden Bedingungen auf der Tour abhängig gemacht werden.

Bei Touren in eher mildem und oft feuchtem Winterwetter ist eine Kombination von wasserdichter und dampfdurchlässiger Regenjacke und Regenhose sicherlich angebracht.

Derselbe Anzug jedoch wäre auf einer Wintertour mit extremer Kälte und der damit einhergehenden Trockenheit unangebracht. Ein Regenanzug bietet kaum Isolation und staut trotz Dampfdurchlässigkeit erhebliche Mengen Feuchtigkeit im Bekleidungssystem. Diese Feuchtigkeit kondensiert an der kalten Außenschicht und durchnässt die isolierenden Lagen. Ein paar Stunden später wird Ihnen dann so richtig kalt. Dampfdurchlässigkeit ist deshalb im Winter noch wichtiger als auf den meisten sommerlichen Touren.

In kalt-trockenen Gebieten wie etwa im hohen Norden Skandinaviens und in den kontinentalen Regionen Russlands oder Nordamerikas sind meist Wetterschutzschichten aus dichtgewebten Geweben, oft Polyester-Baumwoll-Mischgeweben, sinnvoller. Diese sind winddicht und schneeabweisend, weisen dabei aber eine hohe Dampfdurchlässigkeit auf.

Besonders gerne trage ich einen winddichten Anorak, also eine Art Schlupfjacke ohne durchgehenden Frontreißverschluss. Er ist lang geschnitten und weit genug, um den isolierenden Lagen darunter genug Platz zu geben. Es ist keine schlechte Idee, diesen Anorak so groß zu wählen, dass man die Arme einziehen kann und dann darunter genug Platz hat, auch im wildesten Schneesturm die unteren Lagen zu wechseln, ohne den Anorak komplett ausziehen zu müssen.

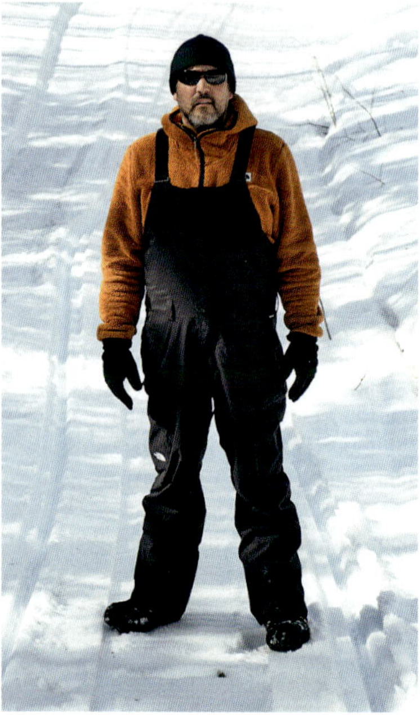

Eine Latzhose schützt auch den Brustbereich und den unteren Rücken vor Kälte

Als Hose für die Wetterschutzschicht wähle ich meist eine leicht isolierende Latzhose. Ich mag den zusätzlichen Schutz im Brustbereich und dem unteren Rücken, den eine solche Latzhose bietet. Allerdings machen Latzhosen den Gang zur Toilette erheblich schwieriger, wenn sie nicht spezielle Reißverschlussöffnungen haben.

Bei meiner Latzhose lege ich außerdem Wert auf wasserdichtes Material – wenigstens im Bereich von den Knien abwärts. So bleibe ich trocken, wenn ich mich im Schnee beim Zeltaufbau, Feuerstarten oder Kochen niederknie. Gut finde ich auch eingenähte **Gamaschen** in den Hosenbeinen, die man über die Stiefel ziehen kann, damit von unten kein Schnee in Schuhe dringt.

An dieser Stelle möchte ich auf ein Problem hinweisen, dass häufig bei der Auswahl der Bekleidung übersehen wird, aber bei extremer Kälte eine wichtige Rolle spielt. Werden mehrere isolierende Schichten übereinandergetragen, **liegen die Reißverschlüsse in der Regel zentriert über der Brust**. Dort ist kaum Isolierung vorhanden und so **entsteht dort eine enorme Kältebrücke**. Das mag bei -15 °C kaum bemerkbar und bei -25 °C tolerierbar. Bei -35 °C und kälter wird es auf der Brust so richtig knackig. Wenn dann noch Gegenwind dazukommt (wie etwa Fahrtwind auf dem Hunde- oder Motorschlitten), wird es unerträglich! Schaffen Sie Abhilfe, indem Sie nicht nur Jacken mit Reißverschlüssen, sondern auch Pullover oder Bekleidungsstücke mit seitlich versetztem Reißverschluss oder mit stark gefütterten Abdeckleisten verwenden. Auch meine Latzhose deckt einen Teil des Brustbereiches mit ab. Bei wirklich extrem niedrigen Minusgraden nutze ich zusätzlich einen Fleecekragen, der den Brustbereich abdeckt und weitere Isolation bietet. So ein „Leibchen" lässt sich aus einem Stück winddichten Fleece und etwas Geschick an der Nähmaschine selbst herstellen.

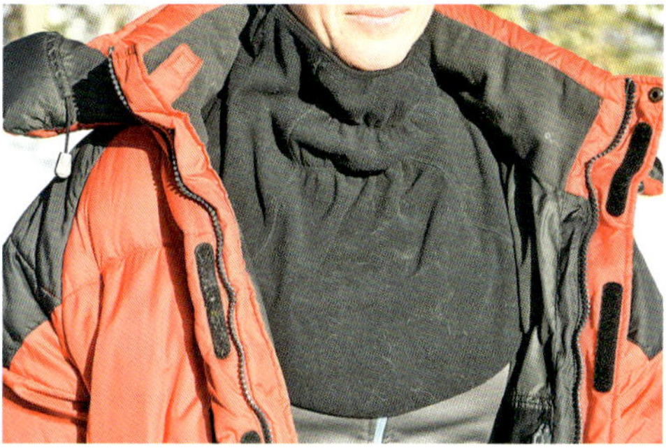

Ein Halswärmer mit Verlängerung schützt den Brustbereich vor Wind und Kälte

Auf Touren, bei denen mit extremer Kälte zu rechnen ist, packe ich zusätzlich **eine weitere Garnitur** ein, bestehend aus einer **dick isolierenden Jacke und Hose**. Sie kommen zum Einsatz, wenn meine normalen isolierenden Schichten nicht ausreichen, aber auch falls meine restliche Bekleidung nass geworden ist oder beschädigt wurde. Um sie möglichst gut vor ungewollten Umwelteinflüssen zu schützen, verpacke ich diese in einem wasserdichten Beutel in meinem Gepäck.

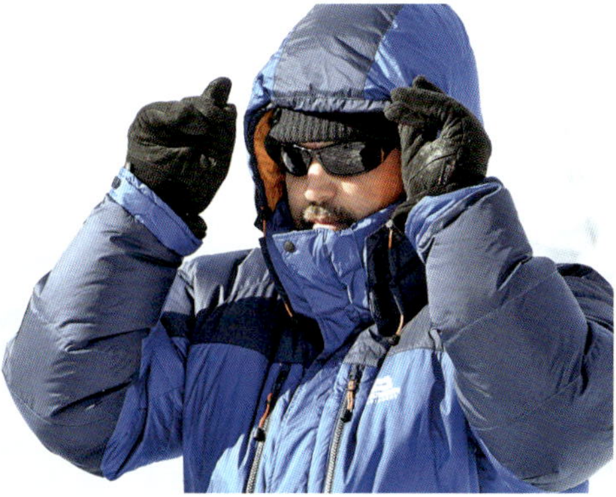

Eine große Kapuze ist wichtig, wenn auch Mützen und Stirnlampen darunter Platz finden müssen

Für meine **isolierende Hose** bevorzuge ich ein leichtes, aber dennoch warmes Modell mit synthetischer Füllung. Ich sehe bei Hosen von Daunenfüllungen ab, weil ich mit den Hosenbeinen immer wieder mit Feuchtigkeit in Kontakt komme und Daunen da empfindlicher sind. Die Hose ist in Bezug auf Schnitt und Material so gewählt, dass ich sie sowohl als eigenständiges Teil, aber auch als isolierende Lage unter meiner Latzhose tragen kann.

Als dicke Jacke kommt bei mir entweder ein Modell mit unempfindlicher synthetischer Hohlfaserfüllung oder eine dick gefüllte, aber leichte **Daunenjacke** zum Einsatz.

Wenn Sie eine dick isolierende Jacke für den extremen Wintereinsatz suchen, sollten Sie auf ein paar grundlegende Kriterien achten:

- ▷ Weiter Schnitt: Vom Schnitt her müssen Sie genug Platz für weitere isolierende Lagen haben. Probieren Sie die Jacke unbedingt mit allen weiteren Lagen an. Haben Sie noch genug Platz in den Ärmeln?
- ▷ Kapuze: Die Kapuze sollte ohne Probleme auch über Ihre dickste Mütze samt der Stirnlampe passen und vor Ihr Gesicht ragen, damit Sie auch in einem Schneesturm gut geschützt sind. Außerdem sollte sie hoch genug sein. Eine Kapuze, die Druck auf Ihren Kopf ausübt, verursacht nach mehreren Stunden massive Kopf und Nackenschmerzen und wird dann unerträglich.
- ▷ Kragen: Achten Sie auf einen weiten Kragen! Bei extremer Kälte werden Sie mehrere Lagen Fleecepullover und wattierte Jacken unter Ihrer dicken Daunenjacke tragen. Dazu kommen noch Halswärmer, Schals und eine Sturmhaube. Ihre Jacke muss trotz all dieser Lagen noch zu schließen sein. Bei -40 °C mit einer halb offenen Daunenjacke im Sturm zu stehen, ist alles andere als zuträglich.
- ▷ Fleecebündchen: Komfortable Bündchen am Ärmelabschluss helfen dabei, die Hände warm zu halten.
- ▷ Hüft- und Taillenzug: Während die Jacke schön weit sein sollte, sollte sie per elastischer Schnürzüge angepasst werden können, damit die warme Luft im Inneren nicht ständig durch Bewegungen aus der Jacke gedrückt wird und so verloren geht.
- ▷ Abdeckleiste: Immer weniger Daunenjacken werden mit einer dicken und dichten Abdeckleiste für den Frontreißverschluss gefertigt. Dabei handelt es sich hier um eine ganz essentielle Ausstattung für eine Expeditionsdaunenjacke, zum einen werden Wind und Schnee durch die Abdeckleiste vom Reißverschluss ferngehalten und der Wärmeverlust an dieser Kältebrücke reduziert. Zum anderen bietet eine Abdeckleiste mit Druckknöpfen oder Klettverschluss die Möglichkeit, die Jacke auch dann noch zu benutzen, wenn der Reißverschluss unerwartet auf Tour den Geist aufgegeben hat. Bei extremen Minusgraden ist es schon ein erheblicher Bonus, wenn man die Jacke wenigstens halbwegs zubekommt.
- ▷ Große Innentaschen: Bei niedrigsten Temperaturen müssen Sie einiges an Ausrüstung warm halten. Große Taschen im Inneren der Jacke bieten einen warmen Platz für eine kleine Trinkflasche, ein paar Handwärmer für Notfälle, Batterien für die Kamera, die Kontaktlinsen, Zahnpasta usw.
- ▷ Isolierende Füllung: Achten Sie auf eine hochwertige Füllung – egal ob synthetische Faser oder Daune! Es gibt qualitative Unterschiede, die sich unter anderem in dem Verhältnis von Gewicht zu Isolationsleistung, dem Kompressionsvermögen und der Lebensdauer bemerkbar machen. Ich

habe gute Erfahrungen mit synthetischen Primaloftfüllungen gemacht. Bei Daunenprodukten achte ich auf Gänsedaune mit einem Mischungsverhältnis von mindestens 90/10 (so wird das Verhältnis von Daunen und stützenden Federn angegeben) und mindestens 650 Cuin (Maß für die Bauschkraft einer Daunenfüllung).

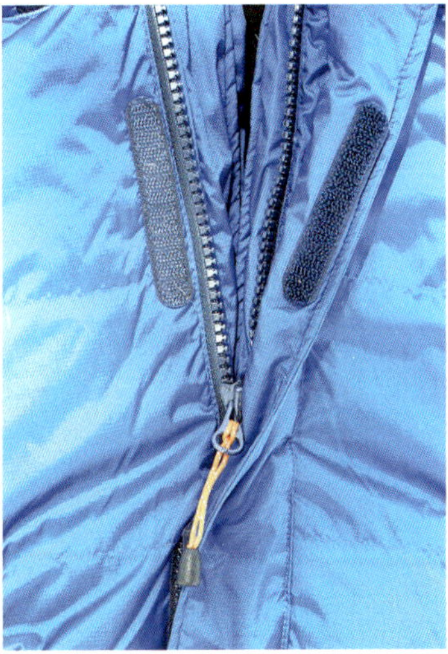

Besonders großen Wert lege ich auf eine doppelte Abdeckleiste des Frontreißverschlusses

Meinen winddichten Anorak und meine dicke Daunenjacke statte ich an dem Rand der Kapuze mit einem Klettverschluss aus. So kann an der Kapuze ein **Fellkragen** befestigt werden. Dieser Fellbesatz bietet einen unvergleichlichen Schutz vor Wind und Kälte für das Gesicht und besonders die empfindliche Nase und den Wangenbereich. Außerdem hält er Schnee aus den Augen und schützt zu einem gewissen Teil sogar vor greller Strahlung an einem sonnigen Tag. Wer einmal den Komfort und den zusätzlichen Schutz eines Fellkragens bei knackigen Temperaturen genossen hat, wird ihn nicht mehr missen wollen. Dank des Klettverschlusses kann man die Pelzkrause an verschiedenen Jacken befestigen und abnehmen, wenn die Kleidung gewaschen werden muss.

Die besten Fellkragen werden aus den Fellen von Wolf und Vielfraß hergestellt. Das längere Wolfsfell wird außen angebracht und hilft, den Wind zu brechen. Das Fell des Vielfraßes kommt näher an das Gesicht, wo sich der Reif des Atems niederschlägt. Der Reif lässt sich leicht aus dem Vielfraßfell herausschlagen. Wölfe und Vielfraße kommen in Gebieten wie etwa Nordamerika sehr häufig vor und werden von Trapperinnen und Trappern dort aktiv bejagt. Fellkragen kann man dort oft in kleinen Läden oder direkt von indigenen Kunsthandwerkerinnen und Kunsthandwerkern kaufen. In anderen Ländern ist es unter Umständen schwer und möglicherweise illegal, die Felle solcher Tierarten zu kaufen oder einzuführen. Kojotenfelle können eine preiswertere und leichter zu beziehende Alternative sein.

Mangelnde gesellschaftliche Akzeptanz für die Jagd mit Fallen und das Tragen von Fellen hat für eine stärkere Präsenz von Kunstfellen an dicken Winterjacken gesorgt. Leider erreichen diese Kunstfelle bisher nicht die Funktionalität echter Felle.

Mützen, Sturmhauben, Neck Gaiter

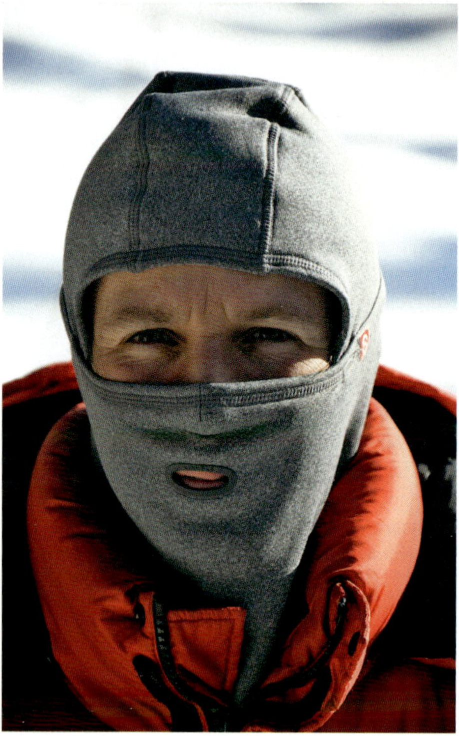

Sturmhaube aus elastischem Fleece

Unser Gehirn muss warm gehalten werden, damit es einwandfrei funktioniert. Die starke Blutversorgung des Kopfes in relativer Oberflächennähe birgt außerdem die Gefahr, dass wir hier viel Wärme verlieren. Unser Kopf hat zudem mit Nase, Wangen und Ohren mehrere exponierte Bereiche, die bei extremen Temperaturen vor lokalen Erfrierungen geschützt werden müssen. Der richtigen **Kopfbedeckung** kommt im Winter also eine erhebliche Bedeutung zu.

Auf meinen Touren habe ich immer mindestens zwei Mützen dabei. Sollte eine durch Schneefall oder Schwitzen nass werden, habe ich so stets trockenen Ersatz im Gepäck.

Meine liebste Kombination besteht aus einer einfachen **Fleecemütze** oder einer einfachen Wollstrickmütze, die über meine Ohren reicht. Diese Mütze sollte eher nicht winddicht sein, um bei schweißtreibenden Aktivitäten beste Dampfdurchlässigkeit zu gewährleisten.

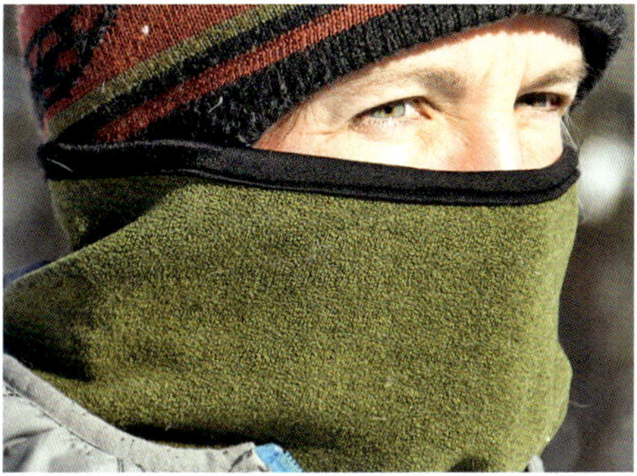

Der Neck Gaiter aus Fleece kann zum Schutz über die Gesichtspartien gezogen werden

Als zweite Mütze habe ich eine **dicke Faserpelzmütze** mit **winddichtem und wasserabweisendem Außenbezug** dabei. Diese Mütze hat außerdem schützende Ohrenklappen und einen Schirm, der Schnee aus den Augen hält.

An dieser Stelle möchte ich noch einmal erwähnen, dass die Kapuzen meiner Fleecejacke, meines Anoraks und meiner Daunenjacke wichtige Komponenten beim Schutz meines Kopfes darstellen. Bedenken Sie auch: Eine Mütze können Sie verlieren, die Kapuze Ihrer Jacke eher nicht! Wenn Sie Jacken ohne Kapuze wählen, brauchen Sie bei extremer Kälte unbedingt wärmere Kopfbedeckungen als nur eine Fleecemütze. In diesem Fall würde ich auf eine **Mütze aus echtem Fell** zurückgreifen. Biberfelle sind für Wintermützen besonders beliebt, weil das Fell dieser aquatischen Säuger Schnee und Feuchtigkeit besonders gut abweist und dabei hervorragend wärmt. Es hat einen guten Grund, warum Einheimische in kalten Regionen auch heute noch Fellmützen tragen!

Zusätzlich habe ich in meinem wasserdichten Notfallbekleidungsbeutel eine mitteldicke **Sturmhaube** (Balaclava) aus elastischem Fleece dabei. Diese kommt zum Einsatz, wenn ich zur Mütze noch weitere Isolation benötige oder beide Mützen nass sind. Außerdem trage ich die Sturmhaube nachts gerne als Kopfbedeckung im Schlafsack.

Mund und Nase bedecke ich mit einem **Neck Gaiter (Schlauchschal)** aus doppellagigem Fleece. Durch meinen Atem wird der Schal natürlich irgendwann nass. Deshalb habe ich mindestens zwei, auf längeren Touren sogar drei bis vier dieser Neck Gaiter dabei. So kann ich nasse Teile zum Trocknen in die Innentasche meiner Jacke stecken und ein frisches, trockenes Teil anziehen.

Eine weitere Möglichkeit, Mund, Nase und Wangen vor Kälte zu schützen, stellen Neoprengesichtsmasken dar. Sie erhalten auch bei viel Feuchtigkeit durch die Atmung ein gewisses Isolationsvermögen. Da sie jedoch meist einen kleineren Bereich des Gesichts abdecken, benötigt man trotzdem noch herkömmliche Schlauchschals in Kombination.

Handschuhe, Fäustlinge, Pulswärmer

Unsere Hände gehören zu unseren wichtigsten Werkzeugen, die für das Leben und Überleben in der Wildnis unabdingbar sind. Ohne funktionierende Hände können wir den Reißverschluss der wärmenden Jacke nicht schließen, das Feuerzeug nicht bedienen und nicht per Telefon um Hilfe rufen. Gleichzeitig sind sie als Extremitäten in relativer Entfernung zum warmen Körperkern der Gefahr von Erfrierungen besonders ausgesetzt. Aus diesem Grund müssen Sie dem Schutz Ihrer Hände besondere Aufmerksamkeit schenken.

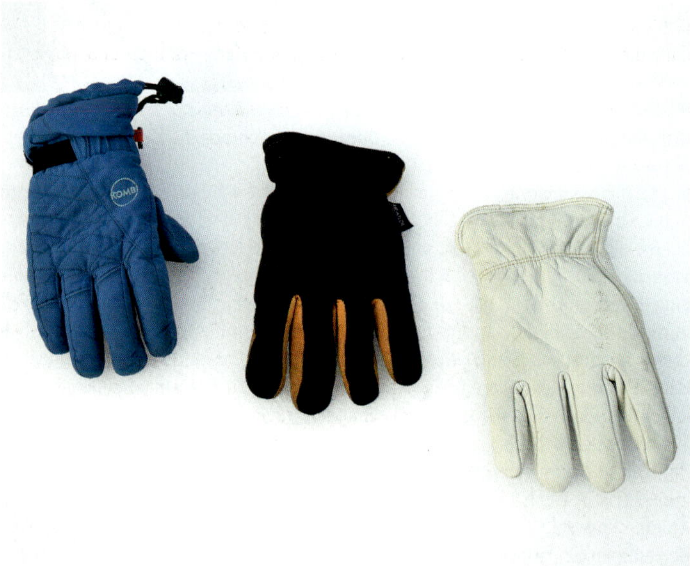

Wind- und wasserdichte Skihandschuhe (links), winddichte Fleecehandschuhe (Mitte) und gefütterte Arbeitshandschuhe (rechts)

Im Fachhandel findet sich eine schier unerschöpfliche Auswahl an Handschuhen und Fäustlingen. Es gibt ein paar wichtige Aspekte zu beachten, wenn Sie Bekleidung für Ihre Finger auswählen. Aber gleich vorweg: Was für die eine Person gut funktioniert, kann für jemand anderes im Desaster enden. Probieren Sie also ein wenig herum und packen Sie die eine oder andere Alternative ein, bis Sie die richtigen Handschuhe und Fäustlinge für Ihren Einsatzzweck gefunden haben.

Für die milderen Tage bis etwa -15 °C oder wenn es auf Fingerspitzengefühl ankommt, verwende ich einfache, winddichte und leicht gefütterten **Fleecehandschuhe** mit einem griffigen Lederbezug in der Handinnenfläche. Ich habe stets zwei Paar dieser Handschuhe dabei und kann wechseln, wenn eines nass geworden ist. Mir ist es wichtig, dass Handschuhe etwas locker sitzen. Während viele Menschen eng anliegende Stretchhandschuhe bevorzugen, bekomme ich darin extrem kalte Finger.

Auf sogenannte **Skihandschuhe**, also Fingerhandschuhe mit wasserfestem Außenbezug und dicker, isolierender Faserfüllung, verzichte ich auf meinen Winterexpeditionen in der Regel. Wasserfeste Fingerhandschuhe kommen bei mir nur zum Einsatz, wenn ich mit relativ milden Wintertemperaturen und Nässe zu rechnen habe. Wenn Sie sich für solche Handschuhe entscheiden, empfehle ich einen **Systemhandschuh**, bei dem der isolierende Innenhandschuh und die wasserfeste Außenhülle getrennt werden können. So lassen sie sich leichter trocknen. Bei wärmeren Temperaturen können Sie die beiden Komponenten auch individuell tragen.

Je nach geplanter Aktivität habe ich noch ein Paar **gefütterte Lederhandschuhe** im Gepäck. Sie können als Ersatzhandschuhe dienen, sind aber in erster Linie für Arbeiten am Feuer gedacht und schonen meine Fleecehandschuhe, wenn ich Feuerholz zum Lager schleppen muss.

Wenn es kälter wird, ziehe ich ein Paar **dicke Fäustlinge** an. Auf Touren, bei denen es auf geringes Gewicht ankommt, sind leichte **Daunenfäustlinge** dabei. Meine Daunenfäustlinge haben zusätzlich einen Innenhandschuh aus Fleece, der zum Trocknen oder bei wärmeren Temperaturen herausgenommen werden kann. Wenn ein leichtes Gewicht nicht im Vordergrund steht, nutze ich einen **dick mit Polyesterfaser gefüllten Fäustling**. Im Innenhandbereich hat dieses Modell einen Schaumstoff, der nicht komprimiert wird. Das ist wichtig, wenn man sich zum Beispiel an einem Hundeschlitten oder einem Motorschlitten festhalten muss. So bleibt die Isolationsfähigkeit in der Handinnenfläche erhalten und dadurch ist dieser Fäustling bedeutend wärmer als der stark komprimierbare Daunenfäustling.

Auf dem Handrücken hat dieser Fäustling einen Aufsatz aus Faserpelz. Dieser Fleecebesatz ist als Nasen- oder Wangenwärmer gedacht. Wenn es im Gesicht kalt wird, kann man schnell den Fäustling mit dem Fleecebesatz dort auflegen und den Bereich vor Kälte schützen und zumindest kurzfristig wieder aufwärmen.

Meine am besten isolierenden Fäustlinge für die kältesten Tage jedoch ist ein handgefertigtes Modell aus **Biberfell** mit herausnehmbarem Faserpelzinnenhandschuh. Dieser Fausthandschuh ist das Wärmste, was ich bisher an meinen Fingern hatte.

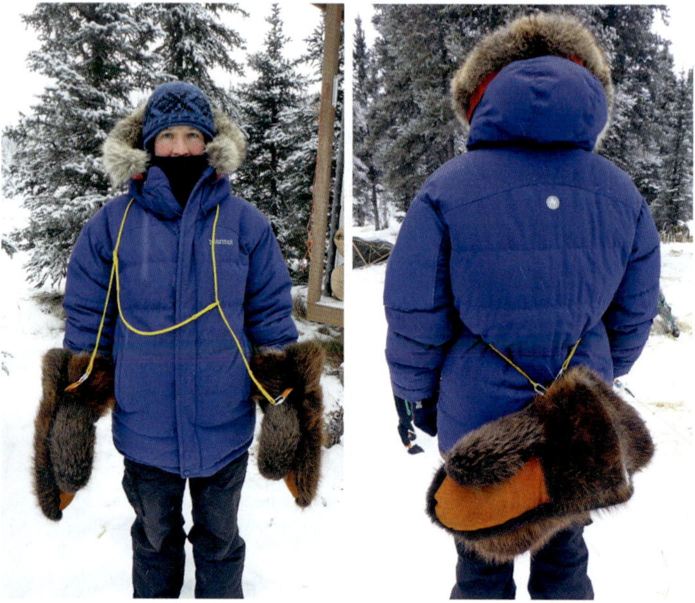

Fäustlinge sind so wichtige Bekleidungsstücke, dass Sie diese kostbaren Teile unbedingt gegen Verlust schützen müssen. Mit dieser Methode bleiben die Fäustlinge gesichert und Sie können sie hinter dem Rücken befestigen, wenn Sie die Hände frei brauchen. (Ansicht vorne und hinten)

Ich schlüpfe in der Regel nicht mit meinen Handschuhen in die Fäustlinge. Ich bevorzuge, dass sich meine **Finger und Mittelhand gegenseitig** in dem geräumigen Fausthandschuh **wärmen**. Mit Fingerhandschuhen bekomme ich im Fäustling oft kalte Finger. Viele andere bevorzugen bei extremer Kälte jedoch eine Kombination aus Handschuh und Fäustling.

Unbedingt abraten möchte ich von Fäustlingen, die im Inneren Separierungen zwischen den Fingern eingenäht haben. Sie verbinden die schlechtesten Aspekte von Fingerhandschuhen und Fäustlingen: mangelndes Fingerspitzengefühl eines Fäustlings mit der mangelnden Fähigkeit, die Finger gegenseitig zu wärmen.

Sichern Sie Ihre Fäustlinge gegen Verlust. Betrachten Sie die Fäustlinge als kostbarstes Gut und hüten Sie diese Teile, als hinge Ihr Leben davon ab! Bei extremen Minusgraden tut es das nämlich! Wenn Ihre Finger gefroren sind, können Sie sich nicht mehr selbst helfen.

Sie können sich sicherlich an die selbst gestrickten Fäustlinge aus Ihrer Kindheit erinnern? Die furchtbaren Dinger mit der langen Strippe, die Ihre Eltern durch die Ärmel der Jacke gezogen haben? Die dann immer so störend vor den Händen gebaumelt haben? Zum Glück geht es weniger traumatisch. Ich habe gute Erfahrungen mit einer langen Schnur gemacht, die eine Querverbindung hat. Die Hauptstrippe liegt hinter dem Nacken, die Querverbindung verläuft quer über die Brust. Wenn Sie die Fäustlinge ausziehen, können Sie die beiden Fausthandschuhe hinter dem Rücken ein- oder zweimal übereinanderschlagen.

So sind die **Fäustlinge vor Verlust geschützt** und nicht im Weg, wenn Sie mit den Händen Feinarbeiten ausführen müssen. Sie sind aber sofort wieder greifbar, wenn Sie sie benötigen.

Hin und wieder muss man auch mit bloßen Fingern feine Arbeiten ausführen, bei denen selbst dünne Fingerhandschuhe bereits störend sind. Als Hundeschlittenführer muss ich oft bei der Versorgung der Hunde meine Handschuhe ablegen, um schützende Nylonsocken über die Pfoten zu ziehen, Muskeln zu massieren und Salben aufzutragen. Aber auch auf anderen Touren muss man manchmal Handschuhe ablegen, um zum Beispiel die Kamera zu bedienen, einen Kocher zu reparieren, den Rucksack zu packen oder ein Zelt aufzubauen.

Für solche Aufgaben nutze ich **Fleecestulpen/Pulswärmer** über meinen Handgelenken. Die halten immerhin einen großen Teil meiner Hand geschützt und helfen auch, die Blutzufuhr zu meinen Fingern warm zu halten. Solche Stulpen kann man leicht aus Fleecestoff selbst nähen.

Wenn Sie Ihre Fäustlinge oder Handschuhe verloren haben, ziehen Sie mehrere Paar Wollsocken über Ihre Hände!

Schuhe und Socken

Schuhe müssen für den Einsatz auf Winterexpeditionen mehrere Funktionen erfüllen.

Ein guter Winterstiefel soll natürlich einen **effizienten Bewegungsablauf** bei Gehen, Steigen oder Skilaufen unterstützen. Bei der Auswahl des Schuhwerks spielt das zu erwartende Gelände eine wichtige Rolle und die Wahl Ihres Schuhwerks wird im winterlichen Hochgebirge anders ausfallen als in einer flachen arktischen Tundra.

Winterstiefel müssen **robust** sein und **Schutz vor Verletzungen** durch Umknicken und Verdrehen bieten.

Wenn Sie für Ihre Tour spezielle Ausrüstung wie etwa Steigeisen, Schneeschuhe oder Ski benutzen, müssen Sie Ihr Schuhwerk so auswählen, dass es **mit dem Bindungssystem kompatibel** ist.

Aber die vermutlich offensichtlichste Aufgabe eines richtigen Winterstiefels ist der **Schutz vor Kälte** und damit die Vermeidung von Erfrierungen an Fuß und Zehen.

Mit dem Schutz vor Kälte geht ein weiteres wichtiges Kriterium einher, das bei der Auswahl von Winterstiefeln oft übersehen wird: Ihre Winterschuhe müssen **Feuchtigkeit effizient managen.** Dabei kann es sich um Feuchtigkeit handeln, die von Ihren Füßen als Schweiß abgesondert wird, oder Nässe, die von außen in den Schuh dringt.

Dieser Aspekt ist so wichtig, dass ich bei der folgenden Betrachtung verschiedener Optionen für das Schuhwerk jeweils detailliert darauf eingehen werde. Denn viele Probleme in Bezug auf Kälteschäden an den Füßen ergeben sich aus der Kombination von Kälte und Feuchtigkeit. Wenn die Isolierung der Stiefel durchnässt ist, verliert sie an Leistungsfähigkeit und es wird im Inneren empfindlich kalt. Ganz dramatisch wird es, wenn ein nasser Stiefel um den Fuß fest gefriert. Dann braucht es ein warmes Feuer und viel Geduld oder Schneidewerkzeuge, um den Fuß aus dem Eisklotz zu befreien.

Ein weiteres Problem bei einem feuchten Klima im Stiefel ist die Gefahr des sogenannten Immersionsfußes, der sich unter feucht-kalten Bedingungen bildet (☞ siehe Seite 149).

Es ist also ganz entscheidend, die **Füße im Winter nicht nur warm, sondern auch trocken zu halten**.

Einen ganz entscheidenden Beitrag beim Komfort der Füße spielen auch die Socken. Ähnlich wie bei der restlichen Bekleidung bevorzuge ich beim Schutz meiner Füße ein System aus mehreren Lagen, beginnend mit den **Socken**.

Wenn ich nach einem langen Tourentag mein Lager aufschlage, wechsle ich zügig meine Socken gegen ein trockenes Paar und lüfte die getragenen Socken aus beziehungsweise trockne sie am Lagerfeuer. Sollte ich unterwegs einmal feuchte Füße bekommen, wechsle ich gegebenenfalls auch tagsüber mal meine Socken. Warme und trockene Socken spielen eine wichtige Rolle für das Wohlbefinden im Winter.

Im Winter trage ich recht einfache, aber dicke **Wollsocken**. Meine Socken haben einen Wollanteil von mindestens 60 %. Die verbleibenden 40 % bestehen aus Kunstfasern, die für gute Passform und Langlebigkeit sorgen.

Schlechte Erfahrungen habe ich mit Socken mit **höherem Kunstfaseranteil** gemacht. Ich war nie mit der Isolationsleistung zufrieden und die Socken fühlten sich schnell feucht und kalt an.

Ganz abraten möchte ich von Socken aus **Baumwolle oder Baumwollmischgeweben**. Diese saugen viel Feuchtigkeit auf, fühlen sich nass an und kühlen dann den Fuß. Eine wirklich gefährliche Wahl auf kalten Wintertouren!

Manche Winterwanderer **kombinieren mehrere Socken** übereinander. Dahinter stehen verschiedene Ideen und Konzepte.

Zwei bis drei Paar Socken übereinander können dazu dienen, **mangelnde Isolierung in den Schuhen auszugleichen**. Wenn Sie nicht isolierte Wanderschuhe in extremer Kälte nutzen wollen, kann das durchaus eine Option sein. Aber achten Sie darauf, dass die Wanderschuhe dann auch entsprechend groß ausfallen.

Manchmal werden jedoch auch eine dünne Kunstfasersocke drunter und eine dicke Wollsocke zur Isolierung und Polsterung drüber kombiniert. Die dünne Unterziehsocke leitet **Feuchtigkeit weiter** und hält den Fuß trocken. Außerdem kann diese Kombination die Entstehung von **Blasen durch Reibung vermeiden**.

Bei **Dampfsperresocken (Vapour Barrier Socks)** handelt es sich um Socken aus wasserdichtem und dampfundurchlässigem Material. Es gibt verschiedene Möglichkeiten, wie diese Socken getragen werden können:

- ▷ direkt auf dem Fuß mit einer isolierenden und polsternden Socke darüber
- ▷ zwischen einer dünnen Socke auf dem Fuß und einer dickeren Socke darüber
- ▷ zwischen den Socken und dem Schuh

Die Idee hinter diesem Konzept ist, dass Feuchtigkeit, die wir als **Schweiß** an unseren Füßen ausscheiden, **innerhalb der Dampfsperre** bleibt. So wird **verhindert, dass die Isolation des Schuhwerks durchnässt** wird und dadurch an Leistung verliert. Mit Dampfsperresocken kann man Feuchtigkeit im Schuh hervorragend reduzieren und die Schuhe so von innen trocken und warm halten.

Die Socken innerhalb der Dampfsperre müssen regelmäßig gewechselt werden, denn sämtliche Feuchtigkeit sammelt sich in den Socken direkt um den Fuß und wenn es dort dauerhaft klamm wird, droht der Immersionsfuß.

Wenn Sie Dampfsperresocken nutzen wollen, sollten Sie vor der großen Tour ein wenig mit den oben beschriebenen Anwendungsmöglichkeiten experimentieren und herausfinden, was für Sie am besten funktioniert.

Man kann Dampfsperresocken auch mit Hilfe von stabilen Plastiktüten improvisieren. Das Konzept funktioniert übrigens „in beide Richtungen“: Wenn die Isolierung der Schuhe komplett durchnässt ist, etwa weil man in offenes Wasser getreten ist, kann man mithilfe der wasserdichten Dampfsperren auch die Socken im Inneren der Schuhe trocken halten und so wenigstens etwas Isolierung um die Füße aufrechterhalten.

Über den Socken trage ich dann einen **hohen Stiefel bestehend aus einem herausnehmbarem Innenschuh** (der separat getrocknet werden kann) und einem **stabilen Überschuh**, der den isolierenden Innenschuh vor den Umwelteinflüssen schützen soll.

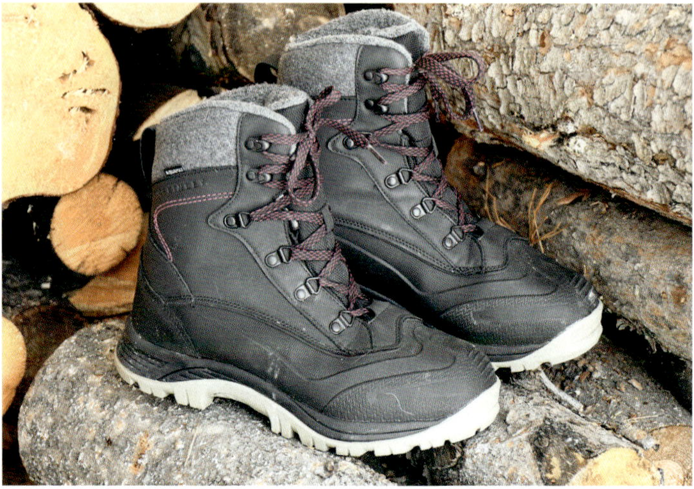

Winterstiefel mit fest integrierter Isolation sind nur schwer wieder zu trocknen und deshalb für die meisten längeren Wildnisexpeditionen kaum geeignet

Achten Sie darauf, dass Ihre **Schuhe groß genug** sind und die Zirkulation in den Füßen nicht einschränken. **Enges Schuhwerk kann zu Erfrierungen führen**!

Im Laufe der Zeit haben sich bei Winterstiefeln verschiedene Konzepte hervorgetan, die ich hier etwas genauer betrachten möchte.

Schuhe mit integrierter Isolation

Gleich vorweg möchte ich von Winterstiefel abraten, deren eingearbeitete Isolierung sich nicht herausnehmen lässt.

Solche Winterstiefel haben ihre Berechtigung, wenn Sie damit einen winterlichen Waldspaziergang unternehmen, einen gemütlichen Stadtbummel zur Weihnachtszeit machen oder als Zuschauer einer winterlichen Sportveranstaltung warme Füße haben wollen. Aber sie haben nichts auf winterlichen Wildnisexpeditionen zu suchen. Sie akkumulieren viel Feuchtigkeit in der Isolierung und lassen sich unterwegs kaum wieder trocknen. Auch unter guten Bedingungen und in einer beheizten Hütte kann es Tage dauern, solche Schuhe wieder trocken zu bekommen.

Wenn Sie diese Art Schuhe dennoch auf einer Expedition verwenden möchten, empfehle ich unbedingt den Einsatz von Dampfsperresocken. So können Sie wenigstens das Nässeproblem aufgrund von Schwitzfeuchte im Zaum halten.

Kanadische Winterstiefel (Canadian Boots/Pac Boots)

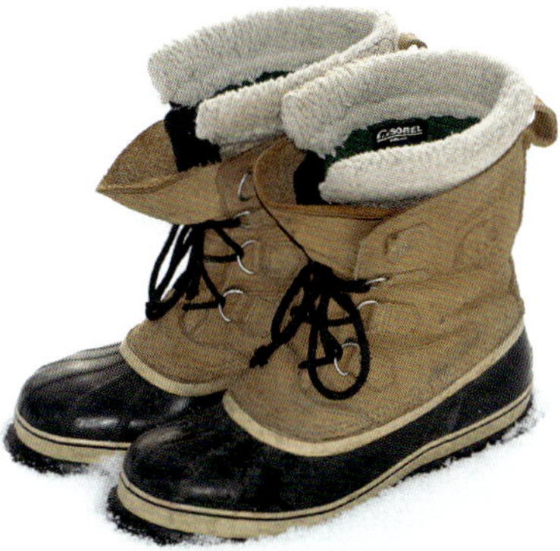

Winterstiefel der kanadischen Art haben einen herausnehmbaren Innenschuh, der separat getrocknet werden kann

Für viele sind diese Stiefel der Inbegriff eines Kaltwetterstiefels. Der untere Teil ist aus einem wasserfesten Gummi oder Kunststoff konstruiert, während der Schaft traditionell aus Leder oder – in moderneren Varianten – aus Nylon gefertigt wird. Für die Isolierung sorgt ein herausnehmbarer Filzinnenschuh.

Stiefel dieser Art sind inzwischen auch in Europa weitverbreitet und in den meisten Outdoorläden erhältlich. Ich halte sie für nicht so gut, wie es oft angepriesen wird. Viele Modelle sind aufgrund des unteren Gummischuhs sehr schwer. Sie sind oft sehr weit geschnitten und bieten Fuß und Gelenk kaum Halt. Dabei hilft es auch nicht, dass sie meist nur am Schaft geschnürt werden können und der untere Bereich am Fuß durch die Schnürung gar nicht angepasst werden kann. Für Wanderungen und Schneeschuhtouren sind diese Stiefel deshalb meist nicht geeignet.

Mein Hauptkritikpunkt ist jedoch das schlechte Management von Feuchtigkeit in diesen Schuhen. Sie sind nicht wirklich dicht und so kann Wasser durch die Nähte oder sogar das Material des Schafts eindringen. Gleichzeitig ist der untere Gummischuh jedoch so dicht, dass sich um den Fuß erhebliche Mengen Schweiß sammeln, die von dem isolierenden Innenschuh aufgesaugt werden. Der Innenschuh verliert dadurch an Isolationsleistung und es wird in diesen Stiefeln schon nach wenigen Stunden schweißtreibender Aktivitäten extrem kalt.

Den Haupteinsatzbereich für diese Art Stiefel sehe ich vor allem bei stationären Winterabenteuern mit fixem Camp, beim Eisangeln oder für die Arbeit rund um die Blockhütte. Hier muss man keine großen Strecken zurücklegen und kann den Innenschuh abends am Ofen wieder trocknen. Sollten Sie sich für Stiefel dieser Art für Ihre Winterexpedition entscheiden, sollten Sie zusätzliche Innenschuhe einpacken, die Sie auswechseln können, wenn es um die Füße feucht und kalt wird.

Skandinavische Winterwanderschuhe

Einige skandinavische Hersteller produzieren spezielle Wanderschuhe für den Einsatz in der kalten Jahreszeit. Im Vergleich zu den oben beschriebenen Winterstiefeln der nordamerikanischer Machart bieten diese Modelle meist besseren Halt für das Fußgelenk, lassen sich besser schnüren und sind oft leichter. So sind sie für längere Wanderungen durchaus geeignet. Manche Modelle sind mit speziellen Sohlen ausgestattet, die den Einsatz in Kombination mit Skibindungen erlauben.

Ansonsten sind sie ähnlich wie die oben beschriebenen kanadischen Stiefel konstruiert und kombinieren einen wasserdichten Gummischuh mit einem atmungsaktiven Lederschaft. So wird man auch hier oft mit stauender Feuchtigkeit im unteren Schuhbereich zu kämpfen haben. Zusätzliche Innenschuhe zum Wechseln sind empfehlenswert.

Moderne Winterwanderstiefel

Eine moderne Weiterentwicklung der oben genannten Winterstiefel sind richtige Winterwanderschuhe. Wasserdichte, aber atmungsaktive Materialien und gut isolierende Sohlenkonstruktionen im Außenstiefel vereinen sich hier mit den Trageeigenschaften eines Trekkingstiefels. Für die notwendige Isolierung sorgt ebenfalls ein herausnehmbarer Innenschuh.

Verschiedene moderne Wanderstiefel für den vielseitigen Einsatz im Winter

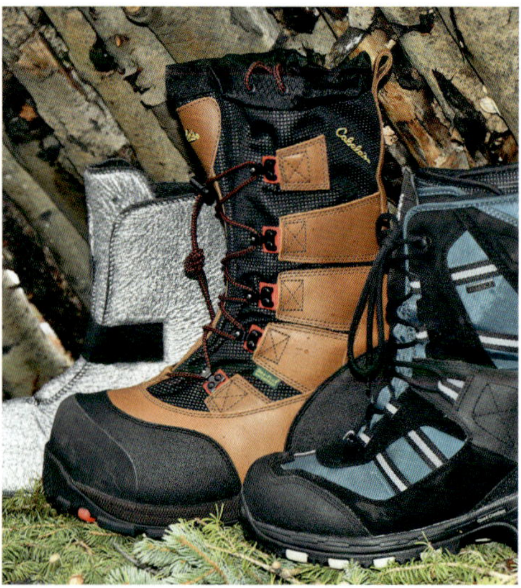

Diese Stiefel bieten guten Halt und Stabilität beim Wandern und sind dabei relativ leicht. Sie sind außerdem weitgehend wasserdicht. Durch den Einsatz semipermeabler Membranen oder Beschichtungen kann ein erheblicher Anteil der Schwitzfeuchte nach außen diffundieren.

Auf längeren, mehrtägigen Winterwanderungen oder bei Aktivitäten wie etwa Motorschlitten- oder Hundeschlittentouren, bei denen auch mit feuchten Bedingungen zu rechnen ist, sind moderne Stiefel dieser Machart mein bevorzugtes Schuhwerk.

Mukluks

Moderne Mukluks sind dem traditionellen Winterschuhwerk indigener Völker Nordamerikas nachempfunden. Sie bestehen im unteren Bereich aus einem atmungsaktiven Leder und im Schaft aus Segeltuch oder einem stabilen Nylonmaterial. Für die Isolierung wird meist ein gefilzter Wollinnenschuh verwendet.

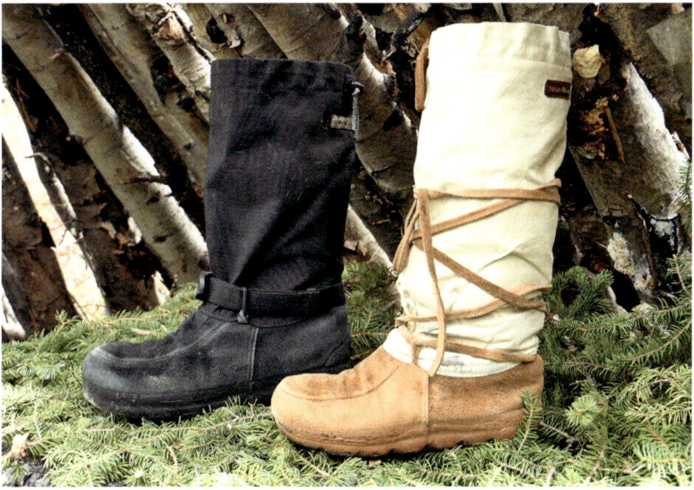

Moderne Mukluks sind den Winterstiefeln der nordamerikanischen Ureinwohnerinnen und Ureinwohner nachempfunden und eine hervorragende Option für trocken-kalte Bedingungen

Die traditionellen Varianten haben eine Lauffläche aus Leder, die für das Gehen auf Schnee gut geeignet ist. Diese Mukluks sind die beste Wahl für Touren mit traditionellen Schneeschuhen, deren Holzrahmen mit Rohhaut bespannt sind. Die weichen Ledersohlen schonen die Rohhaut des Schneeschuhs. Moderne Mukluks haben hingegen oft angegossene Gummisohlen. Solche Mukluks sind bedeutend langlebiger, wenn man auch auf Eis, Steinen oder regulären Straßenbelägen laufen möchte.

Mukluks sind extrem leichte Winterstiefel. Doch ihr Einsatz ist auf trockene Bedingungen beschränkt, da sie überhaupt nicht wasserdicht sind. Dafür weisen sie allerdings eine maximale Atmungsaktivität auf. Sie lassen durch die verwendeten Materialien eine enorme Menge Feuchtigkeit vom Fuß evaporieren, ohne dass die Innenschuhe viel Wasser aufsaugen.

Sie bieten kaum Stabilität für das Fußgelenk und sind daher nicht für bergiges Gelände geeignet. Die weiche Sohle und flexible Schaftkonstruktion bedürfen einiger Muskelarbeit im Fuß. Ein Pluspunkt ist, dass der Fuß dadurch wesentlich besser durchblutet wird, was wiederum für warme Füße sorgt.

Mukluks sind jedoch bei feucht-kalten Bedingungen ganz klar im Nachteil und Wasser dringt ungehindert von außen ins Innere dieser Stiefel. Das sollte man bedenken, wenn man in einem Lager am Feuer sitzt. Hier werden die Schuhe von außen angewärmt. Stapft man dann mit den warmen Stiefeln durch den Schnee, bleibt der nasse Schnee an den Mukluks kleben. Zurück am Feuer schmilzt der Schnee und zieht ins Leder. Wenn man das ein paarmal wiederholt, sind die Mukluks komplett durchnässt. Allerdings trocknen sie auch recht zügig wieder am Feuer.

Wenn Sie solche Mukluks bei feuchten Bedingungen nutzen wollen, empfiehlt sich die Kombination mit nachfolgend beschriebenen wasserdichten Überschuhen (☞ siehe Seite 96).

Lobbens und Walenkis

Von der Funktion ein wenig verwandt mit den nicht wasserdichten, aber extrem atmungsaktiven Mukluks sind die skandinavischen Lobbens und russischen Walenkis. Dabei handelt es sich um warme Filzstiefel.

Lobbens sind schnürbare und besohlte Filzschuhe und Stiefel aus Norwegen. Walenkis sind sohlenlose Filzstiefel aus Russland, die sich nicht schnüren lassen.

Beide Varianten sind ebenfalls hervorragend für trockene Kälte geeignet und erlauben eine maximale Durchlässigkeit von ausgeschwitztem Wasserdampf.

Für die Nutzung unter feuchten Bedingungen kann man Walenkis mit einer Gummigalosche aufrüsten. Für Lobbens empfehlen sich hier auch wieder wasserdichte Überschuhe (☞ siehe Seite 96).

Bunny Boots

Die sogenannten „Bunny Boots“, manchmal auch als Vapour Barrier Boots bezeichnet, sind eine ältere Generation von Winterstiefeln, die beim amerikanischen Militär eingesetzt wurden. Mittlerweile wurden sie beim Militär durch andere Stiefel abgelöst. Bei den Trapperinnen und Trappern sowie Jägerinnen und Jägern in Kanada und Alaska erfreuen sich jedoch immer noch größter Beliebtheit.

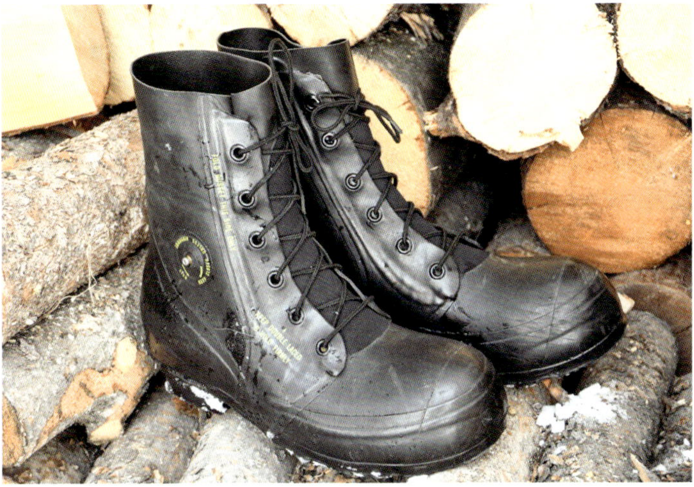

Bunny Boots sind amerikanische Militärstiefel für den Wintereinsatz und auch für nasse Bedingungen gut geeignet

Bunny Boots sind zweilagige Gummistiefel, bei der die Isolierschicht zwischen zwei Lagen aus wasserdichtem Gummi eingelagert ist. Dadurch kann die Isolierung nicht durch Feuchtigkeit gesättigt werden. Mit diesen Stiefeln kann man sogar durch eiskaltes Wasser waten. Am Ufer angekommen kippt man einfach alles Wasser aus, wechselt die Socken und kann wieder in den Stiefel schlüpfen und ungehindert weiterwandern. Diese Zuverlässigkeit und die damit verbundene Sicherheit sind verantwortlich für die Beliebtheit dieser Stiefel im hohen Norden Amerikas.

Leider werden diese Stiefel nicht mehr als Original hergestellt und man muss sich auf die Suche im Internet und in einschlägigen Läden mit ausgemusterter Militärausrüstung begeben.

Bunny Boots sind mit einem Ventil an der Seite ausgestattet. Dieses Ventil dient dazu, bei Flügen in großer Höhe ein Anschwellen der Stiefel zu vermeiden. Nimmt der Druck im Flugzeug ab, dehnt sich die Luft in der Isolierung aus und drückt auf den Fuß. In diesem Fall soll man das Ventil öffnen und den Druck ausgleichen. Sollten Sie sich für Bunny Boots entscheiden, verschließen Sie unbedingt dieses Ventil permanent mit Kleber oder Nahtdichter, damit kein Wasser eindringen kann.

Als Nachteile für Bunny Boots muss man anführen, dass sie recht schwer sind und die Sohle nur ein niedriges Profil hat, das sich nicht für den Einsatz auf steileren Hängen eignet.

Überschuhe

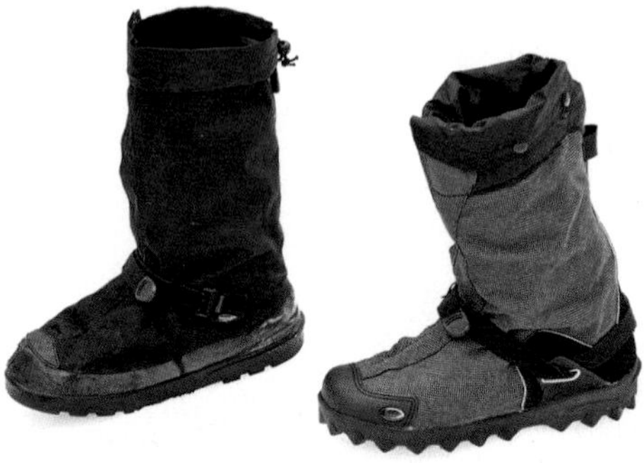

Überschuhe können mit einer ganzen Bandbreite von leichteren Schuhen oder Innenschuhen kombiniert werden

Verschiedene Hersteller bieten wasserdichte Überschuhe an, die man über anderes Schuhwerk ziehen kann, wenn nasse Bedingungen herrschen. Sie sind prima für die Kombination mit Walenkis, Lobbens oder Mukluks geeignet. Ich habe Überschuhe auch auf Winterwanderungen mit meinen ganz normalen Trekkingschuhen verwendet und so den Einsatzbereich meiner Wanderschuhe ein wenig erweitert. Auch bei winterlichen Ultramarathons, wie etwa dem Yukon Arctic Ultra, werden diese Überschuhe als Nässeschutz oder zur zusätzlichen Isolierung über den Laufschuhen genutzt.

Die Überschuhe bestehen aus einem Schaft aus wasserdichtem Nylon und einer Sohle, die je nach Modell auch mit Spikes für Wanderungen auf Eis ausgestattet sein kann.

Die Sohlen dieser Überschuhe sind in der Regel nur schlecht isoliert und ich rüste meine Überschuhe mit einer zusätzlichen Lage aus festem Schaumstoff als Innensohle aus.

Innenschuhe

Die Innenschuhe, mit denen Winterstiefel isoliert werden, sind ein wesentlicher Bestandteil des Schuhwerks. Man muss sich jedoch keinesfalls mit den Innenschuhen zufriedengeben, die mit den Winterstiefeln ausgeliefert werden. Manchmal lohnt es sich, die Innenschuhe genau zu inspizieren und gegebenenfalls gegen Modelle auszutauschen, die für die Anforderungen auf Tour besser geeignet sind.

Innenschuhe werden oft aus einem Wollfilz oder einer Woll-Synthetik-Mischung hergestellt. Aber es kommen auch Tierfelle oder rein synthetische Materialien und Schaumstoffen zum Einsatz. Dabei haben alle Materialien unterschiedliche Eigenschaften. Innenschuhe aus Wolle nehmen viel Feuchtigkeit auf

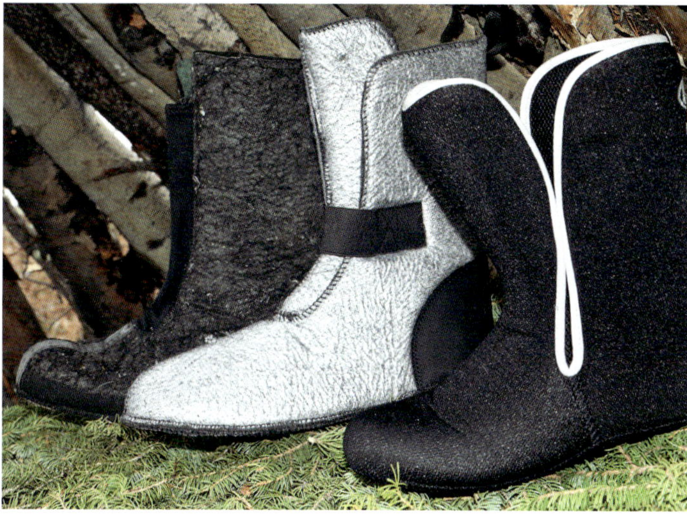

Verschiedene Innenschuhe: Wollfilz, Synthetik und Schaumstoff (von links nach rechts)

und fühlen sich dabei immer noch warm an. Kunstfasern werden meist verwendet, um die Innenschuhe robuster, langlebiger und leichter zu machen. Lammfell fühlt sich bei neuen Schuhen oft schön flauschig und warm an, wird aber schnell zusammengedrückt und verliert dann an Wärmedämmung.

Ein Innenschuhkonzept, das meine Nutzung von Winterstiefeln revolutioniert hat, kommt von einer kleinen kanadischen Firma, die sich auf die Produktion von Innenschuhen für Ski- und Bergstiefel spezialisiert hat.

Unter dem Markennamen Intuition werden Innenschuhe aus einem geschlossenzelligen Schaumstoff angeboten. Dieser Schaum nimmt kaum Feuchtigkeit auf. Dadurch wird die Isolation des Schuhs auch durch Schweiß oder eindringendes Wasser nicht beeinträchtigt. Das kann einem unter nassen Bedingungen im Winter die Füße retten!

Ich habe Innenschuhe des Modells Mukluk von Intuition entweder in den Winterwanderschuhen oder als superleichte Winterschuhvariante in Kombination mit Überschuhen von NEOS genutzt und dabei auch bei Temperaturen von fast -50 °C zuverlässig warme Füße gehabt. Viele Hundeschlittenfahrerinnen und -fahrer nutzen genau diese Innenschuhe bei berühmten Rennen wie dem Yukon Quest oder dem Iditarod in Alaska.

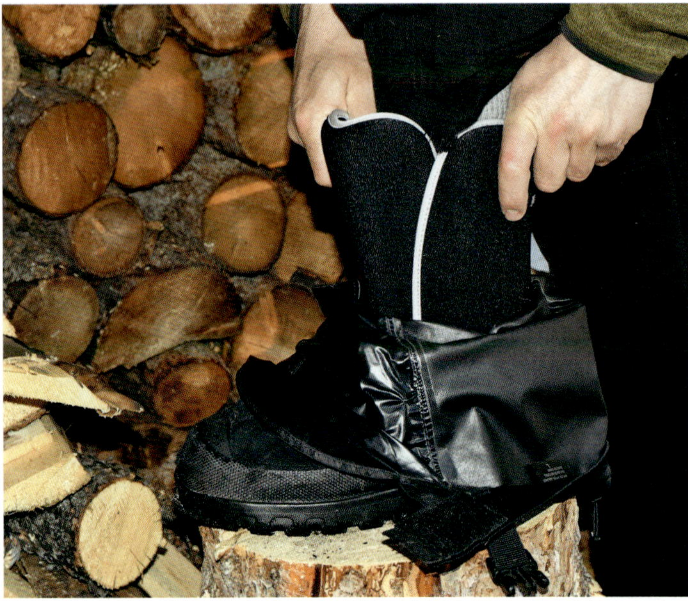

Innenschuhe aus Schaumstoff sind warm und nehmen kaum Feuchtigkeit auf und sind dadurch auch unter nassen Bedingungen eine gute Option, um die Füße warm zu halten

Ein Nachteil dieser Kombination ist, dass es durch ansammelnden Fußschweiß feucht-warm im Stiefel wird. Um Probleme wie Immersionsfuß und Pilzerkrankungen zu verhindern, sollten regelmäßig die Socken gewechselt werden.

Improvisierte Winterstiefel

Wenn Ihre Wanderstiefel nass sind und nicht mehr isolieren können oder anderweitig Schaden genommen haben, müssen Sie **warmes Schuhwerk improvisieren**. Nach einem Einbruch durch das Eis eines Flusses musste ich Winterschuhe aus mehreren Schichten Bekleidung erstellen. Erst wickelte ich Pullover und Jacken um meine Füße, dann steckte ich meine eingepackten Füße in einen stabilen Packsack und umwickelte diesen mit Schnur. So entstand ein Paar warme Ersatzschuhe. Die Schnur ersetzte unter dem Fuß ein Sohlenprofil, was im rutschigen Schnee für etwas mehr Trittsicherheit sorgte. Auch Fäustlinge können als Ersatzschuhe dienen.

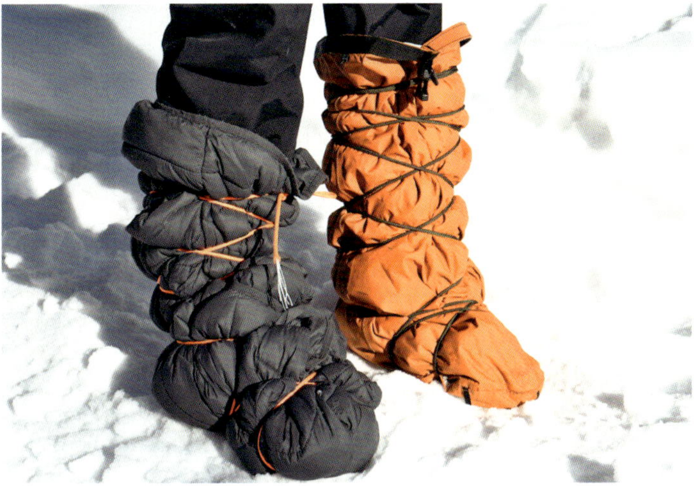

Improvisierte Stiefel aus Bekleidung, wasserdichten Packsäcken und Schnur

Gamaschen

Einfache Gamaschen verhindern, dass Schnee in den Schuh dringt, wenn man durch tiefen Schnee stapfen muss. So helfen sie, die Schuhe und Socken trocken zu halten.

Biwakschuhe

Mit Daunen oder synthetischer Füllung gefütterte Biwakschuhe sind eine prima Ergänzung zu den regulären Winterschuhen. Sie können im Lager getragen werden, dienen im Notfall aber auch als Ersatzschuhe, falls die richtigen Winterstiefel beschädigt, verloren oder nass sind.

Biwakschuhe sind eine gemütliche Alternative im Lager und dienen im Notfall als Ersatzschuhwerk

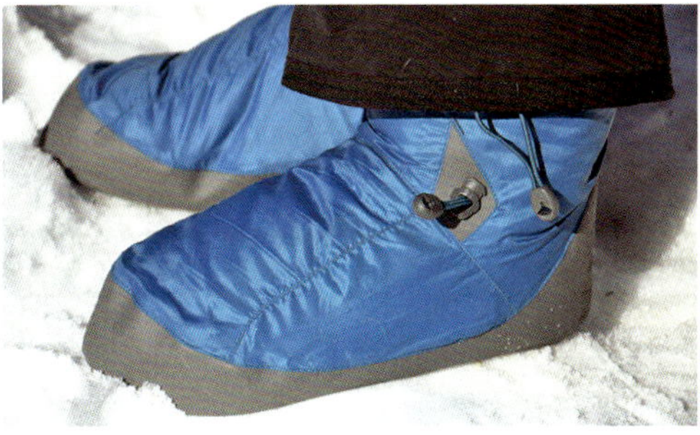

Survivalausrüstung für Winterabenteuer

Je extremer die herrschenden winterlichen Bedingungen sind, desto mehr Wissen und Erfahrung sind nötig, um die Situation zu meistern. Aber je stärker der Wind, je kälter die Temperaturen und je tiefer der Schnee, desto mehr sind wir auch von unserer Bekleidung und Ausrüstung abhängig.

In diesem Kapitel stelle ich Ihnen Ausrüstungsgegenstände vor, die Ihnen helfen können, die wichtigsten Prioritäten in einem Notfall abzudecken. Dazu gehört, sich auch bei tiefem Schnee fortbewegen zu können, bei eisigen Temperaturen ein wärmendes Feuer zu entfachen, einen geschützten Lagerplatz herzurichten, Trinkwasser zuzubereiten und sich unterwegs eine Mahlzeit zu kochen. Außerdem bespreche ich weitere wichtige Ausrüstung, die Ihnen speziell zur Winterzeit zum Überleben nützlich sein kann.

Ich habe mich hier auf Ausrüstung beschränkt, die ich besonders für die Prävention und die Bewältigung von Notfällen für wichtig erachte. Sie werden hier keine allgemeinen Hinweise auf Wintertourenausrüstung, wie etwa verschiedene Tourenski, finden. Aber natürlich spielen einige Gegenstände, die ich hier vorstelle, auch eine ganz allgemeine Rolle auf Wintertouren.

Legen Sie Ihre **Ausrüstung nie unachtsam in den Schnee**. Besonders kleine und schwere Gegenstände wie etwa Messer und Multitools versinken einfach im weißen Pulver und sind dann kaum wiederzufinden.

Grelle Farben für Ausrüstung und Bekleidung sind besonders im Winter zu empfehlen, da sie gut zu sehen sind. Das vermeidet das Verlieren von wichtiger Ausrüstung und im Notfall wird man von Rettungskräften leichter gefunden.

Gegenstände, die leicht im Schnee versinken, können Sie mit einem Stück **greller, farbiger Schnur** versehen. Das erleichtert das Auffinden, wenn Sie im Schnee danach graben müssen.

Bei Kälte werden viele **Materialien spröde und brechen** leichter. Nur zu leicht tritt man bei Pausen oder im Lager aus Versehen auf Rucksackschnallen, Schneeschuhbindungen, Pulka-Zuggeschirre und andere Gegenstände. Seien Sie achtsam, aber packen Sie auch genug Ersatzteile ein, um gebrochene Schnallen ersetzen zu können.

Spezielle Winterausrüstung

Schneeschuhe sollen beim Laufen in tiefem Schnee das Einsinken verhindern, indem sie das Körpergewicht auf eine größere Fläche verteilen. Wer sich auf eine Schneeschuhwanderung begibt, hat natürlich entsprechende Schneeschuhe dabei. Aber auch für viele andere Winterreisende gehören Schneeschuhe zur Notfallausrüstung, etwa bei Hundeschlitten- oder Motorschlittentouren. So kann man auch dann noch effizient vorwärtskommen, wenn der Motor versagt oder frischer Schnee für die Hunde zu tief wird.

Schneeschuhe dienen außerdem dem Verdichten des Schnees am Lagerplatz oder können auch als improvisierte Schneeschaufel oder zum Verschließen des Eingangs Ihrer Schneehöhle zweckentfremdet werden.

Es gibt inzwischen viele verschiedene Typen von Schneeschuhen und man sieht sich als Kundin oder Kunde einer Vielzahl verschiedener Hersteller und Modelle gegenüber.

Klassische Schneeschuhe bestehend aus einem Holzrahmen und einer netzartigen Bespannung, meist aus lackierter Rohhaut, und sind durchaus zweckmäßig, wenn man sich vor allem in relativ flachem Terrain fortbewegt und die Witterung mit kalten und trockenen Bedingungen aufwartet. Bei feuchten Konditionen weicht die Rohhaut auf, verliert an Spannung und kann leicht Schaden nehmen.

Eine moderne Variante dieser traditionellen Schneeschuhe wird bei den nordamerikanischen Streitkräften verwendet und findet sich oft in Geschäften für ausgesonderte Militärausrüstung. Bei diesen Schneeschuhen handelt es sich um einen Metallrahmen mit einer Bespannung aus beschichtetem Stahlkabel. Diese Modelle sind auch härtester Beanspruchung gewachsen. Aber auch hier liegt der Haupteinsatzbereich in eher flachem Gelände, da die Schneeschuhe keinerlei Steighilfen für harte Schneehänge bieten.

Moderne Schneeschuhe aus dem Outdoor- und Bergsportbereich bestehen meist entweder aus einem Alurahmen und einer flexiblen Bespannung oder einer geformten Kunststoffplatte. Solche Schneeschuhe sind meist auch mit steigeisenartigen Zacken unter dem Fußbereich ausgestattet, um bei steilem Gelände und harten Schneebedingungen sicheren Halt zu gewährleisten.

Ein wichtiger Aspekt bei Schneeschuhen ist die Größe des Rahmens. Wie tauglich ein Schneeschuh im Gelände ist, hängt ganz entscheidend von der Fläche ab, auf die das Körpergewicht verteilt wird. Und je weicher der Schnee ist, desto größer muss der Schneeschuh sein. Leider wird das von vielen Herstellern ignoriert und so werden oft völlig utopische Gewichtsangaben gemacht, um einen Schneeschuh zu bewerben. Lassen Sie sich davon nicht beeinflussen und kaufen Sie lieber den größten Schneeschuh, den Sie in dem Tourengelände noch sicher manövrieren können.

Ein besonderes Augenmerk verdient auch die Bindung. Viele Modelle werden nur für den Einsatz bei moderaten Temperaturen ausgestattet. Oft passen wirklich dicke Winterstiefel für knackige Minusgrade überhaupt nicht in die Bindungen moderner Schneeschuhe. Kaufen Sie zuerst Ihre Winterstiefel und wählen Sie Schneeschuhe danach aus. So können Sie sicher sein, dass alles zusammenpasst.

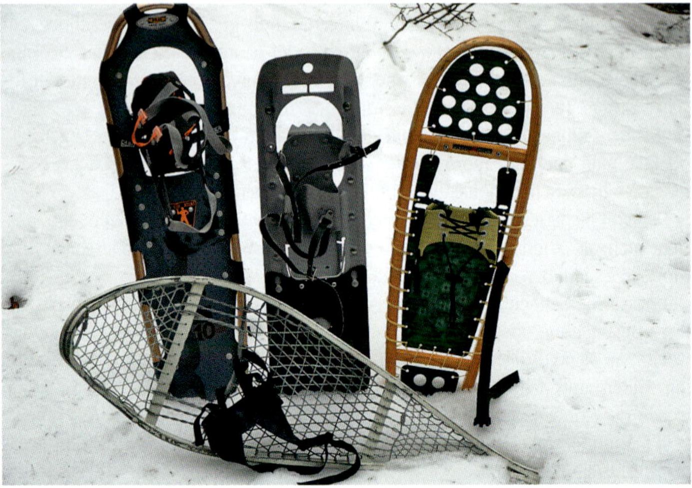

Verschiedene Schneeschuhe. US-Militärschneeschuhe mit Metallrahmen (vorne), Alurahmen mit Bespannung (hinten links), Kunststoff-Schneeschuhe mit Verlängerung (hinten Mitte), Holzschneeschuhe mit Kunststoff-Bespannung (hinten rechts)

Der kanadische Survivalausbilder Tom Roycraft entwickelte Schneeschuhe, die mit einfachsten Werkzeugen und leicht zu findendem Material in relativ kurzer Zeit in der Wildnis improvisiert werden können. Der **Roycraft-Schneeschuh** ist eine hervorragende Hilfe für die Fortbewegung in tiefem Schnee, wenn keine anderen Schneeschuhe oder Ski zur Verfügung stehen.

Diese Schneeschuhe, die aus grünem Holz gebaut werden, sind besonders am Anfang noch recht schwer. Sie wiegen je nach Länge und verwendeter Materialstärke zwischen 3-5 kg pro Schneeschuh. Während man ein solches Gewicht auf kurzen Strecken noch tolerieren kann, ist das auf längeren Strecken natürlich sehr ermüdend. Da beim Bau jedoch die Rinde entfernt wird, trocknen die Schneeschuhe immer weiter aus und werden dadurch leichter. Nutzen Sie dafür die Wärme Ihrer Unterkunft und des Feuers, aber achten Sie darauf, dass das Holz der Schneeschuhe am Feuer nicht zu heiß wird und reißt.

Für jeden der beiden Schneeschuhe brauchen Sie fünf gerade Streben von etwa 2 m Länge. Kürzere Schneeschuhe sind natürlich leichter, haben aber weniger Auftrieb. Längere Schneeschuhe sind durch den größeren Auftrieb besser für lockeren Tiefschnee geeignet. Für die Längsstreben sind die Stämme junger Fich-

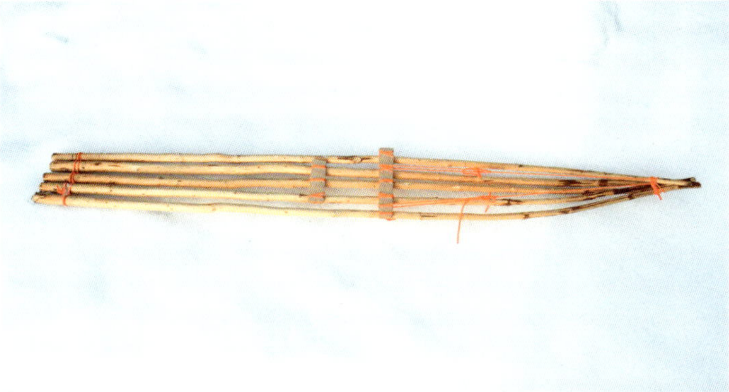

Roycraft-Schneeschuhe können mit einfachen Werkzeugen und Hilfsmitteln improvisiert werden

ten besonders gut geeignet. Sie sind meist sehr gerade gewachsen und die Rinde lässt sich leicht schälen. Die Rinde zu entfernen, macht den Schneeschuh nicht nur leichter und hilft beim Trocknen des Holzes, es verbessert auch die Gleiteigenschaften des Schneeschuhs, wenn Sie den Holzrahmen durch den Tiefschnee vorwärtsschieben. Die Spitzen der Streben sollten etwa so dünn wie Ihr kleiner Finger sein, damit sie sich beim Zusammenbau biegen lassen.

Weiterhin benötigen Sie pro Schneeschuh noch zwei Querstreben in der Form zweier Leisten, die Sie mit dem Messer aus einem etwa 5-6 cm dicken Holzscheit herausarbeiten können. Die erste Strebe, später unter dem Ballen des Fußes platziert, sollte etwa 30 cm lang, 5-6 cm breit und etwa 1-1,5 cm dick sein. Die zweite Querstrebe sollte etwa 15 cm lang und ebenfalls 5-6 cm breit und etwa 1-1,5 cm dick sein.

Schnitzen Sie auf der Oberseite der längere Querstrebe in regelmäßigen Abständen vorne und hinten jeweils fünf Kerben (für jede Strebe eine Kerbe pro Seite). Wenn Sie die Streben und Querleisten später zusammenbinden, werden die Schnüre in diesen Kerben platziert, damit nichts verrutscht. Die kleinere Querleiste wird nur über drei der langen Streben befestigt. Schnitzen Sie also nur jeweils drei Kerben in Vor- und Rückseite der Leiste. Orientieren Sie sich beim Abstand an der Position der mittleren drei Kerben der langen Leiste.

Um die Schneeschuhe zusammenzubauen, binden Sie die fünf Streben an den dünnen Enden mit etwas Schnur fest zusammen. Ich habe für diese Anwendung die besten Erfahrungen mit dem Canadian Jam Knot gemacht (☞ siehe Seite 152).

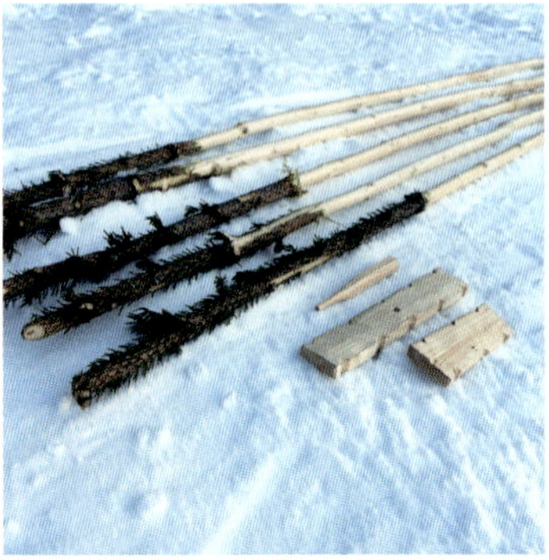

Die Bauteile für einen Roycraft-Schneeschuh: Fünf lange Stecken, die Querstrebe für den Ballen, eine Querstrebe für die Ferse und ein Dübel. Darüber hinaus braucht es noch etwas Schnur für die Verbindungen und Material für die Bindung.

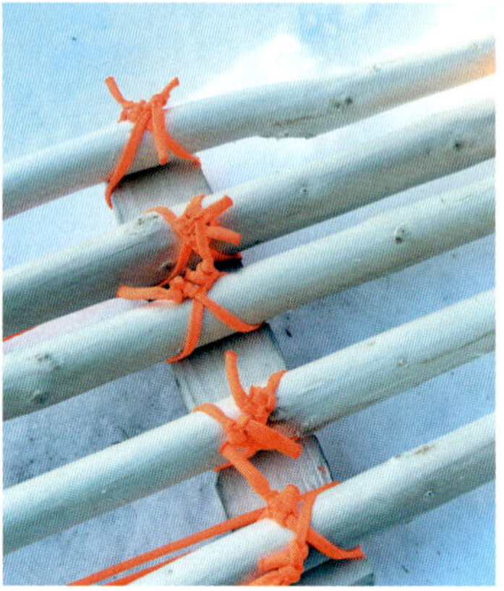

Die Querstreben werden mit Schnur festgeknotet. Dabei sollten die Knoten auf der Unterseite des Schneeschuhs angeordnet sein. Das erhöht die Rutschfestigkeit der Schneeschuhe auf glattem Untergrund.

Am hinteren Ende werden die Längsstreben der Schneeschuhe miteinander verbunden

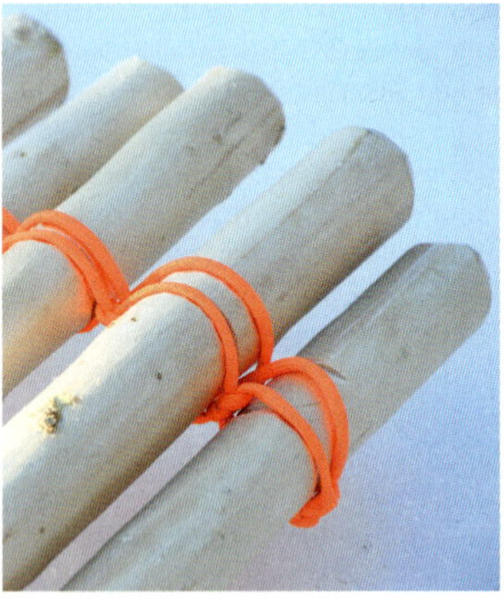

Dann bestimmen Sie den Gewichtsmittelpunkt des Schneeschuhs. Sie können die Schneeschuhe dazu auf Ihrem Unterarm platzieren und so lange hin- und herschieben, bis sie ausbalanciert sind. Markieren Sie diesen Mittelpunkt. Die kleinere Querstrebe wird etwa 3-5 cm vor diesem Mittelpunkt platziert. Beginnen Sie mit der mittleren Strebe und binden Sie die Querstrebe mit zwei Schnüren über Kreuz fest. Am besten nutzen Sie dafür wieder den Canadian Jam Knot. Die Knoten sollten auf der Unterseite des Schneeschuhs sitzen. Das hat zwei Gründe: Zum einen ist es bequemer, wenn Sie die Knoten nicht ständig durch die Schuhsohle spüren. Zum

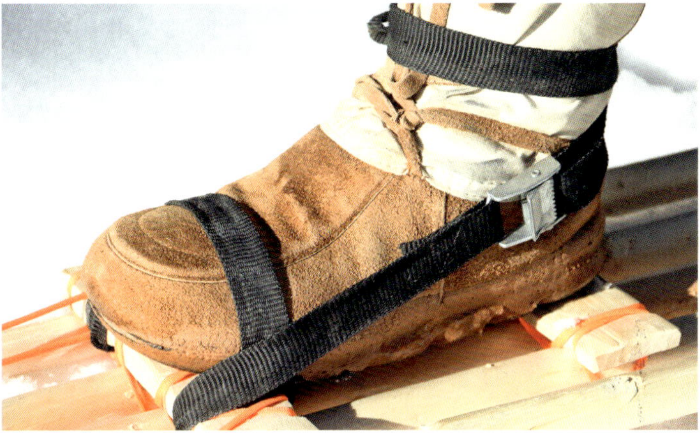

Mit einfachen Packriemen kann man eine zweckmäßige Bindung für die Schneeschuhe herstellen

anderen wirken die Knoten rutschhemmend im Schnee und Sie rutschen bei Anstiegen mit den Schneeschuhen nicht so leicht wieder ab. Dann binden Sie die beiden folgenden Streben auf die gleiche Weise an die Querstrebe.

Setzen Sie die Ferse Ihres Winterstiefels auf die kurze Querstrebe. Die längere Querstrebe wird nun unter der Position Ihres Fußballens mit der gleichen Methode auf den Streben befestigt. Wenn Sie kleine Nägel oder ein paar Schrauben haben, können Sie zusätzlich zu den Schnurverbindungen die Querleiste festnageln oder -schrauben. Das befestigt die Querstreben nicht wirklich zuverlässig, aber es verhindert ein Verrutschen vor oder zurück. Aber es bedarf trotzdem der Befestigungen mit Schnur, um die Schneeschuhe zusammenzuhalten.

Da ich in der Wildnis nur selten Nägel oder Schrauben zur Verfügung habe, habe ich mit geschnitzten Dübeln experimentiert und das gleiche Ergebnis erreicht. Bohren Sie dazu mit einem sehr spitzen Messer oder der Ahle eines Taschenmessers ein Loch durch die Mitte der langen Querstrebe und dann ein Loch halb durch die mittlere Längsstrebe. Schnitzen Sie dann einen kleinen Dübel aus Holz und treiben Sie ihn durch die Querstrebe und in die Längsstrebe, bevor Sie die Schnurverbindungen herstellen.

Wenn die beiden Querstreben befestigt sind, werden die hinteren Enden der Längsstreben mit einer Schnur verbunden. Schnitzen Sie etwa eine Handbreit vor dem Ende der Streben ein paar Kerben in die Längsstreben. Das wird verhindern, dass die Schnurverbindung bei der Nutzung der Schneeschuhe verrutscht.

Im letzten Schritt wird die Spitze des Schneeschuhs hochgebogen. Befestigen Sie ein etwa 2 m langes Stück Schnur an seiner Mitte an der Spitze des Schneeschuhs. Spannen Sie die Schnüre zu den äußeren Enden der längeren Querstrebe, bis sich die Spitze des Schneeschuhs hochbiegt. Gehen Sie dabei langsam und behutsam vor, damit die Längsstreben nicht brechen. Wenn die Streben gefroren sind, wärmen Sie das Holz zum leichteren Biegen am Feuer an.

Wenn Sie beide Schneeschuhe fertig haben, müssen Sie noch eine Bindung herstellen, welche die Schneeschuhe an Ihrem Schuhen befestigt. Am besten funktioniert dies, wenn Sie Gurtbandmaterial haben. Aber im Notfall funktioniert auch eine einfache Schnur.

Für das Laufen auf glattem Eis können Sie Ihre Schuhe mit **Spikes** ausstatten. Besonders wichtig ist das, wenn Sie guten Halt brauchen, um etwa einen Schlitten über eine Eisfläche zu ziehen. Auf vereisten Hängen mit geringer Hangneigung können solche Spikes Unfälle verhindern. Besonders wichtig sind Spikes unter den Schuhen auch bei der Rettung von Personen, die ins Eis eingebrochen sind. Wenn Sie als Retterin oder Retter versuchen, eine eingebrochene Person aus dem Wasser zu ziehen, brauchen Sie festen Halt auf der Eisfläche. Ohne Spikes haben Sie auf glattem Eis kaum eine Chance!

In steilem und verschneitem oder vereistem Gelände kommen **Steigeisen** zum Einsatz. Dabei handelt es sich um Steighilfen, die unter feste Bergstiefel geschnallt werden. Die Zacken der Steigeisen erlauben sicheres Steigen auf eisigen Hängen. Es ist wichtig, dass Steigeisen und Stiefel aufeinander abgestimmt sind. Für Bergwanderinnen und Bergwanderer auf winterlichen Ausflügen sind vermutlich Universal-Steigeisen mit zehn bis zwölf Zacken und einer Riemenbindung am besten geeignet.

Steigeisen werden im Gebirge unter die Schuhe geschnallt, um steile Schnee- und Eishänge sicher begehen zu können. Mit einem Eispickel kann man Stufen schlagen und Ausrutscher auf steilen Hängen abfangen.

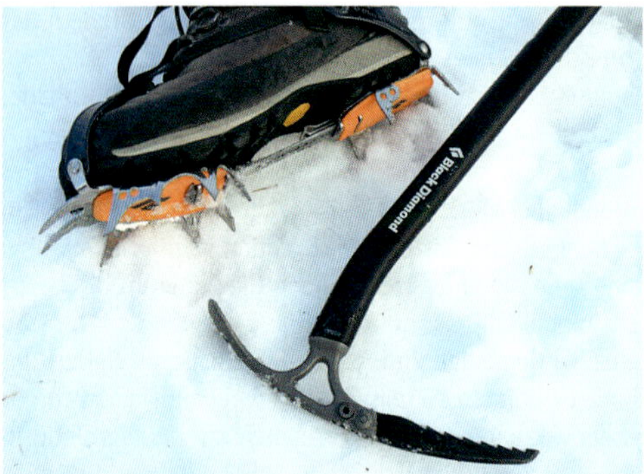

Grödel sind eine abgespeckte Version leichter Steigeisen. Sie haben meist nur vier bis sechs Zacken und werden mit einer Riemenbindung vor den Absatz der Schuhsohle geschnallt. Sie sind in mittelsteilem Gelände eine leichte Alternative zu normalen Steigeisen und können auch in Kombination mit weicheren Stiefeln verwendet werden.

Ein **Eispickel** kann in verschneitem oder gar vereistem steilem Gelände mehrere Funktionen erfüllen. Er dient als Aufstiegshilfe, zum Schlagen von Stufen in harten Schnee, dem Sondieren von Schneebrücken und als Ankerpunkt bei der Kameradenrettung. Er kommt aber auch zum Einsatz, wenn man ein gefährliches Ausrutschen auf steilen Schnee- und Eishängen abfangen muss.

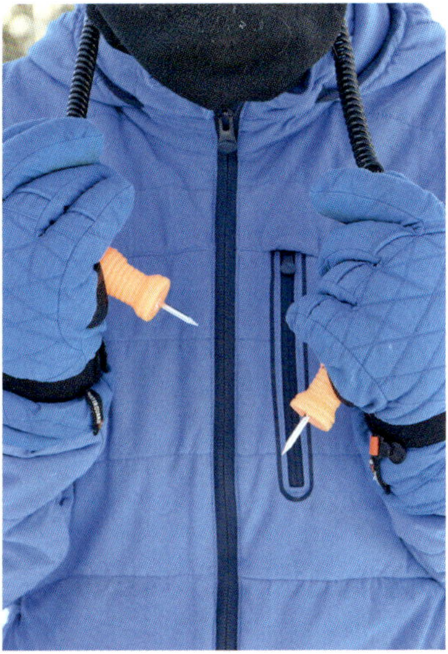

Eisahlen können bei der Selbstrettung helfen, wenn man auf einem Gewässer durch das Eis gebrochen ist

Sogenannte **Eisahlen** sind Handgriffe mit einer Metallspitze an einem Ende, die man dazu verwendet, sich nach dem Einbrechen aus einem überfrorenen Gewässer zurück auf die Eisfläche zu ziehen. Man verwendet die Eisahlen immer im Paar und meist sind die beiden Handgriffe mit einer Schnur verbunden. Mit dieser Schnur kann man die Ahlen einsatzbereit um den Hals hängen. So hat man sie immer parat, wenn man über ein gefrorenes Gewässer läuft. Es gibt Modelle, bei denen die Metallspitzen unter einer Abdeckung verborgen liegen, um Verletzungen zu vermeiden. Sobald man die Ahle feste auf das Eis drückt, wird die Abdeckung nach hinten geschoben und die Ahle ist einsatzbereit.

Lawinenausrüstung besteht im Allgemeinen aus einem **Verschüttetensuchgerät**, das sowohl Sender (für die Verschütteten) als auch Empfänger (für die Suchenden) ist, als auch einer **Lawinensonde** zum Ertasten der genauen Position eines Lawinenopfers. Auf Touren in Gebirgen muss jeder Teilnehmende unbedingt entsprechende Ausrüstung dabeihaben und auch im Umgang mit den Geräten geschult worden sein.

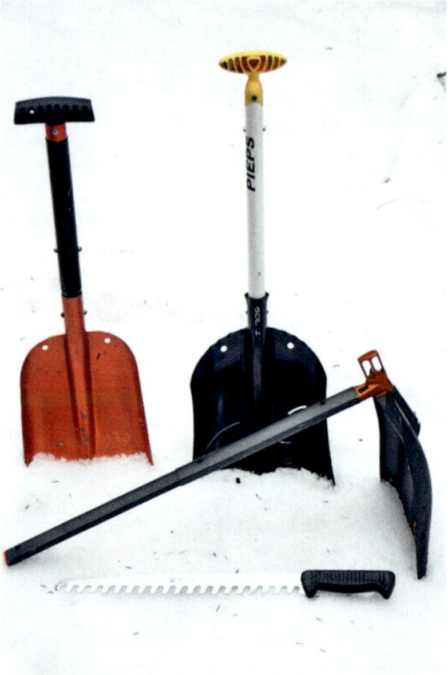

Verschiedene Schneeschaufeln (im Vordergrund eine Schneesäge)

Eine **Schneeschaufel** ist auf Wintertour ein vielseitiges Werkzeug. In Lawinengebieten dient sie als wichtiges Rettungsgerät, um verschüttete Personen auszugraben. Auch Motorschlitten sind fast immer mit einer Schneeschaufel ausgestattet, die es ermöglicht, im Tiefschnee festgefahrene Fahrzeuge zu befreien. Natürlich können Sie auch Autos, die sich auf einer ungeräumten Straße festgefahren haben oder von der Fahrbahn abgekommen sind, wieder ausgraben. Sie können mit der Schaufel den Lagerplatz ebnen, einen Windschutz aus Schnee um das Zelt aufhäufen oder den Schnee für den Bau einer Feuerstelle entfernen. Man kann mit einer Schneeschaufel Behausungen wie Quinzees errichten oder Schneehöhlen graben. Beim Eisangeln nutzt man die Schaufel, um den Schnee von der Eisfläche zu entfernen oder die Angellöcher für die Nacht wieder mit isolierendem Schnee abzudecken.

Manche Modelle haben Löcher im Schaufelblatt, mit denen man die Schaufel zum improvisierten Schneeanker umfunktionieren kann. Es gibt auch Schaufelblätter, die in Kombination mit den Ski zu einem Notfallschlitten umfunktioniert werden können, um eine verletzte Person zu evakuieren (☞ siehe Seite 222).

Ein Schneeschaufelblatt aus Metall kann genutzt werden, um behelfsmäßig Wasser über dem Feuer zu schmelzen, wenn kein Topf zur Verfügung steht.

Ich bevorzuge eine Schaufel mit stabilem Schaufelblatt und Schaft aus Aluminium. Der Handgriff sollte ein T-Griff sein, den man auch mit Fäustlingen gut greifen kann. Bei manchen Schaufeln kann das Schaufelblatt wie bei einer Hacke in einem 90°-Winkel am Griff befestigt werden. Man kann mit dieser Schaufelkonfiguration sehr effizient graben, wenn es darum geht, ein Lawinenopfer zu befreien, oder wenn loser Schnee aus dem Eingangsbereich einer Schneehöhle gezogen werden muss.

Der Schaft sollte teleskopartig ausziehbar sein. Dadurch hat man mehr Reichweite, wenn man zum Beispiel unter einem Fahrzeug Schnee entfernen muss. Es ist auch angenehm, wenn man sich nicht die ganze Zeit wegen einer kurzen Schaufel übermäßig bücken muss.

Für Einsätze, bei denen Gewicht eher eine untergeordnete Rolle spielt, wähle ich eine Schaufel mit größerem Schaufelblatt für mehr Effizienz beim Schaufeln. Für Rucksacktouren, bei denen ein geringes Gewicht entscheidend ist, kommen etwas kleinere Schaufelblätter und leichtere Schaufeln zum Einsatz.

Das Schaufelblatt sollte im Längsschnitt eine leichte Wölbung haben. Damit lässt sich besonders beim Aushöhlen von Quinzees und Schneehöhlen wesentlich besser arbeiten als mit einem flachen Schaufelblatt.

Schneesägen werden meist aus leichtem Aluminium oder Stahl gefertigt. Sie sind mit groben Zähnen ausgestattet und dienen dem Schneiden von Blöcken aus windgepacktem Schnee, wie sie zum Bau von Schneeunterkünften oder Schneemauern benötigt werden.

Man kann eine Schneesäge auch aus festem Holz oder einem großen Knochen schnitzen und so unterwegs improvisieren.

Eisschrauben werden im Bergsport beim Eisklettern und auf Gletschertouren eingesetzt. Alpinistinnen und Alpinisten nutzen sie, um im Eis Fixpunkte für die Seilsicherung und für Rettungsmaßnahmen anzulegen.

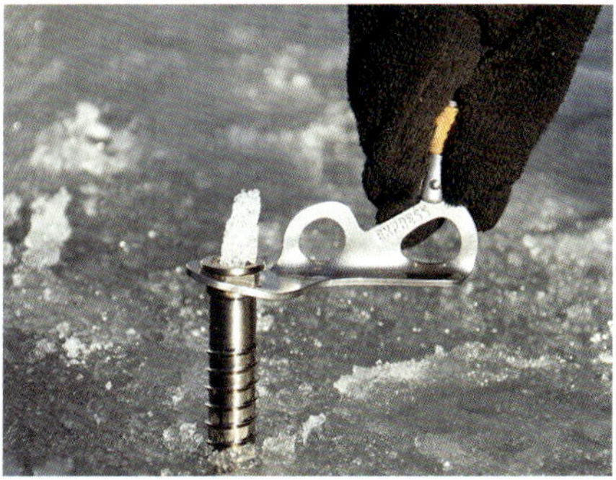

Eisschrauben dienen als Ankerpunkte beim Bergsteigen im Eis, können aber auch auf anderen Eisflächen genutzt werden

Auch außerhalb alpiner Regionen können Eisschrauben auf Wintertouren eingesetzt werden. Besonders bei der Überquerung von gefrorenen Gewässern dienen sie als stabile Ankerpunkte, wenn man eingebrochene Fahrzeuge bergen oder Personen retten muss.

Aber sie können auch verwendet werden, um auf Eisflächen Zelte zu befestigen oder Hundegespanne zu fixieren.

Damit Schneidezähne und Gewinde scharf bleiben, muss man sie gut geschützt verpacken. Manche Eisschrauben werden mit einem Futteral für den schonenden Transport geliefert.

Mit einer Feile können Sie die Schneidezähne der Schraube nach dem Einsatz wieder schärfen. Dabei sollten Sie unbedingt den Angaben des Herstellers folgen und sicherstellen, dass Sie die richtigen Winkel einhalten.

Wie dreht man eine Eisschraube in das Eis? Entfernen Sie zunächst sprödes Eis an der Oberfläche mit der Axt oder einem Eispickel. Dann drücken Sie mit der Handinnenfläche von oben auf die Eisschraube und drehen sie langsam und vorsichtig in das Eis. Erst wenn die Eisschraube richtig greift, klappen Sie die Kurbel aus und drehen sie ohne weiteren Druck von oben tiefer in das Eis. Belasten Sie die Eisschraube erst, wenn Sie komplett im Eis versenkt ist. Eisschrauben können leicht verbiegen, wenn bei Belastung noch ein Teil des Schafts aus dem Eis hervorschaut. Verbogene Eisschrauben lassen sich nicht mehr ins Eis schrauben und müssen aussortiert werden.

Wenn Sie eine Eisschraube nach dem Gebrauch wieder aus dem Eis drehen, bleibt der Eiskern in der Schraube stecken. Entfernen Sie den Eiskern sofort, indem Sie ihn entweder herausschleudern, mit einem dünnen Stab herausdrücken oder herausblasen, bevor er vollkommen festfriert. Um Erfrierungen zu vermeiden, dürfen Sie Ihren Mund beim Ausblasen nicht direkt auf das kalte Metall der Schraube drücken.

Mit einem Eisbohrer kann man innerhalb kürzester Zeit auch dicke Eisschichten durchbohren

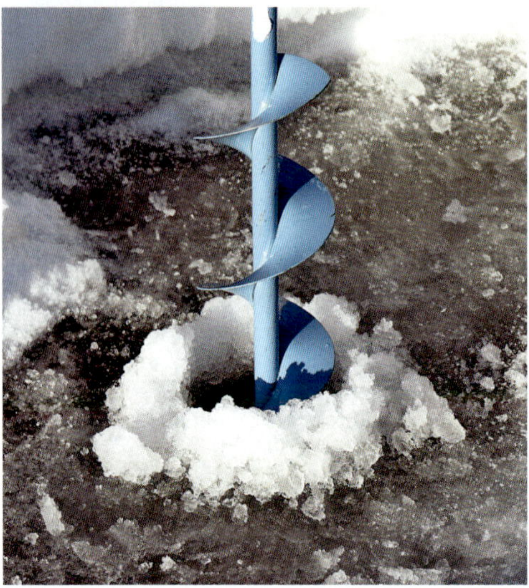

Eisbohrer werden besonders im Fischereisport beim Eisanglen verwendet, um Löcher in das Eis eines gefrorenen Gewässers zu bohren. Aber sie sind auch hilfreich, wenn Sie für die Wasserversorgung Zugang zu einem Gewässer brauchen. Eisbohrer sind einfach zu handhaben und können innerhalb weniger Minuten auch Eisdicken von 1 m und mehr durchbohren.

Grundsätzlich muss man zwischen motorisierten und handbetriebenen Eisbohrern unterscheiden. Motorisierte Geräte werden entweder durch einen batteriebetriebenen Elektromotor oder einen Benzinmotor betrieben und sind so schwer, dass sie für einen normalen Toureneinsatz eigentlich nicht von Interesse sind.

Handbetriebene Bohrer haben am oberen Ende eine Handkurbel, mit der der Bohrer gedreht wird. Am unteren Ende befinden sich zwei rasierklingenscharfe Schneiden, die bei der Drehbewegung des Bohrers das Eis immer weiter abschaben und es so schließlich komplett durchbohren.

Der Vorteil eines Eisbohrers ist die einfache Handhabung und seine Effizienz. Allerdings muss man die Klingen absolut scharf halten und darf auch den Schneidwinkel nicht verändern, da der Eisbohrer sonst nicht mehr vernünftig funktioniert. Bohrt man auf Gewässern, bei denen mineralische Schwebstoffe im Eis eingelagert sind, werden die Klingen recht schnell stumpf. Ein weiterer Nachteil ist die vorgegebene Größe des Bohrloches, wenn man einen Eisbohrer verwendet

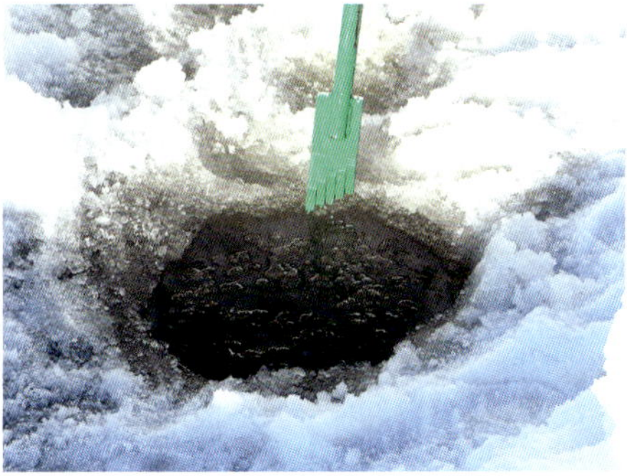

Ein Eismeißel ist weniger anfällig als ein Eisbohrer, aber es kostet mehr Kraft und Zeit dicke Eisschichten zu durchlöchern

Alternativ kann man einen **Eismeißel** nutzen. Dabei handelt es sich um eine schwere Klinge, die an einem langen Holzstiel befestigt ist. Damit kann man Löcher unterschiedlichen Durchmessers in das Eis hacken. Am einfachsten funktioniert das, indem man in kleinen Schritten einen Kreis beschreibt und ständig um das zu entstehende Loch herumwandert und dabei immer wieder den Eismeißel auf das Eis schnellen lässt. Dadurch werden gleichmäßig Eisstücke herausgeschlagen, bis man sich durch das Eis gearbeitet hat.

Der Eismeißel ist ein sehr stabiles und dadurch zuverlässiges Werkzeug. Es kann kaum etwas daran kaputtgehen. Hin und wieder kann man die Klinge mit einer Feile oder einem groben Schleifstein nachschleifen. Zum Transport kann man auch den Stiel weglassen und dann vor Ort einen Stiel aus Holz aus dem Wald schnitzen. Ein weiterer Vorteil ist, dass man die Größe des Eisloches variieren kann. Dafür dauert der Prozess länger als mit einem Eisbohrer.

Statten Sie Ihren Eismeißel unbedingt mit einer Handschlinge aus! Es sind so manche Eismeißel im Wasser verschwunden, wenn plötzlich und überraschend das letzte Eis durchstoßen wurde und die Hand nicht fest am Holzstab war.

Erste-Hilfe-Set und medizinische Ausstattung

Das **Erste-Hilfe-Set** muss in der Wildnis genug Ausrüstung und Material enthalten, um eine verletzte Person für mehrere Tage behandeln und stabilisieren zu können.

Zum Verbinden von Wunden packe ich ein umfangreiches Sortiment an Pflastern, Wundkompressen, Verbandpäckchen, Mullbinden und Dreieckstüchern sowie eine Rolle wasserdichtes Klebeband ein. Da gerade im Winter die Klebeflächen von Pflastern und Klebebändern nur nach vorherigem Aufwärmen haften, packe ich zusätzlich ein oder zwei Rollen Coban™ Tape ein. Dabei handelt es sich um ein selbsthaftendes Verbandsmaterial, das auch prima bei niedrigen Temperaturen funktioniert. Für klaffende Schnitte und Kopfverletzungen sind Steri-strips™ eine hilfreiche Ergänzung. Zum Stoppen schwerer lebensgefährlicher Blutungen gehört ein Tourniquet in die Ausrüstung.

In das Set gehören auch mehrere Paar Einweghandschuhe, ein Fieberthermometer, eine Schere, Pinzette, Sicherheitsnadeln und eine große Spritze zum Auswaschen von Wunden. Achten Sie bei der Auswahl der Beatmungsmaske zur Wiederbelebung darauf, dass das Material auch bei Kälte flexibel bleibt, damit Sie die Maske zuverlässig im Gesichtsbereich der zu beatmenden Person abdichten können. Viele dieser Masken wurden leider nicht für den Einsatz unter kalten Bedingungen hergestellt und werden bei niedrigen Temperaturen extrem steif.

Ich habe außerdem Medikamente zum Desinfizieren von Wunden, gegen Durchfall und allergische Reaktionen, schmerzlindernde und fiebersenkende Mittel und ein Breitbandantibiotikum gegen verschiedene Infektionen dabei. Lassen Sie sich bei der Auswahl von Medikamenten für Wildnistouren ärztlich beraten.

Allgemeine Werkzeuge

Ein stabiles **Messer** ist in der Wildnis ein essentielles Werkzeug und übernimmt im Winter viele Aufgaben. Das Messer kommt bei der Vorbereitung von Zunder und feinem Feuerholz zum Einsatz. Es wird genutzt, um Fische auszunehmen und gejagtes Wild zu zerlegen, simple Hilfsmittel aus Holz zu schnitzen, Seile zu kappen und Schnüre zu kürzen. Tragen Sie das Messer stets am Gürtel, damit es jederzeit greifbar ist.

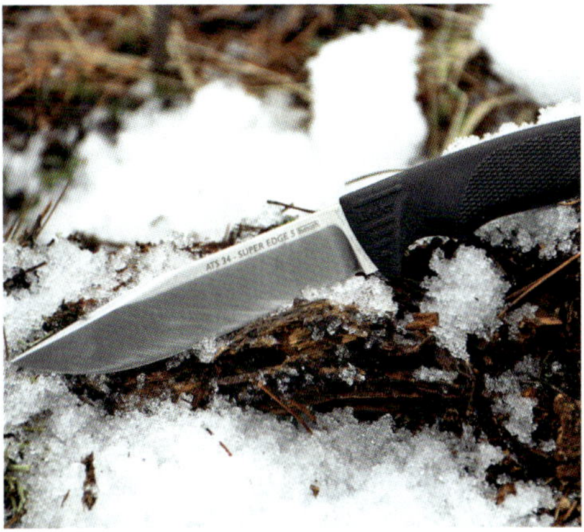

Ein Messer ist unverzichtbar auf Wildnistouren

Im Winter sind stabile, feststehende Messer besonders zu empfehlen. Sie sind gerade mit Handschuhen wesentlich leichter zu bedienen als Klappmesser. Die Mechanismen von Klappmessern können auch leicht zufrieren und sich mit Schnee zusetzen. Außerdem sind Klappmesser meist weniger stabil als die feststehenden Klingen und für grobe Arbeiten kaum geeignet.

Im Winter bevorzuge ich Messer mit einer Klingenlänge von 12-15 cm und 3-4 mm Stärke. Größere Messer sind mir zu unhandlich und mich stört das hohe Gewicht am Gürtel. Eine schmale bis mittelbreite Klinge mit einer ausgeprägten Spitze ist für typische Einsätze in der Wildnis am vielseitigsten. Solch eine Klinge ist stabil genug, um sie mit einem Holzscheit durch einen dicken Ast oder einen kleinen Baum zu treiben, aber durch die feine Spitze immer noch gut geeignet, auch detaillierte Schnitzarbeiten auszuführen. Wenn Sie mit dem Messer auch einen Feuerstahl anreißen oder Rinde von einem Ast schaben möchten, sollte der Klingenrücken nicht abgerundet, sondern mit einer 90°-Kante versehen sein.

Am stabilsten sind Messer, bei denen der Stahl als Flacherl in voller Breite durch den Messergriff fortgeführt wird. Bei dieser Bauart werden die Griffschalen von beiden Seiten aufgesetzt und dann vernietet oder verschraubt. Dem stehen Konstruktionen gegenüber, bei denen der Stahl des Messers nicht in voller Breite, sondern als schmales Runderl oder Spitzerl in den Griff eingesetzt ist. Solche Messer sind weniger stabil als Flacherlkonstruktionen, aber auch um einiges leichter. Außerdem sind bei den letztgenannten Konstruktionen die Griffe oft besser gegen Kälte isoliert.

Ich trage mein Messer in einer stabilen Lederscheide mit einer sogenannten Danglerschlaufe. Dadurch hängt das Messer eher etwas tiefer und schwingt frei unterhalb der Befestigung. Im Winter birgt diese Methode den Vorteil, dass das Messer auch unter einer langen Daunenjacke leicht zugänglich ist und ich mich nicht erst halb entkleiden muss, nur um an mein Werkzeug zu gelangen.

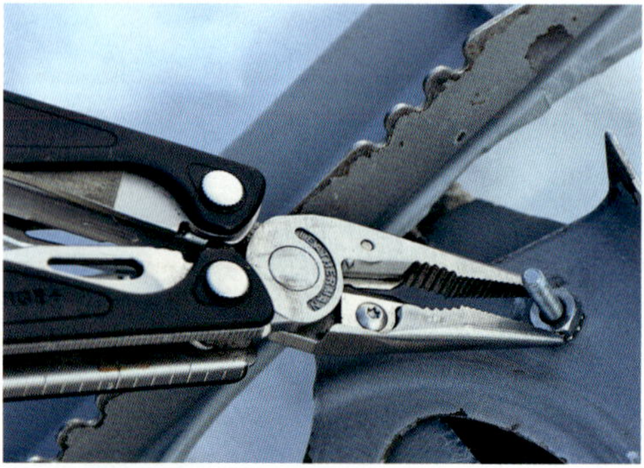

Ein Multitool ist ein praktisches Werkzeug mit allerhand Anwendungen

Zusätzlich zu einem feststehenden Survivalmesser gehört im Winter auch ein **Multitool** zu meiner Ausstattung. Mit seiner kleinen Messerklinge wird es zum Zweitmesser, sollte ich mein feststehendes Messer verlieren. Die anderen Werkzeuge, wie Zange und Schraubenzieher, kommen bei Reparaturen von Kochern, Ski- und Schneeschuhbindungen, Motor- und Hundeschlitten oder beim Zerteilen von Draht, wenn ich Schlingen für Tierfallen legen muss, zum Einsatz. Die Schere finde ich zum Beispiel zum Zerschneiden von Pflastern praktisch oder wenn ich einen eingerissenen Fingernagel trimmen muss. Mit der kleinen diamantbeschichteten Feile kann man prima eine Axt in Schuss halten und im Notfall sogar das Survivalmesser schärfen.

Eine gute **Axt** ist im Winter in bewaldeten Gebieten ein effektives und vor allem robustes Werkzeug, das sowohl beim Bau einer Notunterkunft und dem Freischneiden eines Pfades durch dichtes Gestrüpp als auch bei der Beschaffung von Feuerholz für das wärmende Koch- und Lagerfeuer gute Dienste leisten kann. Dabei kommt eine Axt zum Fällen kleiner Bäume sowie zum Spalten von Feuerholz zum Einsatz.

Eine Axt für den Einsatz in der Wildnis sollte eine Länge von mindestens einer Armspanne haben. Beim Kopfgewicht empfinde ich 1-1,2 kg als einen guten Kompromiss zwischen Handlichkeit bei Transport und Feinarbeiten und effektiver Schwungmasse für Hackarbeiten.

Bei extrem kalten Temperaturen können Kunststoffstiele spröde werden und brechen. Das kann zu schweren Verletzungen führen. Ich bevorzuge für den winterlichen Einsatz deshalb einen stabilen Holzschaft aus Hickory, den ich vor der Tour mit Leinsamenöl einreibe und so vor Feuchtigkeit schütze und geschmeidig halte.

Achten Sie auf einen ordentlichen Knauf am unteren Ende des Stiels. So haben Sie einen sicheren Halt, wenn aus Versehen mal ein von Eis überzogener Stiel durch den rutschigen Handschuh gleitet.

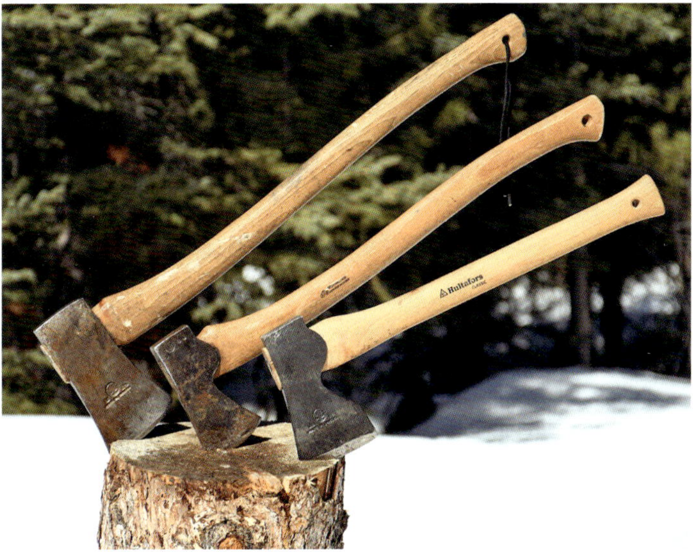

Eine gute Axt ist im Winter Gold wert. Man kann mit ihr Bäume fällen und Feuerholz spalten. Aber der sichere Umgang mit diesem gefährlichen Werkzeug muss gut geübt sein.

Eine Axt kann bei Unachtsamkeit oder mangelnder Übung und Erfahrung ein gefährliches Werkzeug darstellen. Lernen und üben Sie den sicheren Umgang mit der Axt vor der Tour und machen Sie regelmäßig eine Pause, um Unachtsamkeiten zu vermeiden. So können Sie schlimme Unfälle mit der Axt verhindern.

Eine **Säge** ist einfacher und vor allem sicherer zu verwenden als eine Axt. Sie ist aber auch anfälliger und kann leichter kaputtgehen.

Einfache **Klappsägen**, bei denen das Sägeblatt für den sicheren Transport in dem Handgriff verstaut werden kann, sind handliche Werkzeuge, mit denen man prima im Camp handwerkeln oder auch kleineres Feuerholz zurechtschneiden kann. Allerdings sind sie aufgrund der meist geringen Länge des Sägeblatts recht eingeschränkt, was die Dicke des zu sägenden Holzes angeht. Außerdem sind die Sägeblätter oft dünn und empfindlich und können brechen, wenn sie beim Sägen abklemmen. Aus diesem Grund sollte man diese Art Sägen nur beim Zug belasten und niemals versuchen, bei der Vorwärtsbewegung zu sägen. Der große Vorteil dieser Sägen besteht darin, dass sie leicht transportierbar und durch den einfachen Mechanismus schnell einsatzbereit sind.

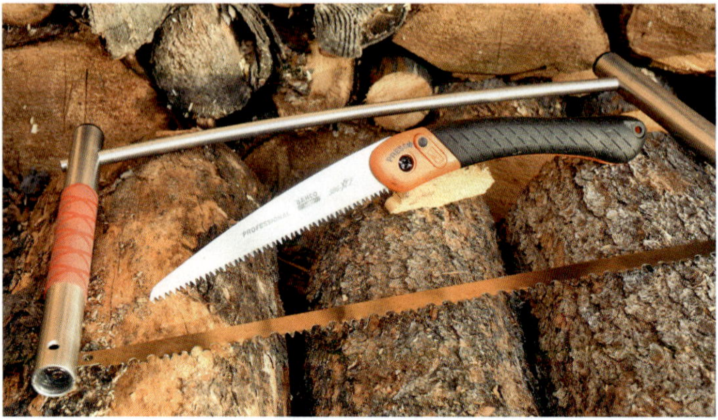

Eine Säge ist das Mittel der Wahl, wenn man große Mengen Feuerholz für das Winterlager heranschaffen muss. Hier eine zerlegbare Bügelsäge und eine einfache Klappsäge.

Größere **Bügelsägen** sind wesentlich effizienter, wenn es darum geht, größere Mengen Feuerholz zu beschaffen oder auch mal einen dicken Baum zu zersägen, der den Weg versperrt.

Gerade in den letzten Jahren sind einige pfiffige Designs auf den Markt gekommen. Achten Sie beim Kauf auf ein robustes Design, das sich auch bei kaltem Wetter gut bedienen und spannen lässt. Wählen Sie eine Säge mit einer Länge, für die Sie auch preiswerte und handelsübliche Ersatzblätter verwenden können.

Ich nutze im Winter eine Säge mit einem Standardblatt von 535 mm oder länger. Man muss nur selten wirklich große Bäume zersägen. Mit einer Säge dieser Länge kann man Holz von einer Stärke zersägen, das sich ohne großen Kraftaufwand zum Lager schleppen lässt. Holz in dieser Größenordnung kann, ohne gespalten werden zu müssen, im Lagerfeuer verbrannt werden.

Der kanadischen Bushcraftexperte Kelly Harlton zeigte mir vor ein paar Jahren seine Version einer **improvisierten Bügelsäge**, die man im Notfall relativ schnell in der Wildnis bauen kann. Für diese Bügelsäge benötigen Sie zwei gerade Holzstreben von etwa 50 cm Länge für die vertikalen Bauteile und eine Querstrebe, die nur etwas kürzer ist als das Sägeblatt. Für alle drei Holzstreben sollte ein Durchmesser von etwa 3-4 cm reichen. Dann benötigen Sie noch zwei fingerdicke Stöckchen von rund 15 cm Länge und zwei Stücke Schnur. Um das Sägeblatt am Holzrahmen zu fixieren, benötigen Sie außerdem zwei Schlüsselringe, etwas Draht, zwei Metallstifte oder etwas ähnlich Stabiles als Knebel.

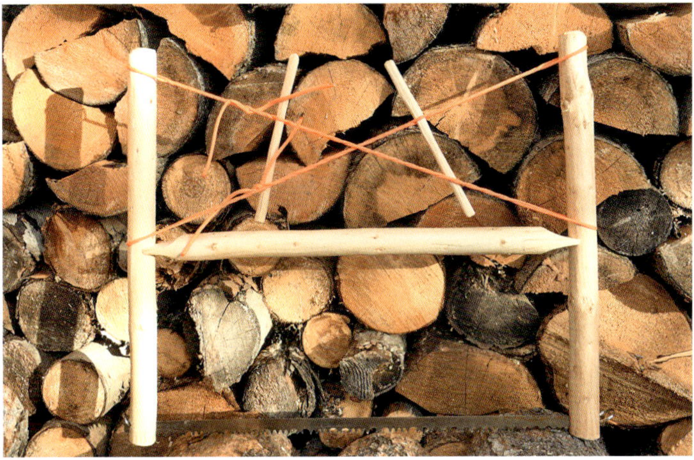

Die improvisierte Bügelsäge ist ein hervorragendes Werkzeug für den Einsatz in der Wildnis

Spalten Sie die beiden vertikalen Streben mit einem Messer für ein paar Zentimeter. In diesen Spalt wird später das Sägeblatt geklemmt.

Die Querstrebe wird an den Enden etwas abgeflacht. Dabei ist zu beachten, dass die beiden abgeflachten Enden gleich orientiert sind. Dann schnitzen Sie in die abgeflachten Enden eine gerundete Kerbe, die der Rundung der vertikalen Streben entspricht.

So wird das Sägeblatt in den Rahmen geklemmt

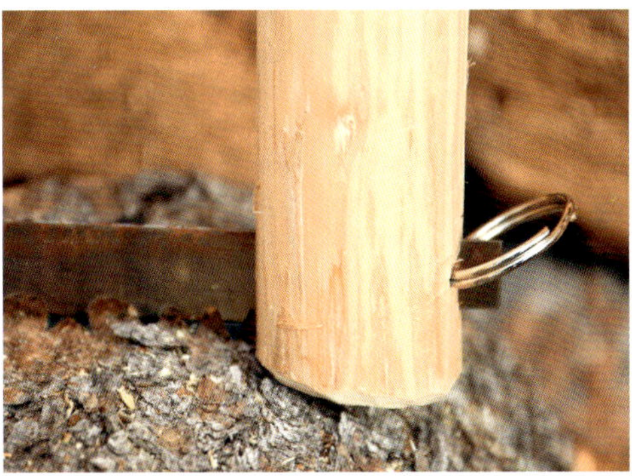

Der Rahmen dieser Säge wird nur durch Spannung und Klemmwirkung zusammengehalten. Dementsprechend fallen die Teile leicht auseinander, wenn die Spannung noch nicht aufgebaut ist. Es ist am einfachsten, die Bauteile vor sich auf dem Boden auszubreiten, um alles zusammenzufügen.

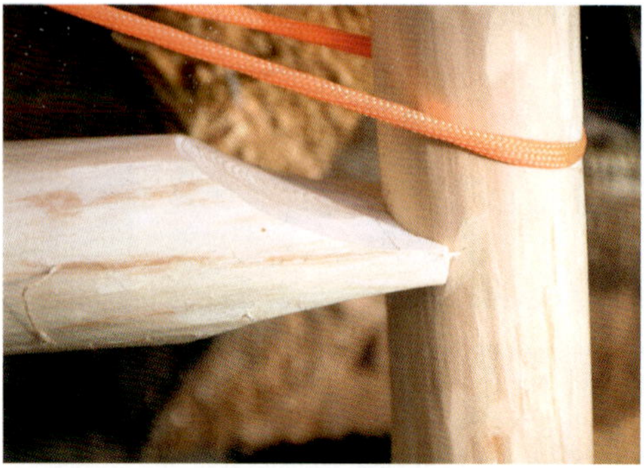

Detailansicht der Holzverbindung der improvisierten Säge

Klemmen Sie das Sägeblatt in die vorbereiteten Schlitze. Befestigen Sie die Knebel in den Bohrungen des Sägeblattes, um es unter Spannung im Holzrahmen zu fixieren. Fügen Sie die Querstrebe mittig zwischen den vertikalen Streben ein. Knoten Sie die beiden Schnüre zu je einer Schlinge zusammen und legen Sie die Schlingen diagonal über die vertikalen Streben, sodass sie eine kreuzförmige Anordnung haben. Es ist wichtig, dass Sie die Schlingen hintereinanderlegen und nicht die eine Schlinge durch die andere geführt wird. Dann verwinden Sie mit den kurzen Stöckchen die Schnurschlingen, bis die gesamte Säge gespannt ist. Gehen Sie dabei behutsam vor und spannen Sie die beiden Schlingen gleichmäßig. Sollten die Schnurschlingen am Holz rutschen, können Sie zur besseren Fixierung an den vertikalen Streben kleine Kerben einfügen.

Feuer

Im Winter können verschiedene Methoden verwendet werden, um ein Feuer zu entzünden. Ich nutze sowohl **Streichhölzer, Feuerzeug und Feuerstahl**. Die Möglichkeit, im Winter ein wärmendes Feuer zu entzünden, ist so essentiell, dass ich mehrere dieser Werkzeuge mitnehme und in meinem Gepäck und den Taschen meiner Bekleidung verteilt habe. So habe ich Ersatz, falls eines verloren geht.

Als Streichhölzer wähle ich **wasserfest beschichtete Sturmstreichhölzer**, die ich in einem dicht verschraubten Behälter aufbewahre. Diese Streichhölzer haben einen langen Brennkopf, der auch bei starkem Wind nicht ausgeblasen wird.

Einfache **Einwegfeuerzeuge** sind zuverlässige Feuerstarter in der Wildnis, wenn man sie wasserdicht und warm aufbewahrt. Ich versehe meine Feuerzeuge mit einer Schnur, damit ich sie geschützt und warm unter meiner Bekleidung um den Hals tragen kann. So sind sie auch bei kältesten Temperaturen einsatzbereit. Wenn man einfache Gasfeuerzeuge nicht warm hält, verlieren sie schon bei Temperaturen um den Gefrierpunkt ihre Funktion.

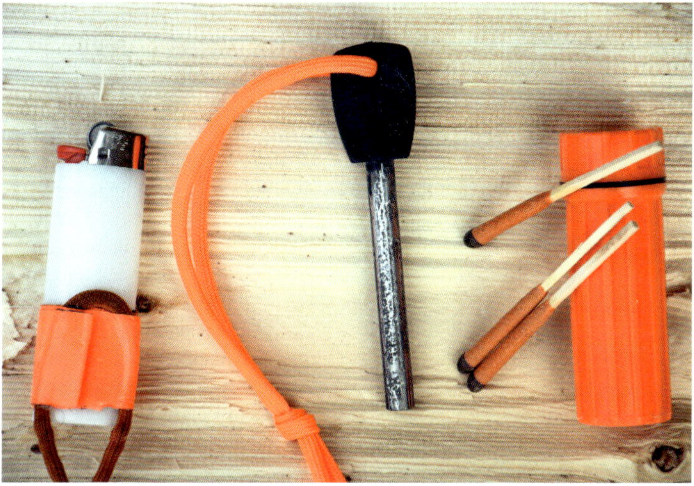

Ein einfaches Einwegfeuerzeug, ein Feuerstahl und Sturmstreichhölzer in einer wasserdichten Verpackung sollten immer dabei sein

Als weitere Option nutze ich einen **Feuerstahl**. Dabei handelt es sich um einen sogenannten Mischmetallstab, der heiße Funken erzeugt, wenn man mit der scharfen Kante eines Schabers oder dem Rücken eines Messers darüberkratzt. Diese Funken können feinen Zunder zum Brennen bringen. Es Bedarf zwar etwas Übung, um mit einem Feuerstahl ein Feuer zu entzünden, wenn man diese Methode jedoch beherrscht, ist sie sehr zuverlässig, da ein Feuerstahl auch funktioniert, wenn es sehr kalt ist oder der Stab nass geworden ist.

Kerzen können im winterlichen Notfall gleich mehrfachen Nutzen bieten. Sie können bei entsprechenden Vorsichtsmaßnahmen beim Winterbiwak in der Schneehöhle oder im gestrandeten Auto als Licht- und Wärmequelle dienen. Man kann sogar über einer Kerze tassenweise Schnee schmelzen und in trinkbares Wasser verwandeln. Das ist besonders in alpinen Regionen oder in der nordischen Tundra von Nutzen, wo Sie eventuell Schwierigkeiten haben, ausreichend Feuerholz zu finden. Sie können auch Ihrem Zunder stückchenweise Wachs zugeben und so beim Feuerstarten und schwierigen Bedingungen helfen.

Der große Vorteil von Kerzen ist, dass sie aus einem festen Brennstoff bestehen und dadurch einfach und sicher transportiert werden können. Im Vergleich zu flüssigen Brennstoffen können Kerzen nicht auslaufen oder gefährlich explosionsartig in Flammen aufgehen.

Dennoch muss man natürlich extrem vorsichtig sein, wenn man Kerzen mit ihrer offenen Flamme im Inneren einer Behausung verwenden will. Eine umgestürzte Kerze kann natürlich extrem gefährlich werden, wenn sie schnell entflammbare Kunstfaserstoffe entfacht.

Kerzen verbrauchen Sauerstoff in Ihrer Behausung und können Schadstoffe abgeben. Besonders gefärbte und mit Duftstoffen versehene Kerzen sollten gemieden werden. Ich nutze für mein Survivalkit reine **Bienenwachskerzen**, die bei diversen Tests als am wenigsten schädlich abgeschnitten haben und mit einer langen Brenndauer aufwarten. Am besten wählen Sie eine Kerze, die sich in einer breiten und verschließbaren Dose befindet. So ist die Kerze beim Abbrennen am besten vorm Umfallen geschützt. Es gibt spezielle Notfallkerzen, die mit mehreren Dochten ausgestattet sind, damit sie je nach Umständen mehr Wärme produzieren können (Verwendung aller drei Dochte) oder die Brenndauer verlängern können (nur einen Docht nutzen). Manche dieser Notfallkerzen werden in einer Dose angeboten, auf die man eine Tasse oder einem kleinen Topf stellen kann, um Schnee zum Trinken zu schmelzen.

Sie können auch Ihre eigene Notfallkerze herstellen. Ich habe meine Kerzen in Blechdosen gegossen, die sich für den Transport mit einem Deckel verschließen lassen.

Achtung: Lassen Sie Kerzen niemals unbeaufsichtigt brennen. Schlafen Sie nicht mit einer brennenden Kerze ein! Es besteht Lebensgefahr, wenn die offene Flamme ein Feuer verursacht. Achten Sie außerdem auf ausreichende Belüftung!

Wetter- und Kälteschutz

Den Körper warm zu halten, ist eine der wichtigsten Aufgaben während eines Notfalls im Winter. Bekleidung ist dabei besonders wichtig. Aber wenn Sie an einem Ort ausharren, gibt es keinen besseren Schutz vor Kälte als einen guten **Schlafsack**. Ein Feuer kann natürlich aktiv Wärme spenden, aber Sie müssen erst Energie aufwenden, um Feuerholz heranzuschaffen. Ein Schlafsack kann ausgerollt und sofort benutzt werden, um einen weiteren Wärmeverlust zu verhindern.

Die meisten Menschen packen einen Schlafsack nur ein, wenn Sie sich auf Übernachtungstouren begeben. Bei extremer Kälte oder in sehr abgeschiedenen Regionen kann es aber durchaus auch auf Tagestouren sinnvoll sein, den Schlafsack für Notfälle einzupacken. Vermutlich wird man auf das zusätzliche Gewicht verzichten, wenn man auf einer einfachen Tageswanderung mit besonders leichtem Gepäck unterwegs ist.

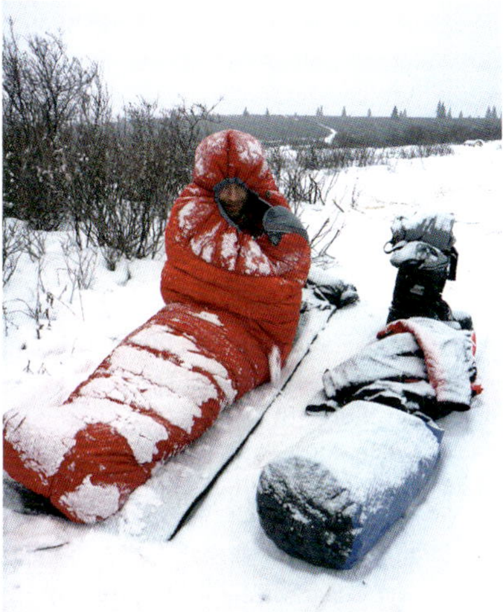

Ein Winterschlafsack ist nicht nur für geplante Übernachtungen ein essentieller Ausrüstungsgegenstand. In Notfällen bietet ein gut isolierender Schlafsack zusätzliche Sicherheit.

Aber auf Hundeschlittentouren, Ausflügen mit dem Motorschlitten und auch langen Fahrten mit dem Auto, also Touren, bei denen es nicht auf jedes Gramm ankommt, habe ich oft schon einen Schlafsack für Notfälle eingepackt.

Wenn Sie im Winter bei frostigen Minusgraden im Freien warm und sicher übernachten wollen, sollten Sie beim Schlafsack nicht sparen. Ein guter Winterschlafsack ist eine Investition für Jahre.

Bei der Isolierung des Schlafsacks haben Sie die Wahl zwischen dem Naturmaterial Daune und synthetischen Fasern. **Daunenschlafsäcke** sind bei gleichem Isolationsvermögen leichter und kleiner zu verpacken. Außerdem haben sie bei entsprechender Pflege und Aufbewahrung eine wesentlich höhere Lebensdauer. Daunenschlafsäcke sind allerdings empfindlicher gegen Feuchtigkeit. Ein weiterer Nachteil sind die hohen Anschaffungskosten eines hochwertigen Daunenschlafsacks.

Der größte Vorteil von **Kunstfaserschlafsäcken** liegt bei einem günstigeren Anschaffungspreis und einer erhöhten Leistungsfähigkeit unter feuchten Bedingungen. Dafür sind sie jedoch schwerer, voluminöser und verlieren meist bereits nach ein paar Jahren deutlich an Isolationsleistung.

Kaufen Sie einen Schlafsack, der wirklich warm genug ist und einen dem Einsatz angepassten **Temperaturbereich** hat. Wenn Sie Temperaturen von -20 °C auf Ihrer Tour erwarten, sollten Sie nicht nur einen Schlafsack einpacken, der vom Hersteller für Temperaturen bis -20 °C beworben wird. Nehmen Sie einen Schlafsack, der für -30 °C oder sogar -40 °C eingestuft ist. Wenn die Lufttemperatur wirklich richtig kalt ist, gibt es einen zu warmen Schlafsack eigentlich nicht. Und falls es zu unerwarteten Kälteeinbrüchen kommt oder wenn durch Feuchtigkeit die Leistungsfähigkeit der Füllung reduziert ist, werden Sie für dieses Sicherheitspolster sicherlich dankbar sein.

Bei einem Schlafsack für extreme Minusgrade ist es auch wichtig, dass die **Ausstattungsdetails ausgefeilt** sind. Sonst kommt es schnell zu Kältebrücken und es wird kalt im Schlafsack.

Die **Kapuze** muss gut sitzen und auch noch über eine dicke Mütze passen. Oberhalb der Schultern braucht es einen dick gefüllten **Wärmekragen**, der sich dicht um den Hals verschließen lässt. Dieser Kragen verhindert, dass bei Bewegungen die warme Luft aus dem Inneren des Schlafsacks oben herausgedrückt wird. Gut finde ich es, wenn im Wärmekragen eine **kleine, verschließbare Tasche** eingenäht ist. Darin kann ich meine Armbanduhr mit Weckerfunktion unterbringen. Aber auch Medikamente oder Kontaktlinsenbehälter, die nicht gefrieren dürfen, können hier verstaut werden.

Ich bevorzuge **Seitenreißverschlüsse** gegenüber den (oft sehr kurzen) mittig angebrachten Topreißverschlüssen. So kann ich meinen dicken Winterschlafsack aufmachen und bei Hüttenübernachtungen als Decke nutzen, wenn es zu warm wird.

Als **Außenbezug** sollten beim Winterschlafsack vor allem stark wasserabweisende oder sogar **wasserdichte Stoffe** verwendet werden, um die Füllung vor Feuchtigkeit zu schützen. Als **Innenstoff** wird meist ein feines, aber stabiles und schnell trocknendes Nylongewebe verwendet. Bei manchen Schlafsäcken wird auch im Kopfbereich ein wasserdichtes Gewebe als Innenfutter verwendet. Dadurch wird in der Kapuze die isolierende Füllung vor Atemfeuchtigkeit geschützt.

Wie bei der Bekleidung kann die Farbwahl des Schlafsacks im Notfall eine wichtige Rolle spielen. **Leuchtende Signalfarben** wie ein grelles Gelb oder Orange sind bei entsprechenden Bedingungen im Schnee weit zu sehen. Für den Innenbezug bevorzuge ich jedoch eher schwarz. Zum einen ist ein dunkler Innenbezug weniger schmutzempfindlich. Zum anderen wärmt sich der schwarze Stoff in der Sonne schneller auf, was beim Trocknen des umgekrempelten Schlafsacks an einem milden Wintertag hilft.

Wer die finanziellen Mittel für einen teuren Winterschlafsack nicht aufbringen kann oder möchte, muss nicht gleich auf Wintertouren verzichten. Man kann auch **zwei Schlafsäcke mittlerer Isolation kombinieren** und sich so gegen knackige Temperaturen wappnen. Ich hatte auf meinen ersten Wintertouren zwei Schlafsäcke dabei, die jeweils bis etwa -5 °C geeignet waren. Mit dieser Kombination bin ich auch bei -35 °C noch gut klargekommen. Allerdings ist so eine Lösung natürlich viel schwerer und auch voluminöser als ein richtiger Winterschlafsack.

Eine gute **Isomatte** verhindert Wärmeverlust durch Wärmeleitung, bei der wertvolle Energie vom Körper an den kalten Untergrund abgegeben wird.

Im Winter empfehle ich einfache **Schaumstoffisomatten**. Sie sind zwar nicht so bequem wie moderne, aufblasbare Isomatten, aber wesentlich unempfindlicher.

Ich nutze auf Wintertouren oft zwei oder sogar drei Matten, um die nötige Isolierung zu erreichen. Meine Favoriten sind dabei **faltbare Schaumstoffmatten**. Sie lassen sich klein verpacken und trotz extremer Kälte gut ausbreiten. Der Schaumstoff wird bei extremen Temperaturen so steif, dass sich die gerollten Schaumstoffmatten kaum ausrollen lassen.

Neben den Schaumstoffmatten gibt es auch verschiedene **aufblasbare Matten**, die wesentlich komfortabler sind. Aber sie haben auch ein paar Nachteile.

Gänzlich abraten möchte ich für den Wintereinsatz von Matten, die man mit dem Mund aufpusten muss. Es ist mir schon öfter passiert, dass ich einfach keine Kraft aufbringen konnte, die Matte mit dem Mund aufzublasen, weil meine Wangen einfach zu kalt waren. Außerdem bringt man durch den eigenen Atem Feuchtigkeit in die Matte, die dann gefriert und die Isolationsleistung reduziert.

Eine sicherlich bessere Lösung sind Matten, die mit einem Blasebalg (manchmal im Packsack integriert) aufgepumpt werden können. Einige dieser Matten sind mit Kunstfasern oder sogar Daunen gefüllt, um eine entsprechende Isolierung für den Wintereinsatz zu erreichen.

Ein stabiles Zelt bietet in einer unwirtlichen Gegend und bei extremem Wetter ein schützendes Refugium

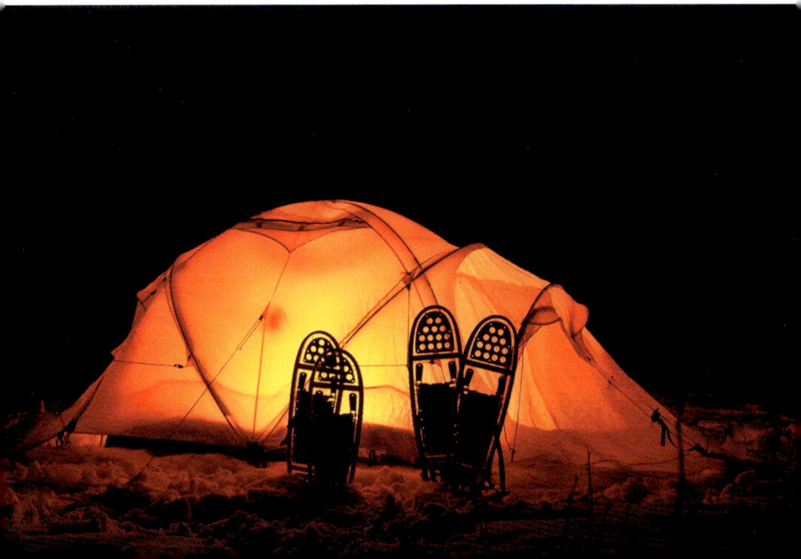

Aber solche Matten sind empfindlich. Wenn Löcher entstehen oder verschweißte Nähte aufgehen, ist es auch um die Isolierung der Matte geschehen. Bei knackigen Minusgraden ist es kaum möglich, die Matte unterwegs vernünftig wieder zu reparieren. Deshalb würde ich solche Matten immer nur in Kombination mit einer Schaumstoffmatte verwenden. Wenn die aufblasbare Matte versagt, hat man dann wenigstens noch die zuverlässige Schaumstoffmatte.

Ein **Zelt** bietet Schutz vor Wind und Schneefall. Im Idealfall hält es auch ein wenig der abgestrahlten Wärme seiner Bewohnerinnen und Bewohner und ist dadurch ein paar Grad wärmer als die Umgebung.

Auf einer herausfordernden Expedition in einer unwirtlichen Umgebung empfinde ich ein Zelt wie ein kleines Refugium, in dem ich auch meiner Psyche mal eine Pause gönnen kann.

Besonders in den baumlosen Regionen wie etwa in arktischen oder antarktischen Gebieten, den subarktischen Tundren oder alpinen Gebirgszügen kommen oft **unbeheizte Expeditionszelte** moderner Bauart aus dem Bergsportbereich zum Einsatz. Meist werden Tunnel- oder geodätische Kuppelzeltvarianten gewählt, da sie besonders sturmstabil sind und der zusätzlichen Schneelast standhalten können.

Solche expeditionstauglichen Zelte werden auch oft als Vier-Jahreszeiten-Zelte (4JZ) bezeichnet und weisen meist besondere Merkmale auf, die sich beim Wintereinsatz bewährt haben:

- stabilere Zeltstoffe für den extremen Einsatz bei Wind und Schnee
- stärkere Zeltstangen aus Aluminium für zusätzliche Stabilität
- zwei Eingänge, die sowohl für eine bessere Belüftung sorgen, aber auch eine Alternative bieten, falls ein Eingang im Schneesturm nicht nutzbar ist
- großzügige Belüftungsmöglichkeiten, die jedoch im Falle eines Schneesturms auch vollständig verschließbar sind
- ausreichend Platz im Inneren, damit die Außenwände nicht mit dem Schlafsack berührt werden, da sonst Kondensfeuchtigkeit die Schlafsäcke durchnässen kann
- genug Platz in den Apsiden, um alles Gepäck sicher verstauen und – unter entsprechenden Vorsichtsmaßnahmen – bei schlechten Wetterbedingungen kochen zu können

Neben den modernen Expeditionszelten kommen im Winter auch größere **beheizbare Zelte** in Tipi- oder Pyramidenform oder auch in einer klassischen Firstzeltkonstruktion zum Einsatz. Oft werden diese Modelle aus einem atmungsaktiven Baumwollstoff oder einem Baumwoll-Polyester-Mischgewebe hergestellt. Beheizt werden diese Zelte meist mit einem kleinen **transportablen Holzofen**.

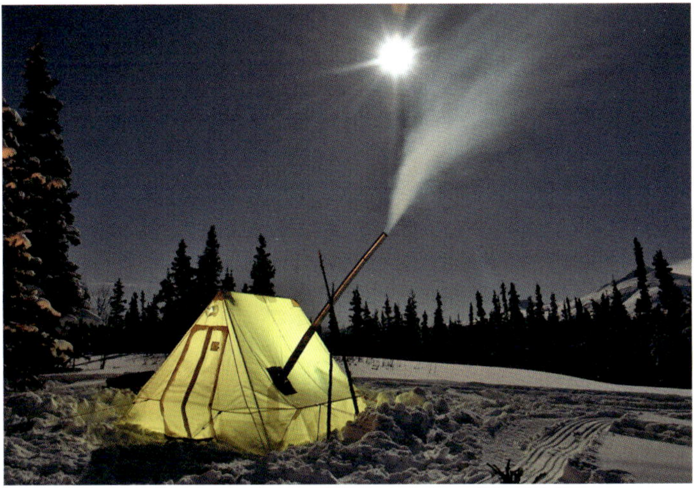

Beheizte Winterzelte mit Holzofen sind extrem komfortabel und bieten eine Gelegenheit, sich aufzuwärmen und nasse Bekleidung zu trocknen

Da man dafür natürlich entsprechenden Brennstoff benötigt, werden Zelte mit Holzofen vor allem in den bewaldeten Regionen genutzt. Für baumlose Regionen gibt es auch transportable Ölheizungen.

Solche Zelte mit Ofen sind natürlich für Rucksackwanderinnen und -wanderer zu schwer und voluminös und werden normalerweise auf Schlitten gezogen. In einem Basislager bieten sie jedoch enormen Komfort und in einem Notfall ein warmes und sicheres Refugium, etwa zur Behandlung von unterkühlten Personen.

Besonders im Bergsportbereich sind leichte **Biwaksäcke** als Unterschlupf im Notfall echte Lebensretter. Sie bieten Schutz vor Wind und Niederschlag und halten im Inneren eine Schicht warme Luft.

Es gibt Biwaksäcke in verschiedenen Größen, je nachdem wie viele Personen darin Schutz finden sollen. Ich benutze am liebsten einen Biwaksack von rechteckigem Schnitt mit genug Raum für zwei Personen. Darin habe ich allein so viel Platz, dass ich mich bequem umziehen kann. Ich kann auch noch ein oder zwei Schlittenhunde mit hineinnehmen oder im Notfall, wenn es ganz hart kommt, würden auch zwei weitere Personen Platz finden.

Bei geplanten Winterbiwaks wird häufig ein isolierender Schlafsack im Inneren des Biwaksacks verwendet. Auch dafür muss der Biwaksack entsprechend groß dimensioniert sein.

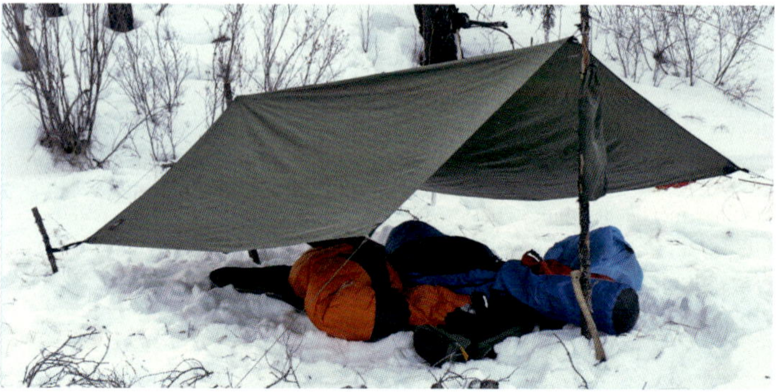

Zeltplanen (Tarps) sind vielfältig einsetzbar und können als Schutz vor Wind und Schneefall aufgespannt werden

Ein Biwaksack sollte aus einem wasserdichten und winddichten, aber atmungsaktiven Material bestehen. So bleibt das Wetter draußen und Kondensfeuchtigkeit kann zumindest teilweise entweichen.

Manche Modelle stellen eine Mischung aus Biwaksack und Zelt dar und haben einen Gestängebogen über dem Kopf, um hier mehr Platz und Komfort zu bieten. Natürlich sind solche Biwaksäcke schwerer und voluminöser im Packmaß.

Besonders in bewaldeten Regionen stellen **Zeltplanen (Tarps)** eine tolle Alternative als Winterunterschlupf dar. Sie sind leicht und können vielseitig aufgespannt werden. Sie können vor der Tarpunterkunft ein wärmendes Feuer entfachen und im Schutz der Plane die Nacht verbringen.

Ich benutze am liebsten Polyesterplanen, da sie weniger funkenempfindlich sind als die leichteren Varianten aus silikonbeschichtetem Nylon und sich das Polyestergewebe in feuchtem Zustand weniger dehnt und verzieht.

Für zwei bis drei Personen reicht in der Regel eine Plane von etwa 3 x 4 m.

Neben den aufgezählten Gegenständen für das Lagern und Übernachten im Winter gibt es auch einige kleine Hilfsmittel, die einem helfen können, warm zu bleiben.

Handwärmer sind kleine, handliche Heizquellen, die Sie nutzen können, um Ihre Finger warm zu halten beziehungsweise wieder aufzuwärmen. Sie passen in die Fäustlinge oder Handschuhe und können dort die kalten und steifen Glieder wieder funktionsfähig bekommen. Sie können außerdem als Wärmequellen für die Behandlung von unterkühlten Personen in einer Wärmepackung dienen. Sie sollten Ihre Handwärmer jedoch niemals zum Auftauen von erfrorenem Gewebe benutzen.

Im Handel werden verschiedene Ausführungen von Handwärmern angeboten.

Weit verbreitet sind sogenannte **Latentwärmespeicher**. Sie sind mit einem Gel gefüllt, in dem ein kleines Metallplättchen schwimmt. Knickt man das Plättchen, wird eine chemische Reaktion in Gang gesetzt, die Wärme abgibt. Meist reicht die Wärme nur für etwa 20-40 Minuten und die abgegebene Energie reicht bei extremen Temperaturen kaum aus, um die Hände zu wärmen. Der Vorteil dieser Handwärmer ist allerdings, dass man sie in heißem Wasser wieder reaktivieren und dann wiederverwenden kann.

Handwärmer, die mit **Kohlestäbchen** betrieben werden, geben für mehrere Stunden zuverlässig Wärme ab. Man zündet einen speziellen Kohlestab an und lässt ihn im Inneren einer feuerfesten und isolierten Dose glühen. Ersatzkohlestäbchen gibt es im Outdoorhandel zu kaufen. Allerdings stinken diese Handwärmer stark nach Rauch.

Handwärmer, die **Benzin** verbrennen, sind ebenfalls sehr effektiv und produzieren Wärme für mehrere Stunden, geben dabei allerdings einen Benzingeruch ab.

Elektrische Handwärmer sind einfach zu bedienen, müssen jedoch regelmäßig nach nur wenigen Stunden im Einsatz wieder aufgeladen werden. Auf Tagestouren ist das meist kein Problem, aber auf längeren Wildnisexpeditionen ist das kaum möglich.

Einweghandwärmer, sogenannte **Aktivkohlewärmer**, die durch einen Oxidationsprozess Wärme produzieren, sind leicht und einfach zu bedienen. Allerdings handelt es sich um Einwegprodukte und dadurch produziert eine regelmäßige Verwendung erhebliche Mengen Müll. Ich nutze diese Handwärmer für Notfälle, da sie klein zu verpacken sind, schnell und zuverlässig Wärme abgeben und über Stunden warm halten.

Neben den erwähnten Handwärmern gibt es auch spezielle Fußwärmer, die zwischen Socken und Schuhen platziert werden und so für warme Zehen sorgen können. Hier wird meistens auf **elektrische Einlegesohlen** oder auf **Aktivkohlewärmer** zurückgegriffen.

Wasser und Nahrungszubereitung

Schnee zu schmelzen und Wasser für heiße Getränke und warme Mahlzeiten aufbereiten zu können, ist wichtig für das Überleben im Winter. Ein einfaches Gefäß aus Metall sollte deshalb in keiner Survivalausrüstung fehlen.

Man kann gut ein Survivalkit in einen **verschließbaren Topf** packen. So haben Sie eine stabile Verpackung für Ihre Ausrüstung, die gleichzeitig als Kochgeschirr dient.

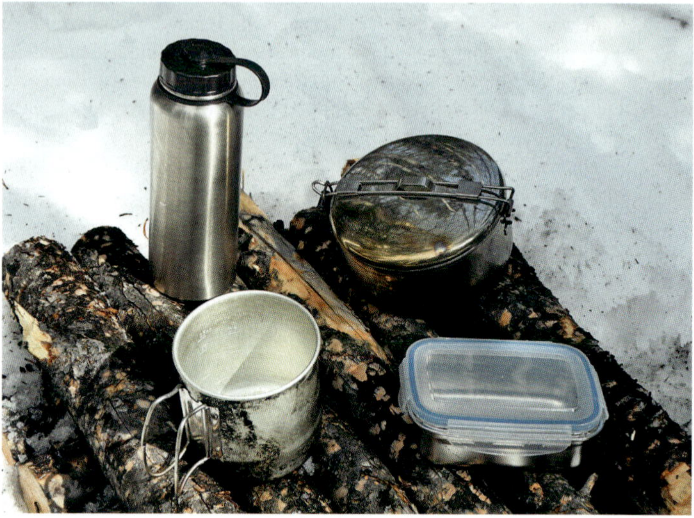

Ein Topf ist im Winter unverzichtbar, um Schnee zu schmelzen und heiße Getränke zubereiten zu können. Im Notfall kann man sich auch mit anderen (nicht isolierten) Metallbehältern aus dem Gepäck behelfen (zum Beispiel Trinkflaschen, Tassen, Brotdosen).

Besonders praktisch finde ich **Töpfe mit einem Bügel**, die man nicht nur auf eine Hitzequelle stellen, sondern eben auch in ein Feuer hängen kann. Außerdem ist es leichter, mit so einem Topf Wasser aus einem offenen Eisloch zu schöpfen. Wenn das Eis eines Gewässers an der offenen Kante zu dünn und dadurch unsicher ist, kann man den Topf mit Bügel gesichert an einem Ast oder mit einem Seil ins Wasser lassen und so kostbares Trinkwasser schöpfen.

Wenn ich plane, größere Mengen Schnee zu schmelzen oder richtig zu kochen, nehme ich einen Topf mit **mindestens 2 l Volumen** mit. Für jede weitere Person in meiner Gruppe erhöhe ich das Topfvolumen um mindestens 1 l.

In meinem kleinen Survivalkit, das auch in meine Hosentasche passt, habe ich nur einen kleinen **Metallbecher** dabei, mit der ich mir am Feuer wenigstens kleinere Mengen heißes Wasser zubereiten kann.

Alternativ kann man auch Metallbehälter für andere Zwecke in den Rucksack packen, die dann **im Notfall als Kochbehältnis** verwendet werden können, so zum Beispiel eine einwandige **Edelstahltrinkflasche** oder eine **Brotbüchse** aus Metall für die Tagesverpflegung.

In bewaldeten Gebieten kann man zum Kochen und Schneeschmelzen Holz als Brennstoff nutzen. Aber dort, wo keine natürlichen Brennstoffe zur Verfügung stehen, ist ein **Kocher** ein lebenswichtiges Hilfsmittel. Dabei ist besonders an alpine Gebirgszüge, die baumlosen Tundrengebiete des hohen Nordens und die vegetationsfreien Bereiche von Arktis und Antarktis zu denken.

Aber auch im Wald kann ein Kocher eine wertvolle Hilfe sein, wenn es darum geht, schnell Wasser heiß zu machen, oder Sie verletzungsbedingt nicht in der Lage sind, noch Feuerholz zu sammeln.

Wenn Sie sich für die Mitnahme eines Kochers entscheiden, denken Sie daran, dass nicht alle Brennstoffe gleich gut für den Einsatz im Winter geeignet sind.

Die häufig im Sommer verwendeten **Gaskartuschen** mit einer Mischung aus Butan und Propan geben meist schon bei geringen Minusgraden auf und müssen dann aufwendig warm gehalten werden, damit sie überhaupt noch funktionieren.

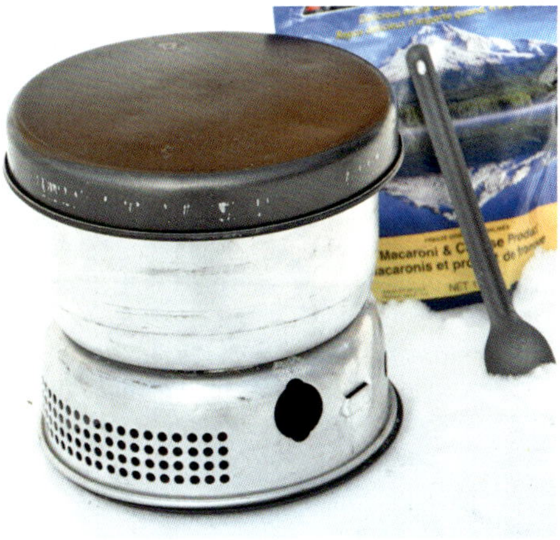

Ein Spiritus-Sturmkocher funktioniert im Winter zuverlässig, ist jedoch langsam im Vergleich zu Kochern mit anderen Brennstoffen

Spirituskocher, wie sie in Skandinavien viel benutzt werden, sind sehr robust und funktionieren auch im Winter zuverlässig. Allerdings hat Brennspiritus im Vergleich zu anderen Brennstoffen keine besonders hohe Heizleistung und es dauert daher meist recht lange, bis Schnee geschmolzen ist und das Wasser kocht. In Sturmkochersystemen kann Spiritus dennoch eine gute Alternative auf Winterexpeditionen darstellen.

Kocher, die mit **Benzin** betrieben werden, sind auf Wintertouren eine verbreitete Lösung. Sie sind sehr effizient und erzeugen schnell eine enorme Hitze unter dem Topf. Moderne Benzinkocher bestehen meist aus einer Brennstoffflasche, die mit einer Benzinpumpe bestückt wird. Von der Pumpe wird der Brennstoff über eine Zuleitung durch den Vergaser an die Düse im eigentlichen Brenner geführt.

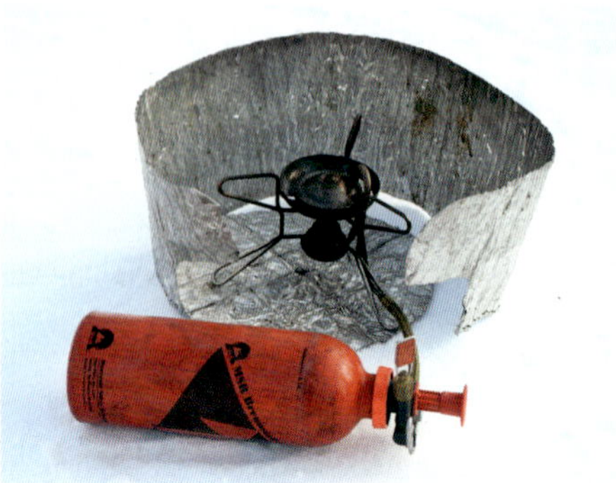

Benzinkocher sind im Winter die effizienteste Lösung

Bedingt durch den komplizierten Aufbau sind diese Kocher etwas empfindlicher und wartungsbedürftig. Unsauberer Brennstoff kann dazu führen, dass Düsen und Brennstoffleitungen verstopfen. Ich habe auf Wintertouren erlebt, dass Plastikteile der Pumpen brechen und spröde Dichtungen geplatzt sind. An einem brennenden Kocher kann unter Druck austretendes Benzin katastrophale Feuer auslösen! Auf einer Tour im Norden Schwedens führte eine gerissene Dichtung zwischen Pumpe und Benzinflasche fast zum Brand einer Schutzhütte, vor dessen Eingang unser Kocher plötzlich brennendes Benzin versprühte. Warten Sie deshalb regelmäßig Benzinkocher und Brennstoffpumpen! Tauschen Sie alte Dichtungen aus und fetten Sie das Pumpenleder. Ich nehme auf längeren Expeditionen inzwischen Ersatzdichtungen und manchmal sogar eine weitere Ersatzpumpe mit, denn in Gebieten ohne Feuerholz muss ich mich im Winter hundertprozentig darauf verlassen können, dass der Kocher funktioniert.

Isolierte Trinkflaschen erlauben den mittelfristigen Transport heißer Getränke und Suppen

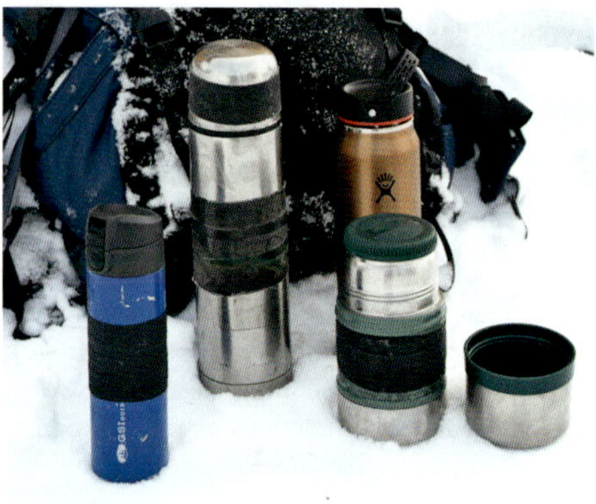

Eine **isolierte Trinkflasche** mit warmem Tee, heißer Schokolade oder einer kräftigen Brühe ist bei eisigen Temperaturen nicht bloß angenehmer Luxus! Ein warmer Schluck eines süßen oder fetthaltigen Getränks wärmt den unterkühlten Körperkern wieder auf, versorgt Sie mit wichtiger Flüssigkeit und ein paar zusätzlichen Kalorien.

Die meisten isolierten Flaschen bestehen aus einer doppelwandigen Edelstahlkonstruktion. Meist herrscht zwischen den beiden Stahlwänden ein Vakuum, das der Isolation dient, aber es kommen teilweise auch Dämmstoffe zum Einsatz. Testen Sie Ihre Flasche vor dem Einsatz! Wenn Sie die Flasche mit heißem Wasser befüllen und die Außenwand warm wird, ist es Zeit, eine neue Flasche anzuschaffen. Das ist ein sicheres Zeichen, dass die Isolation nicht mehr funktioniert.

Schenken Sie dem Deckel der Kanne besondere Aufmerksamkeit. Es gibt eine Vielzahl verschiedener Deckelsysteme, die mit Druck auf einen Knopf zu öffnen sind, was den Ausguss vereinfachen sollen. Solche Deckel sind in der Regel recht anfällig, werden oft schneller undicht, sind teils nur schwer auf Tour zu reinigen und frieren leichter ein. Ich bevorzuge die ganz simplen Schraubdeckel.

Achten Sie darauf, dass der Deckel gut isoliert ist. Es hilft nicht viel, wenn die Flasche Ihre Getränke hervorragend warm hält, aber die gesamte Wärme durch den Deckel entweicht. Manche Deckel sind einfach hohl und ich habe mir schon mal beholfen, indem ich von oben ein Loch in den Deckel gebohrt und den Hohlraum mit isolierendem Sprühschaum ausgefüllt habe.

Es gibt einige isolierte Flaschen, bei denen der Deckel von außen auf die Kanne aufgeschraubt wird. Leider kann das Außengewinde der Flasche leicht einfrieren. Dann ist es kaum mehr möglich, die Flasche wieder aufzubekommen. Man kann das Problem reduzieren, indem man vor dem Zuschrauben eine dünne Plastikfolie (zum Beispiel von einem alten Plastikbeutel) zwischen Flasche und Deckel platziert. Dadurch können Deckel und Flasche nicht aneinander festfrieren.

Gerne nutze ich Flaschen, die eine zusätzlich aufschraubbare Tasse haben, die als Trinkgefäß dient. Diese Tasse isoliert den Deckelbereich zusätzlich und kann im Notfall als behelfsmäßiger Topf zum Schneeschmelzen genutzt werden, wenn man die innere Plastikwand entfernen kann.

Viele Flaschen sind von außen sehr rutschig und ich habe schon ein paar Mal wertvolle Flüssigkeit verschüttet, weil mir eine Kanne aus den Handschuhen geglitten ist. Um die Flaschen griffiger zu machen, habe ich meine Kannen und die Trinkbecher von außen mit einer Lage Textilklebeband versehen, wie es beim Eishockey für die Umwicklung der Schläger verwendet wird.

In der Survivalausrüstung kann man auch Hilfsmittel unterbringen, um im Notfall tierische Nahrung in der Wildnis zu fangen. Um Schlingen für den Fang von Tieren legen zu können, habe ich immer mehrere Meter **Messing- oder Edelstahldraht** in verschiedenen Stärken dabei. Das Kapitel „Tierische Notnahrung im Winter" (☞ Seite 214) geht näher auf den Fallenbau und die erforderlichen Drahtdurchmesser ein, die je nach Beutetier variieren.

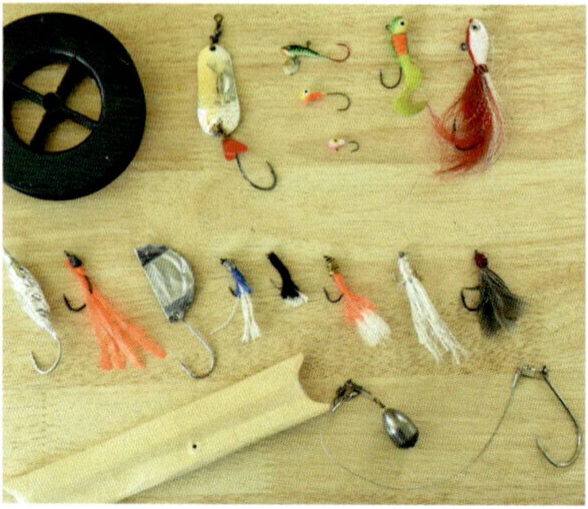

Eine einfache Angelausrüstung reicht zum Eisangeln mit der Handleine völlig aus. In der oberen Reihe sind mehrere geeignete Kunstköder zu sehen, darunter improvisierte Köder, die im Rahmen eines Survivaltrainings erfolgreich getestet wurden.

Zum **Eisangeln** braucht man nur wenige Hilfsmittel, da man die Schnur nicht auswerfen muss, sondern am Eisloch einfach nach unten lassen kann. Eine einfache Spule mit Angelschnur, ein paar Haken, ein paar leichte und mittlere Gewichte und eine kleine Auswahl an Kunstködern (Gummiwürmer, Blinker, Spinner) reichen völlig aus.

Im Winter benutze ich am liebsten eine monofile Angelschnur, da sie (im Gegensatz zur geflochtenen Schnur) kein Wasser aufnimmt, was dann gefriert und die Schnur versteift.

Sonstige Ausrüstung

Im Winter sind die Tage kürzer und die hellen Stunden sind kostbar, wenn es darum geht, entweder vorwärtszukommen oder ein Lager aufzubauen oder Ressourcen wie etwa Feuerholz heranzuschaffen. Eine helle **Stirnlampe** kann helfen, diese kurze Phase möglicher Aktivität zu verlängern. Mit einer effizienten Lichtquelle können Sie auch nach Sonnenuntergang noch in leichtem und sicherem Gelände unterwegs sein, einen Unterstand zimmern, den Zunder für das wärmende Feuer aufbereiten oder die Ausrüstung für den nächsten Morgen vorbereiten. Des Weiteren ist eine starke Lichtquelle ein prima Notsignal, mit dem Sie auf sich aufmerksam machen können.

Ich ziehe Stirnlampen den herkömmlichen Taschenlampen vor, da ich durch das Kopfband meine Hände für andere wichtige Arbeiten frei halte.

Bei mir kommen vor allem zwei Arten von Stirnlampen zum Einsatz. Meist benutze ich kleine und leichte Modelle, die ich problemlos in den Taschen von Jacke oder Hose unterbringen kann. Diese kleine Lampe benutze ich im Lager oder auf einfachen Wanderungen, wo ich mich nicht groß im Gelände orientieren muss. Die Leuchtkraft einer solchen Lampe beschränkt sich eher auf die nächsten 10-30 m.

Für Aktivitäten, die eine stärkere Leuchtkraft benötigen, kommt ein größeres Modell mit einer Leuchtkraft von bis zu 1.000 Lumen zum Einsatz. Mit dieser Lampe kann ich mich auch noch bei Dunkelheit einigermaßen im Gelände orientieren.

Ich bevorzuge hier Modelle, die ein externes Batteriefach haben, das entweder am Hinterkopf befestigt ist oder abnehmbar und über ein langes Kabel mit der Lampe verbunden ist. So wird die Batterie in der Wärmer unter meiner Kapuze oder sogar im Inneren meiner Bekleidung warm gehalten. Das hat bei großer Kälte erhebliche Auswirkung auf die Lebensdauer der Batterien.

Als Batterien nutze ich auf kürzeren Touren wieder aufladbare Lithiumakkus, um so gut es geht Müll zu vermeiden. Für längere Touren und unerwartete Notfälle habe ich zusätzliche Lithiumbatterien dabei.

Die meisten elektronischen Geräte, die ich im Winter mit auf Tour nehme, haben **aufladbare Akkus**, können im Notfall aber zusätzlich auch mit herkömmlichen **AA- oder AAA-Batterien** betrieben werden. Besonders für Geräte zur Kommunikation, Navigation (GPS) oder als Lichtquelle (Stirnlampe) halte ich das für wichtig.

Lithiumbatterien sind zwar erheblich teurer als herkömmliche Alkalinebatterien, bleiben aber auch bei extremen Minusgraden noch leistungsfähig und haben insgesamt eine längere Nutzdauer.

Manche Geräte haben keine austauschbaren Batterien und müssen unterwegs wieder aufgeladen werden. Dafür benötigen Sie eine **externe Powerbank**. Wärmen Sie sowohl den Akku im Gerät als auch die Powerbank vor dem Ladevorgang im Schlafsack oder unter der Jacke auf!

Um im Ernstfall Hilfe herbeizuholen, gibt es verschiedene Möglichkeiten der **Notfallkommunikation**. Auch in Gebieten mit Netzabdeckung sind **Mobiltelefone** im Winter oft nur eingeschränkt verlässlich, da die Batterien extrem unter der Kälte leiden.

In abgelegenen Regionen sind **Satellitentelefone** der Iridium- oder Globalstar-Systeme sowie **Satelliten-Messenger,** wie etwa inReach, oder **GPS-Tracker** mit Notfallfunktion, wie etwa von SPOT, die richtige Wahl für die Kommunikation. **Personal Locator Beacons (PLBs)** senden die Standortkoordinaten einer in Not geratenen Person über die weltweit angewandte Frequenz von 406 MHz und sind dadurch ebenfalls eine zuverlässige Option, die jedoch keine Zwei-Wege-Kommunikation erlaubt.

Um Notsignale für Retterinnen und Retter in direkter Umgebung abzugeben, sind **Signalpfeifen, Signalspiegel, Lichtquellen, Signalraketen und Nebeltöpfe** geeignet.

Für die Navigation auf Wintertour hat sich eine Kombination aus **Karte, Kompass und GPS** bewährt. Verlassen Sie sich nicht nur auf elektronische Navigationshilfen. Sie können ausfallen, kaputtgehen oder Probleme mit der Stromversorgung bekommen.

Schnüre und Seile erfüllen eine Vielzahl von Aufgaben auf einer Wintertour. Ich führe eigentlich immer ein paar Längen Paracord mit mir, wenn ich auf Wintertour gehe.

Paracord kommt ursprünglich aus dem militärischen Bereich und wurde beim Fallschirmspringen verwendet. Die original Schnur besteht aus Nylon – also Polyamid –, aber seitdem Paracord auch auf dem zivilen Markt verkauft wird, gibt es Versionen, die den militärischen Spezifikationen nicht mehr gerecht werden und auch aus Polyester produziert werden. Richtiges Paracord ist extrem reißfest und kann bis zu 250 kg tragen. Je nach Anwendung und Knoten wird dieser Wert reduziert und man sollte diese Angabe niemals ausreizen.

Paracord besteht aus einem äußeren Mantel und hat im Inneren sieben Einzelstränge, die man herausnehmen und dann auch einzeln für schwächere Verbindungen oder auch als Angelschnur verwenden kann.

Satellitenkommunikationsgeräte können auch abseits von herkömmlichen Kommunikationsnetzen verwendet werden und sind in abgelegenen Regionen oft die einzige zuverlässige Möglichkeit, um Hilfe zu rufen

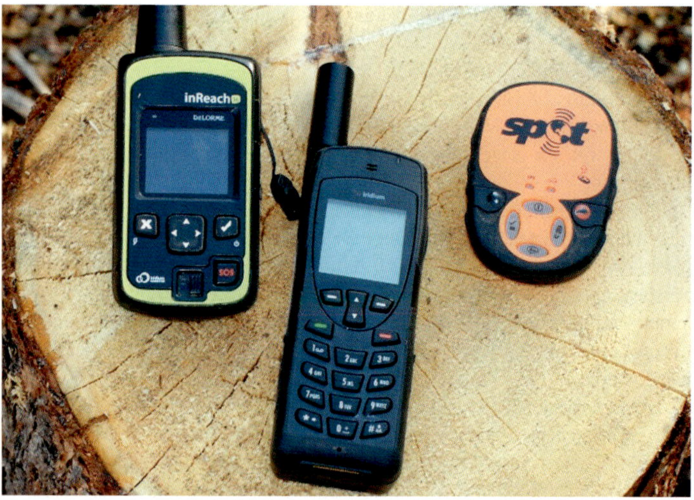

Auf Tour verwende ich Paracord zum Abspannen meiner Zelte, des Tarps, als Ersatzschnürsenkel (am besten hier nur den Mantel ohne die Innenstränge verwenden), zum Verschnüren von Feuerholzbündeln für den Transport oder auch als Führungsleine im Camp, damit man auch im Schneesturm bei minimaler Sicht sicher zur Latrine oder zum Wasserloch und wieder zurück zum Zelt findet.

Im Notfall ist Paracord oder eine vergleichbare Schnur nahezu unentbehrlich zur Herstellung von improvisierter Ausrüstung, wie etwa von Schneeschuhen oder einer gespannten Bügelsäge, oder für den Bau von Tierfallen. Die Anwendungsmöglichkeiten sind schier unerschöpflich.

Am liebsten verwende ich **auffällige Farben** wie etwa Gelb und Orange, die auch bei schlechten Lichtverhältnissen gut sichtbar sind, sodass man im Camp nicht über gespannte Leinen stolpert. Aus bunten Stücken Paracord kann man auch sehr gut Angelköder zum Eisfischen auf Raubfische improvisieren (☞ siehe Seite 132).

Seile sind wichtig, wenn größere Lasten gesichert oder bewegt werden müssen. Im Bergsport werden verschiedene dynamische Seile verwendet, um Personen vor Abstürzen zu sichern. Solche Sicherungstechniken würden den Rahmen dieses Handbuches sprengen. Vielmehr benötigen wir Seile in einem normalen Tourenbereich eher zur Bewältigung anderer Probleme und Notfälle.

Ich habe Seile im Winter vor allem dabei, um Flaschenzüge zur Bergung festgefahrener Fahrzeuge wie etwa Quads oder Motorschlitten zu bauen. Als Rettungsleine für Personen, die durch Eis ins Wasser eingebrochen sind, kann ein Seil eine unbezahlbare Hilfe sein.

Für die Bergung von Lasten sind **statische Seile** am besten geeignet, da sie sich unter Belastung nur wenig dehnen. Dynamische Seile wie etwa Sicherungsseile aus dem Bergsportbereich sind nicht geeignet, weil durch die Dehnung ein erhöhtes Risiko besteht, falls ein Teil des Zugsystems reißt oder bricht. Wie bei ein Gummiband schnellen belastete dynamische Seile dann zusammen und können erhebliche Verletzungen verursachen.

Statische Seile dehnen sich nur minimal und bergen dadurch ein weit geringeres Risiko, wenn es zu einem Seilriss oder Ausbruch von Ankern kommt. Meine Empfehlung für ein Seil im regulären Wintereinsatz ist ein sogenannter **Wurfsack aus der Wasserrettung**. Dabei handelt es sich um ein statisches Seil, das in einem Sack aufbewahrt wird. Dieser Sack kann dann in einem Notfall zu einem eingebrochenen Opfer geworfen werden. Die Retterin oder der Retter hält eine Schlaufe des Seils fest und wirft den Sack zur Unfallstelle. Beim Flug windet sich das Seil, ohne zu verknoten, aus dem Wurfsack. Mit etwas Übung kann man so schnell und zielgenau ein Seil zum Opfer bekommen und die Person daran aus dem Wasser ziehen. Das Seil eines Wurfsacks ist imprägniert, damit es nur wenig

Wasser aufnimmt. Es hat eigenen Auftrieb, damit es bei der Rettung nicht im Wasser versinkt und es kann als starkes und statisches Seil auch für Rettungs- und Bergungseinsätze außerhalb der Wasserrettung genutzt werden. Für den Transport kommt es praktisch in dem schützenden und kompakten Wurfsack daher.

Es braucht extrem viel Kraft nur mit einem Seil eine schwere Last aus dem Tiefschnee oder einem Eisloch zu ziehen. Mithilfe einer **Ratschenseilwinde** oder eines **Seilzuges**, wie sie auch im Forstbetrieb verwendet werden, hat man einen mechanischen Vorteil, der eine Bergung unter Umständen überhaupt erst möglich macht. Auf Winterreisen mit dem Auto oder Touren mit dem Motorschlitten ist es empfehlenswert, ein entsprechendes Gerät mitzunehmen. Auf Touren mit leichterem Gepäck kann man mit **Karabinern und Seilrollen** einen Flaschenzug konstruieren, der ebenfalls bei der Bergung von mittelschweren Lasten genutzt werden kann.

Auch im Winter müssen die Augen mit einer **Sonnenbrille** geschützt werden. Helle Schneeflächen reflektieren die einfallenden Sonnenstrahlen und stellen eine erhebliche Belastung für die Augen dar. Besonders im Frühjahr, wenn der Einfallswinkel der Sonne wieder steiler wird, können bereits wenige Stunden greller Sonnenschein zu einer schmerzhaften Erfahrung werden und schließlich zu Schneeblindheit führen (☞ siehe S. 149: Schneeblindheit).

Improvisierte Schneebrillen aus Holz, Birkenrinde und Klebeband

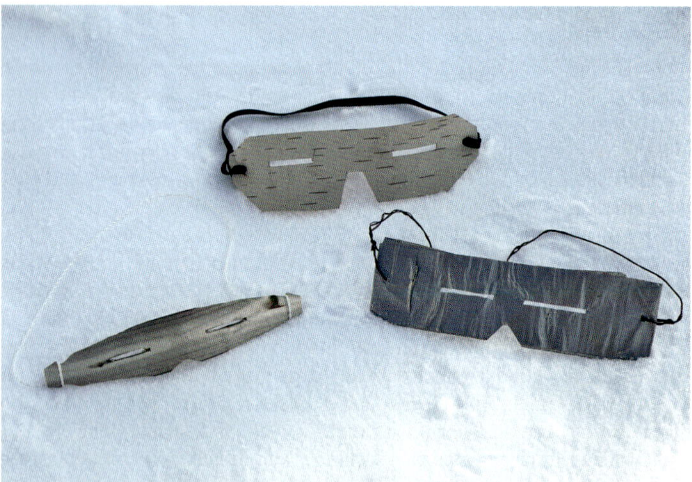

Ich wähle eine rundherum gut abschließende Sonnenbrille mit dunklen, aber farblich neutralen grauen Gläsern. Mit etwas Schnur und Klebeband bastele ich mir einen ganz simplen Fangriemen, damit die Brille bei Stürzen im Schnee nicht verloren geht.

Wenn Sie keine Brille haben und sich im Notfall behelfen müssen, können Sie auch ein halbwegs durchsichtiges Tuch vor die Augen binden, um die Einstrahlung zu reduzieren. Man kann Schneebrillen auch aus Klebebandstreifen, Baumrindenstücken oder sogar geschnitzten Holzstücken mit dünnen Sehschlitzen improvisieren.

Eine gute **Skibrille** schützt die Augen und den umliegenden Bereich vor schädlicher Sonnenstrahlung und bei schlechtem Wetter vor Frostschäden und Windbrand. Bei Niederschlag hält sie Schneeflocken aus den Augen.

Die Schneebrille sollte doppelte Gläser haben und gut belüftet sein, um Probleme mit Kondensation zu vermindern.

Farbige Gläser in Gelb, Orange oder Rosa helfen bei Nebel, Schneesturm oder im Dämmerlicht, die Kontraste im Gelände stärker hervorzuheben.

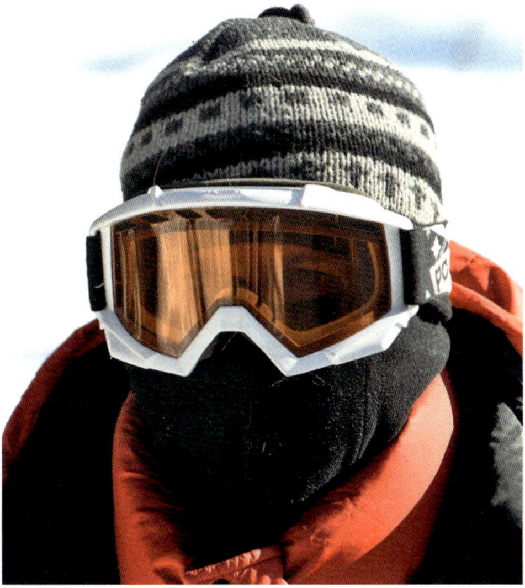

Eine Skibrille schützt die Augen vor Strahlung, Kälte und Schnee und kann bei entsprechender Färbung Kontraste im Gelände hervorheben

Ich habe stets eine Auswahl an verschiedenen **Plastikbeuteln** dabei. Darin kann man Bekleidung oder empfindliche Ausrüstung provisorisch wasserdicht verpacken oder sie dienen als improvisierte Dampfsperren in den Stiefeln, halten bei Flussdurchquerungen die Füße trocken oder kommen als behelfsmäßige Biwaksäcke zum Einsatz. Wählen Sie gut sichtbare Farben, damit die Tüten auch als Signalflaggen genutzt werden können.

Wintersurvivaltechniken

Gesundheitsprobleme und Erste Hilfe im Winter

In diesem Abschnitt werden spezielle Erste-Hilfe-Maßnahmen besprochen, die auf Wintertouren besonders relevant sind. Natürlich behalten auch alle allgemeingültigen Erste-Hilfe-Techniken bei Erkrankungen und Verletzungen weiterhin ihre Gültigkeit. Besuchen Sie spezielle Outdoor-Erste-Hilfe-Lehrgänge, um auch in der Wildnis die richtige Ersthilfe anwenden zu können.

Unterkühlung (Hypothermie)

Der Mensch ist ein gleichwarmes Wesen (homoiotherm) und ist darauf angewiesen, die Temperatur des Körperkerns (Kopf und Torso) konstant bei etwa 37 °C zu halten. Die Temperatur der Körperschale (Extremitäten und Haut) kann davon abweichen und im Winter kälter sein.

In einer kalten Umgebung reagiert unser Körper mit verschiedenen Strategien, um die Kerntemperatur aufrechtzuerhalten.

Zum einen wird durch eine Erhöhung des Stoffwechsels beim Abbau von Kohlenhydraten und Fetten biochemisch Wärme erzeugt.

Außerdem beginnen wir zu zittern, wenn die Kerntemperatur nur minimal absinkt. Durch diese Muskelarbeit wird – ebenfalls durch die Verbrennung von Kalorien – aktiv Wärme produziert. Dieser Mechanismus ist extrem wirksam und der Körper generiert etwa vier- bis fünfmal mehr Wärme als bei unserem Grundumsatz.

Zusätzlich werden die Blutgefäße verengt. Dadurch wird der Wärmeverlust über die Hautoberfläche und die Extremitäten reduziert und das warme Blut im Körperkern konzentriert, um hier wenigstens die Funktion lebenswichtiger Organe zu gewährleisten.

Wenn wir den Wärmeverlust nicht durch schützende Bekleidung eindämmen können und die Überlebensmechanismen unseres Körpers nicht ausreichen, kühlen wir aus und es kommt zur Hypothermie – zur Unterkühlung. Es muss gar nicht so extrem kalt sein, damit es zu Unterkühlungen kommen kann. Auch bei Temperaturen über dem Gefrierpunkt kann es dazu kommen.

Es ist wichtig, sich selbst und die anderen Tourenmitglieder ständig zu beobachten und auf mögliche Anzeichen einer einsetzenden Unterkühlung bereits frühzeitig zu reagieren. Je nachdem wie weit eine Unterkühlung fortgeschritten ist, unterscheidet man verschiedene Stadien basierend auf der Temperatur des Körperkerns und den einhergehenden – teils sehr spezifischen – Symptomen. Auch die Erste-Hilfe-Maßnahmen variieren je nach Schwere der Unterkühlung.

Kältestress

Sinkt die Körperkerntemperatur von den normalen etwa **37 °C auf bis zu 35 °C** ab, spricht man noch nicht von richtiger Hypothermie, sondern lediglich von **Kältestress**.

In dieser Phase werden die Symptome einer einsetzenden Unterkühlung jedoch bereits deutlich. Die Person ist in diesem Stadium bei **vollem Bewusstsein** und **spürt die Kälte**. Viele Betroffene werden zunächst **fahrig und hektisch**. Teils ist die Atmung etwas beschleunigt. Bei anderen tritt das Gegenteil ein und die Person zieht sich zurück, **wird still und erscheint in sich gekehrt**.

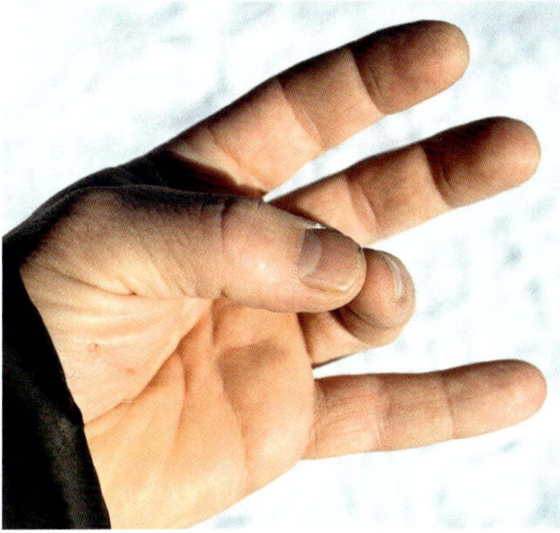

Berühren Sie abwechselnd mit dem Daumen die Kuppen der anderen Finger. Bei zunehmender Unterkühlung wird diese Übung schwerer. Neben anderen Anzeichen kann dieser Test dazu dienen, eine Person auf Unterkühlung zu untersuchen.

Oft kann man an der **Körperhaltung** bereits erkennen, dass einer Person kalt ist. Die Arme werden angewinkelt, teils vor der Brust gekreuzt und an den Oberkörper geschmiegt. Die Schultern werden hochgezogen, um den Halsbereich zu schützen, und man kauert sich leicht zusammen. Der Körper versucht auf diese Weise, ungeschützte Körperregionen zu bedecken und die exponierte Körperoberfläche zu verkleinern, um einen weiteren Wärmeverlust des Kerns zu verhindern.

Die **Bewegungen und Reaktionszeiten sind zunächst noch normal**, werden **jedoch immer weiter beeinträchtigt**, da die Muskeln und Nerven durch die Kälte immer langsamer arbeiten.

Ein einfacher Test, bei dem man den Daumen nacheinander die anderen Fingerkuppen derselben Hand berühren lässt, dient der **Beurteilung der Feinmotorik**. Mit fortschreitender Unterkühlung wird diese leichte Fingerübung zunehmend schwieriger.

Eine Person, die einem solchen Kältestress ausgesetzt ist, sollte – sofern möglich – in eine **warme und wettergeschützte Umgebung** gebracht werden. Ein prasselndes **Lagerfeuer** kann ein warmes Mikroklima erzeugen, wenn eine warme Hütte oder ein beheiztes Zelt nicht zur Verfügung stehen. Weitere Auskühlung wird durch das Anlegen **weiterer Bekleidung** und das **Einwickeln in Decken oder einen Schlafsack** verhindert. **Warme und gesüßte Getränke und süße Snacks** können verabreicht werden. Das heiße Getränk wärmt von innen und der Zucker versorgt den Körper und seine Muskeln mit schnell verfügbaren Kalorien, die die Wärmeproduktion des Köpers ankurbeln. Außerdem sollte sich die Person bewegen, da durch die **Muskelbewegung aktiv Wärme erzeugt** wird. Oft muss man eine Person unter Kältestress gegen deren Protest immer wieder zu körperlichen Betätigungen auffordern. Aber körperliche Betätigung ist eine der effektivsten Methoden, um einen Körper in dieser Phase wieder aufzuwärmen.

Leichte Hypothermie

Nimmt die Kerntemperatur des Köpers weiter ab und erreicht zwischen **35 °C und 32 °C** spricht man von **leichter Hypothermie**. In diesem Zustand einer leichten Unterkühlung **zittert die betroffene Person stark** und sowohl **Grob- als auch Feinmotorik sind stärker eingeschränkt**. Die **Bewegungen werden zunehmend unkoordiniert**. Man stolpert und lässt Gegenstände fallen. Man ist **bleich** und die Haut **fühlt sich kalt an**. Auch die **Sprache ist betroffen** und man nuschelt oft unverständlich vor sich hin. Obwohl noch bei Bewusstsein, macht das Opfer mitunter einen **schläfrigen und lethargischen Eindruck**.

Eine Person, die bereits unter einer leichten Unterkühlung leidet, muss **sehr schonend behandelt werden** und sollte in eine **horizontale Lage** gebracht werden. Physische Aktivität ist nun das völlig Falsche, da das Risiko von Kammerflimmern besteht. **Nasse Bekleidung sollte vom Köper geschnitten werden**, um das Heben der Arme und Beine bei Ausziehen zu verhindern. **Zusätzliche warme Bekleidung sowie Decken oder Schlafsäcke und eine isolierende Unterlage verhindern ein weiteres Auskühlen.** Bieten Sie **warme und gesüßte Getränke** in kleinen Schlucken an, sofern die betroffene Person noch in der Lage ist zu schlucken. Nutzen Sie die **Wärmepackung**, die auf Seite 143 beschrieben ist, um das Opfer wieder aufzuwärmen. **Auf keinen Fall dürfen die Extremitäten aufgewärmt werden**, bevor der Torso eine normale Temperatur erreicht hat. **Alarmieren Sie die Rettungskräfte**.

Mittelschwere Hypothermie

Man spricht von einer mittelschweren Hypothermie, wenn die Körperkerntemperatur zwischen **32 °C und 28 °C** liegt. In dieser Phase ist das **Bewusstsein der unterkühlten Person stark eingeschränkt** und das Opfer erscheint **verwirrt** und oder sogar **abwesend**. Bewegungen sind unkoordiniert, schwach und langsam. Ab 30 °C kann Bewusstlosigkeit eintreten. Das **Muskelzittern** wird in dieser Phase der mittelschweren Unterkühlung **wieder schwächer, Puls und Atmung verlangsamen sich**. Unterkühlte **Opfer können starke Wärme empfinden** und sich gegebenenfalls wärmender Kleidung und Schuhwerk entledigen.

Das Risiko von **Herzrhythmusstörungen** ist erheblich und auch hier muss die Person wieder sehr **schonend behandelt** und in eine **horizontale Lage** gebracht werden. Nasse Bekleidung muss vom Körper geschnitten werden. **Auf keinen Fall darf die Person unsanft bewegt werden oder sogar aufstehen und herumlaufen**.

Nutzen Sie die **Wärmepackung**, die auf Seite 143 beschrieben ist, um den Körper wieder aufzuwärmen. **Auf keinen Fall dürfen die Extremitäten aufgewärmt werden**, bevor der Torso eine normale Temperatur erreicht hat. Alarmieren Sie die Rettungskräfte.

Schwere Hypothermie

Bei **unter 28 °C Temperatur im Kern des Körpers** spricht man von **schwerer Unterkühlung**. Das Opfer ist **bewusstlos** und **Atmung und Herzschlag sind mitunter kaum wahrnehmbar oder ganz abwesend**. Es besteht akutes und **hohes Risiko von Kammerflimmern und Herzstillstand**.

Sie müssen die Person in eine **horizontale Lage** bringen und **schonend behandeln**. Wenn **keine Atmung** festgestellt werden kann, müssen **sofort Wiederbelebungsmaßnahmen** eingeleitet werden. Weitere Auskühlung muss durch **zusätzliche isolierende Schichten und Unterlagen** verhindert werden. Nasse Bekleidung muss gegebenenfalls vom Körper geschnitten werden, um übermäßige Bewegungen des Opfers zu vermeiden. **Die unterkühlte Person kann mithilfe der auf Seite 143 beschriebenen Wärmepackung aufgewärmt werden**. Alarmieren Sie die **Rettungskräfte** und veranlassen Sie eine **Evakuierung durch professionelle Helferinnen und Helfer**.

Unterkühlte Personen wieder aufwärmen

Zunächst muss eine unterkühlte Person vor weiterem Wärmeverlust bewahrt werden. Eine Person, die nur leichtem Kältestress ausgeliefert ist, kann sich noch durch gezielte Bewegung und warme und gezuckerte Getränke wieder aufwärmen.

Wenn eine Unterkühlung jedoch bereits weiter fortgeschritten ist, muss das Hypothermieopfer möglichst schonend behandelt werden und sollte sich in eine liegende Position begeben und dort aufgewärmt werden. Das muss auch bei der Bergung aus einer schwierigen Lage oder aus dem Wasser und bei behelfsmäßigem Abtransport berücksichtigt werden.

Durch Bewegung und Transport der unterkühlten Person kann kaltes Blut aus den Extremitäten in den Körperkern fließen, eine Nachkühlung auslösen und zu Herzstillstand führen. Heben Sie deshalb Arme und Bein nicht an! Muss die Bekleidung gewechselt werden, müssen Sie die Kleidungsstücke unter Umständen vom Körper schneiden, um eine schonende Behandlung der unterkühlten Person zu gewährleisten.

Manchmal wird empfohlen, dass sich eine normal temperierte Person im Schlafsack an der unterkühlten Person anschmiegt und sie so wieder aufwärmt. Die Wirksamkeit dieser Methode wird oft überbewertet und sollte nur angewandt werden, wenn es keine anderen Möglichkeiten gibt. Die direkte Wärmeübertragung von Mensch zu Mensch ist bei Unterkühlungen nicht nur wenig effizient und viel zu langsam, sondern birgt auch noch das Risiko, die normal temperierte Person langsam auszukühlen. Man sollte die Wärme spendenden Personen also regelmäßig austauschen, wenn man auf diese Methode zurückgreifen muss.

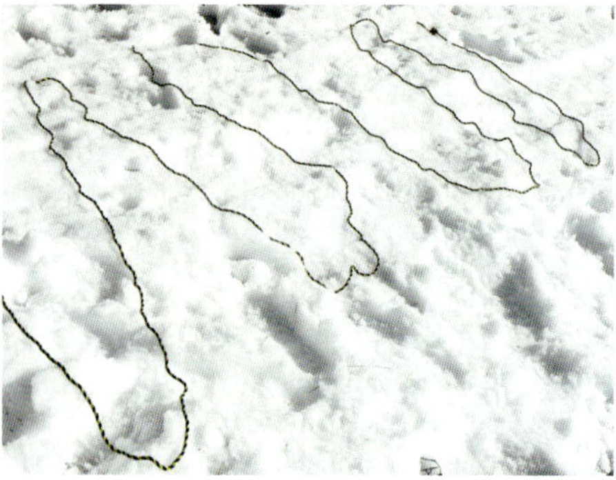

Abbildung A

Auf keinen Fall darf eine unterkühlte Person unter eine heiße Dusche gestellt oder in eine Sauna gesteckt werden. Es ist wichtig, dass die Person langsam und schonend aufgewärmt wird und der Torso vor den Extremitäten erwärmt wird.

Abbildung B

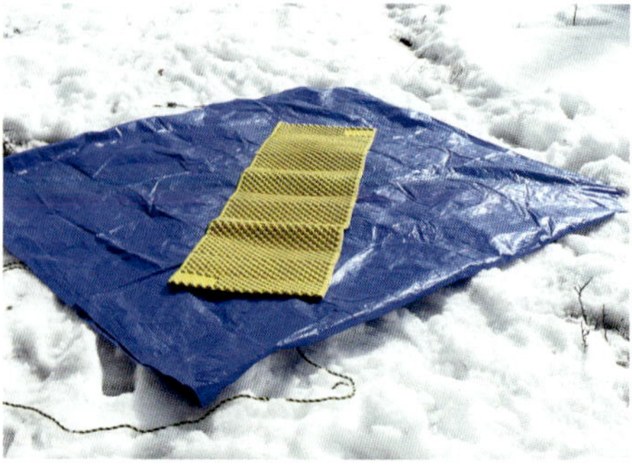

Um eine unterkühlte Person vor weiterem Wärmeverlust zu bewahren und im Rahmen von Erste-Hilfe-Maßnahmen aufzuwärmen, kann eine sogenannte **Wärmepackung** angewandt werden.

1. Sie müssen ein Seil mit einer kleinen Schlaufe schlangenförmig auslegen. (Abb. A)
2. Darüber werden eine wetterfeste Plane und eine Isoliermatte ausgelegt. (Abb. B)
3. Dann folgen Schlafsack oder warme Wolldecke.
4. Darauf kommt eine wasserdichte Folie oder eine weitere Plane. Diese Plane hat zwei Funktionen: Sie verhindert zum einen, dass die isolierenden Schichten durchnässt werden, falls die Patientin oder der Patient nass ist oder einnässt. Zum anderen wird der Wärmeverlust durch Evaporation reduziert, wenn die Folie als Dampfsperre direkt um die unterkühlte Person gewickelt wird. (Abb. C)

5.Dann wird die unterkühlte Person in langer Unterwäsche und mit Wollmütze auf die Folie gelegt. Chemische Handwärmer oder Wärmflaschen werden auf dem Brustkorb und unter den Achseln platziert. ACHTUNG: Sie sollten die Wärmequellen niemals direkt auf die Haut legen und darauf achten, dass sie nicht so heiß sind, dass Verbrennungen entstehen können. Platzieren Sie keine Wärmequellen an den Extremitäten! Der Kern muss vor den Extremitäten aufgewärmt werden!

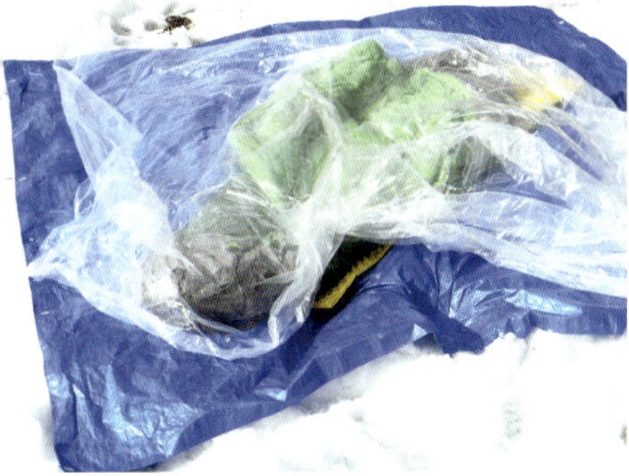

Abbildung C

Abbildung D

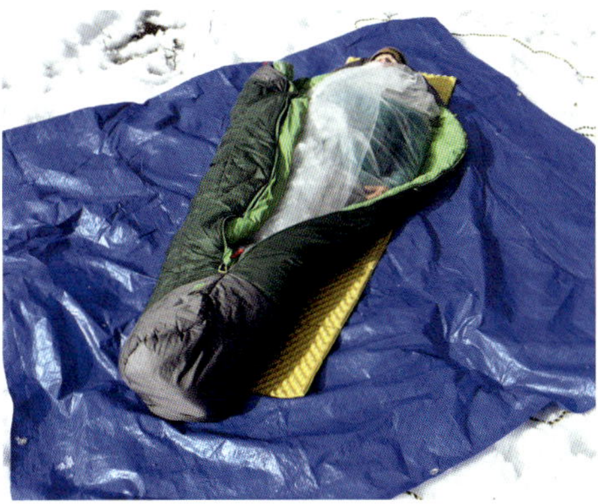

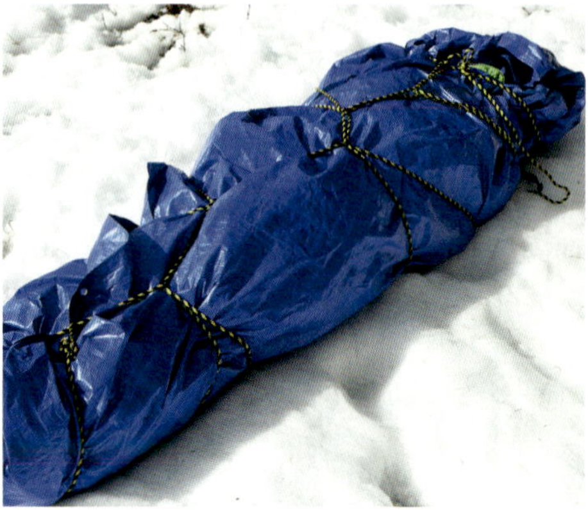

Abbildung E

6. Wickeln Sie die Person nun in die einzelnen Lagen ein, beginnend mit der Dampfsperrenfolie. Dann folgen Schlafsack und/oder Decke und schließlich die äußere Folie. (Abb. D)
7. Dann wird mit dem Seil das ganze Paket verschnürt. Beobachten Sie die unterkühlte Person kontinuierlich und leisten weitere Erste Hilfe, wenn nötig. (Abb. E)

Eine unterkühlte Person sollte nur dann abtransportiert werden, wenn dies absolut schonend erfolgen kann. Wenn das Risiko besteht, dass die Person bei der Evakuierung durchgeschüttelt wird, sollte vorläufig auf den Abtransport verzichtet werden und die Person an Ort und Stelle aufgewärmt werden. Bauen Sie dazu eventuell ein Zelt auf oder konstruieren Sie eine behelfsmäßige Notunterkunft, um Wetterschutz zu gewährleisten.

Unternehmen Sie einen behelfsmäßigen Abtransport erst, wenn die betroffene Person vollständig aufgewärmt wurde. Auch nach Erreichen der regulären Kerntemperatur sollte die Person noch für mehrere Stunden weiter in horizontaler Lage ruhen, bis auch die Extremitäten wieder vollständig aufgewärmt sind. Es besteht sonst das Risiko einer sogenannten Nachkühlung.

Man spricht von Nachkühlung (Afterdrop), wenn der Körperkern bereits wieder normal temperiert ist, die Extremitäten aber immer noch unterkühlt sind. Wird das Opfer unsanft bewegt oder versucht es aufzustehen, kann durch das kalte Blut aus der Körperschale der Körperkern wieder heruntergekühlt werden. Dadurch kommt es zu einer nachträglichen Unterkühlung mit einer enormen Belastung für das Herz und es kann zu Herzrhythmusstörungen und Herzstillstand kommen. Dieses Phänomen wird oft übersehen und kann zu erheblichen Komplikationen auch nach einer erfolgreichen Rettung führen.

Erfrierungen

Besonders die **äußersten Extremitäten**, die am weitesten vom Kernbereich des Körpers entfernt liegen, sind am meisten gefährdet, Erfrierungen zu erleiden.

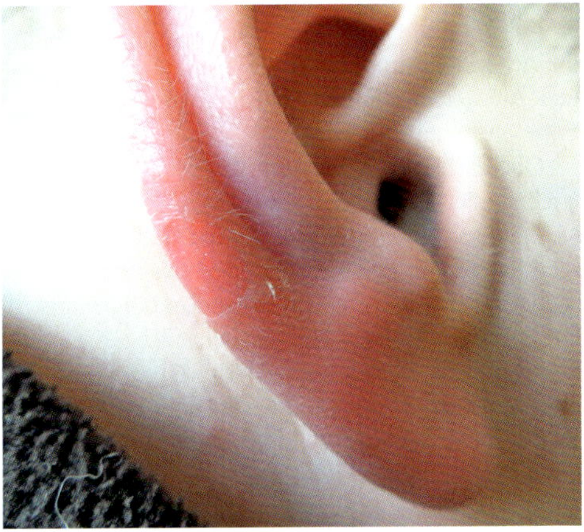

Diese leichte Erfrierung am Ohr passierte, als der Bereich bei starkem Wind nicht durch Mütze und Schal ausreichend abgedeckt war

Eine kältebedingte Gefäßverengung reduziert die Durchblutung in den Extremitäten, wodurch **unterkühlte Personen besonders gefährdet** sind, sich Erfrierungen zuzuziehen. Aber auch Personen mit normaler Kerntemperatur können Erfrierungen davontragen, wenn einzelne Bereiche nicht ausreichend geschützt werden.

Achten Sie besonders auf **Finger und Zehen, Ohren, Nase und Wangen**. Aber grundsätzlich kann es überall dort zu Erfrierungen kommen, wo Haut exponiert ist oder Körperteile nicht ausreichend isoliert sind.

Die Vermeidung von Erfrierungen ist natürlich besonders wichtig, um Probleme gleich von vorneherein auszuschließen. Tragen Sie **Handschuhe und Fäustlinge, fassen Sie keine Metallgegenstände mit bloßen Fingern an** und **bedecken Sie empfindliche Bereiche** im Gesicht. Im Gesicht kann man auch auf Wangen und Nase spezielle **Salben** auftragen. Wählen Sie dafür ein stark fetthaltiges Produkt und vermeiden Sie Cremes, die viel Wasser enthalten und so die Gefahr einer Erfrierung noch verstärken.

Das tückische an Erfrierungen ist, dass Sie das **Einsetzen der Erfrierung meist zunächst gar nicht spüren**. Dass die betroffenen **Gliedmaßen das Gefühl verlieren**, ist eben genau eines der Symptome. Um Frostschäden rechtzeitig zu entdecken und dann entgegenzuwirken, müssen Sie ständig in die gefährdeten Extremitäten „hineinfühlen". Wenn die Gefahr besteht, dass Ihre Zehen erfrieren, dann bewegen Sie ständig Ihre Zehen in den Stiefeln! Das erhöht zum einen die Durchblutung und zum anderen spüren Sie dabei, ob die Zehen taub werden. Genauso verfahre ich mit meinen Fingern und taste regelmäßig meine Nase, die Wangen und Ohren ab. Selbstverständlich sollten Sie zusätzliche Bekleidung anziehen und sich in **warme Umgebung** begeben, sobald Sie erste Anzeichen von Erfrierungen bemerken. Handeln Sie zügig!

Wenn meine Finger kalt werden, stecke ich sie meist ohne Handschuhe **unter die Achselhöhlen oder in den Schritt,** um sie wieder aufzuwärmen. Auch Hand- und Fußwärmer in den Fäustlingen können helfen, um bei kalten Gliedmaßen Erfrierungen zu verhindern.

Oberflächliche Erfrierungen, bei denen nur die äußeren Hautschichten beeinträchtigt sind, sind meist reversibel. Sie machen sich durch erst rosa und dann weiße Verfärbungen der betroffenen Hautpartie und eine Taubheit in dem gefrorenen Bereich bemerkbar. Wenn die Haut auftaut und die Zirkulation zurückkehrt, setzen meist Schmerzen ein. Unter Umständen löst sich die abgestorbene Haut im Laufe der folgenden Tage ab. Behandelt Sie diese Stelle dann wie eine normale oberflächliche offene Wunde. Meist bleiben keine größeren Schäden zurück, aber es können auch leichte Durchblutungsstörungen bestehen bleiben. Dieser Bereich bleibt dann anfällig für weitere Frostschäden und es ist dann in Zukunft besondere Vorsicht angebracht.

Bei **schwereren Erfrierungen** ist das Gewebe auch unter der Haut betroffen. Es können tiefliegende Muskeln und Knochen betroffen sein. Auch kann die Erfrierung zum Beispiel von den Fingern und Zehen in Bereiche der Hand beziehungsweise des Fußes fortschreiten.

In solchen Fällen kommt es nach dem Auftauen neben Schmerzen und erheblichen Schwellungen auch oft zur Bildung von gefüllten Blasen. Diese sollten Sie auf keinen Fall aufstechen!

Ist das Gewebe noch weiter geschädigt, kommt es nach dem Aufwärmen oft zu dunklen Verfärbungen der abgestorbenen Zellverbände. Oft muss das abgestorbene Gewebe chirurgisch entfernt werden. In den allerschwersten Fällen ist mit einer Amputation der betroffenen Extremitäten zu rechnen.

Wenn Sie bei Erfrierungen Erste Hilfe leisten müssen, sind die gegebenen Umstände zu berücksichtigen. Verhindern Sie zunächst ein weiteres Gefrieren von bisher unbeschädigten Partien, indem Sie weitere isolierende Bekleidung anlegen.

Wenn Sie die geschädigte Person zeitnah in die Hände von medizinisch geschultem Personal übergeben können, kann es sinnvoll sein, die gefrorenen Extremitäten zunächst gefroren zu lassen und nur die weitere Ausbreitung der gefrorenen Partien zu verhindern. Entfernen Sie alle Bekleidung und die Schuhe sowie Ringe und Armbänder, die die Zirkulation beeinträchtigen oder bei Schwellungen zum Problem werden können. Bedecken Sie erfrorene Bereiche lose mit Verbandsmaterial und danach mit gut isolierenden Lagen.

Ein rasches Auftauen der gefrorenen Extremitäten im Rahmen der Ersten Hilfe ist nur dann zu empfehlen, wenn Sie sicherstellen können, dass der Bereich nicht wieder erneut gefriert. Wiederholtes Gefrieren schädigt das Gewebe noch stärker.

Wenn sich die geschädigte Person noch ein Stück aus eigener Kraft mit gefrorenen Zehen oder einem gefrorenen Fuß fortbewegen muss, wird meist empfohlen, ein Auftauen vorerst zu verschieben. Es ist schädlicher und schmerzhafter, auf einem aufgetauten Fuß als auf einem gefrorenen zu laufen.

Zum Auftauen stellen Sie ein Wasserbad mit etwa 38-40 °C warmem Wasser bereit und tauchen die betroffenen Körperteile hinein. Wenn Sie kein Thermometer haben, schätzen Sie die Temperatur mit der gesunden Hand. Es sollte sich sehr warm, aber nicht heiß anfühlen. Bereiten Sie sogleich mehr warmes Wasser zu, da die Temperatur im Wasserbad schnell nachlässt. Meist sind die betroffenen Extremitäten innerhalb von 30 Minuten aufgetaut. Oft wird bei der Behandlung von Erfrierungen die Einnahme von Ibuprofen gegen Schmerzen und Entzündungen empfohlen.

Im Krankenhaus werden oft erheblich stärkere Schmerzmittel wie etwa Morphin eingesetzt. Zusätzlich kommen hier oft gefäßerweiternde und gerinnungshemmende Medikamente zum Einsatz.

Eine Person mit schweren Erfrierungen sollte schnellstmöglich evakuiert werden.

Auf keinen Fall dürfen Sie versuchen, erfrorene Körperteile durch Massieren und Reiben oder durch trockene Wärmequellen wie etwa einen Ofen oder ein Lagerfeuer aufzutauen! Dabei kann es zu weiteren erheblichen Schäden im Gewebe kommen. Trinken Sie keinen Alkohol und verzichten Sie auf Nikotinkonsum!

Die Folgen von schweren Erfrierungen sind oft nicht komplett reversibel und selbst wenn Sie keine Amputationen benötigen, werden Sie vermutlich für mehrere Jahre mit den Folgen von erfrorenen Nerven und Blutgefäßen zu kämpfen haben.

Ich habe mir bereits mehrere Fingerglieder und die Kuppe eines Daumens angefroren und leide nun unter Durchblutungsstörungen in diesen Gliedmaßen und Schmerzen, sobald es etwas kälter wird. Wegen dieser Stellen muss ich nun noch mehr auf Kälteschutz achten und regelmäßig Handwärmer einsetzen.

Hornhauterfrierungen

Die Hornhaut ist die äußerste schützende Haut im vorderen Bereich des Augapfels. Sie ist im Normalfall klar und durchsichtig und wird durch die Tränenflüssigkeit feucht gehalten und mit Nährstoffen und Sauerstoff versorgt.

Wenn die Augen extremer Kälte und Wind ausgesetzt sind, kann es auch hier zu Frostschäden kommen.

Auch Fahrtwind, wie er bei schnellen Abfahrten mit Ski oder Snowboard, auf Hundeschlittentouren oder bei Ausfahrten mit dem Motorschlitten auftritt, spielt eine Rolle.

Vorbeugen kann man, indem man eine Mütze mit Schirm trägt und eine schützende Skibrille aufsetzt. Für besonders wichtig halte ich bei extremer Kälte und Wind jedoch eine ausladende Kapuze mit Fellkragen. Dadurch wird Wind aus dem Gesicht gehalten und es bildet sich eine schützende warme Luftschicht vor dem Gesicht.

Erfrierungen der Hornhaut sind die häufigsten Erfrierungen am Auge, weil die Hornhaut so exponiert ist. Aber es können grundsätzlich auch andere Teile des Auges frieren. Bevor das passiert, wird man jedoch vorher bereits die Effekte an der Hornhaut bemerkt haben und hoffentlich schützende Maßnahmen ergriffen haben. Eine gefrorene Hornhaut wird trüb und das Sehen durch die sich bildenden Eiskristalle wird stark erschwert oder gar unmöglich. Das Auge brennt, schmerzt und tränt.

Bei extremer Kälte in der Wildnis zu stranden, ohne richtig sehen zu können, ist eine lebensgefährliche Situation. Wenn Sie merken, dass mit Ihren Augen etwas nicht stimmt, sollten Sie möglichst schnell ein Lager aufbauen und einen Notruf absetzen.

Schützen Sie Ihr Auge vor weiteren Erfrierungen. Suchen Sie so schnell wie möglich einen Augenarzt auf. Wenn das nicht möglich ist, sollten Sie sich auf mehrere Tage Genesung einstellen, wo auch immer Sie sind. In dieser Zeit wird Ihr Sehvermögen vermutlich extrem eingeschränkt sein.

Auf keinen Fall dürfen Sie Druck auf das Auge ausüben oder mit Ihren Fingern über das Auge reiben. Solche mechanischen Belastungen des gefrorenen Gewebes können eventuell dauerhafte Schäden anrichten.

Eine gefrorene Hornhaut muss nicht zu dauerhaften Schäden führen. Ich kenne mehrere Personen, die nach Erfrierungen wieder vollständig genesen sind.

Schneeblindheit

Bei der Schneeblindheit handelt es sich praktisch um einen Sonnenbrand auf der Hornhaut und Bindehaut durch intensive UV-Einstrahlung. Dieses Problem tritt besonders im Hochgebirge und auf Wintertouren im Frühjahr auf, wenn die Sonneneinstrahlung besonders hoch ist und die Strahlung auf grellen Schneeflächen reflektiert wird. Vermeiden kann man Schneeblindheit durch den Einsatz von schützenden Ski- und Sonnenbrillen.

Die Symptome einer Schneeblindheit tauchen oft erst Stunden nach der UV-Belastung auf. Die Augen schmerzen und jucken und man hat das Gefühl eines Fremdkörpers im Auge. Die Augen können rot und geschwollen sein und es kann zu Sehstörungen oder gar einem temporären Verlust des Augenlichts kommen.

Die erkrankte Person sollte sich für mehrere Tage in einem dunklen Raum aufhalten oder wenigstens eine dunkle Augenbinde tragen. Zusätzliche können feucht-kühle Kompressen aufgelegt sowie schmerzlindernde Medikamente verabreicht werden.

Immersionsfuß

Beim Immersionsfuß handelt es sich um eine Erkrankung der Haut der Füße, wenn diese über einen längeren Zeitraum feucht-kühlen Bedingungen ausgesetzt sind. Durch die Feuchtigkeit weicht zunächst die Haut auf. In der Folge kann es zu Durchblutungsstörungen, Schwellungen, Schmerzen und teils permanenten Nervenschäden kommen.

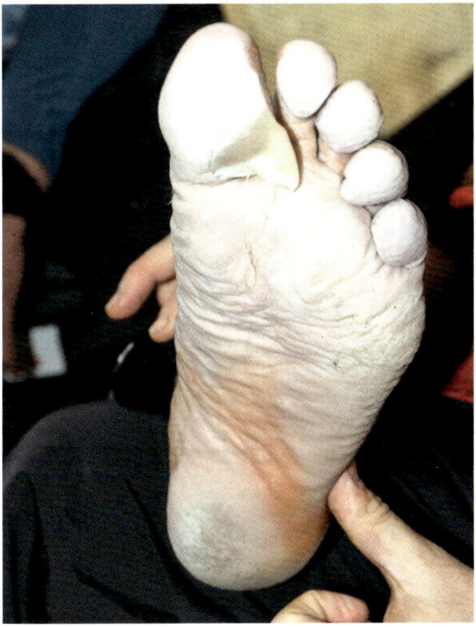

Permanent kühles und feuchtes Klima um die Füße kann zum Immersionsfuß führen

Die aufgeweichte Haut ist extrem anfällig für Verletzungen und es kann zu schweren Infektionen mit Pilzen, Bakterien und Viren kommen und schließlich zu einer Sepsis führen.

Der Immersionsfuß ist aus den Berichten von Soldaten bekannt, die in Schützengräben nass-kalten Bedingungen ausgesetzt waren. Aber auch auf Winterexpeditionen können in Ski- und Winterstiefeln ebensolche Bedingungen herrschen, wenn es Ihnen nicht gelingt, Füße, Socken und Innenschuhe regelmäßig zu trocknen.

Waschen und trocknen Sie Ihre Füße. Wechseln Sie regelmäßig Ihre Socken. Lüften und trocknen Sie Ihr Schuhwerk bei jeder sich bietenden Gelegenheit. Sind Anzeichen einer Infektion auszumachen, muss der Fuß mit antibiotischen und antimykotischen Salben behandelt werden. Bei einem schweren Verlauf ist mit Amputationen zu rechnen.

Trockene und wunde Haut

Die relative Trockenheit der Luft bei niedrigen Temperaturen im Wechsel mit Feuchtigkeit und Wind führt oft zu extrem trockener und wunder Haut. Lippen werden spröde und die Haut an den Fingern reißt ein und bekommt schmerzhafte Wunden. Verwenden Sie reichlich Fettcreme und halten Sie Lippen und Finger geschmeidig!

Man kann eingerissene Nagelbetten und Fingerkuppen auch mit Hautkleber für die Wundbehandlung versorgen und so vor weiterem Einreißen bewahren.

Knoten, Flaschenzug und Seilwinden

Knoten kommen zur Anwendung, wenn wir Schnüre, Seile oder Gurtbänder nutzen und Verbindungen herstellen müssen. Flaschenzüge und Winden werden verwendet, wenn schwere Lasten bewegt werden müssen.

Knoten

Es gibt eine unermessliche Vielzahl von Knoten. Auf Touren in der Wildnis kommt man mit einigen wenigen, aber vielseitigen Knoten gut aus. Ich habe hier ein paar Knoten aufgeführt, die in Notsituationen hilfreich sein können und für die Durchführung einiger beschriebener Projekte notwendig sind.

Mit dem Palstek kann man eine einfache Schlinge knoten

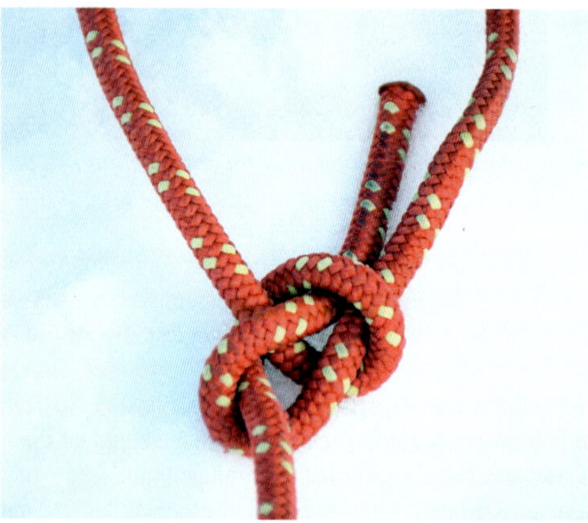

Wenn man Seile hohen Belastungen aussetzt, wie etwa beim Einsatz mit Seilzügen und Winden, muss man bedenken, dass **Knoten die Haltekraft eines Seiles reduzieren**.

Manche Knoten setzen das Seil durch enge Radien im Knoten besonders hohen Belastungen aus. Teilweise wird die Haltekraft um bis zu 50 % reduziert.

Mit dem **Palstek** lässt sich eine Schlinge in ein Seilende binden.

Dieser Knoten ist einfach zu knüpfen und auch nach Belastung wieder sehr einfach zu öffnen. Er wird viel im Wassersport genutzt und kommt dort auch für Schlingen bei der Rettung von Personen aus dem Wasser zum Einsatz. Man kann ihn aber auch gut nutzen, um Seile an Ankerpunkten, wie etwa Bäumen, zu befestigen. Wenn er nicht richtig festgezogen ist und nicht unter Belastung steht, kann sich der Palstek leicht wieder öffnen. Deshalb kommt er im Bergsport nicht zur Anwendung.

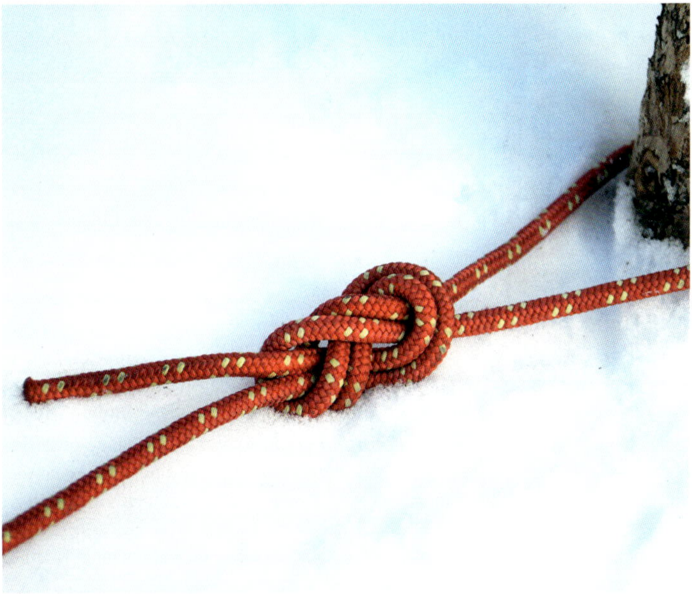

Der Achterknoten wird ebenfalls für Schlingen genutzt und kommt besonders im Bergsport und bei der Rettung zum Einsatz

Der **Achterknoten** ist ebenfalls zum Binden von Schlaufen geeignet. Er ist einfach zu knüpfen, optisch leicht auf Korrektheit zu überprüfen, seilschonend und öffnet sich nicht von alleine. Er wird im Bergsport und allen Bereichen genutzt, wo es auf besondere Sicherheit ankommt. Sein größter Nachteil ist, dass er sich nach Belastung nur schwer wieder öffnen lässt. Noch schwieriger wird es im Winter, wenn nasse Seile gefrieren.

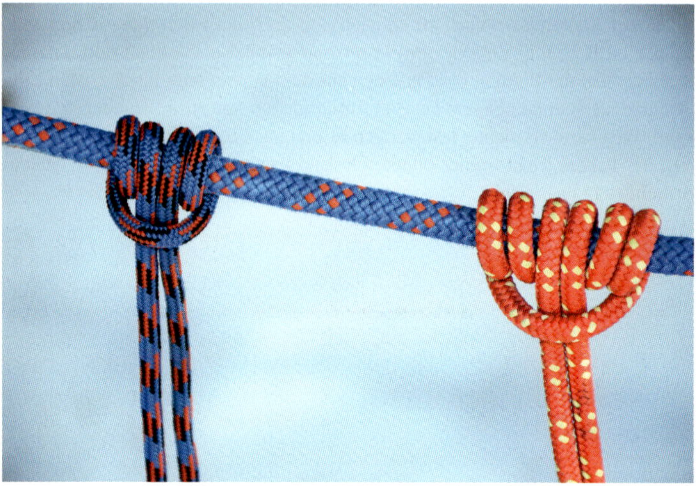

Der Prusikknoten lässt sich verschieben, wenn er locker ist. Bei Belastung zieht er sich zu und klemmt am Hauptseil ab.

Der **Prusikknoten** wird bei einem Flaschenzug genutzt, um die Prusikschlingen mit dem Hauptseil zu verbinden. Dieser Knoten kann leicht verschoben werden, wenn er nicht unter Belastung steht. Er zieht sich jedoch zuverlässig zu, sobald die Schlinge belastet wird. Als Faustregel gilt, dass die Prusikschlinge etwa den halben Seildurchmesser des Hauptseils haben soll, um eine optimale Klemmwirkung zu erreichen. Normalerweise reichen dann zwei Wicklungen der Prusikschlinge um das Hauptseil. Sollte sich der Prusikknoten nicht ausreichend verklemmen, weil man eine dickere Prusikschlinge verwendet, kann man eine dritte Wicklung vornehmen.

Der **Canadian Jam Knot** (übersetzt „kanadische Klemmknoten“) ist eine Abwandlung des **Arborknotens** aus dem Angelsport. Dabei handelt es sich um einen Klemmknoten, der extrem einfach zu knüpfen ist. Zuerst bindet man einen einfachen Sackstich als Stopperknoten. Dann binden Sie einen zweiten Sackstich unterhalb des Stopperknotens und führen das stehende Ende durch den zweiten Sackstich. So entsteht eine Schlinge, die Sie zuziehen können. Dabei klemmen sich die beiden Sackstiche gegeneinander und halten die Schlinge geschlossen. Um diesen Arborknoten zu einem Canadian Jam Knot zu machen, legen Sie noch einen losen halben Schlag unter den zweiten Sackstich, bevor Sie den Knoten festziehen. Wenn der Koten fest sitzt, ziehen Sie den halben Schlag fest. Der

Canadian Jam Knot ist ein sehr einfacher Knoten, der dauerhafte und extrem feste Verschnürungen erlaubt und dabei nur sehr wenig Schnur verbraucht. Der Knoten hat viele Anwendungen, aber Sie benötigen ihn besonders zum Bau der improvisierten Roycraft-Schneeschuhe (☞ siehe Seite 102).

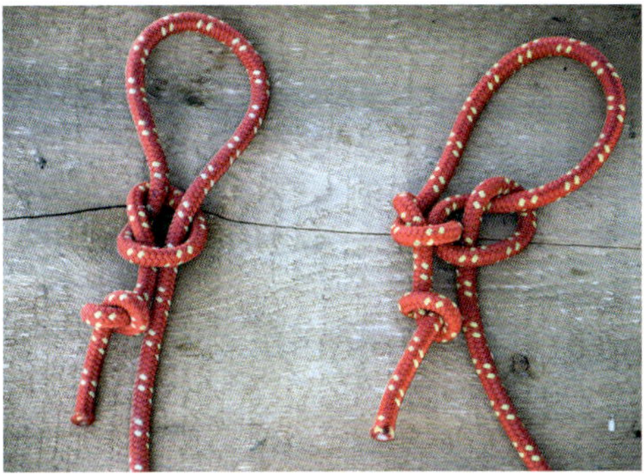

Arborknoten und Canadian Jam Knot

Seilzüge, Flaschenzug und Winden

Autos bleiben im Tiefschnee stecken, Quads und Motorschlitten kommen im Schneematsch nicht mehr weiter oder sind durch eine Eisschicht ins Wasser eingebrochen. Viele Notsituationen im Winter entstehen dadurch, dass man mit einem Fahrzeug nicht mehr weiterkommt, feststeckt und gestrandet ist. In solchen Situationen kann es hilfreich sein, wenn man in der Lage ist, mit Winden oder Seilzügen das festsitzende Fahrzeug wieder freizubekommen.

Aber auch in anderen Situationen können Seilzüge und Winden helfen, schwere Objekte zu bewegen – so zum Beispiel eine schwere Pulka, die über ein Hindernis gezogen werden muss, oder ein schwerer Baumstamm, der den Weg versperrt.

Beachten Sie, dass beim Einsatz von Seilzügen, Winden und Hebeln erhebliche Kräfte wirken können. Entsprechende **Sicherheitsvorkehrungen** müssen getroffen werden, um schwere Unfälle zu verhindern.

Ihr Zugsystem ist **nur so stark wie das schwächste Glied**! Stellen Sie sicher, dass alle verwendeten Teile wie etwa Seile, Gurtbänder, Karabiner, Anker usw. auch wirklich der zu erwartenden Belastung standhalten können. Falls ein Teil des Systems reißt oder bricht, können schwere Objekte ins Rutschen geraten oder fallen beziehungsweise Teile des Seilzugs durch die Luft geschleudert werden und dadurch schwere Verletzungen verursachen.

Um schwere Lasten mithilfe eines Seiles zu bewegen, dürfen **nur statische Seile** genutzt werden. Im Gegensatz zu dynamischen Seilen, haben statische Seile nur eine geringe Dehnung. Bei der Benutzung von dynamischen Seilen, wie etwa Kletterseilen, nehmen diese beim Spannen des Seilzuges enorm viel Energie auf.

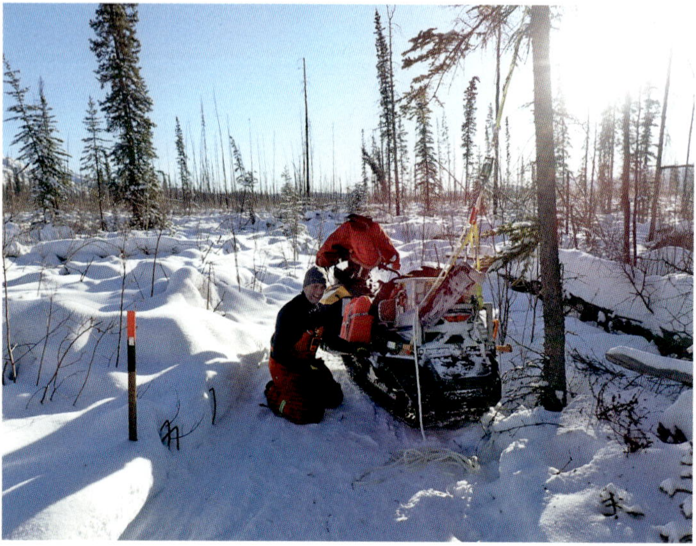

Hier wird eine Seilwinde verwendet, um den Motorschlitten anzuheben, damit eine Reparatur im hinteren Bereich der Federung durchgeführt werden kann

Kommt es dann zu einem Seilriss oder dem Bruch eines Karabiners oder Ankers, wird diese Energie wie bei einem Gummiband freigesetzt und es kann zu schweren Unfällen kommen.

Statische Seile werden im Bergsport für Höhlenerkundungen, aber auch für den Aufstieg am fixen Seil oder für den Transport von Ausrüstung verwendet. Sie sind im Fachhandel entsprechend gekennzeichnet erhältlich. Viele Wurfsäcke aus dem Wassersportbereich sind ebenfalls mit einem statischen Seil ausgestattet.

Man kann das Verletzungsrisiko weiter reduzieren, indem man sicherstellt, dass alle beteiligten oder umstehenden **Personen sich so positionieren, dass sie nicht von umherfliegenden Gegenständen getroffen werden, falls ein Seil reißt oder ein Anker ausbricht.** Falls **Helme, Schutzbrillen und stabile Arbeitshandschuhe** zur Verfügung stehen, sollten diese unbedingt genutzt werden!

Außerdem können Sie **Decken, Schlafsäcke und schwere Bekleidung in der Mitte über das gespannte Seil** legen. Kommt es zu einem Riss oder Bruch im System, bremsen Decken und Bekleidung das gerissene Seil und können so weitere Schäden und Verletzungen vermeiden oder wenigstens reduzieren.

Um ein schweres Objekt, wie etwa ein Fahrzeug, aus dem Tiefschnee oder einen Motorschlitten aus dem Schneematsch oder eine abgerutschte Pulka über eine Kante zu ziehen, bedarf es immer eines zuverlässigen **Fixpunkts**. Dort können Sie das Zugseil befestigen, um die Last sicher zu bewegen.

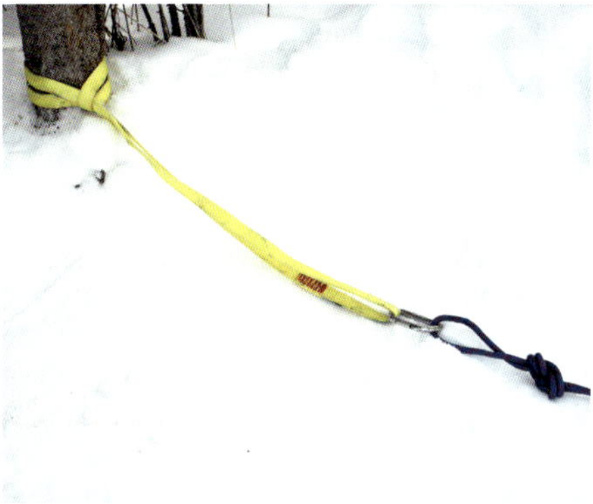

Hier wird ein Baum als Fixpunkt genutzt

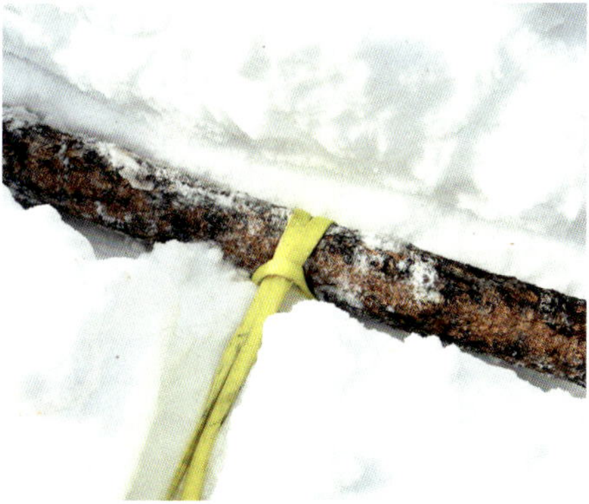

Ein Baumstamm wird als „Toter Mann" im Schnee vergraben

Sie müssen sicherstellen, dass der Fixpunkt wirklich stabil genug ist und der Belastung standhalten kann. Ich habe schon mehrmals gesehen, wie Anker ausbrachen oder abrissen, weil die Belastung höher war als angenommen beziehungsweise der Fixpunkt schwächer war als gedacht. In einem Fall handelte es sich um eine gestellte Rettungssituation, bei der ein schwach verwurzelter Baum komplett aus einem Berghang gerissen wurde. Dadurch ging nicht nur der Ankerpunkt selbst verloren, sondern der Baum kullerte jetzt auch noch unkontrolliert den Berg hinunter – samt der daran befestigten Sicherungsausrüstung.

Für die Bergung von feststeckenden Motorschlitten oder dem Hochziehen von schwerer Ausrüstung eignen sich meistens stabile und fest verwurzelte Bäume sowie große Felsen als Fix- und Ankerpunkte.

Man kann aber auch einen sogenannten **„Toten Mann"**, also einen quer zur Zugrichtung liegenden Baumstamm, oder kommerzielle Schneeanker tief im Schnee vergraben.

Auf den Eisflächen zugefrorener Gewässer kommen **Eisschrauben** aus dem Bergsportbereich als Anker zum Einsatz.

Alternativ habe ich mittels eines Eisbohrers **Löcher in das Eis gebohrt** und dann dort **Baumstämme einfrieren lassen** und als Fixpunkt verwendet.

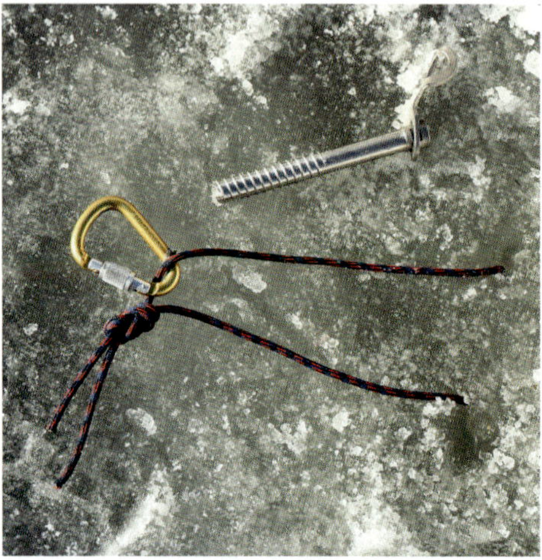

Für die Abakalov-Eisuhr werden mittels Eisschraube zwei verbindende Löcher gebohrt. Tatsächlich benötigt man nur eine Eisschraube. Die zweite Schraube wurde im Bild platziert, um die Anordnung der Bohrungen zu illustrieren.

Wenn eine Eisschraube und ein stabiler Drahthaken zur Verfügung stehen, kann man auch eine sogenannte **Abalakov-Eisuhr** (in Anlehnung an Sanduhren) herstellen. Dazu werden mit der Eisschraube sich verbindende Löcher im 60°-Winkel zueinander ins Eis gebohrt. Mithilfe des Drahthakens wird dann eine Schlinge durch diesen Eistunnel gefädelt, die zu einer Schlinge geknotet wird. So kann man mehrere zuverlässige Fixpunkte im Eis improvisieren, auch wenn man nur eine Eisschraube zur Verfügung hat.

Wenn ein Fixpunkt für die zu erwartende Belastung zu schwach erscheint, kann man die Last auch auf mehrere Anker verteilen.

Wenn in einem Sicherungs- oder Zugsystem **mehrere Fixpunkte nebeneinander** verwendet werden, ist es wichtig, in welchem Winkel die Seile an den Ankerpunkten befestigt werden. Je weiter die Fixpunkte voneinander entfernt platziert sind und je größer der Winkel in den verbundenen Seilen oder Schlingen ist, desto grösser wird die Belastung, die auf die Verankerungen wirkt. Das geht so weit, bis schließlich die Belastung auf jedem involvierten Fixpunkt die Belastung durch die eigentliche Last um ein Vielfaches überschreitet.

Achten Sie also darauf, dass Fixpunkte nah beieinander platziert sind! Sind sie zu weit auseinander, können Sie dies ausgleichen, indem Sie die verbindenden Seile und Schlingen verlängern.

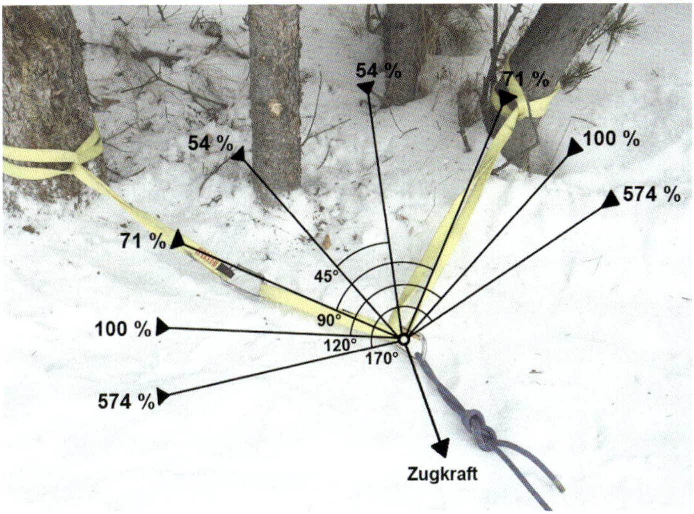

Auftretende Kräfte bei unterschiedlichen Winkeln der Ankerpunkte

Um Gegenstände mithilfe eines Seils zu bewegen, gibt es verschiedene Techniken. Beim sogenannten **Vektorzug** wird das gleiche physikalische Prinzip, das wie oben beschrieben bei den Ankern unbedingt vermieden werden sollte, nun zum Vorteil umgekehrt. Bei dieser Anwendung verbindet man allerdings mit dem Seil den Fixpunkt und das zu bewegende Objekt und nicht mehrere Fixpunkte. Dann greifen Sie in das stramm gespannte Seil zwischen Fixpunkt und Objekt und ziehen es seitlich weg. Die Zugkraft, die nun auf das Objekt wirkt, ist um ein Vielfaches höher als die Zugkraft, die Sie am Seil aufwenden. Je weiter Sie jedoch seitlich am Seil ziehen und sich der Winkel im Seil verkleinert, desto geringer wird die Zugkraft. Eventuell müssen Sie das Seil wieder spannen und erneut ansetzen. Der Vektorzug ist sehr einfach anzuwenden, da es keines komplizierten Aufbaus bedarf, und meist reicht die Zugkraft aus, um kleine Fahrzeuge wie etwa einen Motorschlitten zumindest ein kurzes Stück zu bewegen.

Für den Bau eines einfachen **Flaschenzugs** brauchen Sie neben einem **Seil, ein paar Karabiner, Umlenkrollen und Prusikschlingen.**

Mit einer einfachen Flaschenzugkonstruktion kann man eine **3:1-Übersetzung** erreichen und kleinere Lasten gut bewegen. Wenn mehrere Personen mitziehen, kann man mittelschwere Lasten wie etwa einen leichteren Motorschlitten bewegen.

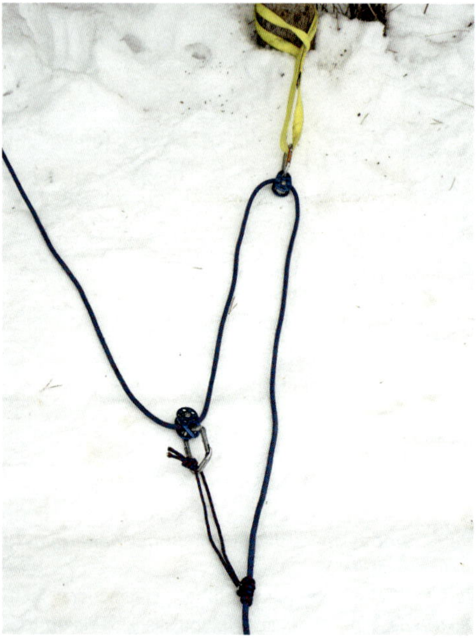

Der Aufbau eines einfachen Flaschenzugs

Die Flip-Flop-Winde lässt sich im Wald improvisieren, wenn nur ein Seil zur Verfügung steht

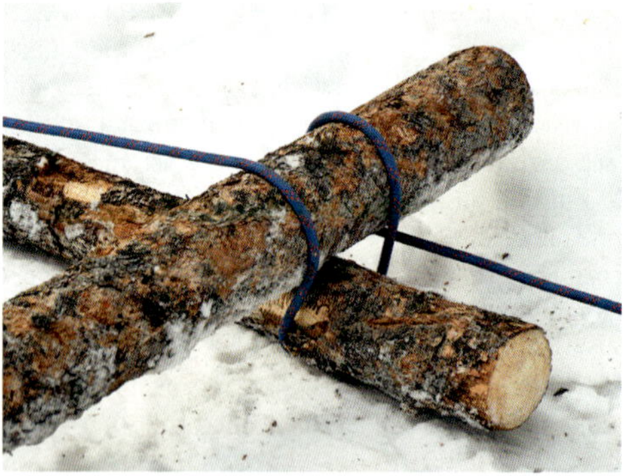

Wenn man noch mehr Übersetzung braucht, kann man mit weiteren Umlenkrollen oder Karabinern den mechanischen Vorteil erhöhen.

Bei der sogenannten **Flip-Flop-Winde** handelt es sich um eine geniale Windenkonstruktion, die neben dem Zugseil nur zwei stabile, etwa armdicke Baumstämme von 2-3 m Länge benötigt. Die folgende Abbildung illustriert den Aufbau und wie das Seil um die Hölzer gewickelt wird. Um die Winde zu bedienen, legen Sie abwechselnd die beiden Stämme um. So wird das Seil auf dem einen Stamm aufgewickelt, während der andere Stamm als Hebel genutzt wird. Der Prozess ist langsam, aber effektiv. Bei entsprechender Belastung kann es passieren, dass der Hebel zurückschnellt. Sie können zwei kleine Schlaufen um das Zugseil binden und nach dem Umlegen den Hebel damit sichern, bevor Sie die Winde umschlagen.

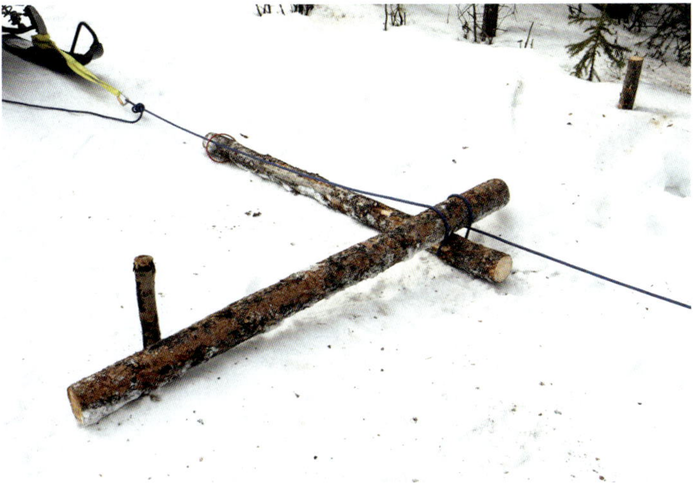

Die Flip-Flop-Winde in der Anwendung

Achten Sie darauf, dass Sie das gesamte System nicht überlasten und es zu Seilrissen, Brüchen der Fixpunkte oder anderen Problemen kommt. Konstruktionsbedingt ist es nicht möglich, sich bei der Flip-Flop-Winde aus der Schussbahn zu halten, sollte etwas reißen oder brechen. Sie müssen bei der Anwendung immer wieder über das Zugseil steigen. Ich würde diese Winde deshalb nur für relativ leicht zu bewegende Objekte nutzen.

Feuer

Der feuchte Schnee hat die Bekleidung durchnässt, die Finger sind steif vom kalten, beißenden Wind und es dürstet nach einer warmen Brühe. Ein wärmendes Feuer muss her! Zunächst nur zögerlich frisst sich die kleine Flamme durch die feinen Zweige, aber dann wachsen Glut und Flammen. Wenn schließlich ein großes, knisterndes Lagerfeuer lodert und der Kessel mit dem heißen Wasser blubbert und zischt, wird es endlich gemütlich im Lager.

Ein Feuer im winterlichen Camp dient als Wärmequelle für eine Vielzahl von Anwendungen. Sie können am Feuer kalte Glieder wärmen und nasse Kleidung trocknen. Schnee kann geschmolzen oder fragwürdiges Wasser zum sicheren Trinken abgekocht werden. Sie können über der Hitze des Feuers Nahrung zubereiten oder das Licht der Flammen und den Rauch als Notsignal nutzen.

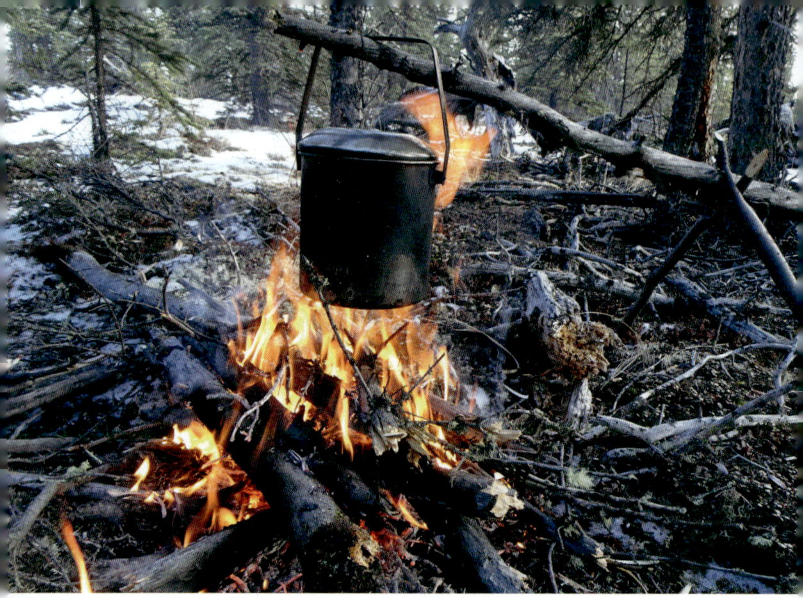

Ein knisterndes Lagerfeuer spendet Wärme, Licht und Komfort

Auch für die Psyche wirkt der Schein des Feuers Wunder. Ein Feuer im Lager etabliert zu haben, schafft ein Gefühl von Stolz und Zufriedenheit und verbreitet Zuversicht. Das faszinierende Spiel der züngelnden Flammen zu beobachten, sorgt für Unterhaltung an einem trüben Tag und vertreibt das Gefühl von Einsamkeit.

In den Hochgebirgen und baumlosen Tundren ist die Suche nach brennbarem Material extrem schwierig oder sogar aussichtslos. Man wird auf fossile Brennstoffe zurückgreifen müssen, mit denen Kocher und Heizer betrieben werden können. In arktischen Regionen wurden traditionell tierische Fette als Brennstoff verwendet und auch so manche gestrandete Antarktisexpedition musste sich mit dem Fett von Meeressäugern behelfen.

Das klassische Lagerfeuer als Wärmequelle ist vor allem ein Phänomen bewaldeter Gebiete. Holz steht hier als Brennstoff ausreichend zur Verfügung steht.

Bevor Sie überhaupt mit dem Aufbau und dem Anzünden beginnen, müssen Sie sich eine geeignete **Feuerstelle** suchen. Für ein erfolgreiches Feuer als auch Ihre Sicherheit und die Schonung der Umwelt ist das von entscheidender Bedeutung!

Idealerweise wird die Feuerstelle auf natürliche Weise durch Felsen sowie Bäume und Büsche in sicherem Abstand vor Wind geschützt.

Werfen Sie auch einen Blick nach oben. **Ausladende Äste** von umstehenden Bäumen **können Feuer fangen** oder **aufliegende Schneemassen** durch den Aufstieg warmer Luft abrutschen und **auf das Lager oder sogar das Feuer fallen**.

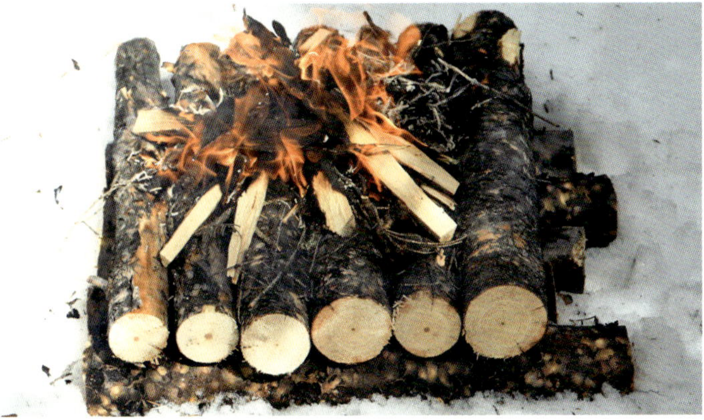

Im Schnee kann das Feuer auf einer Plattform aus Holz errichtet werden, damit es nicht im Schnee versinkt

Soweit möglich, **vermeide ich es, Feuer in Senken anzulegen**. Solange der Boden durch die winterlichen Temperaturen gefroren ist, mag es trocken wirken, aber wenn die Wärme des Feuers den Untergrund erst einmal aufgetaut hat, verwandeln sich manche Senken in regelrechte Sumpf- und Wasserlöcher. Leichte Erhebungen sind meist trockener.

Ein Feuer kann auch mit zeitlicher Verzögerung außer Kontrolle geraten. **Moorböden, Waldböden mit dickem Moospolster oder einer Auflage aus abgefallenen Baumnadeln sowie Wurzeln können im Winter zu schwelen beginnen und dann Monate später noch zu Waldbränden führen.** Wesentlich sicherer ist es, ein Feuer auf mineralischen Böden wie etwa Sandböden zu entzünden. Eventuell müssen Sie oberflächliches organisches Material erst entfernen, um die Stelle sicher zu machen.

Besondere Vorsicht ist geboten, wenn ein Feuer auf Gesteinsmaterial errichtet wird. Es gibt **Steine, die unter der Hitzeeinwirkung explodieren** können. Dazu gehören vor allem Gesteine mit möglichen Wasser- oder Gaseinschlüssen, aber auch solche, die sich aus unterschiedlichen Materialien zusammensetzen (sogenannte Brekzien und Konglomerate), schieferartige Gesteine oder amorphe Gesteine wie Flint.

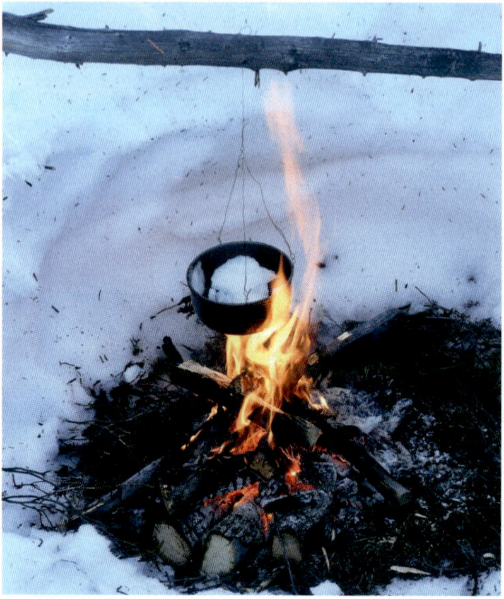

Feuerstelle im Schnee

In schneereichen Wintern stellt sich manchmal die Frage, ob man ein **Feuer auf dem Schnee** errichten soll oder ob man den Schnee zunächst entfernen und für die Feuerstelle bis auf den festen Untergrund graben soll. Wenn Sie nur ein schnelles Wärme- oder Kochfeuer während einer Pause benötigen, lohnt es sich meist nicht, den Schnee zu entfernen. Treten Sie den Schnee einfach etwas fest und bauen aus dicken Holzscheiten eine kleine **Plattform auf dem Schnee**. Darauf entfachen Sie dann das Feuer. Je nachdem was als Material zur Verfügung steht, kann man für die Plattform zwei bis drei Lagen aus Holz aufschichten. Wenn man verhindern will, dass die Plattform verbrennt, nutzt man grünes Holz für die Konstruktion.

Falls ich länger an einer Stelle verweilen und die Feuerstelle dauerhaft nutzen will, schaufle ich den Schnee bis auf den festen Boden weg und errichte mein Feuer auf dem gefrorenen Untergrund. Man kann natürlich auch die Wärme des Feuers nutzen, um den Schnee an der Feuerstelle wegzuschmelzen. Allerdings verwandelt sich der tauende Schnee dann in Wasser und der Bereich um das Feuer wird zur Schlammkuhle.

Wird das **Feuer auf einer Eisfläche** errichtet, empfiehlt es sich ebenfalls, eine Plattform aus Holz zu bauen. Auf Eisflächen bildet sich unter dem Feuer meist eine ordentliche Pfütze, da das Wasser nicht durch das Eis versickern kann. Dadurch kann ein Feuer tatsächlich fast in der Wasserlache versinken. Selbst wenn es nicht komplett versinkt, wird das Feuer stark von unten abgekühlt und die Feuchtigkeit zieht in das Feuerholz und das Glutbett und sorgt oft für ein uneffektives und stark rauchendes Feuer.

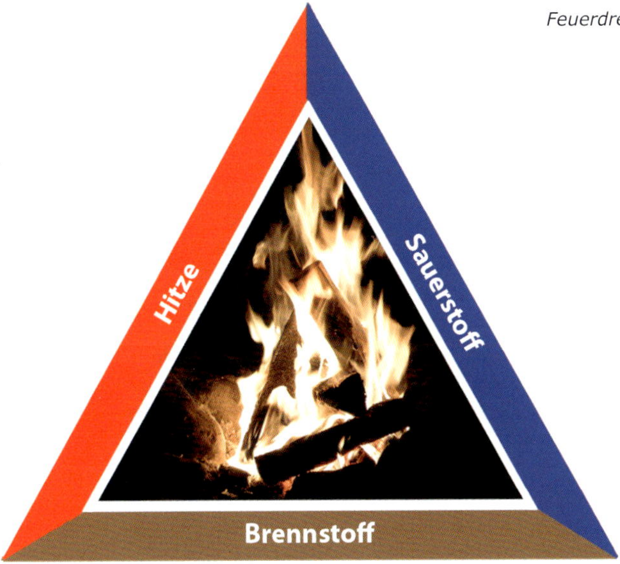

Feuerdreieck

Um ein Feuer zu entfachen und effektiv zu unterhalten, bedarf es **sorgfältiger Vorbereitung**. Zünden Sie Ihr Feuer erst an, wenn genug Material vorhanden ist, um es in Gang halten zu können. Nichts ist frustrierender, als Zunder und Anzündholz zu entfachen, um dann zu sehen, wie die Flammen wieder ersterben, nur weil nicht ausreichend Brennstoff für die nächste Phase bereitliegt.

Um ein Feuer zu entzünden, benötigt es verschiedene Elemente, die oft im sogenannten **Feuerdreieck** dargestellt werden.

Als **Brennstoff** benötigen Sie sowohl **Zunder** und **Anzündholz** als auch dickeres **Feuerholz**, um das Feuer zunächst anzuzünden und dann zu unterhalten.

Die **initiierende Hitzequelle**, welche die Kettenreaktion der Verbrennung in Gang setzt, stellen Sie durch die Anzündmethode Ihrer Wahl zur Verfügung.

Die **Sauerstoffversorgung** Ihres Feuers wird vor allem durch den Aufbau des Feuers reguliert. Ist das Brennmaterial zu dicht geschichtet, werden die Flammen nicht ausreichend mit Sauerstoff versorgt. Es qualmt ordentlich und die Flammen erlöschen. Wird das Holz hingegen zu locker aufgelegt, können die Flammen nicht auf das nächste Stück Brennstoff überspringen und das Feuer geht aus.

Im Folgenden wird das Buch sich mit diesen Aspekten etwas näher beschäftigen.

Brennstoff

Zunächst benötigen Sie **Zunder**. Dabei handelt es sich um leicht brennbares Material, das so fein ist, dass es den feinen, schwachen Funken aufnimmt, zu glimmen beginnt und dann eine Flamme entstehen lässt.

Wenn Sie Zundermaterial suchen, müssen Sie nach **trockenem, feinem und faserigem Material** Ausschau halten.

Trockenes Gras ist ein hervorragender Zunder. Es lässt sich im Winter leicht unter ausladenden Bäumen sammeln, wo weniger Schnee liegt. Achten Sie darauf, wirklich nur ganz trockenes Gras zu sammeln. Feuchte Halme und noch grünes Material muss unbedingt entfernt werden. Meist muss man das Gras noch ein wenig aufbereiten, indem man es zwischen den Händen walkt, bis ganz feine Pflanzenfasern zum Vorschein kommen.

Aus dem Grasbündel kann man prima ein kleines **Zundernest** formen, das an ein Vogelnest erinnert. In der Mulde werden Funken hervorragend aufgefangen und die entstehenden Flammen können an den Wänden des Nestes emporklettern und sich vergrößern.

Wenn der Schnee so tief ist, dass Sie nirgends am Boden trockenes Gras finden können, suchen Sie nach verlassenen Vogel- oder Eichhörnchennestern in Bäumen und Sträuchern.

Birkenrinde ist ein weithin bekanntes natürliches Hilfsmittel beim Entzünden eines Feuers. Die ätherischen Öle in der Rinde brennen besonders gut und man kann kleine Mengen Birkenrinde direkt vom lebenden Baum zupfen und anzünden. Um Birkenrinde als Zunder zu verwenden, der mit einem Funken entzündet werden kann, können Sie mit einem Messer die äußerste Schicht abschaben. Dabei entsteht ein Pulver, das bereits mit einem Funken entzündet werden kann.

Als **Kienspan** wird Kiefernholz bezeichnet, das mit auskristallisiertem Harz durchtränk ist. Man findet dieses Holz in toten Kiefern oft im Bereich alter Verletzungen, um Verästelungen und im Wurzelbereich. Besonders leicht kann man Kienspan gewinnen, wenn das umliegende Holz vermodert ist. Mit dem Messer kann man feines Pulver vom Kienspan abschaben und mit einem Funken entzünden.

Baumharz von Koniferen wie Kiefern oder Fichten kann man ebenfalls dem Zunder hinzumischen. Es ist kein Zunder an sich, sondern funktioniert eher als Brandbeschleuniger. Sammeln Sie Harz an der Außenrinde von Nadelbäumen, wo es an Wunden in Rinde und Holz austritt und verhärtet.

Feathersticks sind Stäbe aus trockenem Holz, von denen man mit einem scharfen Messer feine Holzlocken schneidet. Dabei belässt man die Holzlocken am Stab. Feathersticks sind einfach zu handhaben und können so gedreht werden, dass die Flammen sich schnell durch die feinen Holzlocken fressen.

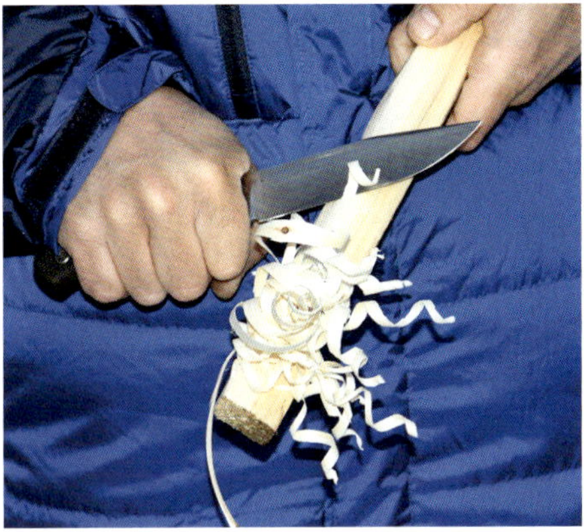

Feathersticks können mit einem scharfen Messer hergestellt werden

Um besonders feine Späne zu schneiden, schnitzen Sie zunächst eine saubere 90°-Kante in das Holz. Dann schieben Sie das Messer in einem flachen Winkel an der Kante entlang. Wenn Sie das Messer zu steil ansetzen, schneiden Sie zu tief in das Holz und die Späne werden zu grob. Wenn Sie das Messer zu flach anlegen, schneiden Sie die feinen Locken vom Holzstab. Die Holzlocken sind fein genug für das Entzünden mit einem Funken vom Feuerstahl, wenn sie sich mehrmals kringeln. Trockenes Holz wie etwa Pappel oder Weide, aber auch Fichte und Kiefer eignet sich hervorragend für die Herstellung von Feathersticks.

Für Notfälle sollte man sich jedoch nicht vollständig auf natürliche Zunderquellen verlassen und zusätzliche Hilfen zum Feuerstarten einpacken. Ich habe im Winter einen kleinen, wasserdichten Beutel mit in **Vaseline getränkten Watteböllchen** dabei, mit denen ich schnell ein Feuer entfachen kann. Gut funktionieren auch mit Wachs getränkte Pappstreifen. Aber natürlich können Sie auch Feuerstarter im Outdoorhandel kaufen.

Wenn sich im Zunder eine kleine Flamme etabliert hat, legen Sie **Anzündholz** nach, damit sich das Feuer schnell vergrößert. Dazu eignen sich kleine Zweige, gröbere Späne trockenen Holzes und Streifen von Birkenrinde. Besonders gut geeignet ist das abgestorbene und trockene Reisig, das Sie im unteren Bereich ausladender Fichten finden können. Als Faustregel gilt dabei, dass ein brennendes Stückchen Holz ein Stück von maximal doppelter Stärke entfachen kann. Wir benötigen also ausreichend Anzündholz in verschiedensten Materialstärken von etwa wenigen Millimetern Durchmesser bis hin zu etwa fingerdicken Ästen oder Stücken gespaltener Scheite. Legen Sie zunächst das feinere Material auf und nutzen Sie dann schrittweise gröberes Anmachholz.

Wenn Sie mit dem schnell brennenden Anzündholz ein starkes Feuer etabliert haben, wird es Zeit, dickeres Holz, das eigentliche **Brennholz**, aufzulegen. So können Sie das Feuer längerfristig unterhalten.

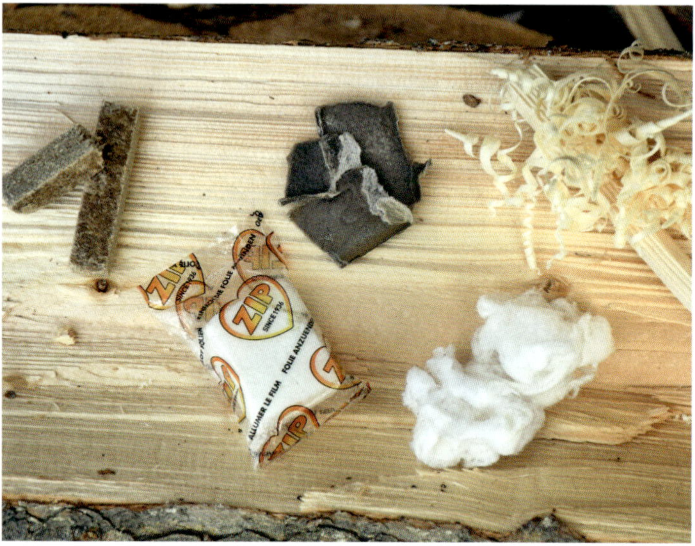

Verschiedene Mittel zum Feuerstarten: Grillanzünder (links oben und unten), wachsgetränkte Pappe (oben Mitte), Watte mit Vaseline (rechts unten), Featherstick (rechts oben)

In einer Notsituation sind die Werkzeuge zur Beschaffung von Brennholz eventuell limitiert. Im Idealfall haben Sie eine Axt oder eine Säge zur Hand, um auch gröberes Holz nutzen zu können. Ohne solche Hilfsmittel sind Sie vor allem auf etwa armdickes Holz begrenzt.

Vergeuden Sie nicht zu viel Energie durch das Zersägen von Stämmen in handliche Scheite. Im Notfall müssen Sie Energie sparen und Sie können längere Holzstücke einfach durchbrennen lassen.

Es gibt viele verschiedene Holzarten, die unterschiedliche Brenneigenschaften haben. In den meisten Fällen werden Sie darauf angewiesen sein, jedes trockene Holz zu verbrennen, das in der Nähe des Lagers zu finden ist. Aber wenn Sie die Wahl haben, wählen Sie Ihr Feuerholz mit Bedacht. Nadelhölzer wie **Fichten und Kiefern** erzeugen eine gute Hitze für ein eiliges Koch- oder Wärmefeuer, verbrennen jedoch sehr schnell und produzieren kaum anhaltende Glut. Durch den hohen Harzanteil sprühen Sie oft Funken und hinterlassen dicken Ruß auf Töpfen und Pfannen. Weiche Hölzer von schnell wachsenden Laubbäumen wie **Pappeln und Weiden** verbrennen ebenfalls recht zügig. Sie produzieren weniger Hitze, hinterlassen jedoch relativ viel Asche. Man kann Sie aber gut nutzen, um etwa Kochfeuer mit schwacher Hitze für langsames Schmoren zu unterhalten. Wenn langsam wachsende Baumarten wie **Buchen, Eichen oder Eschen** als Feuerholz genutzt werden können, verlängern sich die Brennzeiten und man wird mit lang anhaltender Glut belohnt.

Sammeln Sie **trockenes Holz** für Ihr Feuer! Lebendiges, also grünes, Holz brennt nur schlecht, erzeugt eine Menge Rauch und verrußt Ihre Töpfe. Am besten geeignet sind tote, noch stehende Bäume. Ihr Holz ist wesentlich trockener als das liegender oder lehnender Bäume oder Brennholz, das Sie vom feuchten Boden aufsammeln.

Tote Nadelbäume lassen sich im Winter leicht erkennen, da sie in der Regel keine grünen Nadeln mehr tragen. Schwerer ist es bei Laubbäumen und Lärchen, die als einzige Nadelbäume ebenfalls im Winter ihre Nadeln abwerfen. Hier müssen Sie einen genaueren Blick auf die Rinde werfen.

Ein toter Baum hat eine ausgetrocknete Rinde, die oft teilweise oder sogar komplett abgeplatzt ist. Sie können außerdem schnell am Gewicht erkennen, ob ein Stück Holz gut abgetrocknet ist: Grünes und nasses Holz ist wesentlich schwerer.

Wie viel Feuerholz benötigt man, um während einer kalten Nacht ein wärmendes Feuer durchgehend zu unterhalten?

Eine oft zitierte Faustregel ist: Wenn man glaubt, genug gesammelt zu haben, sollte der Vorrat noch einmal verdoppelt werden. Das ist natürlich keine echte Mengenangabe, bringt aber zum Ausdruck, wie leicht man sich verschätzen kann und dass doch **erhebliche Mengen an Holz** benötigt werden. Natürlich ist auch zu bedenken, dass mehrere Faktoren eine Rolle dabei spielen, wie viel Holz man tatsächlich benötigt. Es kommt auf die zu beheizende Unterkunft und die Effektivität der Feuerstelle, die tatsächlichen Wetterbedingungen und die Art und Qualität des Holzes an.

Während eines winterlichen Survivaltrainings bei Temperaturen von fast -30 °C übernachtete ich ohne Schlafsack an einer offenen Feuerstelle. Unser Team schnitt das Feuerholz auf etwa 1,5 m Länge, um ein Langfeuer zu unterhalten. Die trockenen Kiefern- und Fichtenstämme hatten jeweils einen Durchmesser von etwa 10-15 cm. Wir verbrannten in der einen Nacht einen Stapel von fast 1,5 m^3 Holz.

Dieses Beispiel zeigt, wieviel Feuerholz benötigt wird, wenn man keinen warmen Schlafsack oder eine warme Unterkunft hat. Es verdeutlicht auch die Bedeutung von Werkzeugen wie einer großen Axt und vor allem einer zuverlässigen Säge. Ohne diese Hilfsmittel hätten wir kaum die notwendige Menge Holz zusammenbekommen.

Feuer anzünden

Im Winter muss ein Feuer schnell und zuverlässig entfacht werden und für Spielereien ist keine Zeit. Ich beschränke mich deshalb hier nur auf einfachste und wirklich bewährte Anzündmethoden. Natürlich müssen Sie immer entsprechende Anzündhilfen wie Streichhölzer, Feuerzeuge und Feuerstahl dabeihaben.

Um ein Feuer erfolgreich zu starten und zu unterhalten, bedarf es **guter Vorbereitung.** Sie sollten das Feuer erst anzünden, wenn ausreichend Zunder, Anzündholz und Brennholz vorhanden sind.

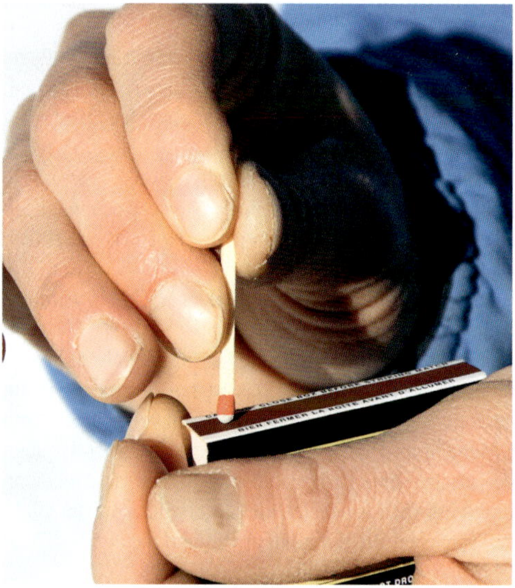

So zündet man ein Streichholz an, ohne es abzubrechen

Denken Sie alle Schritte sorgfältig durch, bevor Sie das Feuer anzünden. Ein Fehler, der häufig gemacht wird, ist, das Feuerzeug oder die Streichholzschachtel nach dem Anzünden neben sich zu legen, damit die Hände frei sind, um weiteres Anzündmaterial und Holz nachzulegen. Bei trockenen Bedingungen im Sommer mag das verzeihbar sein. Im Winter hingegen kann so eine unbedachte Handlung dazu führen, dass die lebenswichtigen Anzündhilfen im Schnee nass werden und nicht mehr funktionieren. **Stecken Sie Streichholzschachteln und Feuerzeuge nach der Benutzung sofort in eine sichere Tasche!**

Um mit einem **Streichholz** ein Feuer zu entfachen, halten Sie es zwischen Zeigefinger und Daumen. Dann reißen Sie es mit dem Mittelfinger an der Zündfläche der Streichholzschachtel an. Sie können die restliche Handfläche nutzen, um einen Windschutz für die kleine Flamme zu bilden, während Sie das Zündholz kopfabwärts halten, damit die Flamme sich am Holz emporfressen und größer werden kann.

Übertragen Sie die Flamme auf den bereitliegenden Zunder beziehungsweise das feine Anzündholz.

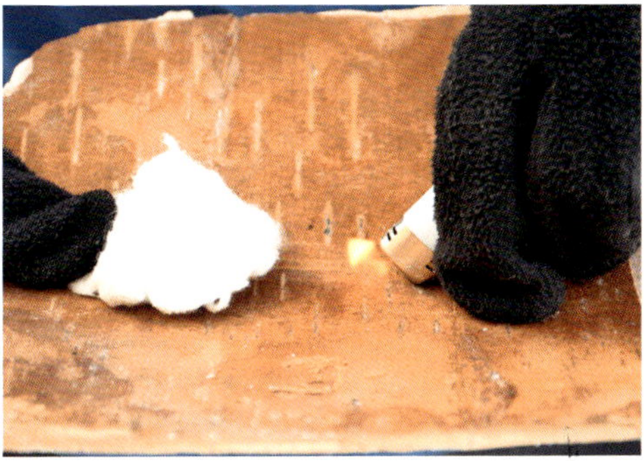

Wenn die kalten Finger nicht mehr richtig mitspielen, kann man ein Feuerzeug auch auf einer rauen Oberfläche entzünden

Feuerzeuge sind besonders einfach zu bedienen. Für den Einsatz im Winter ist zu bedenken, dass das Gas im Feuerzeug warm gehalten werden muss. Ansonsten funktionieren sie nicht bei Temperaturen um und unter dem Gefrierpunkt. Holen Sie das Feuerzeug erst unmittelbar vor der Benutzung unter der isolierenden Bekleidung hervor. Weiterhin sollten Sie bedenken, dass Feuerzeuge nur sehr schwer mit kalten Fingern zu bedienen sind. Wenn Ihre Finger zu kalt sind, um das Rädchen zum Entzünden zu bedienen und die Taste für das Gas zu drücken, können Sie das Feuerzeug auch über eine raue Oberfläche laufen lassen und so ein aufgeschichtetes Häufchen Zunder entfachen.

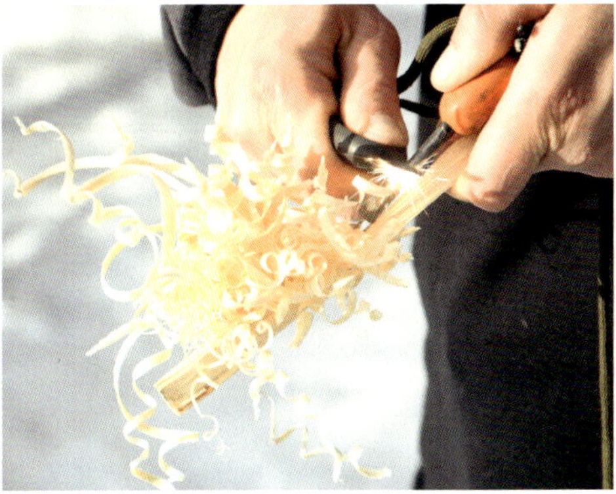

Ein Feuerstahl sprüht einen Regen heißer Funken und entzündet so feinen Zunder

Ein **Feuerstahl** ist ein sehr simples, aber effektives Werkzeug zum Feuerstarten. Es bedarf zwar etwas mehr Übung als Streichhölzer oder Feuerzeug, um mit dieser Methode erfolgreich ein Feuer zu entfachen, der große Vorteil an einem Feuerstahl liegt jedoch darin, dass er auch bei extremer Kälte funktioniert und nass werden kann, ohne seine Leistungsfähigkeit zu verlieren.

Bei der Nutzung des Feuerstahls entstehen sehr heiße Funken, die Temperaturen von etwa 3.000 °C erreichen. Eine richtige Flamme entsteht jedoch erst, wenn diese Funken sehr feinen Zunder entfachen. Sie müssen also entsprechenden Zunder mitbringen, finden oder herstellen.

Um die Funken zu erzeugen, schaben Sie mit einer scharfen Metallkante und etwas Druck über den Feuerstahl. Wenn der Feuerstahl noch ganz neu ist, müssen Sie zunächst die schwarze Beschichtung, die als Korrosionsschutz aufgetragen wurde, etwas abkratzen. Als scharfe Metallkante können Sie entweder den oft mitgelieferten Schaber nutzen, oder etwa den kantigen Rücken eines Sägeblattes oder einer Messerklinge verwenden.

Ziehen Sie das Schabwerkzeug zügig und mit etwas Druck in einem 45°-Winkel über den Feuerstahl. So wird Material von dem Metallstab geschabt und durch die Reibungshitze entzündet. Im Idealfall landen die heißen Funken auf den vorbereiteten Zunder vor dem Feuerstahl. Der Nachteil dieser Methode ist, dass man häufig mit dem Schaber in das Zundernest schlägt und den Zunder dabei in der Gegend verteilt.

Mir erscheint es einfacher, den Schaber stationär über dem Zunder zu halten und stattdessen den Feuerstahl nach hinten zu ziehen. Dadurch fallen die Funken zielgerichtet beim Schaber nach unten und direkt auf den hier platzierten Zunder.

Feuervarianten

Im Winter nutze ich, je nach Bedarf, vor allem zwei Arten von Feuern: ein einfaches Tipifeuer oder ein sogenanntes Langfeuer.

Tipifeuer

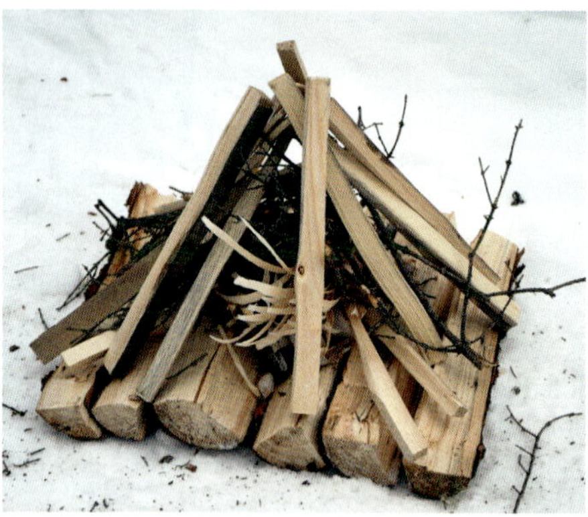

Das **Tipifeuer** ist das klassische Lagerfeuer, bei dem man immer dickeres Material kegelförmig auflegt. Dieses Feuer etabliert sich schnell, da sich die Flammen stetig am Feuerholz hochfressen und die Sauerstoffversorgung durch den lockeren Aufbau in der Regel gut gewährleistet ist. So ein Tipifeuer ist gut geeignet, wenn man schnell ein kräftiges Wärmefeuer benötigt. Man kann allerlei Brennmaterial unterschiedlicher Stärke auflegen und muss nicht allzu wählerisch sein, wenn das Feuer kräftig lodert. Allerdings muss man sich gut um ein Tipifeuer kümmern: Es brennt schnell ab und man muss immer wieder Brennholz nachlegen.

Ein **Langfeuer,** bei dem längere Holzstämme parallel angeordnet verbrannt werden, eignet sich besonders gut für den langfristigen Einsatz in einem festen Lager und wenn Sie damit einen parallel angeordneten Schlafplatz beheizen wollen.

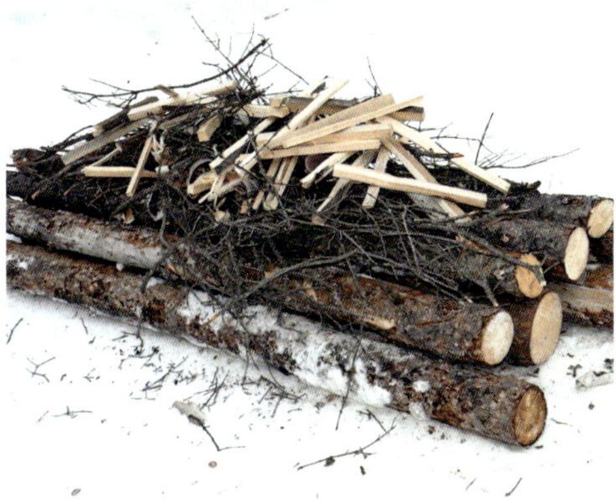

Langfeuer

Anders als das Tipifeuer kann dieses Feuer von oben her angezündet werden. Ein sorgfältiger Aufbau vor dem Anzünden und eine enorme Menge Anzündholz sind der Schlüssel zum Erfolg.

Zunächst werden für ein Langfeuer zwei bis drei Schichten Holzstämme parallel übereinandergelegt. Sie benötigen dickere Stämme von 15-30 cm Durchmesser und rund 1,5 m Länge. Beginnen Sie die unterste Lage mit vier bis fünf parallel angeordneten Stämmen. Sie können ein paar fingerdicke Äste als Abstandshalter zwischen die Stämme stecken. Darüber kommt dann eine versetzte Lage aus drei bis vier Stämmen und darüber eine weitere Lage aus zwei bis drei Stämmen.

Auf diesem Stapel wird nun ein ordentlicher Haufen Anzündholz aufgeschichtet. Nach dem Anzünden rieseln die Glutstücke des brennenden Anzündholzes durch die Ritzen zwischen den Stämmen und setzen diese in Brand.

Der Vorteil dieses Aufbaus liegt darin, dass man sich nach dem Anzünden des Anzündholzes für mehrere Stunden nicht um dieses Feuer kümmern muss. Die parallel angeordneten Stämme schützen einander vor Wind und halten sich gegenseitig am Brennen. Das hilft, das Feuer nahezu wartungsfrei zu unterhalten. Erst wenn die untere Lage Stämme durchgebrannt ist, muss man wieder neues Brennholz parallel auflegen.

Durch die lange Brenndauer ist ein Langfeuer gut geeignet, um – in sicherem Abstand – daneben zu ruhen und eventuell zu schlafen. Es eignet sich auch prima zum Beheizen eines Supershelters (☞ siehe Seite 185).

Feuer löschen

Wenn Sie Ihren Lagerplatz wieder verlassen, müssen Sie dafür sorgen, dass das Feuer vollständig erloschen ist! Nur die wenigsten haben im Winter die Waldbrandgefahr im Sinn, die von einem Lagerfeuer ausgeht. Tatsächlich ist im Winter die Gefahr, dass durch fliegende Funken Brände in trockenem Gras oder Laub entstehen, durch die schützende Schneedecke deutlich reduziert.

Nach wie vor besteht jedoch die Gefahr von Schwelbränden in organischem Bodenmaterial. Torfböden, Moospolster und Wurzeln im Boden können auch unter dem Schnee monatelang vor sich hin schmoren und dann im Frühjahr und Sommer wieder zu aktiven Waldbränden auflodern.

Um im Winter ein Feuer zu löschen, schaufle ich ein paar Ladungen Schnee in die Feuerstelle und vermenge Glut, Asche und Schnee. Das mache ich so lange, bis alle Glutnester wirklich gelöscht und kalt genug sind, dass ich meine Hand in die Feuerstelle halten kann. Besondere Aufmerksamkeit muss man den Rändern schenken und dort darauf achten, dass auch hier nichts mehr schmort.

Wetterschutz und Notunterkünfte

Unter kalten winterlichen Bedingungen sind **Unterkühlungen und Erfrierungen eine ernstzunehmende und allgegenwärtige Gefahr** in der Wildnis. Erfrierungen ungeschützter Hautpartien können innerhalb von Minuten eintreten. Folgenschwere Unterkühlungen des Körpers sind innerhalb weniger Stunden möglich. Sie müssen Erfrierungen und Unterkühlungen präventiv entgegenwirken, bevor diese Probleme zu noch größeren Schwierigkeiten und Notsituationen führen. Der Schutz vor Kälte, Wind und Nässe ist daher eine der wichtigsten Aufgaben im Winter.

Die folgende Abbildung zeigt Mechanismen von Wärmeverlust, denen der menschliche Körper in einer kalten, windigen und nassen Umgebung ausgesetzt ist. Ein Verständnis dieser Mechanismen ist notwendig, wenn man Wärmeverlust effektiv reduzieren will.

Den Energieverlust durch **Wärmestrahlung** kann man verringern, indem man den Körper mit zusätzlicher Isolierung schützt. Es helfen also ein Schlafsack, mehr isolierende Bekleidung oder eben eine Notunterkunft, die es ermöglicht, warme Luft um den Körper der Person zu speichern. Natürlich würde auch eine Unterkunft infrage kommen, die über eine Wärmequelle zur Erwärmung der Lufttemperatur im Inneren verfügt.

Wärmeverlust durch **Konvektion** kann unterbunden werden, indem Sie die Luftbewegung um Ihren Körper reduzieren. Eine Windbarriere, also dichte Bekleidung oder auch ein Schutz aus einer Zeltplane oder ein Biwaksack, können hier abhelfen.

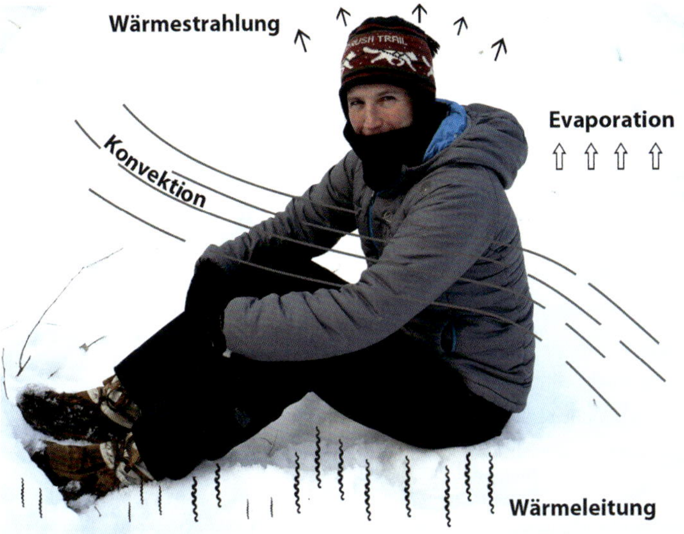

Verschiedene Mechanismen von Wärmeverlust. Dem menschlichen Körper wird in einer kalten Umgebung auf verschiedene Weise Energie entzogen.

Bei der **Wärmeleitung** wird dem Körper durch den direkten Kontakt mit einem kalten Objekt (zum Beispiel wenn Sie sich direkt auf Schnee oder Eis setzen) Wärme entzogen. Eine isolierende Unterlage (zum Beispiel Isomatte, Rucksack, dicke Lage Fichtenzweige) bietet guten Schutz.

Wärmeverlust durch **Evaporation** geschieht, wenn Ihre Bekleidung nass geworden ist. Die Notunterkunft muss Sie vor Feuchtigkeit durch schmelzenden Schnee (oder einen winterlichen Regenschauer) schützten.

Wenn Sie also in der Wildnis Ihren Körper vor Wärmeverlust schützen wollen, müssen Sie alle diese Prozesse berücksichtigen und unterbinden.

Der Standort des Lagers

Wählen Sie den **Standort** Ihres Lagers sorgfältig und mit Bedacht! Wenn Sie oder jemand aus Ihrer Gruppe verletzt ist oder Sie aus anderen Gründen festsitzen, dann müssen Sie sich eventuell mit den örtlichen Gegebenheiten anfreunden und das Beste draus machen. Wenn Sie aber mobil sind und sich einen Lagerplatz aussuchen können, sind folgende Überlegungen angebracht:

- ▷ **Kalte Luftmassen sinken bergab** und sammeln sich in Senken, Mulden und auf gefrorenen Gewässern. Wenn Sie das Lager nur ein paar Meter höher aufschlagen, kann das schon einen Wärmegewinn von 1 oder 2 °C ausmachen.
- ▷ Ist das Lager vor **Steinschlag, Eisschlag und Lawinen** geschützt? Können umstehende **Bäume oder schwere Äste** durch schwere Schneelast oder starken Wind **auf die Unterkunft stürzen**?
- ▷ Wird das Gebiet um das Lager von **wilden Tieren** frequentiert? Achten Sie auf Losung, Spuren und Nahrungsquellen von Raubtieren. Halten Sie sich fern, wenn Sie Anzeichen für potentiell gefährliche Tiere bemerken.
- ▷ Sind Sie vor **extremen Witterungseinflüssen** geschützt? Könnten starke Sturmereignisse oder auch massive Schneefälle zur Gefahr werden? Besonders wenn Sie auf großen Gewässern wie Seen oder breiten Flussläufen lagern, aber auch auf exponierten Berggraten oder offenen Hängen sind Sie schlechtem Wetter möglicherweise extrem ausgesetzt.
- ▷ Wenn Sie eine Notunterkunft bauen müssen, brauchen Sie **Baumaterial**. Gibt es genug Material in unmittelbarer Umgebung des Lagers? Muss Material erst mühsam herangeschafft werden, wird viel Energie vergeudet. Das gilt besonders, wenn tiefer Schnee liegt.
- ▷ Sind genug **Feuerholz, Trinkwasser und Nahrung** in der näheren Umgebung des Lagers zu finden? Es kann sich lohnen weiterzuziehen, wenn die Ressourcen in der Umgebung erschöpft sind – sogar wenn es bedeutet, dass man an einem anderen Standort wieder eine neue Notunterkunft bauen muss. Dies kann kraftsparender sein, als von weit her Feuerholz heranschleppen zu müssen.
- ▷ Können **Rettungsmannschaften** Ihren Lagerplatz gut aus der Luft sehen? Kann ein Hubschrauber oder ein kleines Flugzeug in der Nähe landen?

Organisieren Sie Ihr Camp mit Bedacht! Wenn Sie mit gefährlichen Tieren, wie etwa Bären, zu rechnen haben, müssen **Lebensmittel und Kochausrüstung in einiger Entfernung zum Schlafplatz** benutzt und aufbewahrt werden.

Eine **Latrine** sollten Sie ebenfalls in einiger Entfernung und vor allem weit weg von Ihrer Trinkwasserquelle einrichten. Urinieren Sie nachts nicht in den Schneehaufen, den Sie am Morgen schmelzen und zu Trinkwasser verarbeiten wollen.

Während eines starken **Schneetreibens** kann man sich auch im und um ein Lager leicht verirren. Wenn alles weiß erscheint und Fußspuren innerhalb von Minuten wieder zugeweht sind, kann es nach dem Gang zum Klo unmöglich sein, das zugeschneite Zelt oder den kleinen Eingang zur Schneehöhle wiederzufinden. **Markieren Sie die wichtigsten Wege im Lager mit Schnüren**, die Sie wie ein

Geländer zum Ziel führen. So markieren Sie Kochstelle, Feuerholzstapel, Latrine und Wasserloch für Tage mit schlechter Sicht.

Ausrüstung wie etwa Ski, Schneeschuhe, Skistöcke, Axt und Säge sollte man im Lager **aufrecht in den Schnee stecken**. Alles, was unorganisiert herumliegt, wird bei Schneefall sogleich bedeckt und verschwindet über Nacht eventuell auf Nimmerwiedersehen.

Zelten im Winter

Wenn Sie ein wintertaugliches Zelt und einen Schlafsack mit Isomatte zur Verfügung haben, sollten Sie natürlich auch in einem Notfall von dieser Ausrüstung Gebrauch machen, um sich vor Kälte, Wind und Schnee zu schützen.

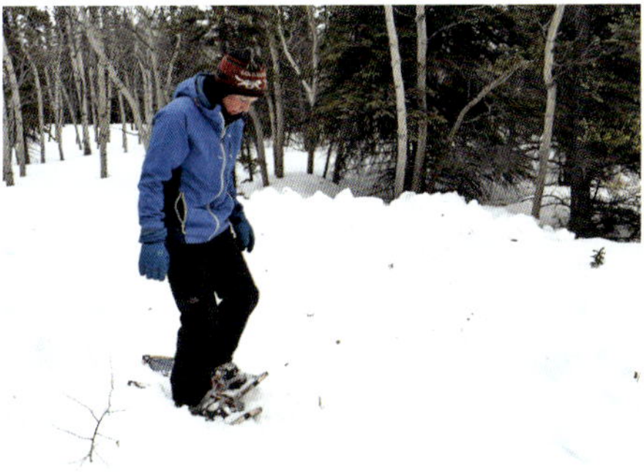

Den Schnee im Lager kann man mit Ski oder Schneeschuhen verfestigen

In einem ersten Schritt sollten Sie lockeren **Schnee an Ihrem Lagerplatz gut verfestigen**. Stampfen Sie zunächst mit Schneeschuhen und Ski den Schnee so gut es geht herunter. In tiefem Schnee schnalle ich anschließend die Schneeschuhe oder Ski ab und stampfe den Schnee noch einmal nur mit den Schuhen weiter fest. Dadurch kann man den Schnee auch in den tieferen Schichten verfestigen. Dann gehe ich noch ein letztes Mal mit Ski oder Schneeschuhen darüber, um die Fläche zu glätten und Unebenheiten auszugleichen. So bauen Sie ein gutes Fundament für Ihr Lager.

Bauen Sie Ihr Zelt immer schon gleich von Anfang an richtig auf und sichern Sie es gut gegen Wind, auch wenn zunächst noch gutes Wetter herrscht. Das Wetter kann sich schlagartig ändern. Und dann kostet es viel mehr Zeit und Energie, das Zelt nachträglich abzusichern, wenn es bereits bläst und schneit.

Mit normalen Heringen werden Sie im Winter nicht weit kommen. Sie bieten im Schnee nicht genug Haltekraft und reißen meist schnell wieder heraus. Mit längeren und breiteren **Schneeheringen** hingegen können Sie ein Zelt im Winter in der Regel gut verankern. In gut verfestigtem Schnee können die Schneeheringe vertikal in den Schnee getrieben werden. In weichem, lockerem Schnee werden die **Schneeheringe als T-Anker** verwendet und horizontal eingegraben.

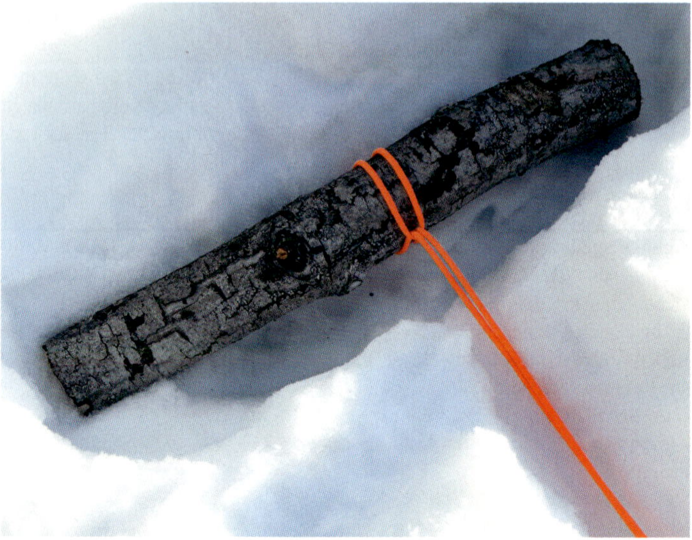

T-Anker zum Befestigen der Zeltleinen

Dazu gräbt man einen Graben in den Schnee, der in einem rechten Winkel zur Zugrichtung verläuft. Ziehen Sie außerdem einen weiteren kleinen Graben, der von der Mitte des Schneeankers in Richtung Zelt verläuft. Durch diesen Graben wird die Zeltschnur zwischen T-Anker und Zelt im Schnee verlegt, um eine gerade Zugbelastung auf der Zeltleine zu gewährleisten.

Anstelle von speziellen Schneeankern kann man sich auch mit allerlei anderen Optionen behelfen. Sie können auch **stabile Aststücke, Skistöcke oder Schneeschuhe als Befestigungspunkte vergraben**. Wenn Sie Ihre Tourenski als Anker verwenden wollen, sollten die scharfen Stahlkanten der Ski in Richtung Zelt zeigen, damit die Schnüre unter Belastung nicht zerschnitten werden. Gute Erfahrungen habe ich auch mit kleinen bis mittelgroßen **Packsäcken** gemacht, die mit Schnee gefüllt und dann **als Anker vergraben** werden.

Nachdem Sie Ihr Zelt aufgebaut und mit allen Sturmleinen verankert haben, können Sie auch noch rund **um das Außenzelt Schnee aufhäufen**. Wenn Ihr Zelt Schneelappen hat, schaufeln Sie den Schnee direkt darauf. So wird das Zelt weiter verankert und gegen Wind und verwehenden Schnee abgedichtet.

In der Apside, also dem **Vorraum** für das Gepäck außerhalb des Innenzeltes, können Sie den **Boden ausheben**. Das hat mehrere Vorteile: Zum einen haben Sie so mehr Raum für das Gepäck und mehr Platz für den Fall, dass Sie im Zelt kochen müssen (☞ siehe Kapitel „Gefahren durch Ausrüstung" zum Thema Kohlenmonoxidvergiftungen und Verbrennungen, S. 69). Außerdem können Sie dann bequem an der Kante zum Innenzelt aufrecht sitzen und die Beine in der Apside hängen lassen und ausstrecken – ein unglaublicher Vorteil, wenn man längere Zeit in einem Sturm im Zelt ausharren muss. Zusätzlich ergibt sich dadurch ein **Kältegraben** und kalte Luft im Zelt sinkt unter das Niveau Ihres Schlafplatzes.

Wer schon einmal in einem richtigen Wintersturm in einem Zelt ausharren musste, kennt sicherlich die Sorgen, die man sich um die Stabilität des Zeltes macht: Werden die Sturmleinen halten? Sind die Zeltstangen stark genug für die Windböen? Halten die Nähte? Wird es ganz extrem, kann man auch von innen das Gestänge mit Händen und Füßen abstützen und so bei Böen das Zelt entlasten. Ich habe auch schon Gepäck auf der windzugewandten Seite von innen gegen die Zeltwand gestapelt, um das Zelt zusätzlich zu stabilisieren und vor Schäden zu bewahren.

Zusätzlich kann man das **Zelt mit Schneemauern schützen**. Schneemauern werden entweder aus gesägten Schneeblöcken aufgestellt oder man kann lockeren Schnee wie einen Hügel aufhäufen, um starke Windböen abzublocken und das Zelt dahinter so vor den schlimmsten Windschäden zu bewahren. Bauen Sie diesen Windschutz mit etwas Abstand vor das Zelt. Auf der Leeseite, also der windabgewandten Seite, der Schneemauer wird Schnee abgelagert, der durch den Wind herumgeblasen wird. Es entsteht hier also eine Schneewehe. Wenn Sie nicht genug Abstand zur Schneemauer halten, wird Ihr Zelt unter der Schneewehe begraben.

Warm schlafen

Im Winter eine Nacht draußen verbringen zu müssen, ist für viele eine Horrorvorstellung. Die Angst, selbst mit guter Ausrüstung wie einem warmen Schlafsack und Isomatte oder dicker Daunenbekleidung zu frieren, ist für manche Grund genug, erst gar nicht auf Wintertouren zu gehen.

Dabei gibt es viele Tricks, mit denen man auch eine Nacht bei extremer Kälte warm und nicht nur erträglich, sondern sogar gemütlich gestalten kann. Im Folgenden habe ich ein paar **Tipps aus der Praxis** aufgelistet, die mir in den kältesten Nächten geholfen haben, **warm zu bleiben** oder **wieder warm zu werden** und erholsamen Schlaf zu finden:

▷ **Trinken und essen** Sie etwa eine Stunde, bevor Sie in den Schlafsack kriechen, ein wenig! Ein gut genährter und hydrierter Körper verbrennt Kalorien und produziert Wärme. Wenn Sie hungrig und mit Wassermangel schlafen gehen, wird Ihnen kalt!

- Gehen Sie vor dem Zubettgehen noch **eine kleine Runde spazieren**, selbst wenn es sich nur um eine kurze Strecke oder ein paar Runden um das Lager handelt! Das regt die Zirkulation und Wärmeproduktion an. So gehen Sie bereits aufgewärmt in den Schlafsack.
- Wenn Ihre Unterwäsche feucht ist und Ihnen kalt ist, **wechseln Sie Ihre Kleidung gegen trockene aus** und ziehen Sie ein paar **trockene Socken** an. Manchmal reicht das bereits, um wieder warm zu werden. Wenn Sie keine trockene Wäsche mehr haben, kann es besser sein, komplett nackt in den Schlafsack zu kriechen.
- Schließen Sie **die Kapuze und den Wärmekragen** Ihres Schlafsacks! So bleibt warme Luft im Schlafsack, auch wenn Sie sich hin- und herbewegen.
- Lassen Sie nur ein **kleines Atemloch um Mund und Nase** offen. So kann die feuchte Atemluft nach außen entweichen und der Schlafsack bleibt trocken. In den Schlafsack zu atmen, mag die Luft im Inneren kurzfristig aufwärmen. Aber die Feuchtigkeit, die dabei in die Isolation gelangt, reduziert die Leistungsfähigkeit des Schlafsacks.

Im dicken Winterschlafsack wird es auch bei kalten Temperaturen gemütlich

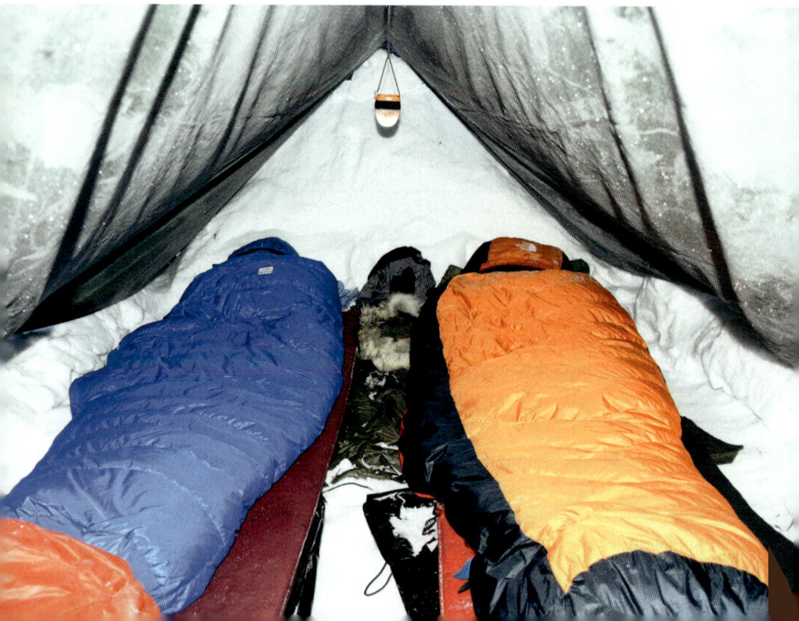

- ▷ **Isometrische Übungen** sind sportliche Übungen, die man liegend im Schlafsack vollziehen kann. Wenn Ihnen kalt ist, spannen Sie einzelne Muskeln an und entspannen Sie sie dann wieder. Dabei geht es nicht darum, Ihre Glieder zu bewegen, sondern nur die Muskeln. Entwickeln Sie eine Routine, die beispielsweise in den Füßen beginnt, von dort die Beine und schließlich den gesamten Körper hochsteigt. Wiederholen Sie die Sequenz ein paarmal, bis Ihnen wieder warm ist.
- ▷ In Nächten, in denen es trotz Winterschlafsack an den Füßen kalt wurde, habe ich meine **Daunenjacke als Fußsack** in den unteren Bereich des Schlafsacks gestopft und so die Isolation um meine Füße und Beine erhöht.
- ▷ Eine gut **isolierende Unterlage** ist im Winter besonders wichtig. Wenn die Isomatte nicht ausreicht, kann man weiter isolierende Lagen aus Fichtenzweigen unterlegen. Aber ich habe auch schon Lagen aus Kleidungsstücken auf der Isomatte ausgebreitet und so die Isolierung unter dem Schlafsack erhöht.
- ▷ Eine einwandige (also nicht isolierte) Trinkflasche kann wie eine **Wärmflasche** mit warmem Wasser gefüllt und als Wärmequelle in den Schlafsack gelegt werden. Benutzen Sie kein kochendes Wasser und stopfen Sie die Flasche in eine dicke Socke, um Verbrennungen zu verhindern. Stellen Sie sicher, dass der Deckel richtig verschlossen ist. Eine auslaufende Wasserflasche im Schlafsack führt zu allerlei weiteren Problemen.
- ▷ Wenn Sie **pinkeln** müssen, zögern Sie es nicht hinaus! Auch wenn es draußen kalt ist: Überwinden Sie sich und stehen Sie einfach auf, um sich zu entleeren! Danach wird Ihnen schnell wieder warm und Sie schlafen besser. Ihr Körper verbraucht viel Energie, um Urin in der Blase warm zu halten. Manche Wintercamperinnen und Wintercamper benutzen eine extra Flasche mit weiter Öffnung zum Urinieren, damit sie in der Nacht nicht das Zelt oder gar den Schlafsack verlassen müssen. Aber es gibt auch Geschichten über dabei eingenässte Schlafsäcke. Was hinterher für Lacher sorgen mag, ist in der Situation selten lustig.
- ▷ Es wird oft diskutiert, ob es sinnvoll ist, **mit dicker Bekleidung in den Schlafsack** zu schlüpfen. Es scheint zu diesem Thema zwei Lager zu geben, von denen das eine behauptet, zusätzliche Bekleidung würde den Körper wärmer halten. Die Verfechter der anderen Theorie behaupten, dass einem kälter ist, wenn man im Schlafsack zusätzliche Lagen anzieht. Wer hat denn nun recht? Beide!

  Natürlich erhöhen zusätzliche Lagen Bekleidung die Isolation und halten einen dadurch insgesamt wärmer.

Allerdings ist es in einem Schlafsack auch deshalb so schön warm und gemütlich, weil sich in dem großen Sack die verschiedenen Körperteile gegenseitig wärmen. Wenn man nun kalte Füße und kalte Beine hat, verhindern dicke Socken und eine gut isolierende Hose im Schlafsack leider auch, dass die warme Luft im Schlafsack, die vom Torso her aufgeheizt wird, überhaupt erst an die kalten Gliedmaßen gelangt. In einem solchen Fall kann es tatsächlich sinnvoller sein, sich zunächst ohne zusätzliche dicke Bekleidungsschichten und nur mit einer Lage dünne Socken und Unterwäsche in den Schlafsack zu legen.

- ▷ Sie sollten bereits **vor dem Schlafengehen den nächsten Morgen planen**! Eventuell müssen Sie feuchte Bekleidung mit in den Schlafsack nehmen, um sie für die kommenden Tage zu trocknen. Dabei riskieren Sie natürlich, dass der Schlafsack feucht wird und dadurch weniger gut isoliert. In der Regel nehme ich auch meine Innenschuhe mit in den Schlafsack. So werden sie über Nacht vor dem Gefrieren geschützt und sind am Morgen beim Anziehen angenehm warm.
- ▷ Außerdem packe ich **weitere Ausrüstung** mit in mein Bett. Ich habe eine **kleine Stirnlampe** im Inneren des Schlafsacks, die ich auch im Dunkeln sofort finden kann, ohne meine Hände aus dem Schlafsack nehmen zu müssen. Man kann im Schlafsack auch Medikamente, Kontaktlinsen, Kamerabatterien und weitere empfindliche Gegenstände vor dem Gefrieren schützen.

Notunterkünfte im Winter

Wenn Sie während eines Notfalls an einem Ort bleiben müssen und keine Wintercampingausrüstung wie Zelt, Schlafsack und Isomatten zur Verfügung haben, sollten Sie über den Bau einer Notunterkunft nachdenken.

Bei milden winterlichen Temperaturen kann man mit entsprechend warmer Bekleidung und einem wärmenden Feuer eine Nacht eventuell auch ohne Notunterkunft gut überstehen.

Wenn die Bekleidung keine ausreichende Isolation bietet, die Temperaturen zu niedrig sind, Schneefall Ihre Isolation zu durchnässen droht, ein wärmendes Feuer keine Option ist oder Sie sich darauf einrichten müssen, eventuell auch länger festzusitzen, dann ist es an der Zeit, eine schützende Notunterkunft zu errichten.

Gehen Sie **gezielt und methodisch** vor. Überlegen Sie, wie Sie in Ihrer Lage mit den gegebenen Ressourcen am besten die verschiedenen Arten von Wärmeverlust unterbinden können.

Der Bau einer Notunterkunft braucht Zeit, Kraft, die richtigen Werkzeuge und das nötige Baumaterial. Planen Sie keine komplizierten Konstrukte und übernehmen Sie sich nicht mit dem Projekt. Schnell, einfach, aber effizient lautet hier die Devise!

Möglicherweise schaffen Sie es nicht, Ihre Notunterkunft an einem Nachmittag oder Abend fertig zu bauen. Konzentrieren Sie sich auf die wichtigsten Komponenten, die Ihnen wenigstens etwas Schutz vor Wind, Schnee und Kälte bieten. Fahren Sie mit dem Bau fort, sobald Wetter, Tageslicht und Ihr Zustand es erlauben.

Der Biwaksack

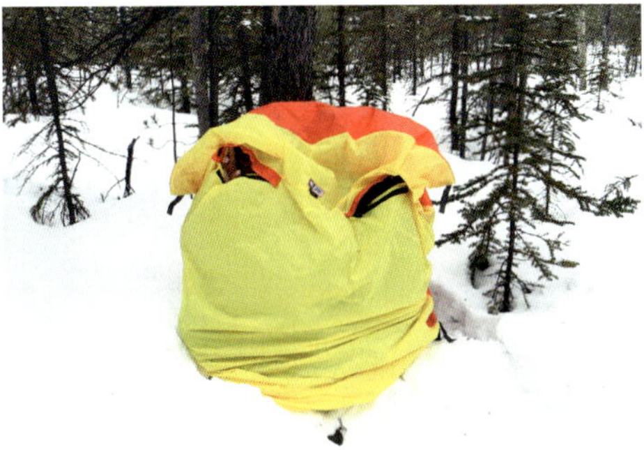

Ein Biwaksack schützt vor Wind und Schneefall und staut warme Luft im Inneren

Eine ganz simple und schnell einzusetzende Notunterkunft stellt ein Biwaksack dar. In alpinen Regionen werden Biwaksäcke oft auf Bergsteigertouren und Skitouren eingesetzt. Ein Biwaksack bietet bei geringem Gewicht und kleinem Packmaß einen effektiven Wetterschutz. Er wird meist in alpinen Regionen eingesetzt, wo es keine Bäume für den Bau eines Notunterstandes oder als Brennmaterial für ein wärmendes Feuer gibt. Aber er kann auch in niedrigen Lagen unterhalb der Baumgrenze genutzt werden, wenn es darum geht, schnell einen Wetterschutz zu improvisieren.

Biwaksäcke werden in verschiedenen Ausführungen und Materialien angeboten. Im Wesentlichen handelt es sich um einen wind- und wasserdichten Sack, den man als Wetterschutz über den Schlafsack ziehen kann. Aber man kann ihn auch ohne Schlafsack nutzen und einfach warm bekleidet hineinschlüpfen. Dann bietet der Biwaksack immer noch einen zuverlässigen Schutz vor Wind, Regen und Schnee. Zusätzlich wärmt sich die Luft im Inneren auf und man sitzt in einer warmen Luftblase.

Biwaksäcke haben nicht das Isolationsvermögen eines richtigen Schlafsacks. Aber Sie können einen kleinen, wettergeschützten Raum schaffen und so in einer Notlage erheblich zum Überleben beitragen.

Ich bevorzuge einen geräumigen Zwei-Personen-Biwaksack. Dadurch habe ich die Möglichkeit, mit einer weiteren Person zusammenzurücken, was die Wärme im Biwaksack erhöht. Außerdem kann ich mich in dem großen Biwaksack wettergeschützt umziehen und kann meinen Hund oder das Gepäck mit hineinnehmen.

Manchmal wird vorgeschlagen, sich im Biwaksack auf den Rucksack zu setzen und dann eine Kerze als Wärmequelle zwischen die Beine zu stellen. Tatsächlich wird es dadurch gleich erheblich wärmer im Biwaksack. Aber man riskiert bei dieser Methode erhebliche Verbrennungen, wenn die Kerze brennbare Bekleidung oder den Biwaksack entfacht.

Das Wildnisbett

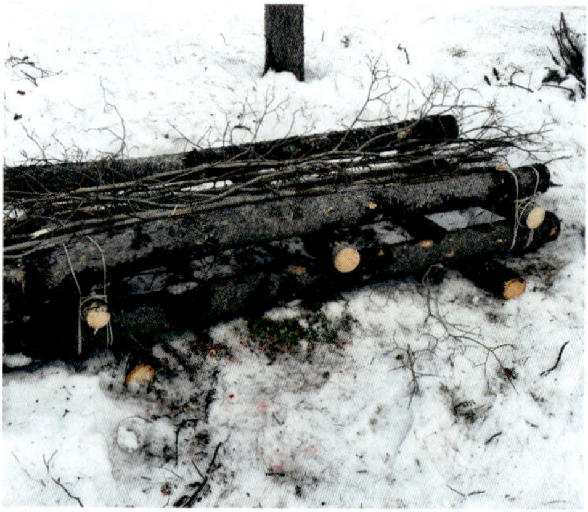

Das Gerüst des Wildnisbetts wird gut verschnürt und mit fingerdicken Zweigen bedeckt

Eine isolierende Unterlage verhindert den Wärmeverlust durch direkten Kontakt mit dem kalten Boden. Das Wildnisbett ist eine gute Alternative, wenn keine Isomatten zur Verfügung stehen. Der Bau eines solchen Bettgestells ist natürlich auf bewaldete Regionen beschränkt, da man Holz für den Rahmen und feines Pflanzenmaterial für die Polsterung und Isolierung benötigt.

Das Wildnisbett isoliert nicht nur gegen Bodenkälte, sondern platziert die schlafende Person auch noch erhöht neben dem Lagerfeuer – also dorthin, wo sich die Wärme des Feuers hin ausbreitet. Sollten Sie genug Material zur Verfügung haben, **bauen Sie Ihr Bett etwa kniehoch**. So funktioniert das Bett auch prima als Sitzgelegenheit neben dem Feuer.

Wenn Sie das Wildnisbett in Ihre Notunterkunft integrieren wollen, kann es einfacher sein, das Bett zuerst zu bauen und die Überdachung erst später hinzuzufügen. So müssen Sie Ihr Baumaterial nicht durch einen kleinen Eingang bugsieren und haben genug Platz, um vernünftig das Bett zu bauen.

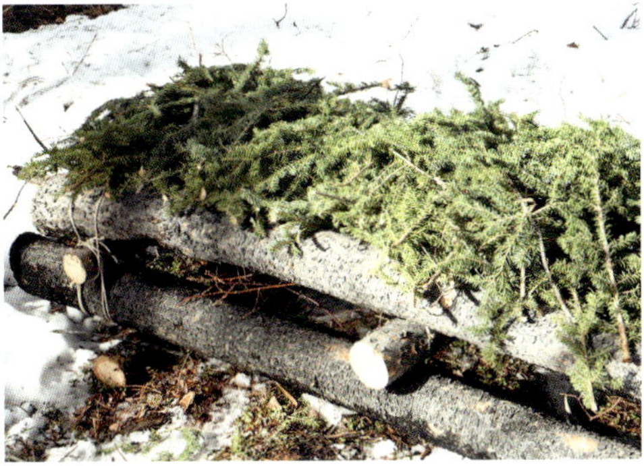

Die Abdeckung des Wildnisbetts mit Fichtenzweigen

Für den **Rahmen** beginnen Sie mit zwei langen, etwa armdicken Stämmen, die parallel zueinander und etwas mehr als schulterbreit auseinander angeordnet werden. Für die nächste Lage kommen drei etwa gleich starke Querstreben darüber. Platzieren Sie eine der Streben zwischen Kopf- und Schulterhöhe, die zweite Strebe zwischen Hüfte und Knie und schließlich eine bei den Füßen. Darüber legen Sie wieder zwei lange Streben. Wenn diese Anordnung das Bett noch nicht auf die gewünschte Höhe gebracht hat, legen Sie einfach weitere Lagen von Stämmen und Querstreben auf.

Damit die Stämme und Querstreben des Bettrahmens nicht wegrollen, sollten Sie das Gerüst **an den Kreuzungspunkten mit Schnur fest verbinden**. Falls keine Schnur zur Verfügung steht, können Sie Kerben in die Streben hacken oder sägen, um ein Wegrollen zu verhindern.

Nun folgt eine Lage aus etwa fingerdicken flexiblen Stangen, die den **Lattenrost des Bettes** bilden. Hierfür brauchen Sie zehn bis fünfzehn lange und möglichst gerade Äste. Weiden, Erlen, Birken, aber auch junge Fichten bieten sich wegen ihres geraden Wachstums an.

Anschließend werden **dicke Lagen aus weichem Material** als Polsterung und Isolation aufgelegt. In den subarktischen Nadelwäldern des Nordens bieten sich **Fichtenzweige** an. Geben Sie sich viel Mühe bei der Auflage dieser obersten Schicht. Unregelmäßigkeiten machen sich gleich bemerkbar und sorgen für Kältebrücken oder unbequeme Stellen.

Die Fichtenzweige ordnen Sie am besten in einem V-Muster an: Die feineren Enden zweier Zweige legen Sie in einem 90°-Winkel zueinander in der Mitte des Bettes so auf, dass die baumseitigen Enden am Rand über den Bettrahmen ragen. Platzieren Sie immer nur zwei Äste auf einmal. Das dauert zwar etwas länger, macht sich aber später bezahlt. Dann folgen die nächsten beiden Zweige überlappend. So entsteht ein dichtes und weiches Bett. Im Winter sollten Sie mindestens zwei, besser drei Lagen übereinanderlegen, damit Sie ausreichend nach unten isoliert sind.

Ein solches Bett zu bauen, dauert mindestens eine volle Stunde, selbst wenn alles Baumaterial in unmittelbarer Umgebung des Lagers gesammelt werden kann. Sollte ein solches Bettgestell zu aufwendig sein, können Sie für eine **improvisierte Unterlage** auch einfach eine dicke Lage aus fingerdicken Ästen direkt auf den Boden legen, um etwas Abstand zum kalten Untergrund zu schaffen. Dann werden diese Äste wie oben beschrieben mit isolierenden und polsternden Fichtenzweigen bedeckt.

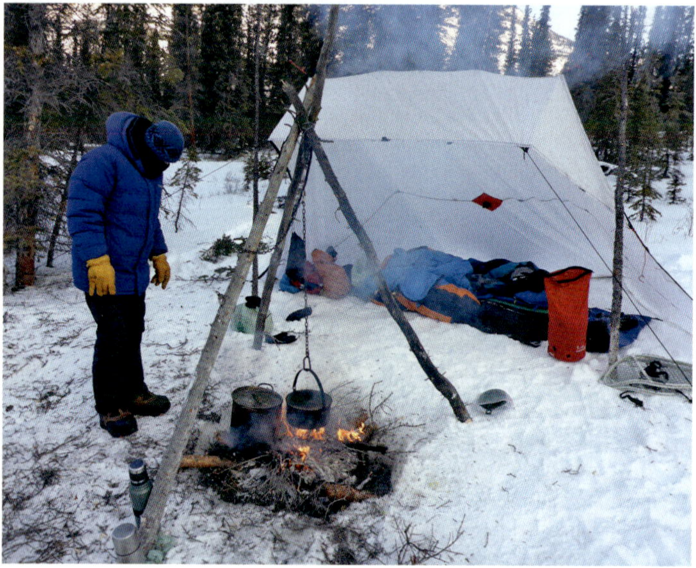

Ein Tarpzelt mit Feuerstelle

Schutzdächer aus Zeltplanen (Tarps)

Unterstände aus Zeltplanen können auch im Winter von Interesse sein, wenn es vor allem darum geht, einen Schutz vor Wind oder Schneefall zu improvisieren. Ein einfacher Aufbau als **Schrägdach oder als Zelt mit einer offenen Seite** erlaubt ein wärmendes Feuer vor dem Unterstand. Solche Schutzdächer können sehr gut mit dem oben beschriebenen Wildnisbett kombiniert werden.

Schnee ist ein hervorragendes Baumaterial und Sie können Schneeblöcke oder Schneehaufen nutzen, um Unterkünfte aus Planen abzudichten und so noch effektiver zu machen.

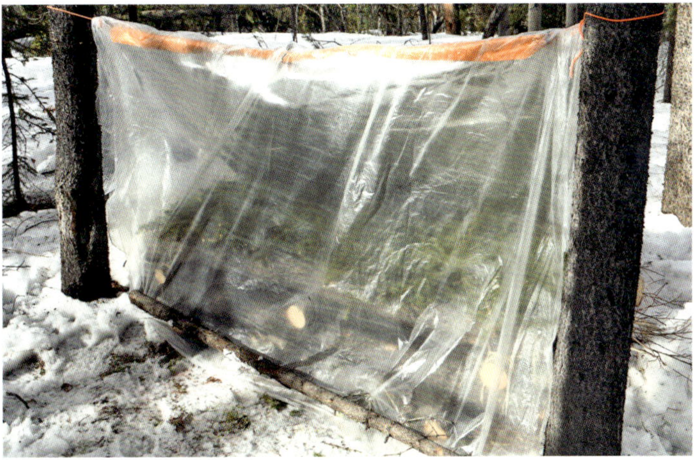

Der fertige Supershelter mit der transparenten Plastikfolie zwischen Unterkunft und Feuerstelle

Supershelter

Inspiriert von den reflektierenden Wänden im Inneren arktischer Iglus und den sich durch Sonneneinstrahlung erwärmenden Luftmassen in Gewächshäusern entwickelte der kanadische Survivalexperte Mors Kochanski eine Notunterkunft – den Supershelter! Durch die raffinierte Kombination von verschiedenen leichten Planen vor einem wärmenden Feuer ahmt diese Notunterkunft die erstrebenswerten Eigenschaften jener Bauwerke nach.

Kochanski entwickelte den Supershelter als **Notunterkunft für die nördlichen bewaldeten Regionen**. Dieser Unterstand ist anfällig gegen starken Wind und bedarf des natürlichen Windschutzes eines Waldes. Außerdem kann nur ein Wald die Menge an Brennholz liefern, die nötig ist, um diesen Unterschlupf entsprechend zu beheizen.

Während das originale Design eine halbierte Kuppel, gewoben aus flexiblen Ästen und Zweigen, vorsieht, bevorzuge ich eine **stark vereinfachte Schrägdachvariante**, die sich sowohl schneller errichten lässt als auch weniger Material benötigt.

Für die minimalistische Version des Supershelters wird ein **stabiles und wärmereflektierendes Tarp als Schrägdach über das Wildnisbett** gespannt. Dieses Schrägdach bietet den nötigen Wetterschutz, schafft eine stabile Struktur für die Notunterkunft und reflektiert gleichzeitig die abgestrahlte Wärme des Feuers direkt auf die darunterliegende Person.

Als letzte, aber entscheidende Komponente wird eine dünne, **durchsichtige Plastikfolie** über das Schrägdach gelegt und an den Seiten so dicht wie möglich verschlossen.

In einem **Abstand von etwa 1-1,20 m wird davor ein Feuer** entfacht. Ein Langfeuer ist für diesen Einsatz besonders geeignet.

Die isolierende Unterlage des Wildnisbetts im Supershelter verhindert Energieverlust durch Wärmeleitung an den kalten Untergrund. Das Schrägdach hält trocken, indem es vor Schneefall schützt. Es blockiert auskühlenden Wind und vermindert so den Energieverlust durch Konvektion. Das reflektierende Tarp lenkt abgestrahlte Wärme des Feuers auf die schlafende Person und sorgt außerdem für helle und freundliche Beleuchtung im Inneren der Unterkunft. Die klare Plastikfolie lässt die Wärmestrahlung des Feuers ins Innere und entwickelt hier (wie ein Gewächshaus) eine „Blase“ mit aufgestauter, warmer Luft im Inneren der Unterkunft. Dadurch wird der Energieverlust durch Wärmestrahlung an die kältere Umgebung drastisch reduziert. Außerdem fungiert die Folie als Barriere gegen gefährliche Funken und lästigen Rauch.

Ich habe diese Unterkunft mit meiner regulären Winterbekleidung und ohne Schlafsack bei -30 °C mit großem Erfolg genutzt und musste teilweise meine Jacke öffnen, weil es mit dem lodernden Feuer gelegentlich zu warm wurde. Ich halte diese Behausung für eine der effizientesten Notunterkünfte in einem bewaldeten Gebiet, wenn eine **ausreichende Menge an Feuerholz zur Verfügung steht.**

Ausladende Bäume

Ausladende Nadelbäume bilden bei entsprechender Schneelage oft Hohlräume am Boden rund um den Stamm. Manchmal kann man diese natürlichen Räume als behelfsmäßigen Unterschlupf nutzen. Sie bieten Schutz vor Wind und Schneefall und ich habe mich schon einige Male einfach mit Isomatte und Schlafsack unter einen solchen Baum gelegt, um ein paar Stunden erholsamen Schlaf zu ergattern, ohne gleich immer ein Zelt aufbauen oder eine aufwendige Unterkunft improvisieren zu müssen.

Falls Sie auch noch ein wärmendes Feuer in diesem natürlichen Hohlraum entzünden wollen, müssen Sie ein paar Hinweise beachten! Zum einen kann das Feuer den Schnee auf dem Baum schmelzen, was entweder eine kleine Lawine zur Folge haben kann oder aber dazu führen kann, dass es ganz langsam anfängt, von oben zu tropfen. Zum anderen besteht der Untergrund um solche Nadelbäume meist aus dicken Lagen von organischem Material der abgeworfenen Nadeln und den Wurzeln des Baumes. Stellen Sie also unbedingt sicher, dass das Feuer gut gelöscht ist, da sich hier sonst tückische Schwelbrände entwickeln können.

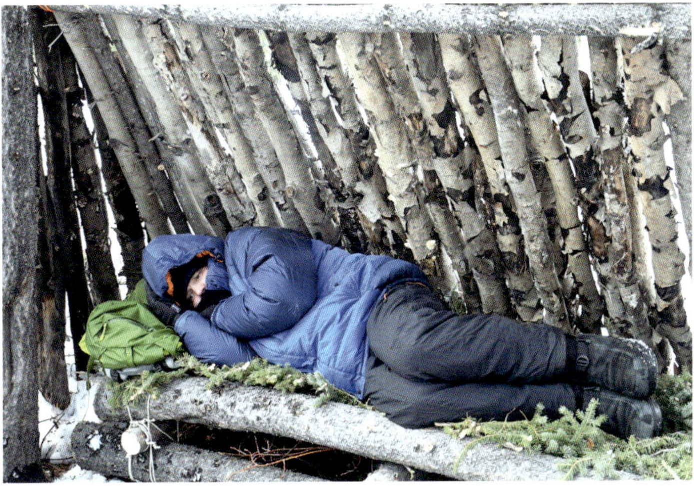

Ein Lean-to aus Naturmaterial

Lean-to aus Naturmaterial

Für viele ist ein Lean-to, also ein Schrägdach, die klassische Notunterkunft. Wenn es entsprechend sorgfältig gebaut wird, schützt es vor Wind und Niederschlag, und mit einem wärmenden Feuer vor der offenen Seite kann es im Winter den Schutz bieten, den Sie brauchen, um eine Nacht ohne Schlafsack zu überstehen. Unterschätzen Sie aber nicht die erhebliche Menge an Feuerholz, die Sie benötigen, um in diesem Unterstand warm zu bleiben.

Sie können ein Lean-to sowohl mit einer diagonal oder einer horizontal verlaufenden Firststange bauen. Die diagonale Variante, bei der das Dach zu den Füßen hin abfällt, benötigt weniger Material zum Abdecken des Unterstandes.

Auch diesen Unterstand beginnen Sie am besten mit dem Bau eines Wildnisbetts, wie oben beschrieben. Bauen Sie das Bett zwischen zwei Bäumen, die als Pfosten für den Unterstand dienen und die horizontale Firststange tragen werden. Für die Variante mit der diagonalen Firststange brauchen Sie nur einen stabilen Baum am Kopfende des Wildnisbetts.

Im nächsten Schritt platzieren Sie die Firststange über dem Bett. Achten Sie darauf, dass der First so positioniert ist, dass das fertige Schrägdach auch wirklich das ganze Bett abdeckt, um ausreichenden Wetterschutz zu gewährleisten. Wählen Sie eine stabile Firststange, die auch wirklich in der Lage ist, die – erhebliche – Last des Schrägdaches zu tragen.

Idealerweise hat Ihr Baum eine Astgabel, die Sie als Auflage für den Dachfirst verwenden können. Wenn nicht, müssen Sie den First mit Schnüren oder Seilen am Baum fixieren. Wenn der First auf der Seite des Baumes anliegt, von der Sie später das Dach anlehnen wollen, drückt das Gewicht des Schrägdaches die Firststange seitlich gegen den Baum und erhöht dadurch die Stabilität Ihres Unterstandes.

Dann werden armdicke Stämme als Schrägdach an den First gelehnt. Achten Sie auf ausreichendes Gefälle im Schrägdach. Ein Winkel von etwa 60° ist ein guter Kompromiss zwischen genug Raum unter dem Dach und ausreichender Steilheit, um Schnee, Regen und Tauwasser sicher ablaufen zu lassen.

Die angelehnten Stämme dienen nicht nur als Gerüst, das Sie von außen mit Lagen von Fichtenzweigen abdecken können. Die Stämme werden auch durch die Hitze des Feuers erwärmt und dienen als Wärmespeicher, der eine warme Atmosphäre um die Person im Unterstand schafft. Je dichter Sie Ihr Dach mit diesen Stämmen decken, desto besser wird Ihr Lean-to die Wärme halten.

Notunterkünfte aus Schnee

Winterliche Bedingungen stellen einen grandiosen Baustoff zur Verfügung: Schnee! Schnee kann locker und luftig sein und dank der Lufteinschlüsse prima isolieren. Schnee kann sich verfestigen und dann, hart wie Beton, als Fundament für Gebäude aus Schnee dienen. Sie können aus verfestigtem Schnee auch Blöcke für Wandkonstruktionen sägen. Man kann Schnee also auf verschiedene Weise beim Bau einer Notunterkunft nutzen. Im Folgenden stelle ich Ihnen einige Notunterkünfte vor, die man relativ einfach und ohne große Vorkenntnisse aus Schnee anfertigen kann.

Hier sind ein paar Hinweise, die für alle Schneeunterkünfte gelten:

- Stellen Sie sicher, dass der Schnee für die Unterkunft Ihrer Wahl stabil genug ist. Eine einstürzende Unterkunft aus Schnee kann Sie unter dem Dach begraben. Achten Sie also auf ein festes Fundament und eine gute Bindung zwischen den Schneekristallen.
- Achten Sie auf eine ausreichende Belüftung in Ihrer Schneebehausung! Sie können ganz einfach mit einem Skistock (ohne den Schneeteller) ein Loch durch Wand oder Decke bohren. Ein zweites Loch gegenüber am unteren Bereich der Unterkunft oder ein Spalt in der Türöffnung sorgt für leichten Luftaustausch.
- Markieren Sie Ihre Schneeunterkunft gut sichtbar von außen. Ganz in weiß wird man Ihre Behausung in der verschneiten Landschaft kaum erkennen können. Nicht nur Rettungsteams werden Probleme haben, Ihren Standort aufzuspüren. Eventuell finden Sie selbst nach einem Erkundungsgang oder einem Trip zum Wasserloch oder Brennholzstapel nicht zurück.

- ▷ Bringen Sie immer auch eine Schneeschaufel mit in die Unterkunft. Sollten Teile des Unterstandes einstürzen oder der Eingang durch Wind mit Schneemassen zu geblasen sein, können Sie sich mit dem Werkzeug wieder ausgraben.
- ▷ Natürlich soll die Unterkunft Sie auch gegen Kälte schützen. Dennoch sollten Sie die Temperatur im Inneren der Unterkunft immer ein paar Grad unter dem Gefrierpunkt halten. Sonst wird es feucht und im schlimmsten Fall beginnt Ihr Bauwerk, von innen zu schmelzen.
- ▷ Die Oberkante des Eingangs einer Schneeunterkunft (egal welcher Bauart) sollte im Idealfall unter dem Niveau der Schlafstätte liegen. Dadurch sinkt kalte Luft in Richtung der Türöffnung und die warme Luft staut sich unter der Decke auf dem Level der Schlafstätte.
- ▷ Manchmal verhindert eine zu geringe Schneemenge, dass Sie einen tief liegenden Eingangsgraben ziehen können. Dann müssen Sie sich anderweitig behelfen. Verschließen Sie die Türöffnung sorgfältig, damit erwärmte Luft nicht ständig durch den Eingang verloren geht.
- ▷ Einige Schneeunterkünfte, wie etwa Schneegraben und Schneetunnel, verwenden zusätzliche Streben in der Dachkonstruktion. Dadurch ist ein flaches Dach möglich. Wenn aber das Dach nur aus Schnee besteht, müssen Sie flache Konstruktionen vermeiden! Iglus, Quinzees und Schneehöhlen müssen eine kuppelförmige oder gewölbeähnliche Konstruktion aufweisen, um ausreichende Stabilität zu erreichen. Abgeflachte Dächer können absacken und einstürzen und sind extrem gefährlich!
- ▷ Glätten Sie von innen den Schnee im Dach und Wandbereich, damit mögliches Schmelzwasser ungehindert ablaufen kann und nicht auf Sie heruntertropft.
- ▷ Eine Kerze kann als Lichtquelle dienen und kann helfen, die Temperatur um ein paar Grad zu erhöhen. Seien Sie vorsichtig mit der offenen Flamme!
- ▷ Kocher sollten nicht in einer Schneeunterkunft genutzt werden, da es zu Kohlenmonoxidvergiftungen kommen kann.

Schneegraben

Diese Schneeunterkunft lässt sich innerhalb kürzester Zeit umsetzen, sofern Sie eine ausreichende Schneedecke und ein Werkzeug zum Graben zur Verfügung haben. Der Schneegraben ist ideal, wenn Sie bei Einbruch der Dunkelheit oder bei aufziehendem Sturm einen schnell gebauten Schutz vor der Witterung benötigen.

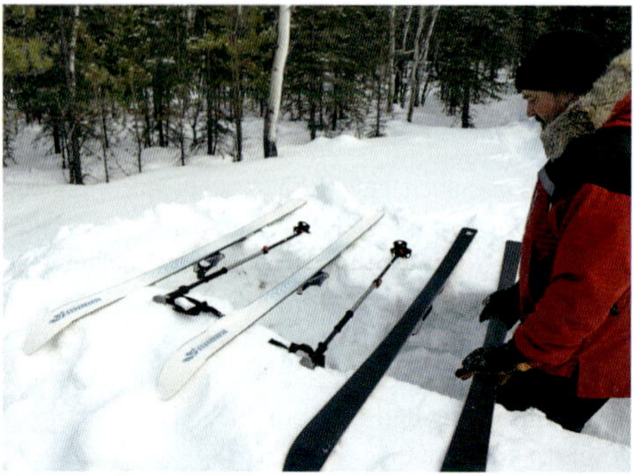

Über den Graben wird ein Gerüst aus Ästen oder Skistöcken und Ski gelegt

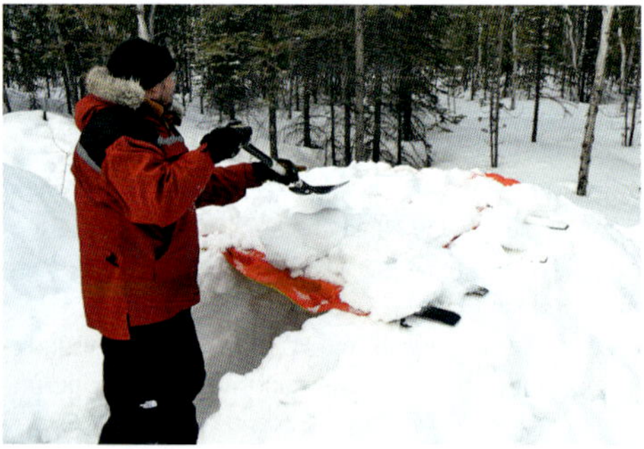

Dann wird der Graben und das Gerüst mit einer Plane oder einem Biwaksack bedeckt und die ganze Konstruktion mit Schnee isoliert

Sie brauchen genug Schnee, um etwa 70-100 cm tief graben zu können. Ist die Schneedecke nicht hoch genug für einen solch tiefen Graben, können Sie natürlich auch zuerst Schnee aufhäufen und dann einen Graben in den Schneehaufen buddeln.

Heben Sie mit der Schneeschaufel oder improvisierten Werkzeugen einen Graben von etwa doppelter Schulterbreite aus.

Den Boden des Grabens können Sie mit isolierendem Material (zum Beispiel Isomatte oder Fichtenzweige) auslegen.

Dann legen Sie Ski, Skistöcke, Schneeschuhe, Pulka oder auch stabile Äste quer über den Graben. Dann werden diese Querstreben mit einer Zeltplane, einem Biwaksack, einem Poncho oder auch einer Extrajacke abgedeckt. Wenn Sie keine Plane oder Ähnliches als Abdeckung haben, können Sie natürlich auch weitere Äste und Zweige auflegen, bis das Dach relativ dicht ist.

Anschließend wird Schnee auf diesen Dachrahmen geschaufelt, bis eine gut isolierende Schneedecke den Schneegraben bedeckt. Nun kriecht man in den Graben, legt sich in den Schlafsack (wenn vorhanden) und verschließt den Eingang mit einem Rucksack, einem Schneehaufen, Schneeblöcken oder Fichtenzweigen. Eine Kerze kann bei entsprechender Vorsicht als Licht- und Wärmequelle dienen.

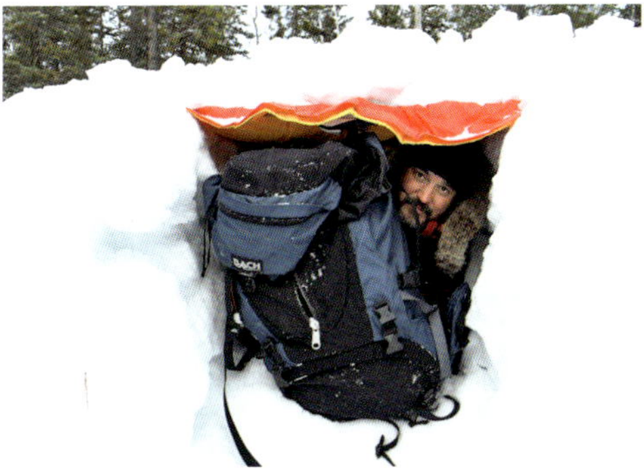

Dann wird der Eingang verschlossen, damit die Wärme nicht verloren geht

Der hier beschriebene Schneegraben ist eine gute Unterkunft für eine Person und kann bei Bedarf auch für zwei Personen verbreitert werden. Für größere Gruppen wird es meist schwierig, weil irgendwann die Spannweite der Dachstreben zu lang wird und das Dach durch die Schneelast anfängt zu sacken. Dieses Problem kann man umgehen, indem man den Schneegraben für weitere Personen länger macht, statt in die Breite zu gehen.

Schneetunnel

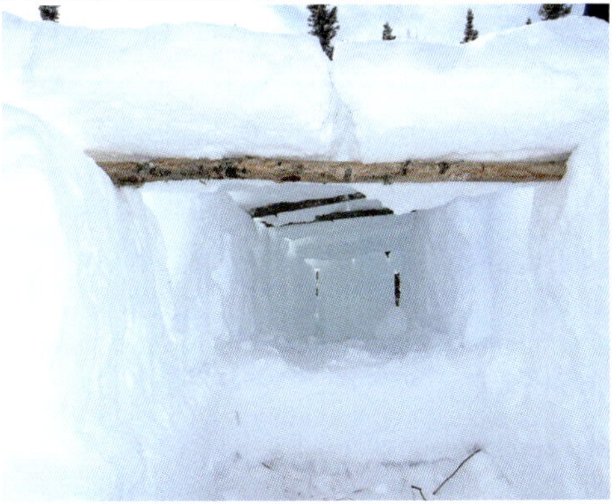

Ein Schneetunnel wird aus Schneeblöcken aufgeschichtet

Der Schneetunnel ist von der Grundform dem Schneegraben sehr ähnlich, wird jedoch aus gesägten Blöcken aufgeschichtet. Man benötigt also gut verfestigten Schnee, der sich mit einer Schneesäge oder einem sehr langen Messer schneiden lässt.

Sie können die Blöcke so aus der verdichteten Schneedecke sägen, dass dabei bereits ein Graben entsteht, den Sie gleich in die Notunterkunft integrieren können. Der Graben sollte also breit genug sein, dass Sie darin bequem liegen können, ohne dass Sie mit Kleidung oder Schlafsack die Seitenwände berühren.

Ordnen Sie die Schneeblöcke als Seitenwände neben dem Graben an. Gleichen Sie eventuell variierende Höhen der Schneeblöcke aus, indem Sie überstehendes Material mit der Schneeschaufel, Schneesäge oder Messer heruntertrimmen.

Danach werden große Schneeblöcke als Decke auf die Seitenwände gelegt. Sollten die Schneeblöcke für die Decke nicht groß genug oder zu brüchig sein, können Sie auch stabile Äste, Ski und Skistöcke als Dachgerüst von Schneemauer zu Schneemauer auflegen und die kleineren, instabilen Schneeblöcke darüber auflegen.

Anschließend werden alle Lücken zwischen den Schneeblöcken mit losem Schnee verputzt, um die Unterkunft abzudichten.

Schneehöhle

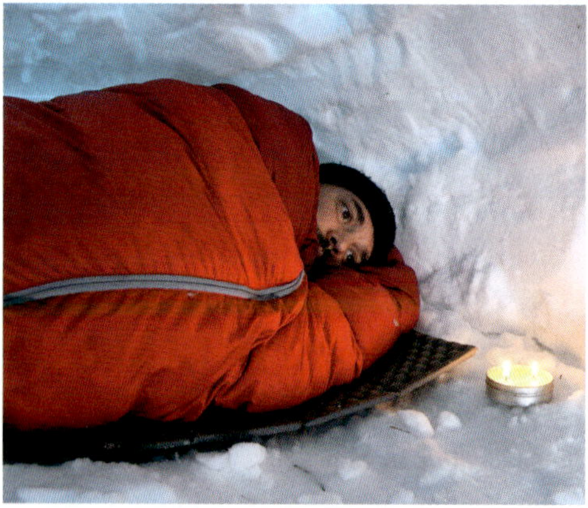

Im Inneren einer Schneehöhle. Eine Kerze wird hier als Licht und Wärmequelle genutzt.

Besonders in **alpinen Regionen** wird Personen auf Bergsteigertouren und Skitouren oft zum Bau einer Schneehöhle geraten, wenn eine ungeplante Nacht im Freien ansteht. Aber auch in hügeligen Tundrengebieten sind die Gegebenheiten für den Bau einer solchen Schneehöhle oft gegeben.

Am einfachsten ist der Bau einer Schneehöhle, wenn Sie eine entsprechend **große Schneeverwehung** als Bauplatz gefunden haben. Schneeverwehungen entstehen auf der windabgewandten Seite von Erhebungen, hinter denen der Wind große Mengen Schnee ablädt. Dieser Schnee ist durch die Einwirkungen des Windes oft fest gepackt und bietet für den Bau einer Schneehöhle eine stabile Basis. Stellen Sie sicher, dass die Verwehung auch wirklich für die geplante Dimension Ihrer Schneehöhle groß genug ist. Sie können die Ausmaße der gewählten Schneeverwehung mit einer Lawinensonde oder auch einem voll ausgefahrenen Skistock (ohne Schneeteller) vermessen.

Anschließend wird, beginnend im unteren Bereich der Schneewehe, mit der Schneeschaufel **ein aufsteigender Eingangstunnel gegraben**. Wenn Sie weit genug in die Schneewehe eingedrungen sind, verbreitern Sie von dem Eingangstunnel aus den Innenraum zu den Seiten und nach oben, bis ein ausreichend großer Schlafraum entsteht. Es ist ideal, wenn man mehrere Personen mit Schaufeln zum Bau der Schneehöhle zur Verfügung hat. So kann man sich bei Ermüdung abwechseln. Es ist auch hilfreich, wenn eine Person im Inneren der Höhle arbeitet, während die anderen den ständig anfallenden, lockeren Schnee aus dem Eingangsbereich wegschaufeln.

Quinzee

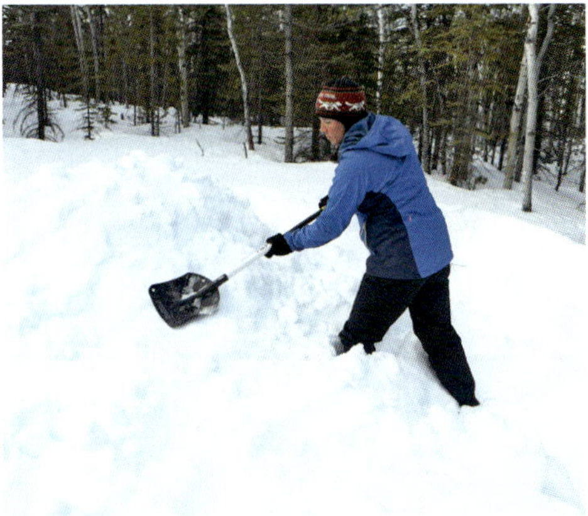

Zuerst muss man das Fundament festtreten

Ein Quinzee ist, ähnlich dem Iglu, ein **Schneegebäude in Form einer Kuppel**. Anders als ein Iglu wird das Quinzee jedoch nicht aus festen Schneeblöcken errichtet, sondern aus lockerem Schnee, der für den Bau eines richtigen Iglus gar nicht geeignet wäre. Es ist daher auch für weniger gute Schneebedingungen eine tolle Schneebehausung.

In einem ersten Schritt müssen Sie das **Fundament des Quinzees verfestigen**, also den Schnee ordentlich festtreten. Es ist wichtig, dass dieses Fundament stabil genug ist, das Gewicht des Quinzees zu tragen. Lockerer, unbefestigter Schnee kann unter der Belastung kollabieren und das Schneehaus zum Einstürzen bringen.

Anschließend wird auf das Fundament **ein großer Schneehaufen aufgetürmt**. Während des Schaufelns sollten Sie den Schnee immer wieder **mit der Schaufel festklopfen** und glatt streichen. Das hilft beim Verfestigen des Schnees und sorgt später für mehr Stabilität in den Wänden des Schneehauses. Größere Schneeklumpen und verharschte Platten sollten mit der Schaufel zerschlagen werden, damit sich darum keine Hohlräume im Schnee bilden, welche die Stabilität der Wände negativ beeinflussen können.

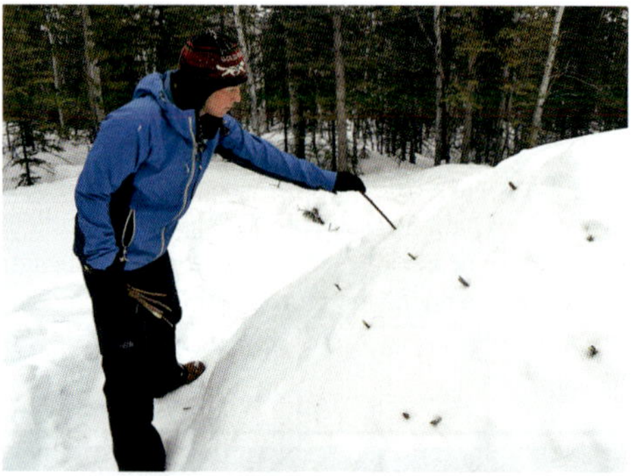

Diese Stöckchen dienen als Anzeiger für die richtige Wandstärke beim Aushöhlen des Quinzees

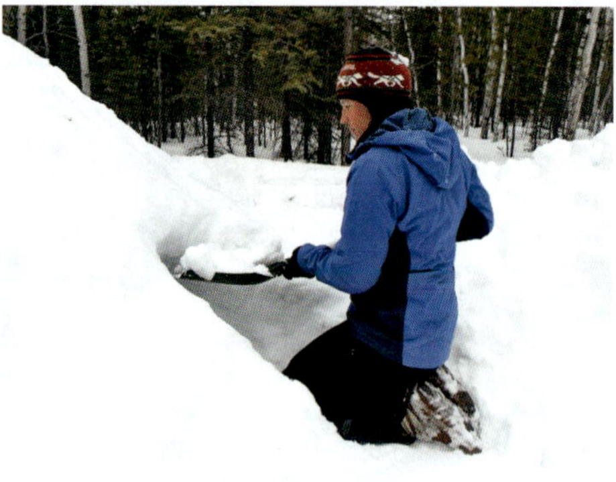

Beginnen Sie damit, den Eingang auszuschaufeln

Sie können auch vor dem Aufhäufen des Schnees Ihr Gepäck auf das Fundament legen. Wenn das Schneehaus später ausgehöhlt wird, können Sie die Rucksäcke durch die Öffnung wieder herausziehen und haben so bereits einen Hohlraum im zukünftigen Schneehaus. Das spart Zeit beim Bau, aber achten Sie darauf, alle Gegenstände aus dem Gepäck zu entfernen, die Sie eventuell benötigen, während sich der Schnee des Quinzees setzt.

Es ist wichtig, dass der Schneehaufen eine richtige **Kuppelform** hat und nicht etwa wie ein Kegel aussieht. Die Kuppelform ist sehr stabil, während ein Kegel die Last in den Wänden nicht gleichmäßig verteilt und leichter einstürzen kann.

Der Schneehaufen muss so groß sein, dass man ihn später aushöhlen kann und dann eine bequeme Liegefläche erhält. Eine Unterkunft für zwei Personen bedarf einer Schneekuppel von etwa 3 m Durchmesser.

Anschließend lässt man den **Schneehaufen für ein paar Stunden ruhen**, damit sich der **Schnee setzen** und verfestigen kann. Wie lange das dauert, hängt von der Schneekonsistenz und der Temperatur ab. Feuchter, pappiger Schnee bei Temperaturen von nur ein paar Grad unter dem Gefrierpunkt verfestigt sich bedeutend schneller als etwa kristalliner Zuckerschnee bei extremen Minusgraden. Testen Sie den Schnee, indem Sie im Bereich des künftigen Eingangs ein

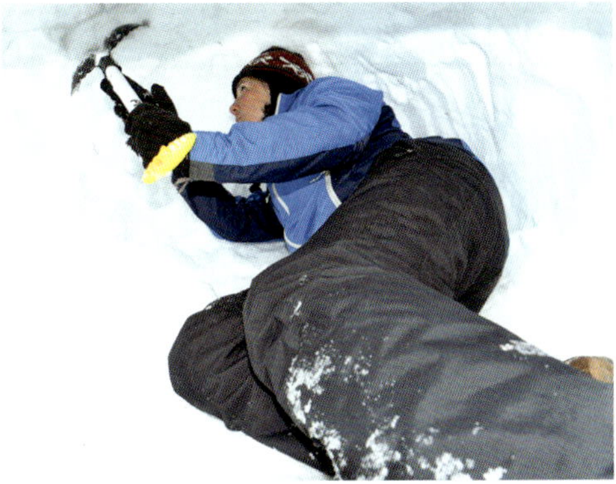

Höhlen Sie den Schneehaufen immer weiter aus, bis Sie an die unteren Enden der Stöckchen stoßen

paar Schaufelladungen Schnee entfernen. Sie werden beim Graben gleich erkennen, wie gut der Schnee verfestigt ist. Ist er noch zu locker, müssen Sie noch ein paar Stunden länger warten.

In der Zwischenzeit sammeln Sie etwa **50 dünne Stöckchen von ungefähr 40 cm Länge**. Diese Zweige stecken Sie nun verteilt über die gesamte Kuppel in den verfestigten Schnee. Diese werden Ihnen helfen, beim Aushöhlen eine **gleichmäßige Dicke in den Schneewänden und der Decke** einzuhalten.

Dann beginnen Sie damit, den **Eingang auszuschaufeln**. Von hier dringen Sie weiter vor und vergrößern den Innenraum immer mehr, bis Sie genug Platz zum Verweilen und Schlafen haben. Wenn Sie beim Aushöhlen von innen an einen der Zweige stoßen, müssen Sie an dieser Stelle mit dem Graben aufhören. So können Sie von innen die richtige Wandstärke messen. Sollten Sie keine Zweige platzieren können, nutzen Sie das Tageslicht von außen als Maßstab. Wenn Licht durch den Schnee nach innen schimmert, ist die Wand auch etwa 40 cm dick und Sie sollten von einem weiteren Schneeabtrag absehen, um die Stabilität Ihres Schneehauses nicht zu gefährden. Die Methode mit den Messstäben ist jedoch sehr viel genauer.

Achten Sie unbedingt darauf, dass die **Decke innen gewölbt** ist, um maximale Stabilität zu erreichen. Glätten Sie die Decke mit der Schaufel, damit mögliches Schmelzwasser an den Wänden herunterlaufen kann.

Für den Schlafplatz sollten Sie eine **erhöhte Plattform** im Quinzee stehen lassen oder nachträglich wieder aus Schnee formen. Ideal ist ein Schlafplatz auf einem Niveau oberhalb der Oberkante des Eingangs. So staut sich in Schlafplatzhöhe warme Luft, während kalte Luft unterhalb Ihres Bettes in Richtung Eingang abzieht.

Wenn nötig, können Sie den Eingang mit losem Schnee, Schneeblöcken, Eisplatten oder auch Ihrem Rucksack oder dem Gepäckschlitten verschließen, um die Wärme im Quinzee zu halten. Achten Sie aber auch auf **ausreichende Belüftung**.

Trinkwasser

Um grundlegende Körperfunktionen aufrechtzuhalten, müssen wir **regelmäßig Wasser zu uns nehmen**. Ein gesunder erwachsener Mensch sollte etwa **2-4 l Wasser pro Tag** in kleineren Portionen zu sich nehmen. Durch anstrengende Arbeit oder sportliche Betätigung steigt der tägliche Bedarf.

Wassermangel führt unter anderem zu einer geringeren physischen Leistungsfähigkeit.

Ein **ausgeglichener Wasserhaushalt ist auch wichtig für die Thermoregulation** unseres Körpers und so kann Wassermangel auch zu weiteren Problemen wie Unterkühlung und Erfrierungen führen. Mit anderen Worten: **Sie müssen genug trinken, um warm zu bleiben**! Wenn Sie heiße Getränke zu sich nehmen, können Sie Ihrem Körper auf diesem Wege auch Wärme zuführen und so die Kerntemperatur erhöhen.

In einem schneereichen Winter ist Wasser überall um uns herum zu finden. Man ist also nicht – wie im Sommer – vorwiegend auf Quellen, Flüsse und Seen angewiesen. Da Wasser im Winter jedoch in seinem festen Aggregatzustand als Eis und Schnee vorliegt, hat es ohne Aufbereitung nur einen geringen Nutzen.

Im Winter muss man Wasser oft durch Schmelzen gewinnen

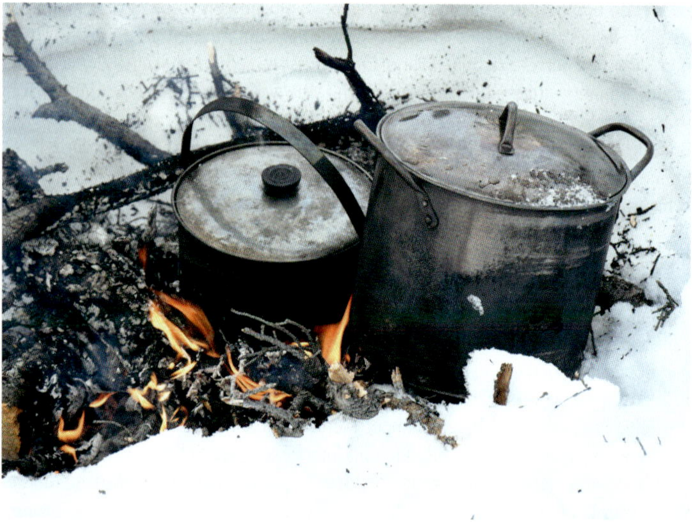

Deshalb gehört ein **Metallgefäß**, in dem Sie Schnee und Eis schmelzen und Wasser kochen können, zu den wichtigsten Gegenständen auf einer Wintertour. Daneben benötigen Sie natürlich auch die Werkzeuge, um ein **Feuer** zu entzünden und zu unterhalten. Wenn kein Holz für ein Feuer zur Verfügung steht oder Sie aus anderen Gründen kein Feuer machen können, sollten Sie außerdem die Mitnahme eines **Kochers samt Brennstoff** in Erwägung ziehen, damit Sie auch in Notfällen Schnee schmelzen und eine ausreichende Wasserversorgung sicherstellen können.

Schnee enthält neben den Eiskristallen **große Mengen eingeschlossener Luft**. Deshalb muss man selbst für kleine Mengen Wasser oft ein erhebliches Volumen an Schnee schmelzen. Größere Gefäße zum Schmelzen sind deshalb bedeutend einfacher zu handhaben und müssen während des Schmelzvorgangs nicht so oft mit frischem Schnee nachgefüllt werden.

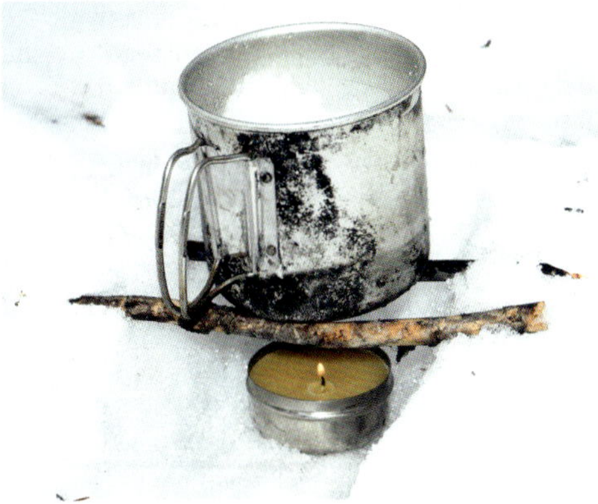

Hier wird eine Kerze genutzt, um kleine Mengen Schnee zu schmelzen und in warmes Wasser zu verwandeln

Wie viel Liter Schnee muss man schmelzen, um 1 l Wasser zu erhalten? Das variiert natürlich extrem und ist stark von der Konsistenz des Schnees abhängig. Lockerer Pulverschnee enthält besonders viel Luft und 1 l Schnee enthält eventuell nur etwa 30-50 ml Wasser. Feuchter Neuschnee kann bei einem Volumen von 1 l etwa 100-200 ml Wasser enthalten, nasser Altschnee hingegen bis zu 500 ml Wasser pro Liter Schnee.

Wenn Sie etwas flüssiges Wasser zur Verfügung haben, erhitzen Sie es im Topf und fügen Sie dem heißen Wasser danach immer mehr Schnee hinzu. Wenn Sie kein flüssiges Wasser und nur Schnee zur Verfügung haben, schmelzen Sie zunächst eine kleinere Menge Schnee. Wenn sich dann etwas Wasser am Topfboden gesammelt hat, können Sie nach und nach weiteren Schnee hinzufügen.

Eis ist effizienter zu schmelzen als Schnee, da es wesentlich weniger eingeschlossene Luft enthält.

Noch sinnvoller ist natürlich die **Verwendung von flüssigem Wasser**, sofern es sicher und ohne zu großen Aufwand zugänglich ist.

Auch im Winter gibt es Stellen, an denen selbst bei großer Kälte Wasser offen zugänglich ist. Dazu gehören zum Beispiel:

- ▷ Mündungsbereiche, an denen Flüsse oder Bäche in einen See fließen
- ▷ Ausflüsse, wo Seen in ein Fließgewässer abfließen
- ▷ warme Quellbereiche
- ▷ Fluss- und Bachabschnitte mit schneller Strömung.

Manche Tiere sind auch auf offene Wasserstellen angewiesen. Wenn Sie im Winter Spuren etwa von Bibern, Fischottern oder Bisamratten finden, können Sie ihnen folgen. Irgendwo haben diese Tiere Zugang zu offenem Wasser.

Gehen Sie beim Schöpfen von Wasser im Winter jedoch kein unnötiges Risiko ein! Bringen Sie sich nicht in Gefahr, indem Sie an eine dünne Eiskante treten, nur um einen Topf frisches Wasser zu schöpfen. Es kann zu erheblichen Problemen führen, wenn beim Wasserschöpfen Stiefel und Bekleidung nass werden.

Wenn man Zugang zu Wasser hat, muss man nicht erst aufwendig Schnee oder Eis schmelzen

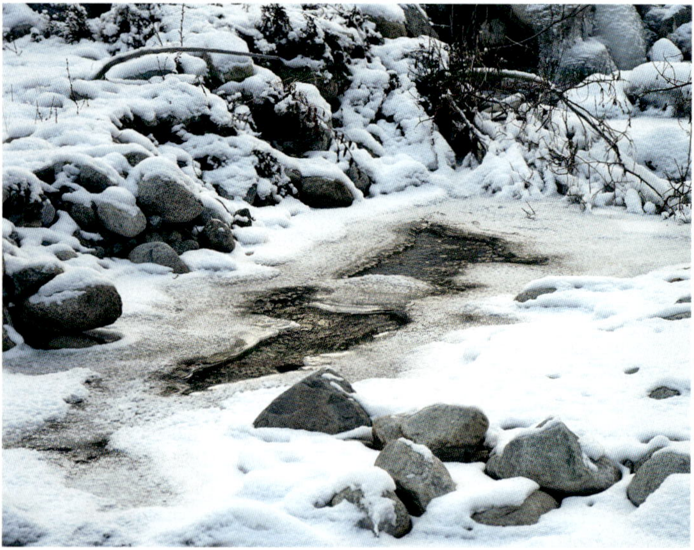

Es ist lebensgefährlich, in einem Fluss ins Wasser zu fallen und von der Strömung unter das Eis gezogen zu werden. Lassen Sie in diesen Bereichen extreme Vorsicht walten und verzichten Sie lieber, wenn es keinen sicheren Zugang zu dem Wasser gibt! Eventuell können Sie Wasser schöpfen, indem Sie einen Topf oder Becher an eine lange Stange binden und so von einem sicheren Platz aus das offene Wasser erreichen.

Man kann auch die **Eisdecke eines Gewässers durchhacken oder durchbohren** und so an Wasser herankommen. Verschiedene Möglichkeiten stehen zur Verfügung. Wenn die Eisdecke nicht dicker als 15-20 cm ist, können Sie **mit einer Axt ein Loch hacken**. Machen Sie Ihr Eisloch nicht zu klein und hacken Sie in einer Dreiecksform in das Eis. Tragen Sie dabei, sofern vorhanden, eine schützende Brille. Die Eisstücke, die dabei herumfliegen, sind scharf und können Verletzungen hervorrufen. Achten Sie darauf, sehr gleichmäßig von allen Seiten des Dreiecks Eis zu entfernen. Sobald Sie auf Wasser stoßen, wird die ganze Angelegenheit extrem nass, wenn Sie im Wasser noch mehr Eis weghacken müssen. Im Idealfall kommen Sie an Wasser und müssen dann mit der Axt nur noch kleinste Mengen Eis entfernen. Ist das Eis dicker, reicht eine Axt nicht mehr aus. Sie kommen durch den abgewinkelten Schaft der Axt nicht tiefer in das Eisloch, da Sie beim Hacken mit der oberen Kante des Eislochs kollidieren.

Mit einem **Eisbohrer** können Sie relativ einfach ein rundes Loch in eine Eisdecke schneiden. Die kleineren Eisbohrer, die man auf einer Tour am ehesten dabeihat, schneiden Löcher, die nicht groß genug sind, um mit einem Topf darin Wasser zu schöpfen. Wenn Sie so einen Bohrer verwenden, empfiehlt sich folgendes Vorgehen:

1. Beginnen Sie, ein Loch in das Eis zu bohren, aber dringen Sie nicht bis zum Wasser vor.
2. Entfernen Sie den Eisbohrer und hacken Sie rund um das Bohrloch mit einer Axt ein größeres Becken aus dem Eis.
3. Setzen Sie den Bohrer wieder in das Bohrloch ein und vervollständigen Sie das Loch, bis Sie Wasser erreichen. Das aufsteigende Wasser wird das Becken füllen.
4. Nun können Sie aus dem Becken im Eis mit einem größeren Topf bequem Wasser schöpfen.

Als Alternative zu einem Eisbohrer kann man einen **Eismeißel** nutzen. Der Eismeißel wird mit beiden Händen in einer Auf-und-ab-Bewegung immer wieder auf das Eis gestoßen, während man langsam um das entstehende Loch läuft. So stellt man sicher, dass das Eis rundherum gleichmäßig entfernt wird, bis man schließlich auf Wasser trifft.

Wenn in einem Notfall weder Axt noch Eisbohrer oder Eismeißel zur Verfügung stehen, können Sie auch auf dem Eis ein heißes Feuer entfachen. Nutzen Sie das Feuer, um eine Handvoll größerer Steine zu erhitzen. Legen Sie die Steine nacheinander auf die Stelle, wo Sie das Loch im Eis geplant haben. Die **Steine werden sich immer tiefer in das Eis schmelzen**. Sie können den Prozess erheblich beschleunigen, indem Sie das entstehende Wasser aus dem Loch schöpfen. Sind die Steine erkaltet, nehmen Sie sie aus dem Loch und ersetzen sie mit neuen heißen Steinen, bis Sie komplett durch das Eis vorgedrungen sind.

Wenn Zweifel an der Trinkbarkeit des Wassers aus einer natürlichen Quelle besteht, sollten Sie das Wasser unbedingt behandeln. Es ist ein verbreiteter Irrglaube, dass Wasser im Winter reiner sei als zu warmen Jahreszeiten. Das ist nicht unbedingt der Fall und man kann sich auch im Winter Krankheiten durch Wasserverunreinigungen zuziehen.

Während man im Sommer **chemische Wasserentkeimer oder Filtersysteme** nutzen kann, funktionieren diese im Winter nur eingeschränkt. Die niedrige Wassertemperatur erfordert bei den meisten chemischen Präparaten höhere Dosierungen und längere Einwirkzeiten. Sollte man dennoch auf solche **chemischen Entkeimer** zurückgreifen wollen, sind sie in Tablettenform die bessere Wahl, da flüssige Präparate bei Kälte eventuell einfrieren und nicht mehr brauchbar sind. Folgen Sie unbedingt den spezifischen Herstellerangaben für eine Anwendung in kaltem Wasser. **Wasserfilter** haben den Nachteil, dass sie bei Temperaturen unter dem Gefrierpunkt ebenfalls einfrieren und dann nicht mehr funktionieren. Je nach Filtersystem kann es durch Gefrieren auch zu Schäden am Filterelement, Gehäuse und an den Dichtungen kommen. In einem solchen Fall kann der Filter nicht mehr sicher verwendet werden.

Eine praktische und sichere Methode, um im Winter Keime im Wasser abzutöten, ist das **Abkochen.** Bringen Sie das Wasser zum Kochen und lassen Sie es für ein paar Minuten sprudelnd kochen.

Schnee ist wie Regen eine Form von natürlichem Niederschlag und in vielen naturbelassenen Regionen recht sauber und bedarf meist keiner weiteren Aufbereitung, um durch Schmelzen sicheres Trinkwasser herzustellen. Manchmal finden sich im Schnee Laub oder Nadeln von Bäumen, die man durch einfaches Filtern durch ein Tuch leicht entfernen kann. Allerdings kann Schnee von tierischen Exkrementen verunreinigt werden. Geben Sie gut acht, wenn Sie Schnee zum Schmelzen in Ihren Topf füllen, und verwenden Sie nur den saubersten Schnee. Der oft scherzhaft gemeinte Spruch, man solle den gelben Schnee meiden, wird hier relevant. Wenn Sie Zweifel an der Sauberkeit des Schnees haben, können Sie das gewonnene Wasser ebenfalls zum Kochen bringen, um potentielle Erreger abzutöten.

Muss man Schnee immer schmelzen und zu Wasser umwandeln oder kann man auch direkt **Schnee essen**? Schnee enthält, wie oben erwähnt, sehr viel Luft, die zwischen den Schneekristallen eingeschlossen ist. Man müsste also schon eine erhebliche Menge Schnee zu sich nehmen, um wirklich ausreichend Wasser aufzunehmen. Die Wasserversorgung vollständig mit ungeschmolzenem Schnee zu sichern, ist keine gute Idee. Durch die Aufnahme größerer Mengen Schnee verbraucht der Körper erhebliche Energie, um Schnee zu schmelzen und das Wasser auf Körpertemperatur zu erwärmen. Im Winter ist es in einem Notfall deshalb immer ratsam, warmes Wasser oder heißen Tee zu trinken. Wenn man jedoch aktiv ist, der Körper gut aufgewärmt ist und man durch Essen dem Körper genug Kalorien zugefügt hat, ist es **nicht schädlich, hin und wieder etwas Schnee zu essen**. Man sollte jedoch immer bedenken, dass dabei keine Wassermengen zustande kommen, die ernsthaft einer Dehydration Einhalt gebieten würden. Wenn Sie also so durstig sind, dass Sie Schnee essen müssen, sollten Sie Rast machen, ein Feuer anzünden und genug Wasser für einen richtigen Tee schmelzen.

Hier noch ein Tipp: Wenn Sie eine Thermosflasche mit heißem Tee im Rucksack haben, **füllen Sie Ihre Tasse zunächst komplett mit Schnee**. Dann füllen Sie die Tasse mit dem heißen Tee. So wird der Tee zum einen gleich auf eine angenehm trinkbare Temperatur gekühlt und zum anderen gewinnen Sie durch den Schnee in der Tasse noch etwas extra Wasser.

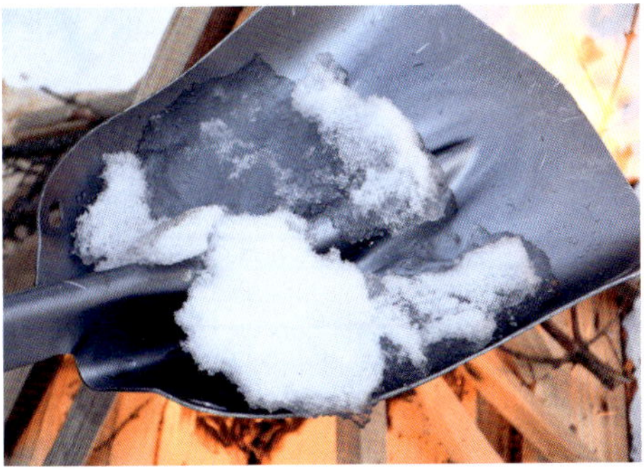

Hier wird eine Schneeschaufel zum Schneeschmelzen verwendet

Wenn Sie **keinen Topf zum Schneeschmelzen** dabeihaben, sollten Sie Ihre Ausrüstung nach anderen Gefäßen durchsuchen, die Sie stattdessen nutzen können. **Einwandige Edelstahltassen oder -flaschen** können direkt in ein Feuer oder auf einen Kocher gestellt oder mithilfe eines Stückes Draht über die Flammen gehängt werden. Wenn Sie eine Flasche verwenden, lassen Sie selbstverständlich den Deckel beim Wasserkochen weg. Den Behälter sollten Sie niemals dicht verschließen, damit entstehender Druck entweichen kann. Verwenden Sie keine Thermobecher oder isolierte, doppelwandige Flaschen zum Schneeschmelzen oder Wasserkochen.

Als Alternative zum Topf kann man auch **stabile Alufolie** benutzen, aus der man ein Kochgefäß faltet. Ich habe auch schon Schneeschaufeln aus Aluminium zum Schneeschmelzen verwendet. Lackierungen auf dem Schaufelblatt sind jedoch möglicherweise gesundheitsschädlich.

Wenn kein Metallgefäß zur Verfügung steht, kann man Schnee auch in anderen Behältern schmelzen. **Plastiktüten** oder Plastikflaschen gefüllt mit Schnee können in sicherem Abstand zu den Flammen in die Wärme des Feuers gehängt werden. Natürlich dauert es deutlich länger, den Schnee zu schmelzen, aber dennoch kommt man auf Dauer zu befriedigenden Ergebnissen.

Sie können **Schnee** auch in einen Stoffbeutel oder **in Bekleidung einpacken** und nahe an eine Wärmequelle hängen. Wenn der Schnee schmilzt, tropft das Wasser unten aus dem Stoff und kann dort aufgefangen werden.

Bei der richtigen Schneekonsistenz kann man direkt verfestigten, hart gepackten Schnee an einen Ast neben ein Feuer in die Wärme hängen und das ablaufende Wasser auffangen.

An warmen Wintertagen im späten Winter, wenn die Sonne wieder an Kraft gewonnen hat, können **dunkle Flächen** wie Baumrinde oder Felsen so warm werden, dass man die Energie zum Schneeschmelzen nutzen kann. Sie können einfach Schnee oder Eis auf die warmen Flächen aufbringen und das ablaufende Wasser auffangen. Noch besser ist es, natürliche Vertiefungen im Felsen als Reservoir für das Wasser zu nutzen.

Nahrung

Unter normalen Umständen benötigt ein erwachsener Mensch im Durchschnitt etwa 2.000-2.500 kcal pro Tag. Die Fortbewegung durch tiefen Schnee, das Ziehen eines Schlittens und das Tragen schwerer Bekleidung und der zusätzlichen winterspezifischen Ausrüstung lässt unseren Kalorienverbrauch in die Höhe schnellen. Aber auch die kalte Umgebungstemperatur hat einen Einfluss auf unseren Kalorienverbrauch. Unser Körper verbraucht mehr Energie, um Wärme zu produzieren. Auf anstrengenden Winterexpeditionen kann dieser Bedarf durch die erhöhte körperliche Betätigung doppelt bis dreimal so hoch ausfallen.

Doch nicht nur die absolute Kalorienzahl ist entscheidend. Die Nahrung muss ausgewogen sein und sowohl Kohlenhydrate und Fette als auch Proteine sowie Mineralstoffe, Vitamine und Spurenelemente enthalten.

In den warmen Jahreszeiten hat die Beschaffung von Nahrung aus der Natur während einer kurz- oder mittelfristigen Notsituation in der Wildnis keine hohe Priorität. Ein gesunder Mensch hat genug Reserven gespeichert, um für ein paar Tage ohne Essen auszukommen.

Diese Tage sind eventuell von Hungergefühl, Kopf- und Muskelschmerzen, Schwindelgefühlen und weiteren Symptomen geprägt. Aber niemand wird innerhalb weniger Tage wirklich verhungern.

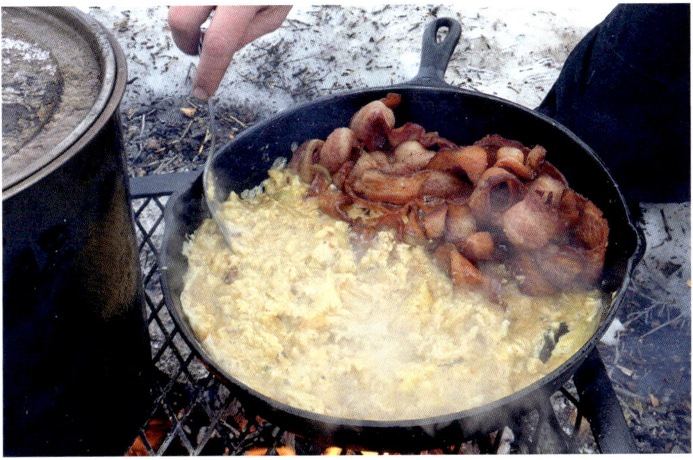

Kälte und Anstrengung erhöhen den Kalorienbedarf

Im Winter, wenn unser Körper durch die zusätzliche Anstrengung und für die Wärmeproduktion mehr Kalorien verbraucht, nimmt die Bedeutung von Nahrung zu. Auch zur kalten Jahreszeit wird man nicht gleich innerhalb von wenigen Tagen verhungern, aber man wird das Kaloriendefizit schneller und deutlicher zu spüren bekommen: Sie werden schneller frieren!

Abgesehen von der physiologischen Bedeutung hat die Ernährung auch einen wichtigen Einfluss auf die mentale Verfassung. Wir sind es einfach gewohnt, regelmäßig zu essen, und ein unfreiwilliger Verzicht auf die Einnahme von Mahlzeiten ist für viele Menschen mit einer erheblichen psychologischen Belastung verbunden.

Sich zu den warmen Jahreszeiten vollständig von Gejagtem und Gesammeltem zu ernähren, ist kein einfaches Unterfangen und erfordert erhebliches Wissen und Können. Im Winter ist es noch wesentlich schwieriger, Nahrung in der Natur zu finden. Die traditionellen Lebensweisen indigener Völker in Regionen mit kalten und schneereichen Wintern reflektiert, die saisonale Verfügbarkeit von essbaren Pflanzen und jagdbarem Wild und Fisch. Eine nomadische oder seminomadische Anpassung an Tierwanderungen und das Anlegen von umfangreichen Vorräten für die kalte Jahreszeit sind Beispiele dafür.

Dennoch kann man auch im Winter Nahrung in der Wildnis finden und nutzen, um vorhandene Vorräte zu ergänzen und zu strecken. Dieses Kapitel beschäftigt sich ein wenig eingehender mit dem Thema Ernährung zur kalten Jahreszeit.

Ernährung auf Wintertouren

Im Vergleich zu sommerlichen Touren plane und packe ich meine Vorräte für Winterexpeditionen ein wenig anders. Selbstverständlich haben Nahrungsmittel, die besonders leicht und kompakt sind, auch hier ihren festen Platz. So finden sich vor allem ausgewogene Reis-, Couscous- und Nudelgerichte sowie dehydrierte Fertigmahlzeiten auf dem Speiseplan. Für das Frühstück setze ich meist auf Müsli und Haferflocken mit Nüssen und getrockneten Früchten. Als Snacks kommen verschiedene Nuss- und Fruchtmischungen, Bonbons, Schokoladen- und Keksriegel, Fruchtschnitten, Knäckebrot, Salamischeiben und Landjäger in mein Gepäck.

Wegen des erhöhten Kalorienbedarfs packe ich insgesamt etwas mehr ein. Allerdings sind die Hauptmahlzeiten kaum umfangreicher, weil ich pro Mahlzeit einfach nicht mehr essen kann. Aber ich füge oft kleine Mengen Olivenöl oder Butter hinzu, um noch etwas mehr Energie in meine Mahlzeiten zu packen. Am besten schneiden Sie die Butterstücke bereits daheim in kleine Portionen. Öl kann man prima in einer Form für Eiswürfel portionsweise einfrieren und dann einzeln in kleine, verschließbare Tüte packen oder vakuumieren.

Neben getrockneten Nahrungsmitteln packe ich im Winter gelegentlich vorgekochte Mahlzeiten ein, die ich zu Hause in Vakuumbeutel einpacke und dann so flach wie möglich portionsweise einfriere. Durch die kalten Temperaturen bleiben die vorgekochten Speisen haltbar.

So habe ich auf meinen Touren deftige Eintöpfe, leckere Aufläufe, Pizzastücke, Burritos, gegrillte Käsebrote und selbst gemachte Desserts genießen können. Selbstverständlich sind diese Mahlzeiten wegen des erhöhten Wassergehalts deutlich schwerer als die getrockneten Alternativen und deshalb eher für kurze Touren oder auf Winterreisen geeignet, bei denen das Gewicht keine große Rolle spielt.

Um diese Mahlzeiten zuzubereiten, stecke ich die Vakuumbeutel einfach in einen Topf mit heißem Wasser, bis die Mahlzeit aufgetaut und warm ist. Dann löffle ich mein Essen direkt aus dem Beutel.

Die meisten zusätzlichen Kalorien nehme ich über meine Snacks auf. Hier packe ich deutlich mehr als im Sommer ein, sodass ich tagsüber immer wieder kleine Mengen essen und so die Energiezufuhr hochschrauben kann.

Achten Sie bei den Snacks darauf, dass man die ausgewählten Leckereien auch bei extremer Kälte noch abbeißen und kauen kann. Zum Beispiel sind Schokoriegel mit Karamellfüllung bei Minusgraden steinhart und müssen erst einmal eine ganze Weile unter der Bekleidung aufgewärmt werden. Süße Riegel mit Keks- oder Waffelkern sind meist auch bei Kälte noch gut zu kauen. Salami und Käse schneidet man am besten bereits daheim in mundgerechte Stücke, die man vor der Pause bereits unter der Bekleidung aufwärmen kann.

Auch über Getränke kann man leicht zusätzliche Kalorien zuführen. Süßen Sie Ihren Tee mit Honig oder Zucker oder trinken Sie heißen Kakao, warme Fruchtgetränke oder heiße Brühe und Suppen.

Notrationen

Egal ob Tagestour oder mehrwöchige Winterexpedition: In Ergänzung zu der ganz normalen Verpflegung sollten Sie weitere Notrationen einpacken. Für Tagestouren packe ich genug Nahrungsmittel ein, um in einem Notfall für 24 Stunden ausreichend zum Essen und heiße Getränke zu haben. Auf längeren Touren plane ich pro fünf Tage ebenfalls Notrationen für weitere 24 Stunden ein. Sobald ich die fünf Tage überschreite, runde ich auf.

Das bedeutet: Für eine fünftägige Tour packe ich Essen für sechs Tage ein. Auf einer siebentägigen Tour habe ich Nahrung für neun Tage im Rucksack. Bei einer zehntägigen Tour sind Vorräte für zwölf Tage dabei. Das ist selbstverständlich nur eine grobe Faustregel und Sie sollten Ihre Notvorräte ganz nach Ihren eigenen Ansprüchen planen.

Auf Tagestouren bestehen meine Notvorräte im Winter vor allem aus kalorienreichen Getränken und Tütensuppen und zusätzlichen Snacks wie etwa Energieriegeln und Nussmischungen. Auf längeren Touren sind als Notration auch vollständige Mahlzeiten für Frühstück und Abendessen eingeplant. Dabei nutze ich vor allem leichte dehydrierte Mahlzeiten aus dem Outdoorfachhandel, die nur heißes Wasser benötigen und im Beutel zubereitet werden können.

Eine Packung Speck ausgebraten und dann eingefroren ergibt im Notfall eine prima fetthaltige und energiereiche Notnahrung. Man kann den Bacon gleich als Snack mümmeln oder als fettige Ergänzung in Eintöpfe und Instantsuppen geben.

Pflanzliche Notnahrung im Winter

Im Winter ist das **Sammeln von pflanzlicher Nahrung** kaum oder **nur sehr schwer möglich**. Viele sonst nutzbare Pflanzenteile sind abgestorben, die gefrorene Erde macht das Graben nach Wurzeln schwierig und eine dicke Schneedecke verdeckt die Sicht auf essbare Überbleibsel am Boden.

Trotzdem können wir im Winter die ein oder andere pflanzliche Nahrung nutzen. Die nachfolgenden Hinweise beziehen sich vor allem auf Pflanzen in den nördlichen Regionen Skandinaviens und Nordamerikas, die Ihnen auch aus mitteleuropäischen Waldhabitaten bekannt sein dürften. Zur Vorbereitung einer Expedition gehört es auch, sich mit potentiell essbaren natürlichen Ressourcen zu befassen. Besorgen Sie sich vor Ihrer Winterreise entsprechende Literatur.

Die **Nadeln von Fichten und Kiefern** enthalten viel Vitamin C und können zu einem aromatischen Tee aufgebrüht werden.

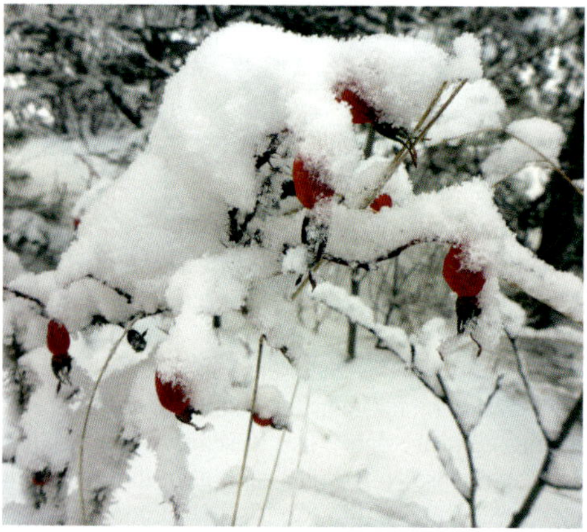

Hagebutten lassen sich auch tief im Winter noch ernten

Hagebutten, die Früchte wilder Rosen, verbleiben oft an den Sträuchern und können im Winter gepflückt werden. Man kann die haarigen Kerne entfernen und das Fruchtfleisch essen oder die gesamten Hagebutten zu einem gesunden Tee aufbrühen.

Manche Beeren am Waldboden halten sich unter einer isolierenden Schneedecke bis weit ins Frühjahr. Ich habe im Winter schon öfter **Krähenbeeren und Preiselbeeren** sammeln können. Durch die Wirkung des Frosts schmecken die Beeren meist noch süßer als im Herbst. Ich würde allerdings nicht gezielt nach solchen Schätzen im Schnee graben, sondern sie eher als Ressource nutzen, wenn ich beim Ausheben von Schlafplatz oder Feuerstelle durch Zufall auf sie stoße.

Im Gebirge, aber auch an Fluss- und Seeufern kann man **Wacholderbeeren** finden. Man sollte keine großen Mengen davon verzehren, aber man kann ein paar Beeren dem Essen hinzufügen. Sie haben auch eine heilende Wirkung bei allerlei Verdauungsstörungen.

Tierische Notnahrung im Winter

Durch den Mangel an essbaren Pflanzen im Winter spielt tierische Notnahrung eine wesentlich größere Rolle. Durch erbeutete Tiere können Sie sich mit Proteinen und Fetten versorgen.

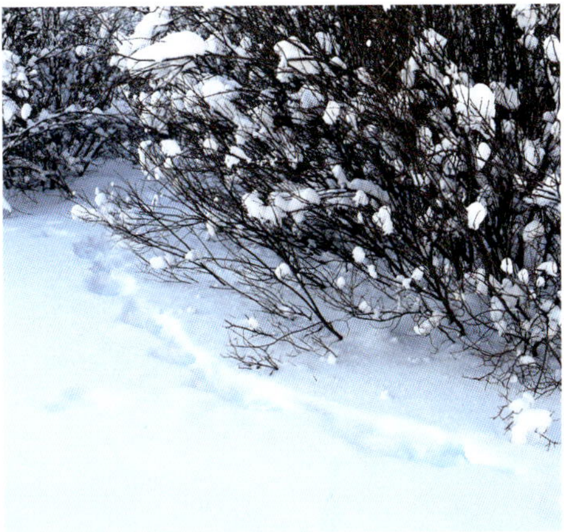

Tierspuren im Schnee machen das Jagen und Fallenstellen leichter. Hier der Wildwechsel eines Schneeschuhhasen.

Die Jagd auf Tiere und der Fischfang sind in nahezu allen Ländern durch **strenge Gesetze** geregelt. In lebensbedrohlichen Notfällen in abgelegenen Wildnisgebieten wird das survivalmäßige Erbeuten von Tieren jedoch oft toleriert. Einige der nachfolgend beschriebenen Techniken zur Jagd, dem Fallenstellen und dem Fischfang sind in vielen Ländern verboten und ethisch fragwürdig und sollten nur im Notfall als Option betrachtet werden.

Einige Tierarten halten **Winterschlaf oder Winterruhe** oder ziehen in wärmere Gefilde und können deshalb nicht bejagt werden. Manche Tiere bleiben auch im **Winter aktiv**, reduzieren jedoch ihre Bewegungen, um wertvolle Energie zu sparen. Diese Strategien im Tierreich machen es uns im Notfall schwer, tierische Nahrung zu gewinnen.

Aber es gibt **im Winter auch Vorteile für die Jagd und das Fallenstellen**. Ganz besonders hervorzuheben sind die Spuren, die Tiere im Schnee hinterlassen. **Tierspuren im Schnee** sind wie ein Tagebuch der vergangenen Stunden und Tage. Mit geübtem Auge können Sie lesen, wo ein Tier entlanggelaufen ist, wo und was es gefressen hat und wo es zum Ruhen gelegen hat. Besonders wichtig ist es, Muster im Verhalten der Tiere zu erkennen, damit Sie planen können, wie und wo Sie Ihrem Beutetier am besten nachstellen können.

In einer Notfallsituation, in der man sich mit zusätzlicher Nahrung aus der Natur behelfen muss, ist das Sparen von körpereigenen Reserven ein besonders wichtiger Aspekt. **Schonen Sie Ihre Kräfte!** Vergeuden Sie keine wertvollen Kalorien, indem Sie wie verrückt mit einem selbst geschnitzten Bogen hinter irgendwelchen flüchtenden Tieren herstapfen. In einem Notfall sollten Sie sich eher auf **opportunistisches Jagen** beschränken – das bedeutet, stets mit verfügbaren Waffen unterwegs zu sein, um dann sofort in den Jagdmodus zu schalten, wenn sich eine Erfolg versprechende Gelegenheit ergibt.

Eine weitere, sehr effektive Methode zur Fleischbeschaffung ist der Einsatz von **Schlingen**. Dabei handelt es sich um eine passive Form der Jagd, da die Fallen auch dann aktiviert bleiben, wenn man selbst nicht vor Ort ist und anderen wichtigen Beschäftigungen nachgeht oder sich ausruht. Auch der **Fischfang** auf zugefrorenen Gewässern kann im Winter zu Erfolg führen.

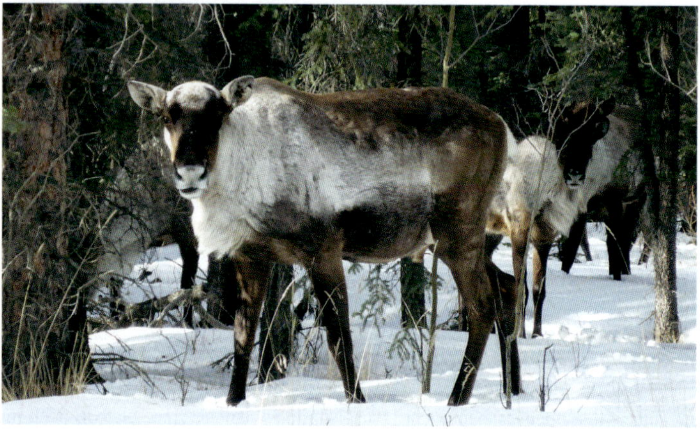

Die survivalmäßige Jagd auf Großwild, wie diese Karibus, bedarf viel Glück, Erfahrung und entsprechender Waffen

Die **Jagd auf Großwild** in einem Notfall in der Wildnis muss wohlüberlegt sein. Die Menge an Fleisch, die ein erlegtes Stück Großwild wie etwa ein Reh, Karibu oder Elch bereitstellt, würde einer Person für Wochen oder gar Monate reichen. Die kalten Temperaturen im Winter erlauben eine recht sorgenfreie Lagerung, da das Fleisch gefroren aufbewahrt werden kann und nicht erst aufwendig geräuchert und getrocknet werden muss.

Ohne entsprechende Erfahrung einem großen Tier mit improvisierten Waffen nachzustellen, wird jedoch in den meisten Fällen kaum von Erfolg gekrönt sein. Noch schlimmer wäre es, durch ein sich verteidigendes Tier verletzt zu werden. Deshalb würde ich ohne eine großkalibrige Schusswaffe von einem solchen Unterfangen in der Regel absehen.

Wesentlich aussichtsreicher ist die Jagd auf **Kleinwild** wie etwa Schneeschuhhasen, Eichhörnchen oder **Vögel**. Kleine Tiere sind wesentlich häufiger anzutreffen, einfacher zu bejagen und weniger gefährlich. Mengenmäßig bieten sie genug Fleisch für ein bis zwei Mahlzeiten.

Sollten Sie berechtigt und gewillt sein, auf Ihrer Expedition eine **Schusswaffe** für die Jagd auf Kleinwild zu führen, kommen verschiedene Waffen infrage. Viele Jägerinnen und Jäger nutzen für Kleinwild und Vögel **Schrotflinten**, die statt einem einzelnen Geschoss gleich eine ganze Ladung kleiner Kugeln per Schuss feuern. Gerade bei laufendem Wild oder fliegendem Federvieh haben Sie mit einer Flinte deshalb die beste Chance auf Erfolg. Allerdings ist die Munition verhältnismäßig voluminös und schwer. Ich bevorzuge deshalb eine leichte **Kleinkaliberbüchse** vom Kaliber .22lr. Bei der Jagd auf Kleinwild beschränke ich mich mit dieser Büchse vor allem auf gezielte Kopfschüsse, um zu verhindern, dass essbares Fleisch durch das Geschoss zerstört und verschwendet wird. Dass bedeutet aber auch, dass ich mich auf sitzendes Wild beschränken muss. Kleinkalibermunition ist klein und leicht und man kann auf einer längeren Expedition größere Mengen mitführen. In Nordamerika führen viele Trapperinnen und Trapper sowie Bushpilotinnen und Bushpiloten eine solche Kleinkaliberbüchse als Teil ihrer Survivalausrüstung mit. Ebenso beliebt sind sogenannte **Kombinationswaffen**, die sowohl einen Büchsen- als auch einen Flintenlauf haben.

Bevor Sie sich aber zur Mitnahme einer Waffe entscheiden, sollten Sie ein paar grundsätzliche Überlegungen anstellen. **Wie groß sind Ihre Erfolgsaussichten, in einem Notfall tatsächlich mit der Waffe genug Nahrung zu beschaffen?** Ist die Wilddichte in dem bereisten Gebiet wirklich ausreichend? Haben Sie das notwendige Wissen, Können und die Erfahrung für eine erfolgreiche Jagd in einer Notsituation? Wie viel wiegen Waffe und Munition und wäre es vielleicht sinnvoller, gleich das äquivalente Gewicht an Notvorräten einzupacken – am Ende zählen die Kalorien! Können Sie mit der 2,5 kg schweren Kleinkaliberwaffe wirklich mehr Kalorien erjagen, als Sie durch 2,5 kg Notproviant zur Verfügung hätten?

Wenn Sie keine Schusswaffe dabeihaben, können Sie im Notfall **improvisierte Waffen** zur Jagd benutzen. Durch geringere Zielgenauigkeit und Reichweite sind die Chancen sicherlich geringer und ich würde mich nicht auf diese Art der Nahrungsbeschaffung verlassen. Aber als opportunistische Survivaljägerin oder opportunistischer Survivaljäger sollten Sie immer Ihr Glück versuchen, wenn sich die Gelegenheit bietet.

Die einfachsten Waffen sind **Steine** und **Wurfhölzer**, die Sie auf die potentielle Beute werfen können. Mit etwas Schnur und einem Stück Stoff lässt sich leicht eine einfache **Steinschleuder** improvisieren. Mit etwas Übung können Sie damit relativ zielsicher und mit erheblich mehr Reichweite und Geschwindigkeit Steine auf Ihr Ziel schleudern.

Eine wesentlich effizientere improvisierte Jagdwaffe ist ein **Atlatl**. Dabei handelt es sich um eine hölzerne Schleuder, die einen Pfeil vorwärtskatapultiert. Diese Jagdwaffe lässt sich in einem Notfall mit einfachsten Hilfsmitteln wesentlich

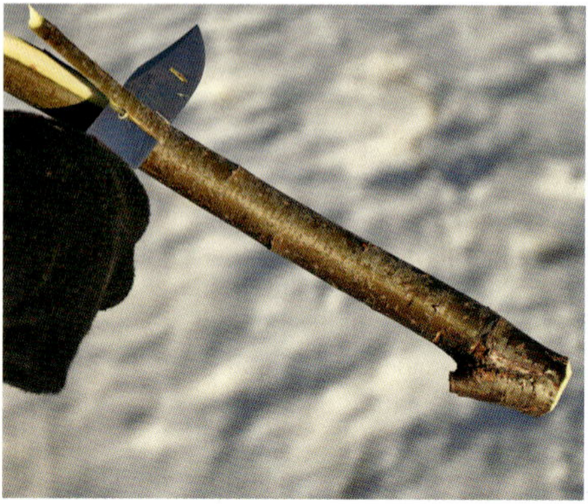

Die Schleuder des Atlats wird aus einem geraden Ast mit einer kleinen Verzweigung hergestellt

leichter improvisieren als Pfeil und Bogen. Und nach meiner Erfahrung kann man mit etwas Übung recht schnell eine gute Zielgenauigkeit erlangen.

Für die Schleuder des Atlatls kann man einen geraden Ast von etwa 50 cm Länge und 2 cm Durchmesser, der eine Astgabel hat, nutzen. Der Ast wird zunächst von der Rinde befreit und wird dann die Astgabel so zurecht geschnitzt, dass eine feine Spitze übrig bleibt, in die später der Pfeil eingelegt werden kann.

Um eine Nut für die Pfeilspitze herzustellen, werden insgesamt vier Kerben in den Pfeil geschnitten

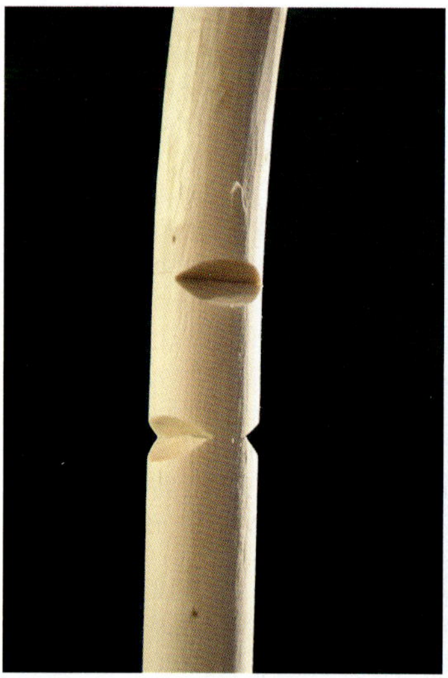

Biegen Sie das Holz vorsichtig hin und her, bis der Ast von den oberen Kerben bis zu den unteren Kerben einreißt. Dann wird das Holz vor- und zurückgebogen, bis die Kerbe vollständig ausbricht.

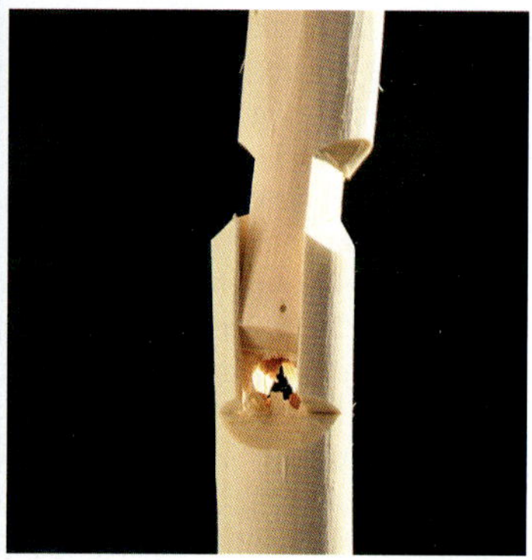

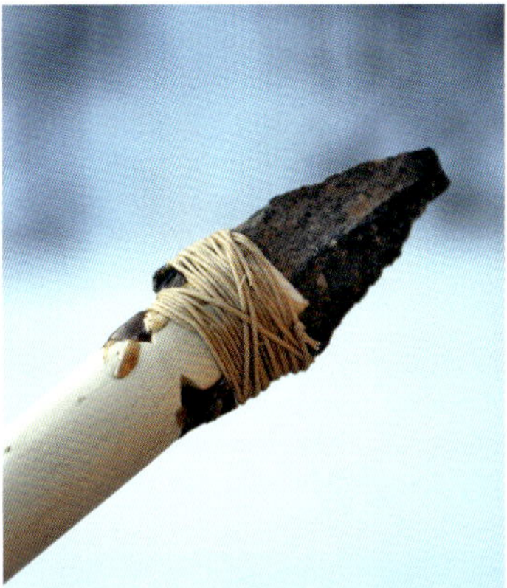

Mit geschmolzenem Baumharz wird die Spitze eingeklebt und mit etwas Schnur festgebunden

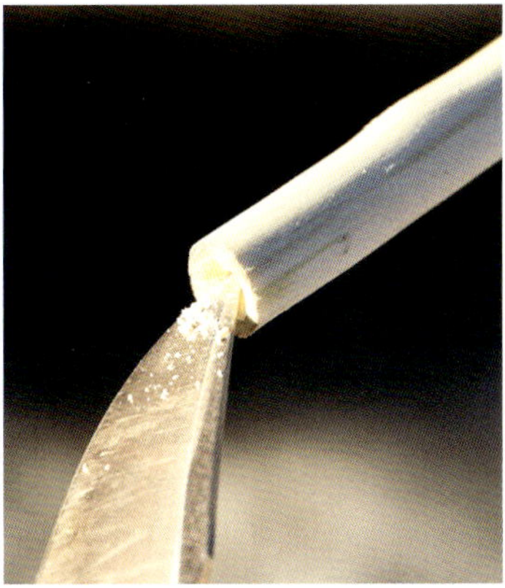

Mit der Messerspitze wird in das hintere Pfeilende eine Mulde geschnitten

Die Pfeile werden aus geraden und frischen Ästen von etwa Fingerdicke und rund 1,5 m Länge hergestellt. Diese Äste werden von der Rinde befreit, damit sie schneller trocknen und leichter werden. Natürliche Biegungen im Holz kann man am warmen Feuer vorsichtig gerade biegen.

Das dickere Ende des Astes kommt nach vorne. Dort wird eine Pfeilspitze eingesetzt. Die Pfeilspitze muss für größeres Wild aus einem extrem scharfen Stein oder einer scharfen Metallspitze bestehen. Für Kleinwild und Vögel reichen stumpfe Steinaufsätze, da man hier nicht auf eine Wundwirkung setzt, sondern das Tier durch den Aufprall betäubt und an der Flucht hindert. Die schwere Pfeilspitze sorgt auch für eine bessere Flugbahn des Pfeils.

Um die Nut für die Pfeilspitze herzustellen, schneiden Sie, wie in der Abbildung unten links auf der Seite 96 zu sehen ist, zwei Kerben in den Pfeil, dann etwas erhöht und in einem 90°-Winkel zwei weitere gegenüberliegende Kerben. Biegen Sie das Holz nun vorsichtig von rechts nach links. Dabei entstehen von den oberen Kerben bis zu den unteren zwei senkrechte Risse im Holz. Nun wird das Holz quer dazu so lange hin- und hergebogen, bis es bricht. So entsteht eine saubere Kerbe in dem Pfeil, in die nun die Stein- oder Metallspitze eingesetzt werden kann. Man kann die Spitze mit geschmolzenem Harz von Fichten oder Kiefern einkleben und mit etwas Schnur festbinden.

In das hintere Ende des Pfeils wird mit dem Messer eine muldenartige Vertiefung geschnitten. So kann der Pfeil auf die Schleuder gesetzt werden.

Eine Befiederung am hinteren Ende des Pfeils sorgt ebenfalls für eine stabilere Flugbahn des Pfeils. Wenn man keine echten Federn zur Verfügung hat, kann man sich mit aufgesetzten Klebebandstreifen, stabilen Blättern, Fichtenreisig oder Birkenrinde behelfen.

Um den Pfeil auf das Ziel zu schleudern, wird die Schleuder bei der Wurfbewegung wie eine Verlängerung des Arms nach vorne geschnellt. Dadurch fliegt der Pfeil erheblich schneller als jeder geworfene Speer.

Die Mulde am hinteren Ende des Pfeils nimmt die Spitze der Speerschleuder auf

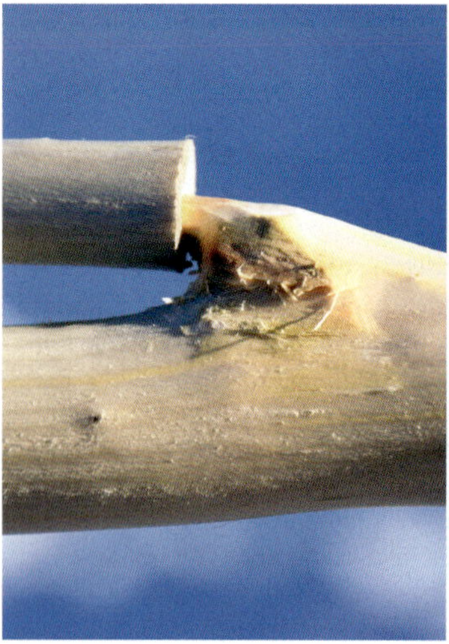

Hier wurde eine Befiederung aus Birkenrinde improvisiert. Die Rindenstücke wurden mit geschmolzenem Harz angeklebt und mit Zwirn vernäht.

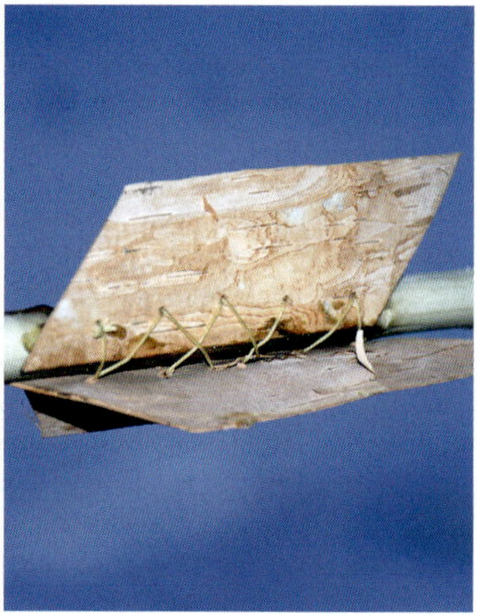

Während die opportunistische Jagd mit improvisierten Waffen sicherlich eine ordentliche Portion Glück erfordert, ist das **Fallenstellen** im Winter deutlich erfolgsträchtiger.

Das Legen von Schlingen ist im Überlebensfall auch deshalb eine effiziente Methode, weil Sie in der Zwischenzeit andere Arbeiten verrichten oder ausruhen können.

Das Legen von Schlingen ist einfach zu erlernen und der erforderliche Draht kann ohne Weiteres in einem Survivalkit mitgenommen werden. Wenn kein Draht vorhanden ist, kann man sich auch mit Schnur oder Angelsehne behelfen.

Schlingenlegen ist in vielen Ländern streng verboten und wird meist nur **in echten Notfällen toleriert**. Zuwiderhandlungen – auch im Rahmen eines Survivaltrainings – werden oft mit **schweren Strafen** geahndet. Informieren Sie sich über die Gesetzeslage in Ihrer Region, damit Sie beim Üben nicht mit dem Gesetz in Konflikt geraten.

Generell ist für den Erfolg entscheidend, wo und wie viele Schlingen Sie auslegen. Seien Sie also nicht wahllos beim Setzen der Fallen. Diese Methode der Bejagung ist nur dort erfolgversprechend, wo Sie bereits Spuren wie etwa Abdrücke oder auch Kot oder Fraßspuren finden, wo in der Nähe Bauten und Nester sind oder wo Tiere durch Futter angelockt werden.

Aber wie viele Schlingen sollte man legen, um möglichst viel Beute zu fangen? In Kanada experimentierte ich eine Weile mit Schlingen für Schneeschuhhasen. Dort, wo ich Spuren von hoher Aktivität fand, legte ich im Umkreis von 100-200 m etwa 10 Schlingen und fing mit hoher Zuverlässigkeit in der ersten oder zweiten Nacht ein bis zwei Hasen. Das Problem war, dass sich in diesem Areal nur ein bis zwei Hasen aufhielten. Die restlichen meiner zehn Schlingen waren also verschwendet und konnten gar keine Beute machen. Sobald ich mein Gebiet etwas ausdehnte und die Schlingen mehr verteilte, ging die Erfolgsrate deutlich in die Höhe. Plötzlich fing ich mit zehn Schlingen drei bis fünf Hasen pro Nacht. Dieses Beispiel verdeutlicht, dass man sich beim Legen der Schlingen nicht nur um erfolgsversprechende Einzelstandorte bemühen muss, sondern auch **Verbreitung und Populationsdichte** im Auge behalten sollte.

Oft habe ich am ersten Tag nach dem Setzen der Schlingen noch nichts oder nur wenig gefangen. Erst am zweiten Tag beziehungsweise in der zweiten Nacht scheinen die meisten Tiere sich an die Schlingen, meine Fußspuren und meine Gerüche gewöhnt zu haben. Seien Sie also ein wenig geduldig, wenn es nicht gleich klappt.

Markieren Sie die Standorte der Schlingen, damit Sie diese auch nach frischem Schneefall wiederfinden können. Die Markierung sollte nicht direkt an der Schlinge angebracht werden, damit Tiere nicht verschreckt werden. Markieren Sie stattdessen einen Baum oder Strauch in der Nähe. Als Marker können Sie buntes Flatterband oder eine Schleife aus greller Schnur an einen Ast knoten. Die traditionelle Methode kanadischer Trapperinnen und Trapper ist ein Axthieb in die Rinde eines nahe stehenden Baumes, aber ich verzichte lieber darauf, einen gesunden Baum zu verletzen, wenn ich Alternativen habe.

Kontrollieren Sie die Schlingen täglich! Sie müssen Ihre Beute vor dem Zugriff anderer Räuber sichern. Füchse, Wölfe, Marder, aber auch Raubvögel und Aasfresser wie etwa Raben und Krähen machen sich sonst über Ihre Beute her. Sollte ein Tier lebendig in Ihrer Falle gefangen sein, müssen Sie es zügig von seinem Leid erlösen. Passen Sie dabei auf, dass Sie nicht gebissen oder gekratzt werden.

Stellen Sie Ihre Schlingen so auf, dass Sie zur Sichtkontrolle nicht direkt an die Falle herantreten müssen. Wenn Sie die Schlinge aus ein paar Metern Entfernung kontrollieren können, stören Sie die Umgebung der Schlinge nicht.

Es ist entscheidend, dass die Schlingen die richtige Größe haben. Eine zu kleine Schlinge wird von einem passierenden Tier beiseitegedrückt. Eine Schlinge, die zu groß geknüpft wurde, wird das Tier nicht zuverlässig und sofort töten. In diesem Fall ist es möglich, dass die Beute entweder komplett durch die Schlinge hüpft und entwischt oder aber mit dem Körper – statt am Hals – gefangen wird. Dann erfolgen stundenlange Qualen für das Tier, was um jeden Preis zu vermeiden ist. Eine gut gesetzte Schlinge in der richtigen Größe tötet das Beutetier zuverlässig innerhalb kürzester Zeit durch Erdrosseln.

Die **Schneehasen**, die in den Tundrengebieten Skandinaviens und Sibiriens vorkommen, sowie die **Schneeschuhhasen** Nordamerikas verwenden immer wieder die gleichen Pfade, die sie über den Winter zu regelrechten **„Hauptverkehrsadern"** austreten. Diese Hasen benötigen in ihrem Habitat viele gute Versteckmöglichkeiten vor Räubern. Das können umgestürzte Bäume, dichte Gebüsche, Schneeverwehungen, Reisighaufen und ähnliche Strukturen in Bodennähe sein. Meist bieten diese Strukturen natürliche Verengungen in den Wildwechseln der Hasen. An diesen verengten Bereichen, wo ein Hase kaum die Gelegenheit hat, einer Schlinge auszuweichen, kann man die Falle am besten platzieren.

Für Hasenschlingen verwende ich meist einen **Messing- oder Edelstahldraht von etwa 0,8 mm Stärke**. Daraus stelle ich eine einfache Schlinge her. Im ersten Schritt mach ich einen einfachen Knoten in das eine Ende meines Drahtes und ziehe diesen so fest, dass der Knoten eine sehr kleine Schlinge formt. Achten Sie darauf, dass am Ende etwa 1-2 cm Draht überstehen, damit der Knoten unter Belastung nicht aufgeht. Der Knoten formt eine einfache Öse, durch die ich das andere Ende des Drahtes ziehen kann. So entsteht eine Schlinge, die sich zuzieht, wenn ein Tier darin gefangen wird.

Es ist wie gesagt wichtig, dass Sie die Schlingen in der richtigen Größe erstellen. Etwa 10-12 cm Schlingendurchmesser ist für Hasen genau richtig. Das ist etwa der Durchmesser einer mittelgroßen Faust. Platzieren Sie diese Schlinge etwa 3 cm über der festgetretenen Schneedecke des Hasenpfades. Stellen Sie sicher, dass die Schlinge gut an einem Baum befestigt ist. Alternativ lege ich oft einen starken Ast quer über den Hasenpfad, von dem die Schlinge herunterhängt.

Neben der Schlinge können Sie ein paar kleine Zweige platzieren, um zu verhindern, dass der Hase an der Schlinge vorbeiläuft. Aber übertreiben Sie es nicht! Es soll alles ganz unverdächtig aussehen. Wenn Sie hier einen regelrechten Zaun basteln, wie man es in manchen Anleitungen findet, werden Sie die Tiere eher verschrecken. Zu guter Letzt stecke ich noch einen kurzen Zweig direkt mittig unter die Schlinge. Dieser kleine Zweig animiert den Hasen bei seiner Vorwärtsbewegung auf dem Pfad dazu, direkt vor der Schlinge den Kopf anzuheben und in die Schlinge zu gehen.

Eine weitere Tierart, die sich im borealen Nadelwald relativ leicht mit einer Schlinge fangen lässt, ist das **Eichhörnchen**. Für diese leichten Tiere verwende ich einen feineren Draht von etwa 0,4 mm Stärke. Aus dem Draht werden mehrere Schlingen gefertigt. Dabei verwende ich die gleiche Methode wie bei den oben beschriebenen Hasenschlingen. Allerdings sind die Dimensionen geringer. Die Schlinge misst nur etwa 5 cm im Durchmesser.

Eichhörnchen sind verspielte und neugierige Tiere. Lehnen Sie in der Nähe ihrer Nester und der Bereiche, in denen sie fressen (achten Sie auf die abgenagten Zapfen von Nadelbäumen), einen etwa 3 cm starken und etwa 3 m langen Stecken in einem 45°-Winkel diagonal an einen Baum. Eichhörnchen werden diese Rampe erkunden und als leichteren Aufstieg in den Baum nutzen. Sie können mehrere Schlingen entlang dieses Steckens platzieren.

Die Schlingen sollten etwa 0,5 m auseinanderliegen, damit ein gefangenes Eichhörnchen sich nicht auch noch in der folgenden Schlinge verfängt. Die Schlinge selbst sollte etwa 2 cm über dem Stecken schweben, damit sich das Tier darin verfängt, wenn es den Stamm entlangrennt.

Die **Schneehühner** im Gebirge oder in nördlichen Tundren können im Winter ebenfalls mit Schlingen gefangen werden. Schneehühner ernähren sich im Winter von den Knospen von Sträuchern, die aus der Schneedecke herausragen. Wenn Sie ein Areal gefunden haben, das regelmäßig von Schneehühnern aufgesucht wird, bauen Sie aus Zweigen einen lockeren, niedrigen Zaun mit mehreren Aussparungen zwischen den Sträuchern. In diesen Lücken werden die Schlingen platziert. Wenn

Schneehuhnschlinge zwischen Weidensträuchern

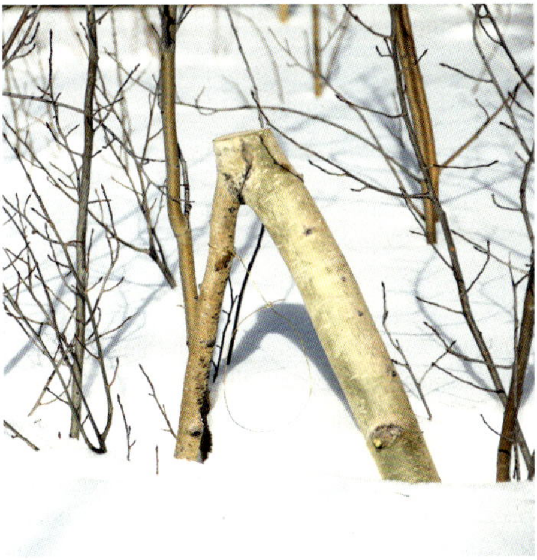

die Schneehühner nun an den Sträuchern und dem Zaun entlanglaufen und durch die Öffnungen auf die andere Seite wechseln, werden die Vögel in den Schlingen gefangen.

Benutzen Sie Draht von etwa 0,5-0,6 mm Stärke. Die Schlingenöffnung sollte etwa 10-12 cm groß sein und etwa 10 cm über dem Boden platziert werden. Am einfachsten geht das, wenn Sie eine Astgabel im Schnee sicher verankern und die Schlinge in der Verzweigung befestigen.

Eine Schlinge am Ende einer langen Stange wird genutzt, um sitzende Hühnervögel aus einem Baum zu fangen

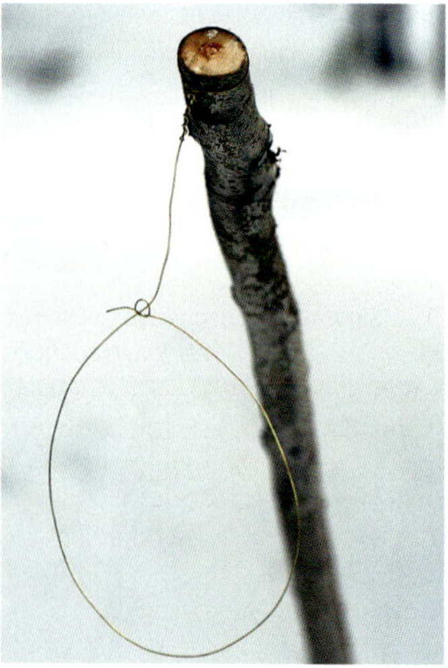

Neben den Schneehühnern der Gebirge und Tundren kommen auch in den bewaldeten Regionen des borealen Nadelwaldes mehrere Arten von **Hühnervögeln** vor. Diese Vögel verlassen sich bei Bedrohung oft nur auf ihr tarnendes Gefieder und verhalten sich oft still und warten, bis die Gefahr vorüber ist. Oft fliegen sie nur im absoluten Notfall auf, wenn der Räuber bereits ganz nahe ist. Durch diese Strategie sind diese Vögel im Notfall verhältnismäßig leicht zu bejagen. Auch hier können Sie mit einer Schlinge Ihr Glück versuchen.

Bestücken Sie eine **lange Stange mit einer Schlinge**. Wenn Sie einen Vogel ausgemacht haben, der sich in einen Baum versteckt, können Sie sich ganz langsam nähern und die Schlingen mit Hilfe der Stange über den Kopf des Vogels legen. Dann ziehen Sie die Stange ruckartig nach unten, damit sich die Schlinge zuzieht.

Viele Fische reduzieren im Winter ihre Aktivität und ziehen sich in tiefere, wärmere Wasserbereiche zurück. Dennoch kann man Ihnen mit einfachster Angelausrüstung nachstellen. Man kann im Winter beim **Eisfischen** mit einer einfachen Handleine hervorragende Ergebnisse erzielen.

Bevor Sie sich auf das Eis begeben, müssen Sie sicherstellen, dass die Eisdecke stark genug ist, Ihr Gewicht zu tragen. Außerdem benötigen Sie entsprechende Werkzeuge, um ein Loch in das Eis zu bohren, zu hacken oder zu schmelzen.

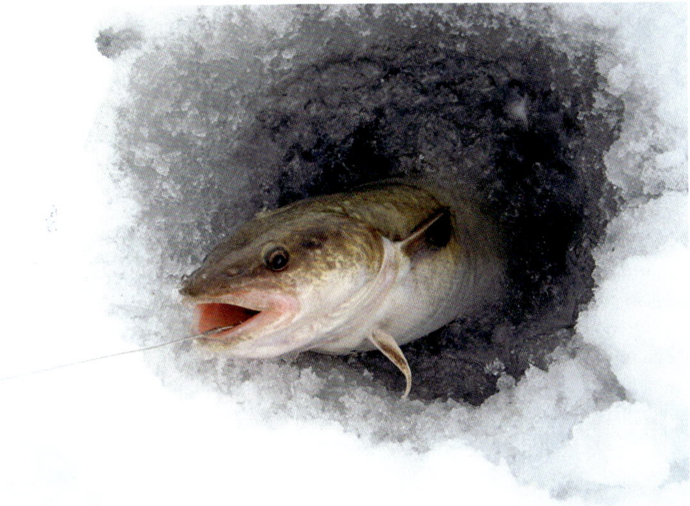

Erfolg beim Eisfischen mit der Handleine

Hechte stehen oft in Bereichen, in denen sie sich verstecken können, um dann vorbeischwimmende Beutefische pfeilschnell zu attackieren. Fischen Sie an den Rändern von Bewuchs oder an Stellen, wo etwa umgestürzte Bäume im Wasser natürliche Verstecke bieten, nach Hechten. Wenn das Wasser sehr kalt ist, ziehen sich Hechte ebenfalls in tiefe Senken zurück. Als Köder für Hechte eignen sich stark reflektierende Blinker und Spinner oder auch größere Haken, die mit Fischstücken oder Fleisch und Innereien anderer Beutetiere bestückt sind.

In Senken am Gewässerboden finden Sie auch lachsartige Fische wie etwa **Forellen oder Saiblinge**. Weitere gute Angelstellen sind Bachmündungen in größeren Flüssen oder Seen, wo mit dem einströmenden Wasser Nahrung zugeführt wird. Hier stehen Forellen und Saiblinge oft in den tieferen Becken rund um den Mündungsbereich. Allerdings kann das Eis in Mündungsbereichen dünn sein und Sie müssen besondere Vorsicht walten lassen. Als Köder empfehlen sich kleine bis mittlere Kunstköder wie etwa Blinker, Spinner, Gummiwürmer, aber auch natürliche Köder wie etwa Würmer und Maden sowie kleine Fischstücke.

Äschen ziehen sich im Winter oft aus den Flüssen in anliegende Seen zurück, aber es gibt auch Schwärme, die sich in tieferen Becken im Fluss aufhalten und dort den Winter verbringen. Für das Angeln von Äschen benutze ich kleine Kunstfliegen, Spinner oder Miniblinker.

Aalquappen sind in vielen Seen und größeren Flüssen des Nordens zu finden. Sie laichen im späten Winter in flachen Buchten unter dem Eis. Hier kann man Köder über Nacht mit einem leichten Gewicht direkt auf dem Boden platzieren. Als Köder eignen sich Stücke von Fleisch und Fisch. Über Nacht werden die Löcher mit Fichtenzweigen oder isolierenden Matten und Schnee abgedeckt, damit die Löcher nicht zufrieren. Am nächsten Morgen kann man die Beute aus dem Wasser ziehen.

Nahrung im Winter zubereiten

Grundsätzlich sollte **alle Nahrung tierischen Ursprungs erhitzt werden**, um mögliche **Krankheitserreger** unschädlich zu machen.

Um möglichst viele Nährstoffe und Kalorien aus der erbeuteten oder gesammelten Nahrung zu erhalten, ist die **Zubereitung von Eintöpfen und Suppen** zu empfehlen. Natürlich ist es möglich, Fische und Fleisch direkt über dem Feuer zu grillen und zu garen, aber sie verlieren wertvolle Inhaltsstoffe, wenn Fett und Flüssigkeiten ins Feuer tropfen. Auf diese Garmethode sollten Sie nur zurückgreifen, wenn Sie keinen Topf zum Kochen haben.

Verwenden Sie alle essbaren Teile Ihrer Beute. Sie können Leber und Nieren, Herz und Hirn gesunder Säugetiere und Vögel essen. Kochen Sie aufgebrochene Knochen mit aus, um das fetthaltige Mark zu gewinnen. Auch der Kropf von Vögeln kann gesäubert und dem Eintopf hinzugefügt werden. Ebenso können Sie die fettreiche Haut gerupfter Vögel essen.

Durch die Nutzung aller essbaren Teile stellen Sie eine möglichst ausgewogene Ernährung sicher. Das Fleisch viele Kleinsäuger und Fische ist sehr fettarm und bei einer unausgewogenen Ernährung mit einem zu hohen Anteil an Proteinen und ohne entsprechendes Fett kann es zum sogenannten **Kaninchenhunger** (*rabbit starvation*) kommen.

Wenn der Kalorienbedarf über einen längeren Zeitraum nur durch die Aufnahme von Proteinen gedeckt wird, kann es zu einer Überlastung der Nieren und Leber kommen. Sie müssen also alles verfügbare Fett Ihrer Beutetiere nutzen.

Es gibt **schwere Krankheiten**, die beim Säubern und Ausnehmen von Tieren übertragen werden können. Verwerten Sie nur Tiere, die gesund erscheinen. Tragen Sie Handschuhe, wenn Sie welche zur Verfügung haben! Achten Sie besonders darauf, dass Blut und andere Körperflüssigkeiten nicht in Wunden an Ihren Händen geraten. Wenn es dennoch geschieht, waschen Sie die Stelle gut aus und desinfizieren Sie die Wunde!

Kleinsäuger werden **erst gehäutet** und **dann ausgenommen**. Schneehasen sind sehr leicht auszunehmen und man benötigt wegen ihrer dünnen, fragilen Haut nicht einmal ein Messer. Man kann die Haut am Rücken einfach aufreißen und dann wie eine Socke vom Körper abziehen. Eichhörnchen und die meisten anderen Säuger sind etwas schwerer zu häuten und Sie benötigen ein Messer, um die Haut abzuziehen.

Von Fischen können Sie den Kopf und die Flossen mit auskochen. Entfernen Sie Schuppen, aber kochen Sie die Fischhaut mit. Entfernen Sie die Innereien, aber heben Sie Herz und Fischeier für den Eintopf auf.

Aalquappen unterscheiden sich von den meisten anderen Fischen darin, dass sie gehäutet werden müssen. Schneiden Sie ringförmig unterhalb des Kopfes in die Haut und ziehen Sie die Haut wie eine Socke von Fisch. Das geht am einfachsten mit der Zange eines Multitools. Danach können Sie den Fisch wie gewohnt ausnehmen und zubereiten.

Notsignale und Evakuierung

Survival bedeutet nicht nur, in der unmittelbaren Notsituation zu bestehen, sondern auch gesund wieder nach Hause zurückzukehren. Eine wichtige Frage ist allerdings, ob Sie es schaffen, sich aus eigener Kraft aus der Notsituation zu befreien, oder ob Sie Hilfe benötigen.

Hat Ihre Gruppe die Ressourcen und die Kenntnisse, um eine **sichere Evakuierung** selbst durchzuführen? Oder benötigen Sie die Unterstützung professioneller Rettungskräfte? Brauchen verletzte Personen dringend medizinische Versorgung?

Bei manchen Unfällen oder Notsituationen ist die Antwort einfach. Bestimmte Verletzungsgrade, körperliche und mentale Zustände oder schwierige Umweltfaktoren lassen eine Evakuierung aus eigener Kraft und mit den Mitteln der Gruppe überhaupt nicht zu.

Aber manchmal erscheinen Verletzungen und Krankheiten gar nicht so schlimm. Ihre Gruppe hat erfahrene Mitglieder, ist gut ausgestattet und der Rückweg erscheint unter den gegebenen Umständen machbar.

Auch hier müssen Sie eine **Risikoanalyse und -bewertung** vornehmen. Was kann dabei passieren? Ist es möglich oder sogar wahrscheinlich, dass die Situation noch schlimmer wird? Was sind die Konsequenzen, wenn die Evakuierung missglückt?

Bedenken Sie, wie sich die Notlage entwickelt hat. Wenn Sie und Ihre Gruppe in diese Notsituation geraten sind, während noch alle gesund und in guter Verfassung waren, wie wahrscheinlich ist es, dass Sie es nun verletzt, geschwächt und unter extremem Stress allein wieder nach Hause, zur nächsten Straße oder zum Krankenhaus schaffen?

Besteht Zweifel am Erfolg einer selbstständigen Evakuierung, müssen Sie Rettungskräfte alarmieren! Könnte eine Person Schaden durch Ihre eigenen Evakuierungsmaßnahmen erleiden, müssen Sie Hilfe von außerhalb hinzurufen!

Selbst wenn Sie vorhaben, aus eigener Kraft wieder in die Zivilisation zurückzukehren, ist es empfehlenswert, die **Rettungskräfte über Ihre Situation und Ihre Evakuierungspläne zu informieren**. Sie können dabei eventuell wertvolle Tipps zur Versorgung und Evakuierung verletzter Personen, aktuelle Wettervorhersagen und Informationen über Ihre Route bekommen. Vor allem aber informieren Sie so die Rettungsmannschaften über Ihren Standort und die aktuelle Notlage. Selbst wenn die Rettungskräfte nicht ausrücken, können sie sich bereits auf einen eventuellen Einsatz vorbereiten, Personal und Hubschrauber auf Abruf bereithalten und Ihren Fortschritt verfolgen. Sollten Sie dann doch Hilfe bei der Evakuierung benötigen, können die Rettungskräfte wesentlich schneller reagieren.

Während meiner ehrenamtlichen Arbeit bei Search and Rescue (SAR) in Kanada habe ich noch nie erlebt, dass Retterinnen und Retter verärgert waren, weil sich eine in Not geratene Person gemeldet hat und dann eventuell doch keine Hilfe benötigte. Allerdings herrscht regelmäßig Frustration, weil in Not geratene Personen aus fragwürdigen Motiven überhaupt nicht oder viel zu spät um Hilfe rufen und die Situation noch schlimmer wird.

Es gibt viele Gründe, warum Personen bei einem Notfall in der Wildnis nicht um Hilfe rufen. Manchmal ist es Scham, Ärger oder Frust über gemachte Fehler. Andere betrachten einen Hilferuf als Zeichen der eigenen Schwäche.

Stehen Sie der Lösung Ihrer Notsituation nicht mit solchen Gefühlen im Weg! Akzeptieren Sie, dass etwas schiefgelaufen ist! Nun geht es darum, das Beste aus der Situation zu machen. Und manchmal braucht es dazu eben **professionelle Hilfe**. Im Alltag nehmen wir ja auch ständig die Hilfe von Profis in Anspruch: Wenn das Auto kaputt ist, bringen wir es in die Werkstatt. Wenn es einen Rohrbruch gibt, ruft man fachkundige Klempnerinnen und Klempner. Wer krank ist, sucht ärztliches Fachpersonal auf. Und bei einem Notfall in der Wildnis sollten wir ein Rettungsteam zur Hilfe rufen!

Auch die Sorge um die **finanzielle Abdeckung teurer Rettungsmaßnahmen** ist manchmal der Grund für eine zu zögerliche Kontaktaufnahme mit den Behörden. Sorgen Sie im Vorfeld der Tour dafür, dass Ihre Versicherung auch Rettungsmaßnahmen aus Wildnisgebieten in einem realistischen finanziellen Rahmen abdeckt. Die Kosten für Such- und Rettungsmaßnahmen belaufen sich schnell auf mehrere Zehntausend Euro. Besonders teuer wird es, wenn Hubschrauber oder Flugzeuge eingesetzt werden. Allerdings werden die Kosten nicht überall den geretteten Personen in Rechnung gestellt.

Transport von verletzten oder erkrankten Personen

Die Sicherheit und das Wohlbefinden einer in Not geratenen und eventuell verletzten Person sowie der anderen Gruppenmitglieder muss bei einer Evakuierung die oberste Priorität sein. Ein paar Dinge sollten Sie beachten, egal ob Sie versuchen, eine verletzte oder erkrankte Person selbst zu transportieren, oder ob Sie jemanden für den Abtransport durch professionelle Rettungskräfte vorbereiten:

- ▷ **Beim Transport** auf einem Notschlitten, einem Motorschlitten, aber auch in einem Rettungskorb unter einem Hubschrauber **wird es extrem kalt**, da sich die Person nicht bewegen und dadurch Wärme produzieren kann. Packen Sie die Person in **warme Bekleidung, gut isolierende Schuhe und eventuell einen Schlafsack** ein. Eventuell sind zusätzliche **Wärmepacks** notwendig.
- ▷ Bedenken Sie, dass Gänge auf die **Toilette** eventuell nur schwer oder gar nicht möglich sind. Halten Sie eine **improvisierte Bettpfanne** oder Flasche bereit. Improvisieren Sie eine **Windel** aus saugfähigem Material und einer großen Plastiktüte.
- ▷ **Kontrollieren Sie den Zustand der Person, die transportiert wird,** im Rahmen Ihrer Erste-Hilfe-Maßnahmen oft und regelmäßig. Das wird Ihr Vorwärtskommen zwar verlangsamen, ist aber absolut notwendig! Stellen Sie unter anderem sicher, das **Atmung und Zirkulation** gut funktionieren, die **Körpertemperatur** erhalten bleibt, die Person **vor Wettereinflüssen geschützt** und bequem und **sicher positioniert** ist. Besonders der Abtransport mit dem Motorschlitten kann für eine verletzte Person extrem anstrengend und unbequem sein. Machen Sie genug **Trink- und Essenspausen** für die Person, die transportiert wird.
- ▷ Lassen Sie keine **überlebenswichtige Ausrüstung und Bekleidung** zurück. Falls Sie die Evakuierung unterwegs unterbrechen oder gar abbrechen müssen, brauchen Sie diese Gegenstände eventuell noch.

Notschlitten

Ein einfacher Notschlitten, der zum Transport einer nur leicht verletzten und transportfähigen Person oder von Gepäck genutzt werden kann, lässt sich auf Skitouren relativ schnell improvisieren.

Benötigt werden dafür **ein Paar Ski** (idealerweise mit je einem Loch in der Skispitze), eine **Schneeschaufel** (mit einem abnehmbaren Schaft und kleinen Löchern im Schaufelblatt zum Verschnüren), ein paar Meter **Schnur** und ein Paar **Skistöcke** als Zuggeschirr.

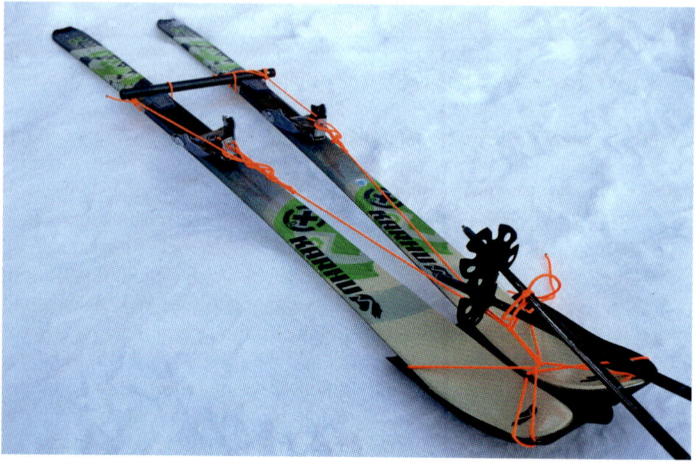

Aus Ski, Schneeschaufel und Schnur lässt sich ein Notschlitten improvisieren

Mit der Schnur wird das Schaufelblatt unter die parallel angeordneten Skispitzen geschnürt. Der Schaft der Schaufel dient als Querstrebe, die hinter die Skibindung gebunden wird. Die Skistöcke werden als Zuggeschirr am vorderen Ende des Schlittens eingebunden. Wenn eine Person auf dem Schlitten transportiert werden soll, kann man einen Rucksack im Bindungsbereich als Polsterung und Sitzfläche verschnüren.

Notsignale

Wenn Sie sich entscheiden, externe Hilfe in Anspruch zu nehmen, müssen Sie Ihre potentiellen Retterinnen und Retter auf Ihre missliche Lage aufmerksam machen. Diese können andere Wandernde oder Skifahrende sein, die Ihnen beiseite stehen können, oder professionelle Rettungskräfte, die gezielt auf der Suche nach Ihnen sind.

Mithilfe von **modernen Kommunikationsgeräten** wie etwa Mobiltelefonen, Satelliten-Messengern (zum Beispiel inReach) oder Satellitentelefonen können Sie Kontakt zu Rettungsdiensten aufnehmen. Stellen Sie unbedingt sicher, dass Sie auch wirklich eine vernünftige Netzabdeckung in Ihrem Reisegebiet haben, und wählen Sie Ihre Kommunikationsmittel entsprechend aus. Nicht überall gibt es ausreichenden Handyempfang und nicht alle Satellitensysteme funktionieren in allen Regionen der Welt gleich zuverlässig.

Bedenken Sie, nicht alle Geräte sind wasserdicht, sie können kaputtgehen oder Batterien sind irgendwann leer. Wenn Sie sich auf Ihr Gerät verlassen wollen, packen Sie es stoßfest und wasserdicht ein und bringen Sie zusätzliche Batterien beziehungsweise Ladevorrichtungen mit.

GPS-Tracker, wie etwa die bekannten SPOT-Geräte, können Rettungsteams auf Ihre missliche Lage und Position hinweisen und Sie können vorprogrammierte Nachrichten verschicken. Allerdings erlauben sie nur Ein-Weg-Kommunikation. Sie können keine Antworten empfangen.

In manchen Notsituationen können jedoch Informationen und Hinweise von Außenstehenden ganz erheblich zur Lösung der bestehenden Probleme beitragen. So habe ich mich bereits mehrmals auf Touren über ein **Satellitentelefon** zu medizinischen Probleme mit Fachleuten beraten können.

Günstiger als Satellitentelefone sind sogenannte **Satelliten-Messenger** wie etwa inReach-Geräte. Sie nutzen dieselben Satellitensysteme, sind jedoch auf Textnachrichten beschränkt. Dafür ermöglichen sie im Gegensatz zu den GPS-Trackern echte Zwei-Wege-Kommunikation. Sie können also auch Antworten auf Ihre Nachrichten empfangen.

Personal Locator Beacons (PLBs) sind handliche Geräte, die den Standort bestimmen können und bei Aktivierung ein Notsignal über die internationale Notfallfrequenz von 406 Mhz senden. Sobald das Notsignal empfangen wird, wird die zuständige Behörde der Region informiert, damit eine Rettung eingeleitet werden kann. Diese Geräte sind sehr zuverlässig und robust. Neben dem Kaufpreis sind in der Regel keine weiteren Kosten für den Betrieb erforderlich. Ihr Nachteil liegt darin, dass man nicht direkt mit den Rettungskräften kommunizieren kann, um die Art des Notfalls und die örtlichen Bedingungen mitzuteilen.

Wenn andere Menschen in der Nähe sind oder Rettungskräfte bereits in der Umgebung nach Ihnen suchen, können Sie mit weiteren Hilfsmitteln auf Ihre missliche Lage aufmerksam machen.

Eine **Signalpfeife** ist klein und leicht genug, dass jede und jeder Teilnehmende Ihrer Gruppe sich eine umhängen oder in der Tasche mit sich tragen kann. Sie können damit Hilfe herbeirufen oder einfach nur die Aufmerksamkeit Ihrer Reisepartnerinnen und Reisepartner auf sich lenken.

Die Fox 40, eine weltweit genutzte Signalpfeife, kann eine Lautstärke von bis zu 115 Dezibel erreichen. Dennoch sollten Sie die Lautstärke einer Pfeife nicht überschätzen.

Wenn die Rettungskräfte aus der Windrichtung kommen, hören sie eventuell trotz kurzer Distanzen keinen Laut, während Ihre Pfeife windabwärts vermutlich über 1 km weit zu hören ist.

Halten Sie sich bei der Nutzung einer Signalpfeife oder eines anderen lauten Signalmittels die Ohren zu. Wenn Sie selbst die volle Lautstärke abbekommen, können Sie danach für ein paar Augenblicke nicht gut hören und verpassen möglicherweise die Antwort der Rettungskräfte.

In vielen Ländern können Sie frei verkäuflich kleine **Signalraketen** erwerben. Die Ausführungen variieren stark, aber meistens werden Leuchtkugeln mit einem lauten Knall geschossen. Diese Leuchtkugeln steigen 30-40 m auf und haben eine nur kurze Brenndauer von ein paar Sekunden. Dennoch können sie geeignet sein, andere Personen in unmittelbarer Umgebung auf Ihren Notfall und Ihre Position aufmerksam zu machen. **Rauch- oder Nebeltöpfe** verströmen einen dicken, farbigen Rauch bei Aktivierung. Dieser ist tagsüber von Flugzeugen und Hubschraubern aus gut sichtbar. **Handfackeln** versprühen eine helle, rote Flamme und produzieren gut sichtbaren Rauch. Achten Sie darauf, dass Sie allen geltenden Bestimmungen zum Kauf, Besitz und Transport dieser Signalmittel folgen.

Das Licht einer batteriebetriebenen **Taschen- und Stirnlampe** kann auch über eine mittlere Distanz gesehen werden. Besonders in offenem, aber auch bergigem Gebiet können Sie so effektiv ein Signal senden.

Wenn Rettungskräfte näher kommen, ist es sinnvoll, sie nicht mit der hellen Lampe direkt anzustrahlen und zu blenden. Leuchten Sie stattdessen lieber Ihre Umgebung aus, damit sich die Helferinnen und Helfer orientieren können.

Ein **Signalspiegel** ist ein relativ kleines, leichtes, aber extrem wirksames Signalmittel, wenn die Sonne scheint. Besorgen Sie sich einen echten Signalspiegel aus Glas aus dem militärischen Bereich. Billige Plastikspiegel haben bei weitem nicht die gleichen hervorragenden reflektierenden Eigenschaften wie ein Spiegel aus Glas.

Sie können natürlich auch andere Ausrüstung nutzen, um auf sich aufmerksam zu machen. Unterschätzen Sie nicht die Wirkung von **Bekleidung in Signalfarben** und Reflektoren auf Ihrer Kleidung! Hängen Sie **farbige Zeltplanen** und Schlafsäcke oder **Müllbeutel** in den Wind. Wickeln Sie gut sichtbare Bäume mit farbigen **Signalflatterband** oder einer **silbernen Rettungsdecke** ein.

Als **allgemeines Notsignal** werden in der Regel **Gruppen von drei Signalen** (wenn möglich von jeweils etwa 3 Sekunden Dauer) genutzt. Das können drei Töne aus der Trillerpfeife sein, drei Lichtsignale mit der Taschenlampe oder drei Schüsse aus dem Jagdgewehr.

Ein weiteres international bekanntes Signal ist die Buchstabenfolge **SOS des Morsealphabets.** Dabei folgen drei kurze Signale, drei lange und wieder drei kurze Signale aufeinander.

Im Alpenraum hingegen wird das sogenannte **alpine Notsignal** verwendet. Dabei werden sechs Signale pro Minute gegeben (also alle 10 Sekunden). Dann folgt eine Minute Pause.

Als **Antwort auf das alpine Notsignal** geben die Retterinnen und Retter drei Signale pro Minute (also alle 20 Sekunden). Darauf folgt wieder eine Minute Pause.

Notsignale						
Morse SOS	●●● ———- ●●●					
Allgemeines Notsignal	———-	———-	———- (Dreiergrupppen)			
	3 Sek.	3 Sek.	3 Sek.			
Alpines Notsignal (im Alpenraum)						
Hilferuf	●	●	●	●	●	●
	10 Sek.	10 Sek.	10 Sek.	10 Sek.	10 Sek.	10 Sek.
Antwort	●		●		●	
	20 Sek.		20 Sek.		20 Sek.	

Ein wirksames **Signalfeuer** muss sorgfältig vorbereitet und gezielt eingesetzt werden, damit es von den Rettungskräften auch gesehen werden kann. Es ist kaum möglich, ein Signalfeuer dauerhaft brennen und qualmen zu lassen. Es sollte erst dann angezündet werden, wenn ein Hubschrauber oder ein Flugzeug bereits in der Nähe zu hören oder zu sehen ist. Dann hat man jedoch **nur noch wenige Minuten** Zeit, **um starken Rauch zu produzieren.** Die **Rauchsäule muss über die Baumwipfel** reichen, um aus der Luft vom Flugzeug aus gesehen werden zu können. Es ist deshalb wichtig, das Signalfeuer entsprechend sorgfältig vorzubereiten. Der folgende Aufbau hat sich bewährt und produziert innerhalb kürzester Zeit erheblichen Rauch.

Gestell und Plattform für das Signalfeuer

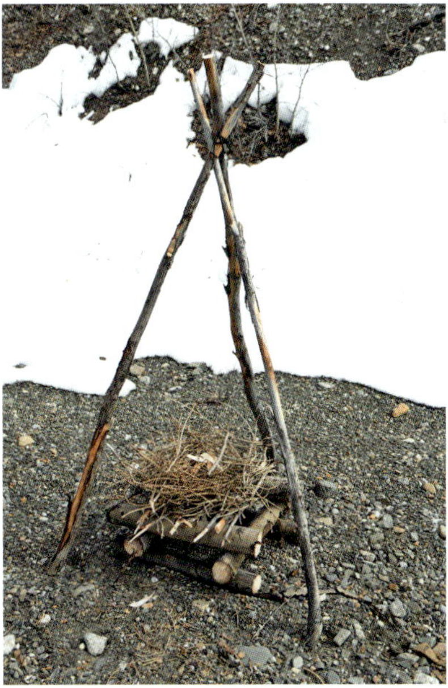

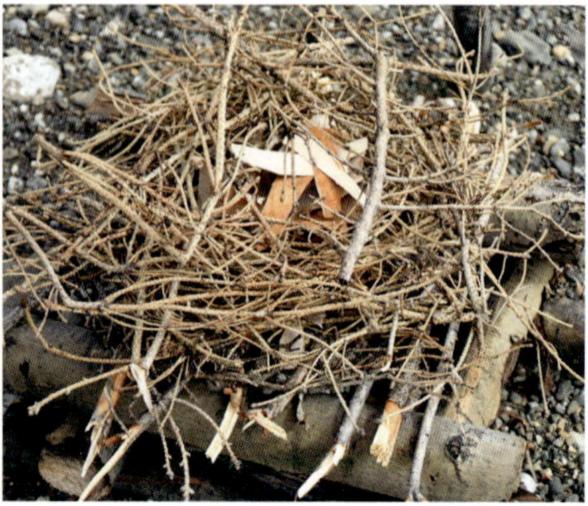

Auf der Plattform wird feines Anzündholz ringförmig aufgeschichtet. In den Ring wird Zundermaterial gelegt.

Durch die schnelle Hitzeentwicklung im Inneren, entsteht innerhalb kürzester Zeit eine erhebliche Menge Rauch

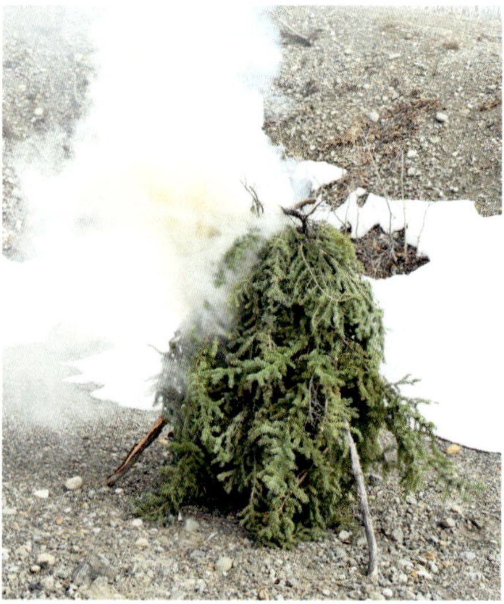

Zunächst bauen Sie ein **Gestell aus drei Stangen** und stellen eine erhöhte **Plattform** aus Holzscheiten unter das Gerüst. Man kann eine solche Plattform auch aus Ästen direkt in das Gestell binden. Durch die Plattform wird das Feuer von unten mit Sauerstoff versorgt und beginnt sofort gut zu brennen. Außerdem wird durch die erhöhte Position das Brennmaterial vor dem feuchtkalten Boden geschützt.

Dann wird **Anzündholz in einem Kreis auf die Plattform** geschichtet. Am besten verwenden Sie trockenes Fichtenreisig oder schnitzen eine Menge Feathersticks, die Sie hier auflegen. Sehr effektiv sind auch Stücke von Birkenrinde in dem Brennmaterial. Die kreisförmige Anordnung bewirkt nach dem Anzünden einen Kamineffekt, bei dem von unten Sauerstoff angezogen wird und sich das Feuer schnell vergrößert und enorme Hitze produziert. Im Inneren dieses „Kamins" schichten Sie Ihren **Zunder** auf. Das Feuer wird dann später von unten durch die Plattform entzündet.

Anschließend wird das gesamte Gebilde von außen **mit grünen Fichtenzweigen abgedeckt**. Achten Sie darauf, dass in der Abdeckung mit den Fichtenzweigen keine Lücken entstehen.

Je dicker und dichter die Fichtenzweige aufliegen, desto mehr Rauch wird produziert.

Mit Baumstämmen, Steinen oder anderem Material, das einen farblichen Kontrast zum Boden bietet oder durch die Höhe vom Boden einen Schatten erzeugt, kann man **Boden-Luft-Signale** auf gut sichtbaren offenen Flächen auslegen.

Sie können auch **Notsignale in den Schnee stapfen**. Die Schatten, die bei entsprechendem Sonnenstand durch die Konturen entstehen, verstärken den Effekt. Sie können die gestampfte Nachricht sichtbarer machen, indem Sie sie mit Ästen oder anderen Gegenständen auslegen. Auch Ruß und Asche aus dem Lagerfeuer können als Färbemittel für Notsignale im Schnee verwendet werden.

Boden-Luft-Signale

I	Benötige medizinische Hilfe.
X	Brauche Hilfe, kann nicht weiter.
II	Benötige medizinische Ausrüstung.
F	Benötige Nahrung und Wasser.
↑	Bewege mich in diese Richtung.
N	Nein
Y	Ja

Generell gilt: Machen Sie sich sichtbar!

Begeben Sie sich, sofern sicher möglich, in **offenes Gelände**. Tragen Sie **bunte und helle Bekleidung**. Gelbe, orange und rote Kleidungsstücke sind für Rettungsteams viel leichter auszumachen als dunkle, gedeckte Farbtöne oder sogar Camouflagemuster.

Bleiben Sie in Bewegung! Winkende Arme sind von einem Hubschrauber oder Flugzeug aus kaum zu sehen. Wenn Sie aber aufstehen und im Kreis laufen, sind Ihre Bewegungen und die Schatten, die Sie dabei werfen, aus der Luft oft gut sichtbar.

Warten auf die Rettung

Bedenken Sie generell, dass die Rettungsmannschaften den gleichen Bedingungen ausgesetzt sind wie Sie! Wenn Sie in einem Schneesturm festsitzen, können eventuell auch die Rettungskräfte nicht nach Ihnen suchen und müssen auf bessere Bedingungen warten.

Eventuell ist es sogar zu kalt für den Einsatz von motorisierten Fahrzeugen oder der Hubschrauber muss erst für den Spezialeinsatz vorbereitet werden. Auch wenn es schwerfällt: **Haben Sie Geduld!**

Wenn Sie eine Evakuierung mit einem **Hubschrauber** erwarten, halten Sie nach einem sicheren Landeplatz Ausschau. Ideal ist eine ebene **Fläche von mindestens 30 x 30 m**. Wenn Sie keine ebene Fläche zur Verfügung haben, dann sind leichte, kuppelartige Erhebungen ebenfalls eine gute Wahl. Meiden Sie hingegen Senken für den Landeplatz, bei denen die Gefahr besteht, dass der Heckrotor bei der Landung den Boden berührt.

Wenn Sie an einem Berghang sitzen, wird der Hubschrauben nicht landen können. Aber er kann eventuell mit den Kufen am Hang ansetzen und so eine Rettung ermöglichen.

Entfernen Sie Objekte, die mit den Rotoren in Berührung geraten könnten (zum Beispiel Bäume, Sträucher, Masten). Ebenso müssen Sie alle Gegenstände entfernen oder sichern, die durch den Hubschrauber aufgewirbelt werden können (zum Beispiel Zelte, Planen, Bekleidung).

Es ist nicht unbedingt nötig, den Schnee einer Landefläche für den Hubschrauber festzutreten, da ein Hubschrauber auch in losem Schnee mit dem Bauch aufsetzen kann. **Festgepackter Schnee** kann jedoch für die Personen angenehm sein, die sich um den Helikopter herum zu Fuß bewegen müssen.

Unter Umständen wird die Pilotin oder der Pilot eine Weile über der Schneefläche schweben, um losen Schnee wegzuwehen. Bereiten Sie sich darauf vor, dass Sie in unmittelbarer Umgebung des Helikopters in einem Schneesturm sitzen und die Sicht zeitweise eingeschränkt ist.

Eine Landung im Schnee bei schlechtem Licht kann sehr schwierig sein. Sie können helfen, indem Sie die **Landestelle markieren**, zum Beispiel indem Sie Rucksäcke in die Ecken stellen.

Ebenso können Sie eine **Windfahne improvisieren**. Dadurch schaffen Sie Referenzpunkte für die Pilotin oder den Piloten.

Wenn genug Platz vorhanden ist, warten Sie abseits der Landestelle, bis der Hubschrauber gelandet ist und die Rotoren aufgehört haben sich zu drehen oder Sie **von der Pilotin oder dem Piloten durch Winken oder deutliches Nicken aufgefordert werden, sich zu nähern**.

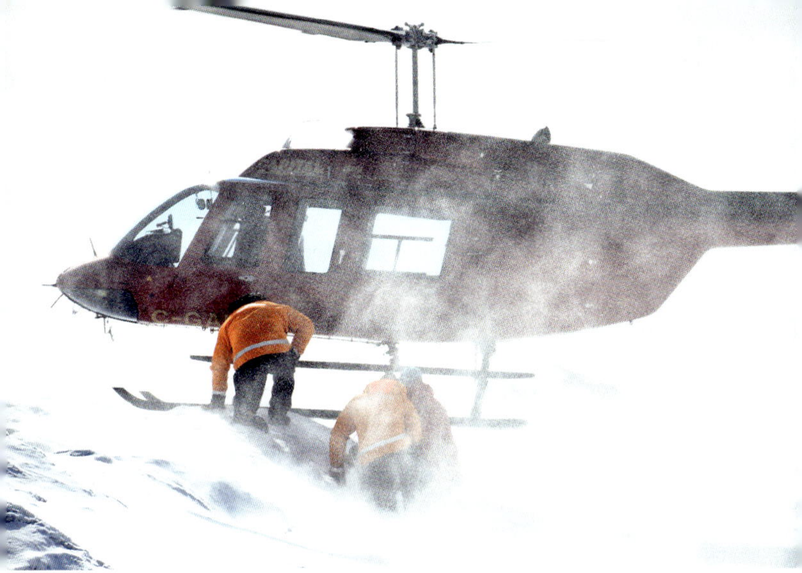

Rettungshubschrauber

Nähern Sie sich einem Hubschrauber niemals von hinten! Der Heckrotor dreht sich extrem schnell und ist eventuell nicht zu sehen. Er ist auf Kopfhöhe angebracht und kann tödliche Verletzungen verursachen. Hinter dem Rumpf und direkt unter dem Heckausleger befindet sich außerdem bei manchen Modellen der Auspuff. Wer hier durchläuft, riskiert schwerste Verbrennungen. Der gesamte hintere Teil des Hubschraubers muss also gemieden werden.

Achten Sie auch auf den **Hauptrotor des Helikopters**. Je nach Modell und Position kann sich der Rotor auf Kopfhöhe befinden. Besonders in Hanglagen ist darauf zu achten, dass Sie sich dem Hubschrauber niemals von der Bergseite nähern und dabei in den gefährlichen Rotor laufen.

Gehen Sie in geduckter Haltung auf den Hubschrauber zu. Heben Sie niemals die Arme über den Kopf. Passen Sie auf, dass lange Gegenstände wie Ski oder Skistöcke nicht in den Rotor geraten.

Folgen Sie im und um den Hubschrauber grundsätzlich allen Anweisungen der Besatzung. Bewegen Sie sich langsam und für die Pilotin oder den Piloten vorausschaubar. Im Hubschrauber dürfen Sie Ihr Gewicht nur langsam verlagern, damit die Pilotin oder der Pilot entsprechend ausgleichen kann. Damit diese mit Ihnen kommunizieren und weitere Anweisungen geben können, sollten Sie die Kopfhörer mit Mikrofon aufsetzen, sobald Sie im Hubschrauber sitzen.

Wintersurvival mit dem Auto

Autofahrten auf verschneiten und eisigen Straßen führen regelmäßig zu Unfällen und Notsituationen. Autopannen, unpassierbare Straßenabschnitte, schlechte Sichtverhältnisse durch Dunkelheit oder bei Schneetreiben und spiegelglatte Fahrbahnen können die Weiterfahrt um Stunden verzögern und manchmal muss man auf abgelegenen Routen in wenig besiedelten Gebieten sogar Tage ausharren, bis Hilfe kommt oder die Straße geräumt wird.

Es geht in diesem Kapitel natürlich nicht darum, Sie beim Autofahren zu bevormunden. Aber immer wieder erlebe ich, wie Reisende bei Autofahrten unter extremen Winterbedingungen in nördlichen Regionen überfordert sind und sich dadurch in Gefahr begeben. Ich habe in diesem Kapitel meine Erfahrungen und Gedanken bezüglich Autoreisen und potentieller Probleme unter winterlichen Bedingungen zusammengetragen.

Im Januar 2020 griffen ein gestrandeter Autofahrer und seine Passagiere im kanadischen Yukonterritorium zu drastischen Maßnahmen. Sie waren spät in der Nacht bei Temperaturen von fast -50 °C unterwegs, als sie von der Straße abkamen und im Straßengraben landeten. Nur schlecht ausgerüstet waren sie trotz direkter Nähe zum Wald wegen des tiefen Schnees unfähig, ein wärmendes Feuer zu unterhalten. Zu guter Letzt entschieden sie, das ganze Auto in Brand zu setzen, um sich an dem Feuer zu wärmen. Sie wurden schließlich am Morgen von einem Lkw-Fahrer unterkühlt und mit Erfrierungen gefunden.

Der dramatische Wintersturm, der die Ostküste der USA im Dezember 2022 heimsuchte, forderte mehr als 60 Todesopfer. Mehrere dieser Opfer waren in ihren Fahrzeugen im Schnee stecken geblieben und dort erfroren. Rettungskräfte konnten nicht zu den Opfern gelangen, da die Straßen durch hohen Schnee unpassierbar geworden waren.

Notfälle beim Autofahren im Winter müssen natürlich nicht so dramatisch ausfallen. Aber auch bei Fahrten in Europa kann es zur kalten Jahreszeit zu Problemen kommen.

Wer hingegen vorbereitet ist und ein umfangreiches Notfallkit im Wagen dabeihat, kann bei Pannen und ungeplanten Verzögerungen durch schlechtes Wetter entlang der Route sicher und halbwegs komfortabel auf Hilfe oder bessere Verhältnisse warten.

Wie wichtig gute Vorbereitung samt Notfallausrüstung und Kommunikationsmittel auf einer Winterreise sein können, lernte ich auf einer Albtraumfahrt in Alaska. Geladen hatten wir ein ganzes Team von Schlittenhunden, die wir dringend zurück nach Kanada bringen mussten. Dann fiel bei Temperaturen zwischen

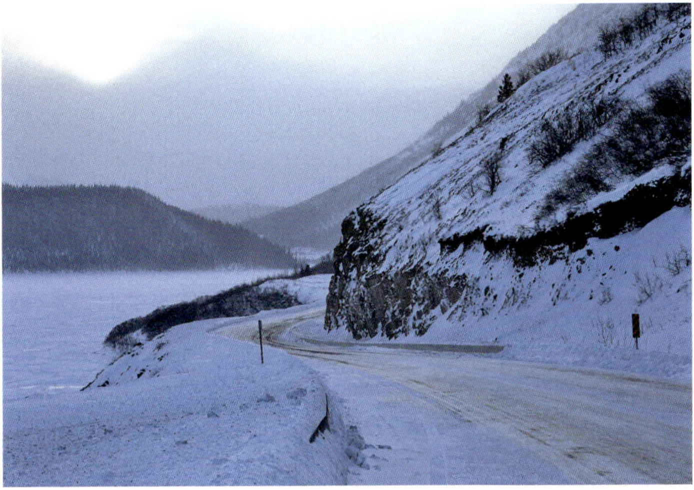

Winterliche Autoreisen auf abgelegenen Straßen sollten gut vorbereitet werden. Nehmen Sie genug Ausrüstung und Vorräte mit, um mit Problemen am Wegesrand zurechtzukommen.

-40 und -50 °C die Heizung unseres Pick-up-Trucks aus. Die kleine Werkstatt in einer abgelegenen Gemeinde im alaskischen Busch war nicht in der Lage, den Wagen zu reparieren. Es blieb uns nichts anderes übrig, als die „Flucht nach vorn" anzutreten. Eingewickelt in Daunenjacken und Schlafsäcke legten wir rund 1.000 km auf abgelegenen Straßen zurück, um wieder nach Hause zu kommen. Eine Reihe von Teelichtern in improvisierten Dosenlaternen bewahrte die Frontscheibe vor dem Beschlagen, heißer Tee und Instantsuppen hielten uns warm. Wir waren auf Notfälle vorbereitet und hatten die komplette Ausrüstungen dabei, um jederzeit anhalten und bei diesen niedrigen Temperaturen sicher mit den Hunden campieren zu können. Über Satelliten-Messenger konnten wir mit Freunden in Kanada in Verbindung bleiben, die uns entgegenkommen wollten, wenn wir gestrandet wären. Die Option, im Notfall um Hilfe rufen zu können, war eine enorme Erleichterung bei den extremen Wetterbedingungen.

Das Auto – reif für den Winter?

Wer ein Auto speziell für Fahrten unter winterlichen Bedingungen anschaffen möchte, sollte sich ein paar Gedanken zum Antrieb machen.

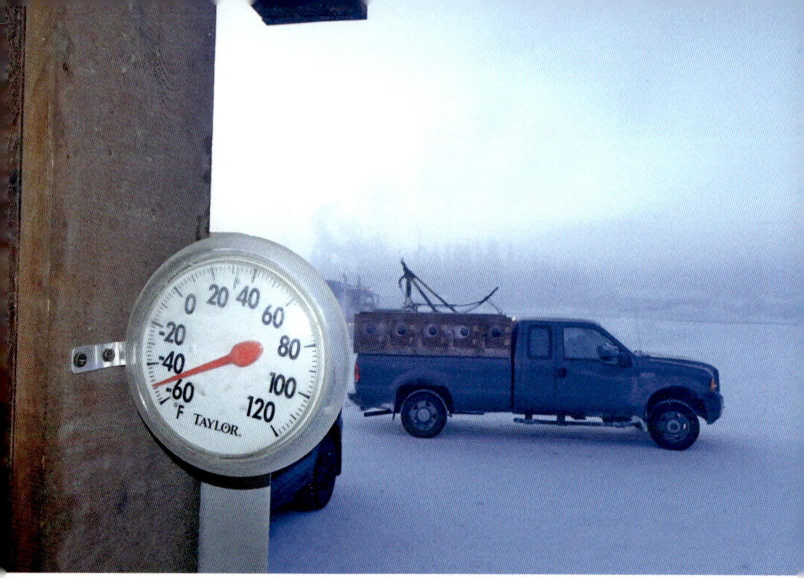

Haarsträubende Autofahrt in Alaska bei -45 °C. Auf dieser Reise mit unseren Schlittenhunden fiel die Heizung im Pick-up aus.

Um es hier ganz simpel zu halten: Es gibt verschiedene Versionen von **Allradantrieben** (permanenter oder zuschaltbarer Allradantrieb), die im Winter das Fahren durchaus sicherer machen können. Hier werden alle vier Räder angetrieben, wodurch bei schwierigen Fahrbedingungen wie etwa tiefem Schnee die Fahrtauglichkeit und Sicherheit erhöht werden können. Ich habe mein Fahrzeug schon so manches Mal wieder aus dem tiefen Schnee einer Windverwehung oder eines Straßengrabens fahren können, indem ich einfach den Allradantrieb zuschaltete.

Aber auch ohne Allradantrieb kann man sicher auf lange Winterfahrten gehen, wenn man sich vor allem auf geräumten Straßen bewegt. Wir fahren seit Jahren bei extremer Kälte und teils schwierigsten Straßenverhältnissen einen Kleinwagen mit einfachem **Vorderradantrieb** durch den kanadischen Winter. Auch in Skandinavien sind wir zu einigen Wintertouren mit einem ganz normalen Wagen mit Vorderradantrieb angereist.

Besondere Vorsicht sollte man jedoch bei Autos mit **Hinterradantrieb** walten lassen. Fahrzeuge mit Hinterradantrieb, die über der Hinterachse nur wenig Gewicht geladen haben, brechen bei Beschleunigung auf eisigen Straßen leicht aus. Sie geraten schnell ins Schlingern, wenn es bergauf oder in eine Kurve geht. Behelfen kann man sich, indem Ballast über den Antriebsreifen im Wagen geladen und damit die **Reifenhaftung erhöht** wird.

Bei der Auswahl eines Fahrzeugs für den Winter sollte auf ausreichend **Bodenfreiheit** geachtet werden. Wer mehr Platz unter dem Wagen hat, bleibt einfach weniger leicht im Schnee stecken und muss weniger schaufeln. Außerdem können Sie unter dem Fahrzeug viel leichter mit der Schaufel arbeiten.

Noch wichtiger als Allradantrieb ist eine geeignete Bereifung. In manchen Gebieten sind **Winterreifen** während der Wintermonate ohnehin Pflicht. In anderen Regionen sind sie nur vorgeschrieben, wenn winterliche Bedingungen im Straßenverkehr herrschen. Richtige Winterreifen sind mit dem „Alpin"-Symbol, also einem spitzen Berg und einer Schneeflocke, gekennzeichnet. Reifen mit der Bezeichnung „M&S" können mit echten Winterreifen nicht mithalten.

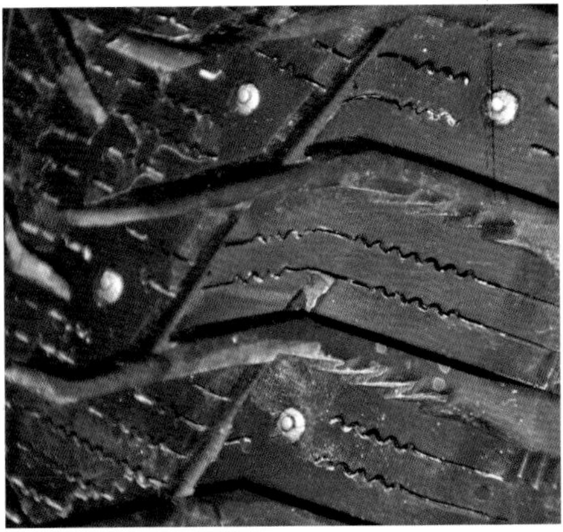

Winterreifen haben ein spezielles Profil für sichere Haftung bei Schnee und Eis

Für Winterreifen werden spezielle Gummimischungen und Profile verwendet, die auch bei kalten Temperaturen und vereisten Straßen eine gute Haftung auf der Fahrbahn gewährleisten.

Wenn die Temperatur sinkt, lässt auch die Leistungsfähigkeit der **Autobatterie** massiv nach. Für die kalte Jahreszeit sollten Sie die stärkste für Ihr Fahrzeug empfohlene Batterie wählen. Für Touren in extremer Kälte kann man die Batterie noch mit einem elektrischen Heizkissen oder einer speziellen Heizdecke ausstatten, um die Batterie warm und damit leistungsfähig zu halten.

Bei extremen Minusgraden habe ich auch schon die Batterie abends aus dem Auto ausgebaut und über Nacht drinnen im Warmen aufbewahrt. Am nächsten Morgen wurde sie dann kurz vor dem Starten des Wagens wieder eingebaut.

Unter Umständen sollten Sie in kalten Gegenden das **Motoröl** anpassen. Grundsätzlich sind **synthetische Öle** im Winter zu bevorzugen, da sie bei großer Kälte weniger zähflüssig sind. Der Motor lässt sich dadurch leichter starten. In Regionen mit extremer Kälte werden Autos oft mit einem elektrischen Heizkissen ausgestattet, das auf die Ölwanne geklebt wird. Dadurch wird das Öl leicht vorgewärmt, was beim Starten des Wagens hilft.

Die **Kühlflüssigkeit** muss ebenfalls den zu erwartenden Extremtemperaturen angepasst werden. Es gibt im Handel einfache Testgeräte, mit denen man die Flüssigkeit im Auto auf ihren Temperaturbereich testen kann, oder Sie bitten in einer Werkstatt um Hilfe. Unter Umständen muss das Mischungsverhältnis zwischen Kühlmittel und destilliertem Wasser angepasst werden.

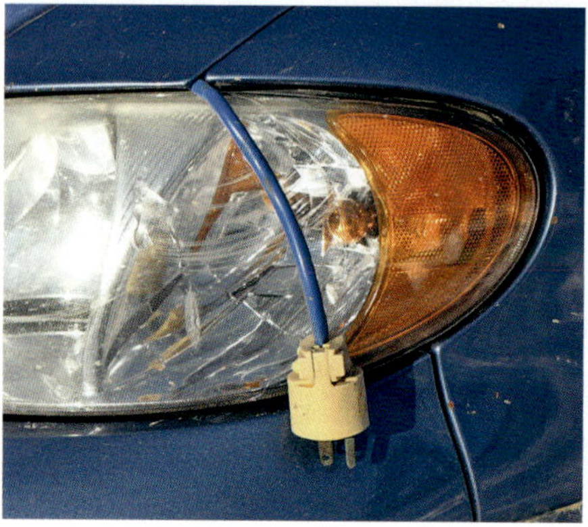

Stecker am Auto für eine elektrische Standheizung

Eine improvisierte Abdeckung des Kühlergrills hilft bei extremen Temperaturen gegen zu starkes Auskühlen des Motors

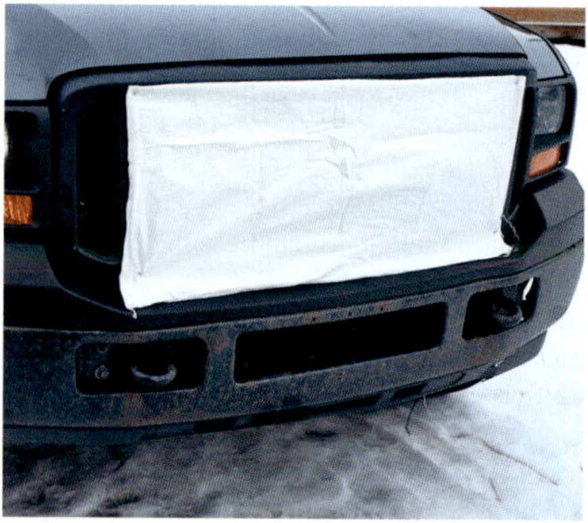

Die meisten Autos können mit **Standheizungen** ausgestattet werden. Es gibt Modelle, die elektrisch betrieben werden, und Ausführungen, die den Autokraftstoff zum Heizen verwenden. Durch den Einsatz von Standheizungen wird der Motor vorgewärmt und lässt sich bei extremer Kälte leichter starten.

Zusätzlich kann man bei extremer Kälte während der Fahrt den **Kühlergrill zum Schutz abdecken**. So zieht beim Fahren weniger kalter Fahrtwind in den Motorraum. Manche Autohersteller bieten dafür speziell geformte Abdeckungen an. Man kann sich im Notfall jedoch auch behelfen. Auf Fahrten in Alaska und Kanada kann man allerlei Kreativität bei diesen Abdeckungen bewundern: Manche befestigen einfach ein Stück Pappe mit ein paar Kabelbindern vor dem Kühlergrill, andere schrauben eine Plastikabdeckung oder binden winddichtes Segeltuch auf ihrem Kühlergrill fest.

Der Tank für die **Scheibenwischer** muss mit entsprechendem **Frostschutzmittel** für kalte Temperaturen versehen werden.

Die Art des **Kraftstoffes** spielt im Winter eine wichtige Rolle. Dieselmotoren sind im Winter bei extremen Temperaturen schwer zu starten. Für Temperaturen unter -20 °C, sollten Sie für Ihren Dieselmotor die oben genannten Möglichkeiten von eingebauten Heizelementen für Batterie, Ölwanne und Motor unbedingt in Erwägung ziehen. Benzinbetriebene Fahrzeuge lassen sich bei kälteren Temperaturen noch einigermaßen starten, weil Benzin mit geringerer Hitze als Diesel entzündet werden kann.

In kalten Regionen werden im Winter oft Kraftstoffe mit Additiven versehen, die verhindern, dass Wasser im Treibstoff oder Kondensationsfeuchte im Tank gefriert und die Treibstoffleitungen vereisen beziehungsweise Bestandteile der Dieselkraftstoffe ausfallen und Filtersysteme verstopfen.

Weitere Zusatzstoffe sollten nur verwendet werden, wenn der Fahrzeughersteller die Verwendung für Ihr Auto freigegeben hat.

Das Notfallkit für das Auto

Rüsten Sie Ihr Fahrzeug für winterliche Notfälle aus! Diese Ausrüstung sollte Werkzeuge, die bei Autopannen hilfreich sein können, enthalten, aber eben auch Gegenstände, die im Notfall ein Überleben im Auto sichern können, sollten Sie im Schnee oder bei Eiseskälte an der Straße stecken bleiben oder auch nur stundenlang im Winter im Stau stehen. Natürlich gehören **Warnwesten, Warndreieck und Erste-Hilfe-Set** auch im Winter ins Auto.

Ebenso sollten Sie einen vollwertigen **Ersatzreifen, Radkreuz und Wagenheber** einpacken. Ich nehme zusätzlich eine **stabile Platte** mit, die ich unter den Wagenheber legen kann, damit er unter Last nicht im Schnee versinkt.

Schneeketten helfen beim Fahren in tiefem Schnee. In manchen Bergregionen sind sie bei entsprechenden Bedingungen Pflicht. Auf anderen Straßen sind sie verboten, da sie den Straßenbelag zerstören. Sie sollten das Aufziehen der Schneeketten unbedingt üben, damit Sie es auch beherrschen, wenn die Bedingungen schlecht sind.

Ähnlich wie Sandbleche gibt es für den Einsatz im Schnee sogenannte **Traktionsmatten**. Diese Anfahrhilfen verklemmen sich unter den Reifen im Schnee und geben dem durchdrehenden Reifen Haftung.

Hat man es jedoch mit einer vereisten Oberfläche zu tun, kann etwas trockener **Sand oder feiner Schotter** Wunder wirken, wenn man ihn direkt vor die Antriebsreifen streut.

Wenn Sie mit dem Wagen im tiefen Schnee festsitzen und keine Hilfe kommt, hilft nur Schaufeln. Eine **stabile Schneeschaufel** darf im Winter in keinem Auto fehlen. Achten Sie auf einen langen Schaufelstiel, mit dem Sie unter Ihrem Wagen bis zur Fahrzeugmitte reichen können.

Mit einer starken **Seilwinde** können Sie Ihr Fahrzeug selbst bergen, wenn der Wagen im Schnee feststeckt. **Abschleppseile und -gurte** sind hilfreich, um andere Autos aus dem Tiefschnee zu ziehen.

Ist Ihr Fahrzeug mit einer elektrischen Standheizung ausgestattet, brauchen Sie ein gutes **Verlängerungskabel**. Achten Sie darauf, dass die Ummantelung des Kabels bei extremer Kälte noch flexibel ist.

Wenn die Batterie durch Kälteeinwirkung zu schwach ist, um den Motor zu starten, brauchen Sie ein **Starthilfekabel** oder gleich ein **Starthilfegerät** mit integrierter Batterie.

Das Notfallkit im Auto sollte außerdem **warme Schlafsäcke** oder Decken, zusätzliche **Bekleidung**, **Stirnlampen, Handwärmer**, eine Kanne **heißen Tee** und **Nahrung** für ein oder zwei Tage enthalten. Damit Sie weiteren Schnee schmelzen und Wasser kochen können, können Sie einen **Kocher, Topf** und **Streichhölzer** einpacken. **Axt und Säge** sind hilfreich, um Feuerholz für ein wärmendes Feuer zuzubereiten.

Auf großer Fahrt

Vor der Fahrt sollten Sie unbedingt die **Wettervorhersage** und die aktuellen **Straßenbedingungen** abfragen. Je nach Region gibt es Internetseiten, Apps und Telefonnummern mit automatischen Bandansagen, die über die aktuellen Bedingungen informieren. In dicht besiedelten Regionen sind diese Informationen leicht zu bekommen. Je weiter man sich in abgelegene Gebiete, etwa in Skandinavien oder Nordamerika, begibt oder auf Seitenstraßen weniger frequentierte Täler erkundet, desto schwieriger wird es, zuverlässige Informationen zu bekommen. Aber auch auf Hauptverkehrsstrecken können sich ändernde Wetterbedingungen innerhalb von Minuten neue Situationen schaffen und aus einer gemütlichen Autofahrt einen Albtraum machen.

Wie bei einer Wildnisexpedition sollten Sie bei Fahrten auf abgelegenen Strecken eine **zuverlässige Person über Ihre Reisepläne informieren**. Wenn Sie nicht am Zielort ankommen, kann nach Ihnen gesucht werden.

Generell gilt: **Lassen Sie sich genügend Zeit**! Wer es nicht eilig hat, kann Geschwindigkeit und Fahrstil den erschwerten Bedingungen anpassen. Wer genug Proviant und heiße Getränke sowie Decken und zusätzliche Bekleidung dabeihat, kann auch längeren Zwangspausen entspannt entgegensehen.

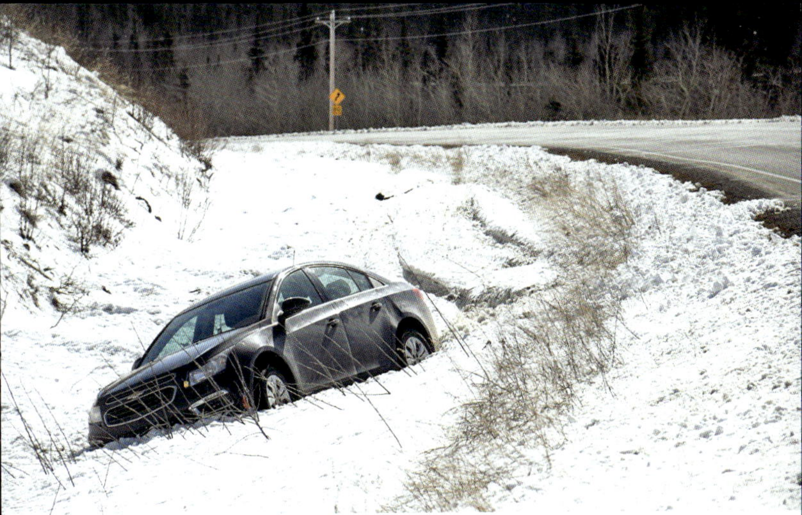

Auto im Straßengraben

Das Auto vor der Fahrt ein paar Minuten warmlaufen zu lassen, ist in vielen europäischen Ländern aus Umweltschutzgründen verboten. Automobilklubs weisen darauf hin, dass es dem Motor sogar schaden kann. In nordischen Ländern ist es hingegen üblich, den Wagen bei extremer Kälte für ein paar Minuten vor Fahrtantritt laufen zu lassen, um **den Motor vorzuwärmen** und die Fahrt dann erst ganz langsam zu beginnen, um erst alle Systeme auf Betriebstemperatur zu erwärmen.

Ich habe schon mehrfach erlebt, dass durch Fahrten in tiefem Schnee die **Bremsen** festgefroren waren. Betätigen Sie vor der Fahrt die Bremsen, um Vereisungen zu lösen und um zu testen, ob die Bremsen einwandfrei funktionieren.

Tanken Sie rechtzeitig auf! Lassen Sie den Tank nicht mehr als halb leer werden! So können Sie das Auto bei stundenlangen Stopps immer wieder starten und laufen lassen, um die Heizung zu betreiben.

Die **Straßenbedingungen im Winter** können extrem variieren. Sie reichen von trockenen und relativ sicheren Fahrbahnen zu Strecken mit Schneematsch, blankem Eis oder Schneebelag. Besonders bei Temperaturen knapp unter dem Gefrierpunkt wird es auf den Straßen extrem rutschig. Unter dem Druck der Reifen schmelzen Eis und Schnee und es entsteht ein rutschiger Wasserfilm zwischen Reifen und Fahrbahn. Wenn die Temperaturen weiter sinken, lässt der Effekt oft nach und meist gewinnen die Reifen bei extremer Kälte wieder an Haftung. Aufgrund rutschiger Fahrbahnen sind **Bremswege deutlich länger** und in Kurven kann es einen leicht von der Straße tragen.

Automobilverbände und Fahrschulen bieten im Winter oft **Fahrsicherheitstrainings** an, bei denen Sie lernen können, wie sich Ihr Auto auf rutschigen Straßen verhält und wie Sie Ihr Fahrverhalten korrigieren und den rutschigen Bedingungen im Winter anpassen können.

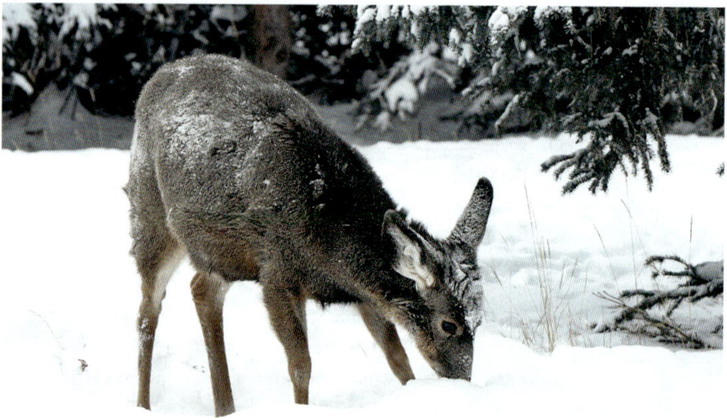

Tiere halten sich im Winter oft an Straßen auf. Hier kommen sie leichter voran und manchmal lockt Streusalz die Tiere auf die Fahrbahn.

Manche **Wildtiere** halten sich im Winter gerne in Straßennähe auf und stellen ein zusätzliches Risiko dar. In schneereichen Regionen nutzen Tiere wie Rehe und Elche gerne die geräumten Straßen, um leichter voranzukommen. Außerdem bietet die eingeschneite Vegetation im Straßengraben für diese Tiere oft eine leicht zugängliche Futterquelle. Auch der Einsatz von Streusalz kann die Tiere an die Straßen locken. Im späten Winter, wenn die Sonne wieder verstärkt scheint und die dunklen Straßen tagsüber aufwärmt, kann man manchmal Tiere beobachten, die sich nachts lieber auf den wärmeren Straßen aufhalten, als sich in der Umgebung im kalten Schnee niederzulegen.

Gefrorene Seen und Flüsse werden im Winter teilweise als offizielle **Eisstraßen** ausgewiesen. Manchmal wird zusätzlich Wasser auf die Oberfläche gepumpt, um die Eisdicke zu erhöhen. Um einen Pkw zu tragen, muss eine Schicht aus bestem Eis mit mindestens einer Dicke von 20-30 cm erreicht sein. Halten Sie sich unbedingt an ausgewiesene Geschwindigkeitsbegrenzungen.

Hohe Geschwindigkeiten können eine Eisdecke in Schwingung versetzen und aufreißen lassen. Halten Sie weiten Abstand zu anderen Autos auf der Eisstraße. Parkende Autos stellen eine erhebliche Belastung für Eisdecken dar. Parken Sie nur in ausgewiesenen Bereichen. Wenn Sie anhalten müssen, halten Sie Abstand zu anderen stehenden Fahrzeugen. Oft wird empfohlen, die Fenster des Autos bei Fahrten über gefrorene Gewässer offen zu halten, damit Sie schneller aus einem eingebrochenen Fahrzeug entkommen können.

Autopannen und Notfälle

Aber was tun, wenn trotz aller Vorbereitung und Planung etwas schiefläuft und Sie mit dem Auto festsitzen?

Wenn Sie mit dem Wagen **im Schnee stecken** geblieben sind, hilft nur Schaufeln. Entfernen Sie den Schnee vor den Reifen und unter dem Wagen. Sie müssen genug Schnee wegschaufeln, dass alle Reifen wieder vernünftigen Bodenkontakt haben. Wenn vorhanden, streuen Sie Sand und Schotter direkt vor den Reifen, um die Reibung zu erhöhen. Wenn Sie Traktionshilfen verwenden, achten Sie darauf, dass niemand hinter den Matten steht, für den Fall, dass die Traktionshilfen durch die drehenden Reifen nach hinten geschleudert werden. Manchmal kann man sich auch mit den Fußmatten aus dem Auto als Anfahrhilfe behelfen.

Der **Wagen springt aufgrund von kalten Temperaturen nicht an**? Schonen Sie Ihre Batterie! Eventuell müssen Sie die Batterie ausbauen und für mehrere Stunden aufwärmen. Sie sollten die Batterie niemals direkt am Feuer erwärmen. Versuchen Sie, den Motor mit einem Starthilfekabel oder einem Starthilfegerät zu starten.

Im Norden Kanadas und in Alaska habe ich die interessantesten Methoden kennengelernt, wie man auch bei extremsten Minusgraden einen eingefrorenen Wagen behelfsmäßig wieder aufwärmen kann. Freunde von mir benutzten einen schweren Metalltopf mit Deckel, der mit der heißen Glut des Holzofens ihrer Hütte gefüllt wurde. Der heiße Topf wurde zwischen die Vorderräder gestellt und wärmte den Motor. Ich habe auch schon mal ein gesamtes Fahrzeug mit einer riesigen Plane abgedeckt und darunter mit Propanheizern aufgewärmt, bis der Wagen schließlich ansprang. **Solche Methoden, bei denen offene Flammen, Glut oder andere externe Hitzequellen genutzt werden, sind jedoch extrem riskant und können auf keinen Fall empfohlen werden. Es besteht erhebliche Brandgefahr.** Selbst wenn sich nichts entzündet, können wichtige Kunststoffteile, Leitungen und Ummantelungen schmelzen und das Fahrzeug kann erheblichen Schaden nehmen. Außerdem können sich giftige Abgase wie Kohlenmonoxid unter einer Abdeckung oder gar im Wageninneren ansammeln.

Wenn Sie befürchten, dass der **Wagen beim längeren Parken so sehr auskühlt**, dass Sie ihn **nicht mehr starten** können, sollten Sie den Wagen alle 3-4 Stunden starten und etwas laufen lassen, um den Motor wieder aufzuwärmen. Allerdings wird durch den Startvorgang auch die Batterie weiter entladen und es ist daher empfehlenswert ein wenig herumzufahren – sofern möglich – um sie unter Motorleistung wieder aufzuladen. Wir haben in Alaska und im Norden Kanadas bei Temperaturen von unter -40 °C unser Fahrzeug auf diese Weise tagelang fahrtüchtig gehalten. Es hilft auch, den Wagen im Windschatten zu parken und ihn mit einer Plane abzudecken beziehungsweise den Motorraum mit isolierenden Decken vor schnellem Auskühlen zu schützen.

Sind Sie **am Straßenrand stecken geblieben** und müssen auf Hilfe warten, markieren Sie zunächst die Stelle **gut sichtbar für andere Fahrzeuge**. Nutzen Sie Warnwesten und Warndreieck, aber auch die Warnblinkanlage und Ihre Scheinwerfer, solange sie noch funktionieren. Bedenken Sie, dass Sie eventuell nicht mehr gesehen werden, wenn Sie komplett mit dem Wagen einschneien.

Wenn Sie bei Ihrem Aufenthalt den Wagen immer wieder laufen lassen müssen, um die Heizung im Inneren anzuwerfen, müssen Sie unbedingt darauf achten, dass der **Auspuff nicht von Schnee und Eis verstopft ist**. Es hat tödliche Unfälle gegeben, bei denen Personen in Autos gestorben sind, weil giftige Abgase nicht richtig abziehen konnten und ins Wageninnere geleitet wurden.

Ein stehendes Auto, das nicht richtig be- und entlüftet wird, wird durch Kondensation schnell zur Tropfsteinhöhle. Es sammelt sich extrem schnell viel Feuchtigkeit im Wagen. Deshalb sollten Sie den Wagen immer wieder **gut lüften** und frische Luft hereinlassen. Bei extremer Kälte kann es passieren, dass die elektrischen Fensterheber nicht mehr richtig funktionieren und eventuell nicht mehr schließen. Öffnen Sie zum Stoßlüften lieber kurz die Türen.

Eingeschneit und abgeschnitten – Survival in Haus und Hütte

Jedes Jahr kommt es zu **Winterstürmen**, die teils Tausende Menschen von der öffentlichen Versorgung mit Strom, Wasser und Wärme abschneiden. Teilweise werden Verkehrswege so beeinträchtigt, dass man regelrecht abgeschnitten ist.

Das „Münsterländer Schneechaos" im Jahr 2005 hat gezeigt, dass **winterliche Katastrophen auch in Mitteleuropa** eintreten können. Zwar mögen solche Notlagen selten sein, aber in abgelegenen Gebieten europäischer Gebirge oder in einsamen Regionen Skandinaviens und Nordamerikas ist das Risiko durchaus gege-

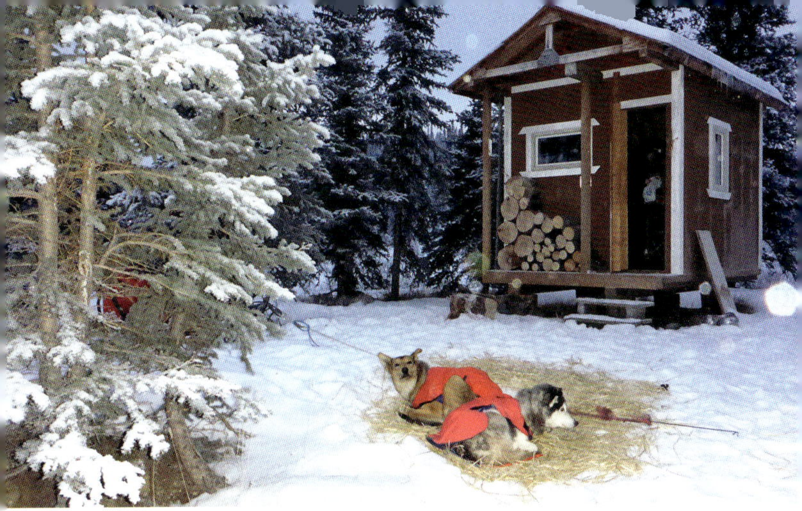

Eine abgelegene Hütte in der kanadischen Wildnis

ben, dass man **zumindest für ein paar Tage auf sich selbst gestellt** sein kann.

Wenn Sie Ihren Winterurlaub in einer abgelegenen Berghütte oder einem einsamen Blockhaus verbringen oder sich zu Hause auf einen Wintersturm einrichten müssen, sollten Sie ein paar **Vorbereitungen** treffen.

Lagern Sie genug **Vorräte** ein, damit Sie für mindestens drei Tage mit **ausreichend Nahrung und Wasser** versorgt sind. Halten Sie vor allem Nahrungsmittel bereit, die sich ohne viel Energie schnell und einfach zubereiten lassen.

Wie wird das Haus oder die Hütte geheizt? Funktioniert das **Heizsystem** auch, wenn es zu einem Stromausfall kommt? Gibt es alternative Heizmöglichkeiten und sind diese auch wirklich sicher in einem geschlossenen Wohnraum einzusetzen? Viele Campingheizer sind nicht für geschlossene Innenräume geeignet, weil sie **gefährliches Kohlenmonoxid** abgeben. Aus dem gleichen Grund dürfen **Grillgeräte nicht zum Heizen oder zur Essenszubereitung im Haus** benutzt werden. Ebenso wenig sollten Sie die Flammen eines gasbetriebenen Kochherdes zum Heizen nutzen.

Ihr Wohnraum hat einen **Holzofen oder Kamin**? Stapeln Sie genug **Feuerholz** im Haus auf, damit Sie nicht ständig raus in den Schneesturm müssen, um den Holzofen am Laufen zu halten.

Wenn es zu extremsten Kälteeinbrüchen mit Temperaturen um -40 °C kommt, müssen Sie eventuell **Propangasflaschen** für den Betrieb von Koch- und Heizgeräten im Inneren der Hütte warm aufbewahren, da bei diesen Temperaturen nicht mehr genug Druck in der Gasflasche entsteht.

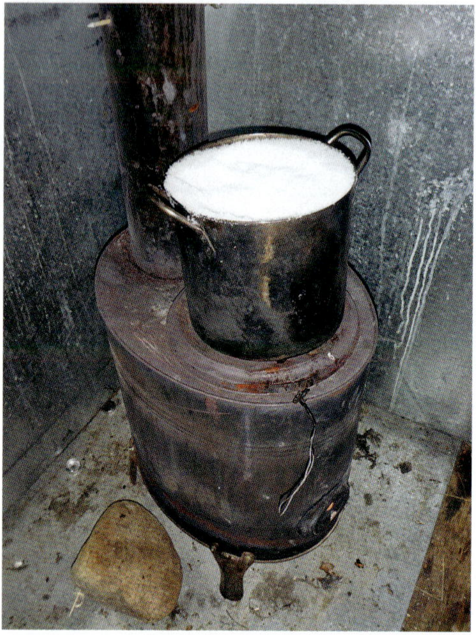

Nicht alle Hütten in der Wildnis sind perfekt ausgestattet. Diese dünnen Blechöfen sind in Nordamerika als hippie killer bekannt. Sie waren angeblich bei den Blumenkindern beliebt, die es in den hohen Norden zog. Der Name ist auf die zahlreichen Unfälle mit diesen Öfen zurückzuführen.

Die Bestimmungen zur Lagerung von Gasflaschen sind von Land zu Land unterschiedlich, aber ich habe schon öfter in Hütten übernachtet, wo kleinere Gasflaschen im Inneren direkt neben dem Gasherd untergebracht waren. Überprüfen Sie, dass Flaschen und Anschlüsse dicht sind und kein Gas ausströmt. Auf keinen Fall dürfen Sie Anlagen benutzen, die nicht dicht sind! Im Zweifelsfall drehen Sie das Gas direkt an der Flasche ab.

Legen Sie **zusätzliche Bekleidung** sowie **warme Decken und Schlafsäcke** bereit, falls die Heizmöglichkeiten ausfallen. Ziehen Sie sich mit allen Bewohnerinnen und Bewohnern in einen kleineren und gut isolierten Raum zurück. Dort können Sie sich gegenseitig wärmen und die Wärme besser halten. Achten Sie jedoch unbedingt auf genug Frischluftzufuhr.

Kontrollieren Sie vor dem Betrieb von Holzofen und Heizungen den **Schornstein und die Abluftanlagen des Systems**. Schneeablagerungen, Eisakkumulationen, aber auch Vogelnester und andere Gegenstände im Abluftsystem können den Abzug giftiger Gase verhindern. Dadurch können Rauch und Gase wie Kohlenmonoxid zurück in die Wohnräume strömen. Sofern möglich, überprüfen Sie während und nach einem Schneesturm, ob die Abgase ungehindert abgeführt werden und alle Frischluftzugänge schneefrei sind.

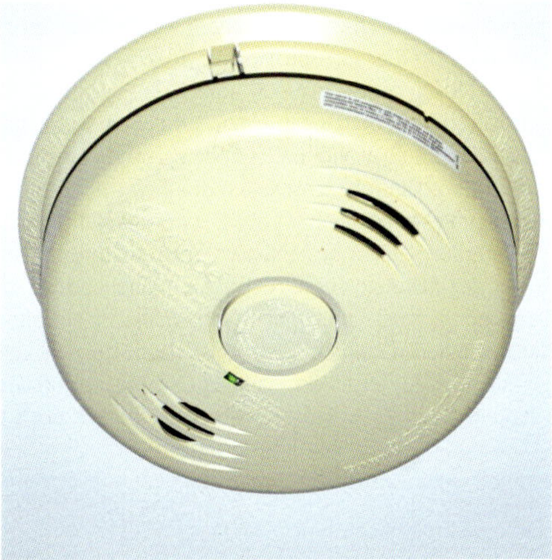

Rauchmelder mit Kohlenmonoxiddetektor können Leben retten

Stellen Sie sicher, dass **Rauchmelder** sowie **Gas- und Kohlenmonoxiddetektoren** eingeschaltet sind und funktionieren. Die meisten Geräte haben einen Testknopf, um die Funktionsfähigkeit zu überprüfen.

Gibt es in der Hütte einen **Feuerlöscher**? Wo ist er angebracht? Ist er noch funktionsfähig? Gibt es alternative Möglichkeiten, mit Decken, Wasser oder Schnee zu löschen, falls es zu einem Brand kommt?

Es kann bei Winterstürmen zu **Stromausfällen** kommen, wenn Leitungen, Masten, Umspannwerke oder sogar die Stromproduktion selbst in Mitleidenschaft gezogen werden. Beinahe jeden Winter kommt es irgendwo zu großflächigen und teils tagelangen Stromausfällen mit Tausenden Betroffenen.

Stirnlampen, LED-Laternen und Kerzen sollten bereitstehen, falls infolge von Stromausfällen elektrisches Licht ausfällt. Haben Sie genug Batterien und geladene Powerbanks für Telefon, Satellitenkommunikationsgeräte und das Radio?

Überprüfen Sie, welche Prozesse in Ihrem Wohnraum Strom benötigen und wie Sie eine ausreichende Versorgung sicherstellen können, wenn Sie vom Stromnetz getrennt werden oder einfach kein Strom mehr kommt. Benötigen Heizung, Herd und Wasserpumpe Strom?

Eventuell steht ein **Notstromaggregat** zur Verfügung. Diese motorisierten Stromgeneratoren, die mit Benzin oder Diesel betrieben werden, sind jedoch ebenfalls eine Quelle des gefährlichen Kohlenmonoxids. Sie dürfen nur im Freien verwendet werden und müssen in sicherer Entfernung von Fenstern oder Lüftungen aufgestellt werden.

Woher können Sie **Wasser** bekommen, wenn Wasserpumpen nicht mehr laufen? Lohnt es sich, einen kleinen Wasservorrat anzulegen?

Gibt es draußen ein **Plumpsklo**, falls die Toilettenspülung drinnen nicht mehr funktioniert? Oder müssen Sie eine Toilette mit Eimern und Müllsäcken improvisieren? Idealerweise werden dabei flüssige und feste Hinterlassenschaften getrennt. Urin können Sie einfach draußen wegschütten. Feststoffe werden in Plastiktüten aufbewahrt und später entsorgt. Ein großer Vorteil im Winter: Sie können Ihre Hinterlassenschaften draußen gefrieren lassen und so eine Geruchsbelästigung vermeiden.

Wenn die Gefahr besteht, dass **Wasserleitungen einfrieren**, öffnen Sie Schränke vor den Leitungen oder rücken Sie Möbel beiseite, damit Wärme besser an die Leitungen gelangt. Sie können Wasserhähne leicht öffnen und tropfen oder leicht fließen lassen. Dadurch bleibt das Wasser in den Leitungen in Bewegung und gefriert weniger leicht ein. Sammeln Sie das ablaufende Wasser. Sie brauchen es eventuell noch als Notvorrat, falls die Leitungen doch einfrieren.

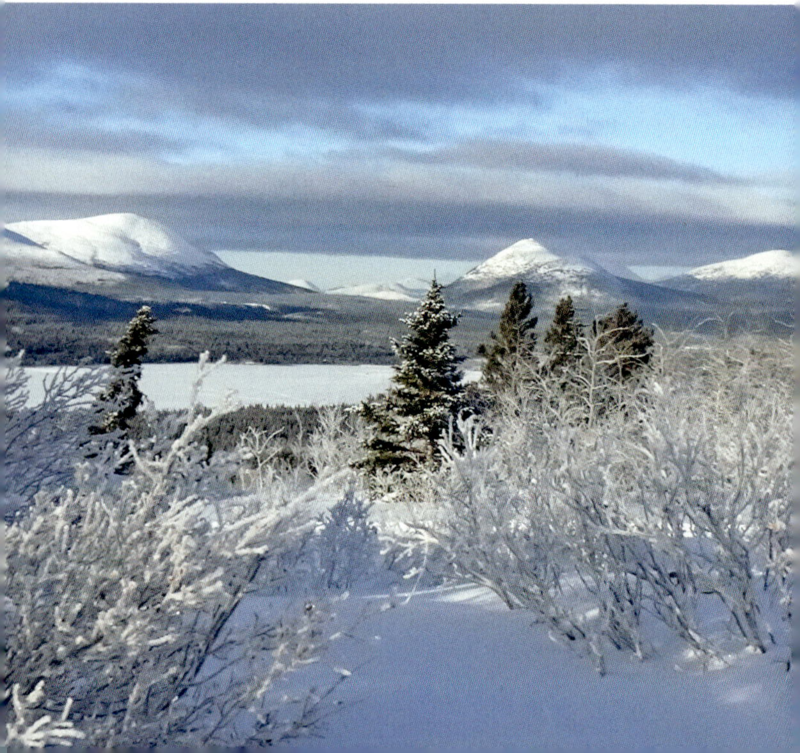

Falls Sie dennoch Sorge vor gefrorenen Leitungen haben, drehen Sie den Haupthahn ab und öffnen Sie alle Wasserhähne, um die Leitungen so gut es geht leerlaufen zu lassen. Damit können Sie eventuell Schäden an den Wasserleitungen verhindern.

Wenn die Leitungen bereits gefroren sind, drehen Sie den Haupthahn ab und achten Sie auf Schäden in den Leitungen, wenn alles wieder auftaut.

Manche Hütten sind mit **Fensterläden** ausgestattet. Im Falle eines Sturms schließen Sie die Läden auf der dem Wind zugewandten Seite, um die Scheiben vor einem Sturm und herumfliegenden Gegenständen zu schützen. Im Notfall können Sie die Fensteröffnungen mit Brettern und Holzplatten vernageln. So schützen Sie nicht nur die Scheiben, sondern reduzieren auch den Wärmeverlust im Fensterbereich.

Fish Lake, Yukon Territorium, Kanada

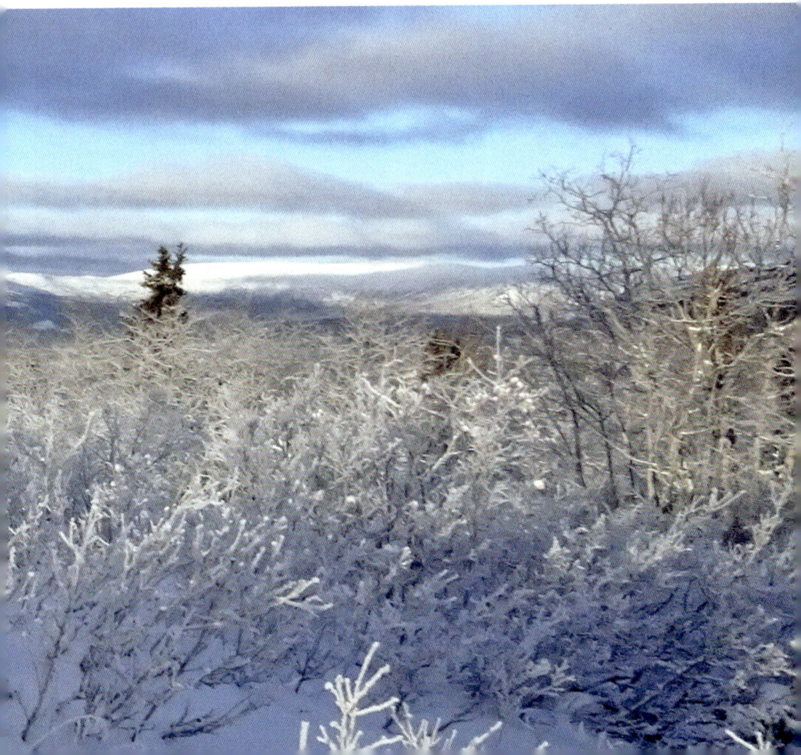

Rund um Gebäude können sich während eines Wintersturms erhebliche Schneemengen ansammeln. Nicht nur die normale Schneemenge des Niederschlagsereignisses, sondern auch **meterhohe Schneeverwehungen** können sich im Windschatten des Gebäudes aufbauen. Dadurch können Türen, Notausgänge und Fenster komplett zugeweht werden. Halten Sie **Schneeschaufeln und Äxte** im Inneren des Wohnraumes bereit, um sich eventuell befreien zu können. Eingangstüren, die nur nach außen öffnen, müssen Sie eventuell noch während des Sturms immer wieder freiräumen. Gibt es einen alternativen Notausgang, durch den Sie ins Freie klettern können, wenn sich die Tür nicht mehr öffnen lässt?

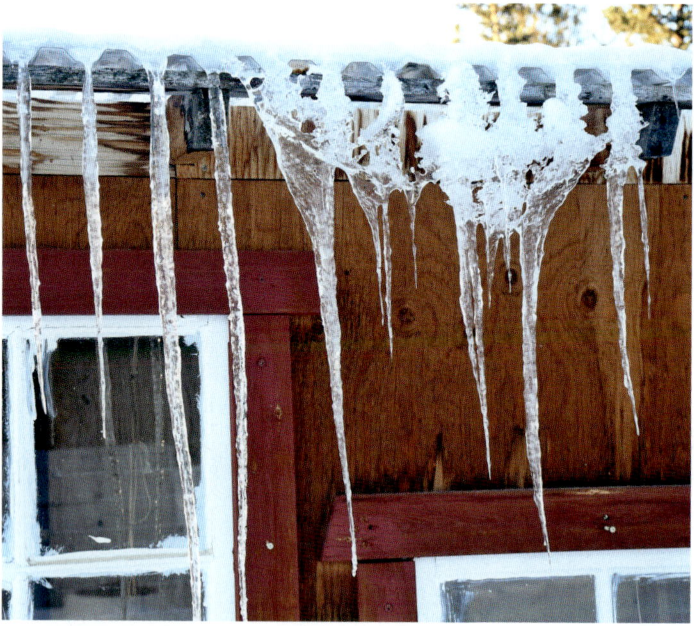

Eiszapfen an der Dachkante. Schlagen Sie die Zapfen ab, bevor sie zu groß werden und Schaden anrichten können.

Erhebliche Schneeablagerungen auf dem Dach können zu **Dachlawinen** führen. Ebenso können sich riesige **Eiszapfen** an Dachkanten bilden. Passen Sie in diesen Bereichen gut auf und entfernen Sie Schnee und Eis vom Dach und von der Dachkante, sofern es nötig und sicher möglich ist.

Bäume und große Äste können bei Belastung durch Schneefall und Eisablagerungen **brechen, umkippen oder herabstürzen**. Begutachten Sie nach einem Wintersturm die Bäume rund um Haus oder Hütte nach diesem Gefahrenpotential.

Parken Sie Ihr Auto ein paar Meter vom Gebäude entfernt, sodass es vor Dachlawinen, Eisschlag und Windbruch sicher ist. Blockieren Sie dabei nicht die Zufahrtswege für Rettungsdienste und Schneeräumfahrzeuge.

Wenn Sie eingeschneit und abgeschnitten sind und Hilfe brauchen, aber Kommunikationsmittel wie Telefon nicht funktionieren, können Sie auf die klassischen **Notsignale** zurückgreifen. Trampeln Sie SOS in riesigen Buchstaben neben Ihrer Hütte in den Schnee oder nutzen Sie Lichtsignale im Dunkeln, um auf sich aufmerksam zu machen.

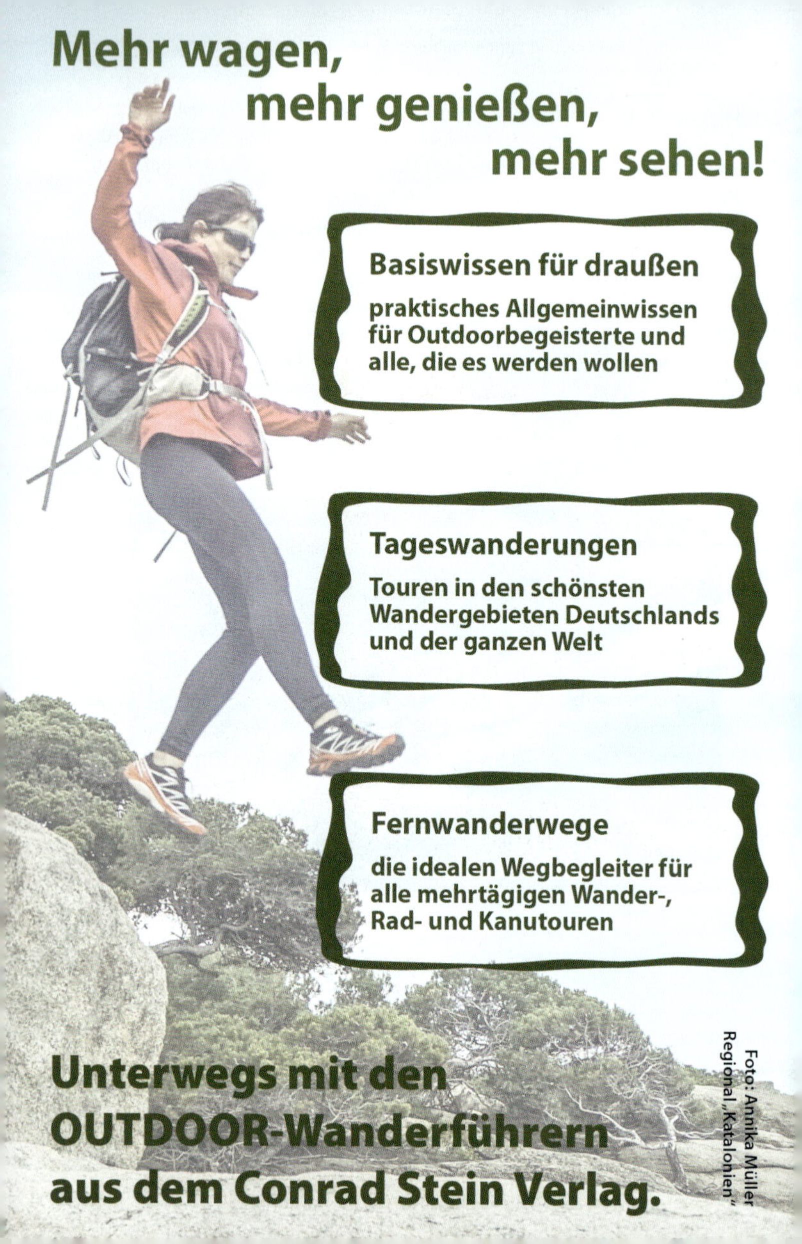
Mehr wagen,
mehr genießen,
mehr sehen!
Basiswissen für draußen
praktisches Allgemeinwissen für Outdoorbegeisterte und alle, die es werden wollen
Tageswanderungen
Touren in den schönsten Wandergebieten Deutschlands und der ganzen Welt
Fernwanderwege
die idealen Wegbegleiter für alle mehrtägigen Wander-, Rad- und Kanutouren
Unterwegs mit den OUTDOOR-Wanderführern aus dem Conrad Stein Verlag.
Foto: Annika Müller
Regional „Katalonien"

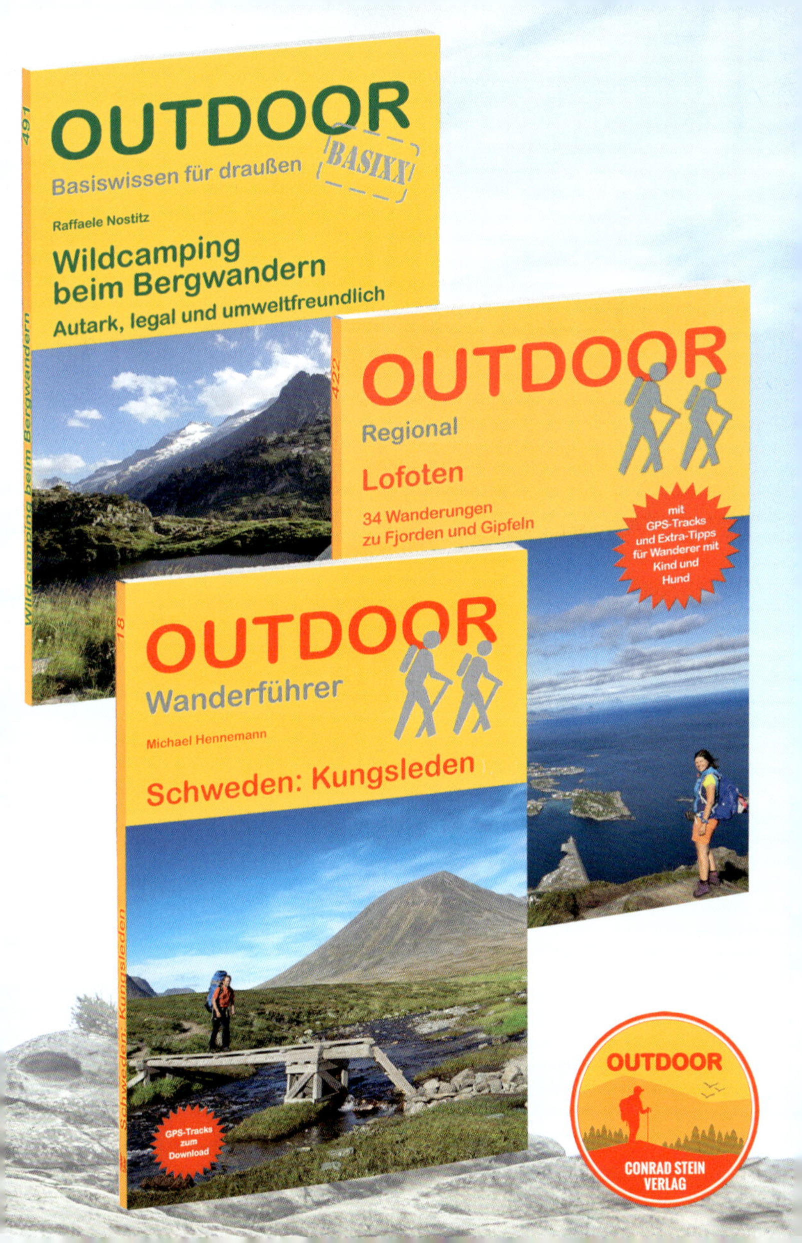

491
OUTDOOR
BASIXX
Basiswissen für draußen
Raffaele Nostitz
Wildcamping beim Bergwandern
Autark, legal und umweltfreundlich
Wildcamping beim Bergwandern
422
OUTDOOR
Regional
Lofoten
34 Wanderungen zu Fjorden und Gipfeln
mit GPS-Tracks und Extra-Tipps für Wanderer mit Kind und Hund
18
OUTDOOR
Wanderführer
Michael Hennemann
Schweden: Kungsleden
GPS-Tracks zum Download
Schweden: Kungsleden
OUTDOOR
CONRAD STEIN VERLAG

Index

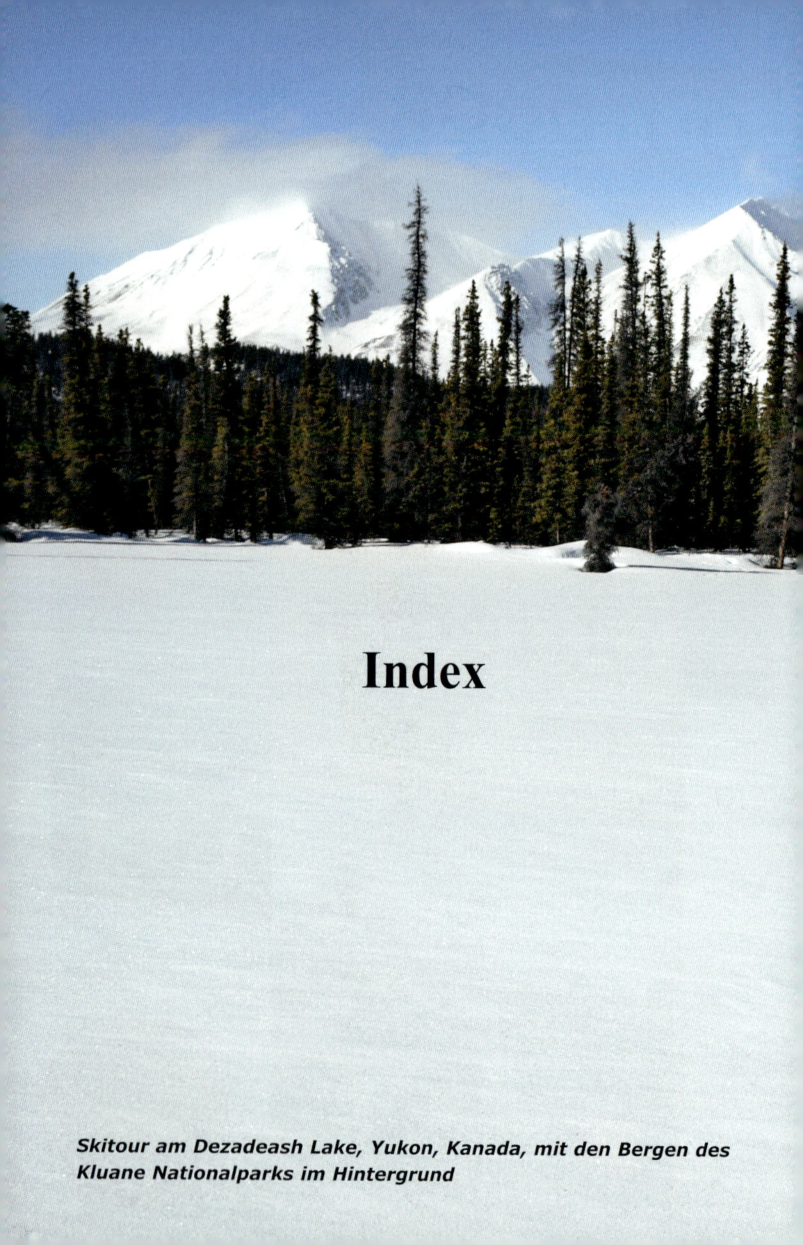

Skitour am Dezadeash Lake, Yukon, Kanada, mit den Bergen des Kluane Nationalparks im Hintergrund

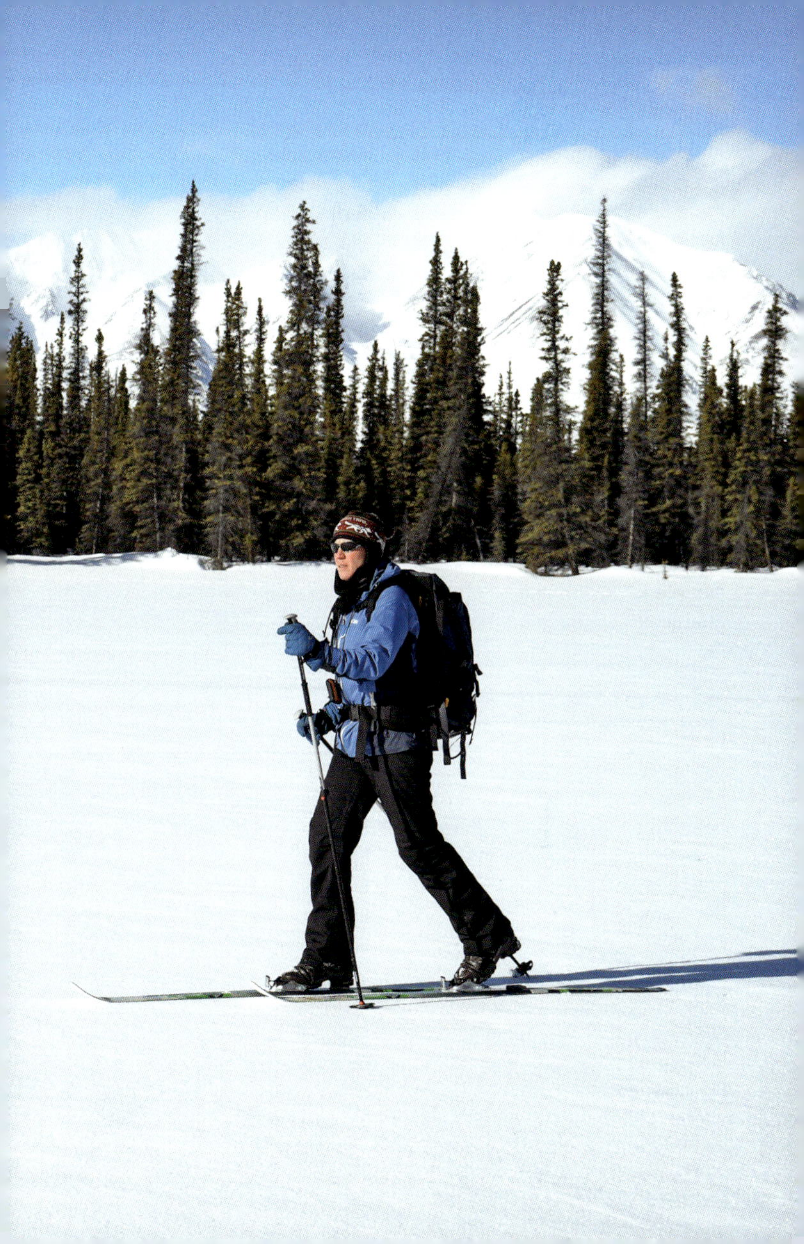

A

B

C/D

E

F

G

H

I

K

L

M

N

O/P

T

U

V

W

Z